セーラー服の誕生

女子校制服の近代史

Yoshinori Osakabe
刑部芳則

法政大学出版局

伝統の誇りを現在に伝えるセーラー服

1　金城学院中学校・高等学校の冬服（筆者所蔵）
大正 10 年（1921）9 月に制定した日本初のセーラー服。制定当時は襟と胸当てに白線 2 本，袖口の上下に白線 4 本を入れたが，アジア・太平洋戦争中に減少し，戦後は襟と袖口に 1 本となった。

2　金城学院中学校・高等学校の中間服（左），夏服（筆者所蔵）
　中学校は冬服に白のネクタイ，夏服に紺のネクタイ，高等学校は冬服と夏服ともに黒のネクタイを結ぶ。

3　東洋英和女学院中学部・高等部の冬服
（東洋英和女学院中学部・高等部所蔵）
　東洋英和女学院中学部・高等部のセーラー服は，昭和2年（1927年）に制服となり、同4年に現在のデザインに変更された。襟と袖口に入っているゴールドの線（現在は小学部1本，中学部・高等部2本）が入り，ガーネットのネクタイを結び，左腕には「楓にTE」のワッペンをつけた。

4　福岡女学院中学校・高等学校の冬服
（筆者所蔵）
　福岡女学院中学校・高等学校のセーラー服は，大正10年12月に制定された。襟と袖口に臙脂の3本線，臙脂のネクタイを結び，胸当てに白の錨の刺繍があるのが特徴。

5　北陸女学校の冬服　**6**　北陸学院中学校・高等学校の冬服（北陸学院中学校・高等学校所蔵）
大正 11 年，石川県内で最初にセーラー服を制服とした（左）。昭和 10 年に神奈川県横浜の共立女学校のセーラー服を参考にデザインを改正した（右）。赤い襟と袖口に黒の 3 本線。

7　学習院女子中等科の冬服（左），高等科の夏服（筆者所蔵）
　学習院女子は中等科と高等科は同じセーラー服で，紺（中等科）と黒（高等科）のネクタイを使い分ける。大正 14 年には標準服であったが，昭和 12 年に制服となった。

8　東京女学館中学校・高等学校の冬服（筆者所蔵）

9　東京女学館中学校・高等学校の夏服（右），中間服（筆者所蔵）
通常冬服は紺か黒，夏服は白というのが定番だが，東京女学館は年間を通して白の制服を着る。学校の所在地と，美しい白のセーラー服から「渋谷の白鳥」と呼ばれるようになった。昭和２年に標準服，同５年に制服とした。

10　お茶の水女子大学附属中学校の夏服（右），冬服（筆者所蔵）
　昭和５年に東京女子高等師範学校附属高等女学校の標準服として設けられ，同７年に制服となった。お茶の水女子大学附属高等学校はブレザーに変更されたが，附属中学校には残された。着物に袴の時代から引き継ぐ腰のベルトが特徴。

11　川村中学校・高等学校の冬服（筆者所蔵）
大正13年制定のセーラー服は，襟と袖口の「川」の字の白線が特徴。

12　実践女子学園中学校・高等学校の冬服（筆者所蔵）
昭和14年制定のセーラー服は，中学校で赤，高等学校で黒のネクタイを結ぶ。

13　豊島岡女子学園中学校・高等学校の冬服（筆者所蔵）
牛込高等女学校の時代からセーラー服であったが，ネクタイは「昆布巻き」と呼ばれる独特な結び方。

14　学校法人山崎学園富士見中学校の中間服
（筆者所蔵）
　富士見高等女学校では昭和４年の卒業生がセーラー服を着ている。当時は襟，袖口に白線３本を入れ，ネクタイは白百合学園のように白線３本入りの棒ネクタイを２枚重ねていた。昭和９年にネクタイは蝶結びに変わった。戦後の教育改革で富士見高等学校と中学校に再編されると，昭和27年に中学校の制服としてセーラー服が再び制定された。

15　白百合学園中学高等学校の冬服
（筆者所蔵）
　戦前の白百合学園の姉妹校の制服は各校独自のデザインであったが，戦後に共通のセーラー服となった。

16　明浄学院高等学校の冬服（筆者所蔵）

17　大阪府立夕陽丘高等学校の冬服
（大阪府立夕陽丘高等学校所蔵）

大阪府のセーラー服は，色とりどりの襟カバーとネクタイがつけられているのが特徴。この襟カバーを外すとシンプルなセーラー服になってしまう。明浄高等女学校は大正 11 年，大阪府立夕陽丘高等女学校は同 12 年に，それぞれセーラー服を制服とした。

後ろ襟の刺繍

セーラー服が増加してくると，他校との違いがわかるように後ろ襟の左右に目印となる刺繍が登場した（すべて筆者所蔵）。

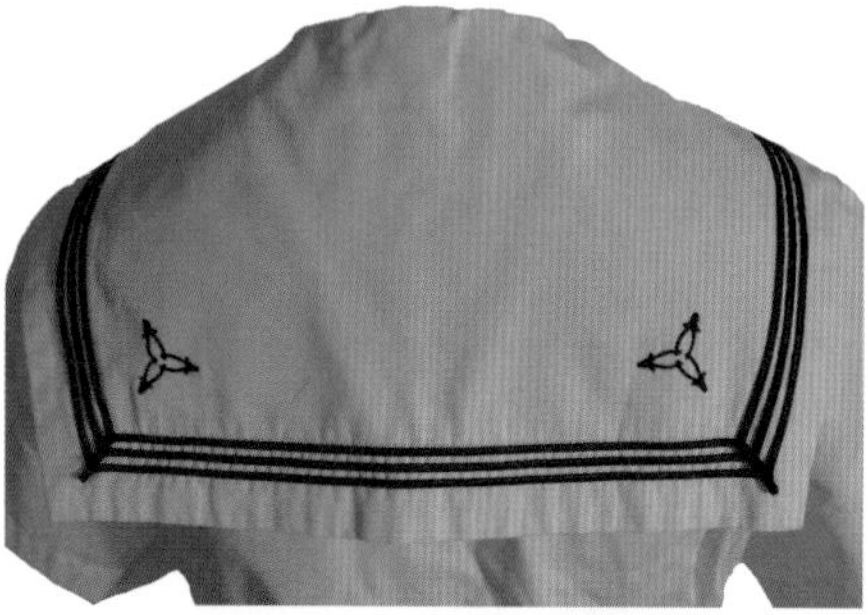

18　東京都立小松川高等学校（東京府立第七高等女学校）

19　白百合学園中学高等学校

20　川村中学校・高等学校

21　和洋国府台女子中学校高等学校

22　埼玉県立松山女子高等学校（埼玉県松山高等女学校）

23　成蹊中学・高等学校

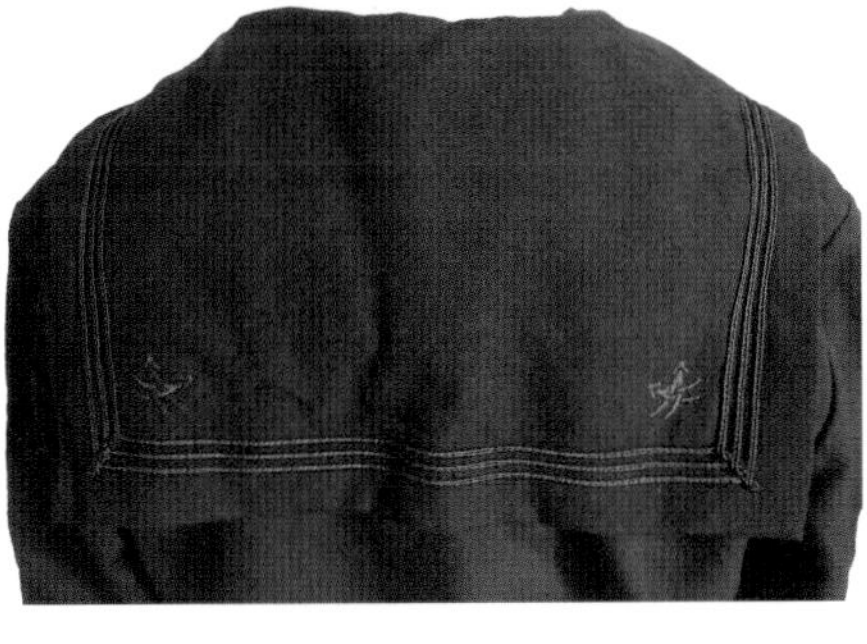

24　松蔭中学校（現・松蔭大学附属松蔭中学校）

25　日本大学豊山女子中学校

セーラー服の胸に輝く徽章

和服から洋式制服へと変ると，胸につける徽章が誕生した（すべて筆者所蔵）。

宮城県第二高等女学校

東京府立第三高等女学校

東京女学館

実践女子学園

大妻高等学校

神奈川県立小田原高等女学校

埼玉県立粕壁高等女学校

清水女子商業学校

金城学院

石川県立輪島高等女学校

京都府立桃山高等女学校

大阪府立黒山高等実践女学校

はじめに

セーラー服誕生百年――女子生徒の服装観と人気の理由

　女子中高生の制服にセーラー服が採用されてから、令和三年（二〇二一年）九月で百年を迎えた。しかし、セーラー服がどのようにして誕生し、日本全国に普及していったのか、そうした歴史について知っている人はいないのではないだろうか。

　それを知りたいと思っても、教えてくれる文献がないのである。家政学の服飾史の分野では、学校制服史の研究者もいるが、どの書籍や論文を見ても、断片的な記述であり説得力に欠けている。高等女学校（以下、本書では高女と略称）で洋式制服が増える理由を、大正十二年（一九二三年）の関東大震災の影響、同年に郡立から県立へと高女が昇格したこと、昭和三年（一九二八年）の昭和天皇の即位式による影響などというが、まったく証明されていない。

　本当にこれらが女子生徒の洋装化の原因なのだろうか。歴史学には因果関係を明確にするため、史料にもとづいた実証が必要である。その手続きを疎かにして、断片的に複数校の制服を取り上げて説明しても、取り上げている学校制服の意図ははっきりしないし、それらの制服だけで結論は見えてこない。それらを読んでいると、誤った歴史認識や知識を刷りこまれてしまう危険性すらある。

　本書では、アジア・太平洋戦争よりも前に存在した九百校以上の全国高女を検討対象とし、各地でどのようにしてセーラー服が普及していったのかを分析した。筆者が分析するために作成した全国高女の洋式制服の変遷表を巻末に掲載した。全国的に検討することで真相に迫ることができ、セーラー服が人気となって普及するのには大きく三点の理由があったこともわかった。北は北海道から南は沖縄県まで、それぞれの特徴や普及状況も明らかにできた。某女学校のセーラー服が全国の学校の参考になったというのは都市伝説でしかない。本書は日本史の専門分野で初めての学校制服史である。

もう一つ冒頭に、なぜセーラー服の歴史を研究するのかを述べておきたい。「セーラー服誕生百年」だからか。たしかにその記念として本書を執筆した目的はある。だが、それよりも重要なのは、女子生徒たちがどのような思いでセーラー服に袖を通していたのかという服装観を解明することと、女子生徒が着るセーラー服が日本の女性の洋装化に大きな意味を与えていることを指摘することである。

筆者は日本の女性が洋服を着るようになった要因を、学校制服だと考えている。従来の家政学による日本近代服飾史では、この点もあまり重視されてこなかった。人生で四年か五年ではあるが洋式の制服に袖を通したか否かは、その後の服装観を大きく変えたに違いない。そういう観点から高女の洋式の制服を検討する意味があるのだ。とりわけ、セーラー服は戦前の学校と女子生徒から圧倒的な支持を受けて全国に普及していった。なぜそうなったのか、これから詳しく述べることとしたい。

セーラー服の誕生◎目次

序章

魅力的なセーラー服

福岡女学院・平安女学院・金城学院——セーラー服の起源

福岡女学院の発祥説

女子高生の表象であるセーラー服を最初に取り入れた学校はどこなのか。少し前まで一般的に通説となっていたのは、福岡県の福岡女学院である。実際、同校の学校案内では、「日本で最初のセーラー服」と紹介していた。明治十八年（一八八五年）にアメリカ人宣教師ジェニー・ギールにより英和女学校として創設され、大正八年（一九一九年）に福岡女学校と改称した。

福岡女学院のセーラー服は、もともと校長のエリザベス・リーが着ていたものをモデルとした。生徒たちは着物に袴でバスケットボールなどの運動をしていたが、運動に不便なのと、着物を購入する費用がかさむという問題点があった。

そこでリー校長が服装調査委員長となり、欧米各国の女学生の服装を研究した。その結果、リーが着ていたセーラー服を採用することとし、男子の制服を取り扱っていた簀子町の太田洋服店に試作を頼んだ。その後、八回も作り直

1　福岡女学校のセーラー服（冬服）　アフロ

し、大正十年十二月に決まった。

ベレー帽を被り、セーラー服は紺サージの上下に分かれたセパレート型である。長袖で襟と袖に臙脂色の三本線がつき、臙脂色のネクタイを結ぶ。胸当ての中央には白い錨が刺繍されているが、これは讃美歌二〇八番第二節の「みもとに錨をおろして安らわん」という信仰の証を示した。(1)

翌年の大正十一年には、明るい空色ギンガムの半袖に黒のネクタイという夏服もでき、一時的に白の上着にスカートという合服も着た。夏用の帽子は当初つばの広い麦わら帽子を被っていたが、白厚手の木綿による帽子が定められた。また時期ははっきりしないが、儀式の日には白色のネクタイを結ぶようになった。

福岡県下の高女で初のセーラー服であったため、人の目を引いたようだ。そのため、生徒たちは常に注目されているという自負と、誇りを持つようになった。そして福岡女学院の生徒らしく、学院が目指す「聖く、正しく、賢く、美しく、強く生くる」ことを意識して着るようになっていった。(2)

平安女学院が最初だとする発表報道

近年、福岡女学院よりも早くセーラー服を採用し、セーラー服の起源ではないかと浮上したのが平安女学院である。二〇〇七年に学生服販売会社が、日本で最初のセーラー服は平安女学院だと発表し、それを大手新聞各紙が報じた。学生服販売会社の研究室は、「大正時代に女子制服を導入していた約一五の学校に調査して判明した」という。(3)

平安女学院は、明治八年に米国聖公会宣教師エレン・エディが創設し、同十三年に照暗女学校、同二十七年に平安女学院と改称した。大正九年十一月にセーラー襟のワンピースに帽子を被るスタイルの制服を制定した。白襟と細いリボン結びが目を引く。現在のように上下に分かれたセパレート型ではない。そのため、当時の学生服販売会社の研究室長は「何をセーラー服と考えるかによるが、現代につながるスタイルでは福岡女学院が元祖ではないか」と、[4]どっちつかずの発言をした。

セーラー襟だけに注目すれば平安女学院、現在までの上下に分かれた形状で見れば福岡女学院がセーラー服の起源となるというのだ。この無責任な発言により、福岡と京都のメディアを中心として、どちらがセーラー服の発祥かを争うような報道がくり返されることとなった。

2　平安高等女学校のセーラー襟のワンピース　『写真で見る125年史』平安女学院，2000年

セーラー服「邪馬台国論争」

まさに九州説と畿内説とで意見が分かれる「邪馬台国論争」のような展開を見せることとなった。筆者は「セーラー服邪馬台国論争」と名づけた。しかし、セーラー服の起源をめぐる論争は、史料的な制約から場所の特定が難しく、考古学の最新成果なども踏まえ、生産的な学説が生み出される「邪馬台国論争」とはまったく意味が異なる。

なぜなら、セーラー服の定義をしっかりした上で、全国の高女の制服を調査し、どこが一番早いのかを特定することができるからである。大変骨の折れる作業だが、この二点を怠り、どっちつかずの意見を世の中に示すのは無責任というほかない。実際、無責任な意見を新聞やテレビなどのメディアが再三取り上げたことにより、どっちが先かという子供の喧嘩のような非生産的な議論がくり返された。

この非生産的な議論は約十年間にわたって続いた。新聞やテレビで平安女学院が最初のセーラー服であると取り上げられ、同院のホームページでもそのことを宣伝するようになると、福岡では「ニッポンセーラー服発祥の地」と明記した看板を電柱に貼って対抗した。この間には学校制服史を研究する研究者が新聞にコメントを寄せているが、とくにどっちが先だと言うわけでもなく、事態を収拾しようという姿勢も見せなかった(5)。

平安女学院の制服がセーラー服ではない根拠

筆者が調査したところ、セーラー服の起源は平安女学院と福岡女学院ではないことがわかった。もしも平安女学院のセーラー服が最初であると主張するのであれば、それは大正九年十一月にセーラー襟の制服を制定したという、制定年月と襟の形だけでなく、学術的な根拠を示す必要がある。

平安女学院の制服がセーラー服ではないと判断するのは、セーラー服の基本的な構造と違うからである。第一章の冒頭で述べるが、海軍水兵のセーラー服は上下に分かれたセパレート型であり、脱ぎやすくなければならない。この根本的な構造が一番大きな理由である。

次に上下に分かれた構造がセーラー服であると、当時の高女の生徒たちも認識していたことである。大正から昭和初期に学校や生徒たちが、平安女学院の制服をセーラー服だと見ていたとしたら、全国にワンピース型のセーラー服が多少なりとも広がっただろう。しかし、全国に普及したセーラー服は上下に分かれたものである。

その証拠は岩手県の釜石実科高等女学校（以下、本書では実科高女と略称）からも浮かび上がる。釜石実科高女（昭和十四年に釜石高女と改称）では、大正十三年に教員佐野ヨシの指導のもと、生徒たちがワンピース型のセーラー襟を縫って試着した。紺サージで襟に線はなく、黒のリボンネクタイをつけるものであったが、生徒のなかにはツーピースのセーラー服を作ってくるものもいたという(6)。

釜石実科高女の昭和十年（一九三五年）の修学旅行の集合写真を見ると、全生徒が上下に分かれたセーラー服を着ている(7)。生徒たちはセーラー襟であればワンピースではなく、上下に分かれるべきだと認識していたのだろう。したがって、学校側もセーラー襟のワンピースを試着させたものの、制服には上下に分かれたセーラー服にしたのである。

もう一例が岡山県の私立山陽高女だが、昭和九年六月に教諭立石孝代の考案により、ステンカラーからセーラー襟のワンピースへと改正している。襟と袖に白線一本を入れ、オリーブグリーンのネクタイを結び、腰にはベルトを締める。一見するとセーラー服に見えるが、これは平安女学院と同様に上下に分かれていないワンピースである。したがって、山陽学園の記念誌では「セーラー服」とは表記せず、わざわざ「セーラーのワンピース」と書いている(8)。

この史実は、平安女学院の制服をセーラー服だと認識していなかった証左となっていよう。もちろん平安女学院の生徒や、その姿を見る京都市内の人々がそれをセーラー服であると思っていたかもしれない。だが、日本全体に視野を広げた場合、平安女学院の制服は、セーラー服ではなく、セーラー襟のワンピースなのである。

平安女学院が最初のセーラー服だと発表したとき、「現代につながるスタイルでは福岡女学院が元祖ではないか」と述べていた。だが、次に述べるように、上下に分かれているセーラー服は、「福岡女学院が元祖」ではなく金城学院である。ちなみに、平安女学院が日本で最初の洋式制服というのも誤りであり、大正八年に制定した東京の山脇高女の方が早い。

3　金城女学校のセーラー服（冬服）大正10年撮影　学校法人金城学院所蔵

金城女学校

戦前に高女および女学校であった高等学校が刊行した記念誌を全国的に調べたところ、福岡女学院よりも早く上下に分かれたセーラー服を採用していた学校が存在した。それが愛知県名古屋市の金城学院である(9)。

金城学院は、明治二十二年に米国長老派教会宣教師アニー・ランドルフがマカルピン博士の協力を得て創設した女学専門冀望館に始まる。翌二十三年に金城女学校と改称し、昭和二年に専門学校令によって金城女子専門学校が設置され、同四年に金城女学校は金城女子専門学校付属高等女学部と改称された。

大正九年四月の入学生には「作れる人は洋服にする様に、型は自由、各自の個性に合ったのを作る様に」と勧めた(10)。翌十年四月の集合写真では、着物に袴姿の生徒と、セーラー服を着た生徒とが混じっている。このセーラー服は同校教師ローガンの二人の娘が着ていたのをモデルに作ったものであり、これが半年後には制服となる。つまり、学校側が洋服の着用を奨励した大正九年から生徒たちがセーラー服を着ていたことがわかる。

当時の生徒によれば、大正十年九月から三年生以下には洋式制服の着用が義務づけられ、病気を理由に和服を着る場合は「和服届」を校長に提出しなければならなくなったという。この洋式制服は、半年前に生徒たちが着ていたセーラー服と同じであり、紺地の襟・胸当てに白線二本、袖口の上下に白線四本であった。服の形状も上下に分かれている。

ここで注目すべきは、福岡女学院のセーラー服が確定する三か月前に、金城女学校がセーラー服を制服として採用していたことである。従来の福岡女学院が「日本で最初のセーラー服」という起源説は見直す必要があろう。上下に分かれた形状を「日本で最初のセーラー服」と見れば、金城女学校がそれにあたることになる。また生徒たちが自主的に着用していた期間を含めれば、セーラー襟だけの平安女学院にも遅れを取っていない。

他に可能性はないか

そもそも学生服会社の研究室が調査したのは約十五校でしかない。結論を急ぎ過ぎるように思う。そこで筆者が全国九百三十五校の高女を調査したところ、日本初のセーラー服の可能性がある高女が見つかった。広島県下初の高女となった広島県立広島高女と、金城女学校と同じ名古屋市内に存在する私立名古屋高女である。しかし、広島高女が大正九年に制定したのはセーラー服ではない可能性が高く（一四六〜一四七頁参照）、名古屋高女は大正十年にワンピースからセーラー服に変更したというが、裏づけとなる史料はなく、制定年月がはっきりしない。

大正十年までに存在した高女で、セーラー服を取り入れた可能性があるとしたら、右の二校しかない。両校にも足を運び、一次史料の有無などの調査も行った。金城女学校のセーラー服は、誰が見ても構造的にセーラー服であることに疑問の余地がなく、制定年月もはっきりしている。筆者は最大限の調査を行った上で、金城女学校が最初のセーラー服だと特定したのである。

女子学習院と東京女学館――お嬢様学校の象徴

女子学習院の標準服

明治十年に開校した学習院には女子小学科が置かれた。明治十八年九月に女子部を廃止し、華族女学校が創設された。明治三十九年に再び学習院女学部となるが、大正七年に女学部を青山新校舎に移すと女子学習院と改称した。翌八年に初等学科・中等学科・高等学科は初等科・中等科・高等科と改称され、五年制の中等科が高女に相当する。

女子学習院中等科は、皇族や華族の子女（士族や平民の子女もいた）が通うお嬢様学校であった。大正十四年六月に同校が保証人宛てに出した通牒では、従来どおり和服と洋服のどちらを着てもよいが、和服の場合は元禄袖とし、高等科でも袖を短くするよう指示している。そして洋服の場合は、セーラー服とジムドレスを標準服に設けた。

冬のセーラー服は紺サージとし、夏はそれ以外の生地で仕立ててもよかった。ジムドレスは「吊りスカートは紺サージ」、「ヂムドレス式のブラウス（白）は富士絹位」と定めていることから、ジャンパースカートであることがわかる。しかし、これだけでは細かい内容が父兄や生徒たちに伝わらなかったため、昭和八年三月に「学生服装に関する心得」という小冊子が配られた。

和服の場合は、①銘仙以下を用いる、②派手な色や模様は用いない、③袖の長さを中期は元禄袖三十八センチ以下、後期は元禄袖四十五センチ以下、高等科は六十四センチ以下とする、④襟は白地で刺繍は用いない、⑤袴は毛織物、⑥袴を胸高にはいてはいけない、⑦スカーフは用いない、⑧派手な肩掛けは用いない、としている。

ジムドレスは、①ジャンパーは四センチ以上の襞を用いる、②ジャンパーの襞ははっきりつける、③ジャンパーは相当の長さを保つ、④ブラウスの袖は肘がでない程度の長さにする、⑤ブラウスは白の富士絹以下にする、⑥ブラウスにネクタイはしない、⑦バンドは黒革または共布とし、幅は約三センチとする、⑧バンドは適当の位置にしめる、⑨カフス釦は貝製に限る、と定めている。

セーラー服は、①スカートの襞は前面中央を十センチ・ほかは四センチとする、②スカート襞ははっきりつける、③スカートは相当の長さを保つ（中期二年以上は膝が隠れる程度）、④腕章はつけない、⑤ネクタイは黒または紺を用いる、⑥袖は肘がでない程度の長さにする、⑦胸をあまりあけないようにする、と規定する。

さらに靴は①黒か白とし、上靴は黒とする、②上靴はゴム底を禁じる、③踵の高いものは用いない、④学生相当のもの、⑤草履を用いる場合は質素なもの、靴下は①白か黒、②絹や人絹は禁止、③薄いものや飾りのあるものはいけない、④ソックスは黒以外は認めないとしている。そのほか、半コートおよびセーター、外套、帽子、附属品に関する注意事項も細かく決められている。いずれも「質素清潔の趣意」にもとづき、派手や奇抜なものを禁止した。

令嬢たちが選んだ制服

女子学習院中等科で三つの標準服を設けたのは、生徒の家庭環境に配慮したものと思われる。この次に見る東京女学館とともに女子学習院中等科に通う生徒たちは、華族・官僚・軍人などを父に持ち、経済的にも恵まれていた。

経済的に余裕があれば、毎日柄の違った着物を着ていける。つまり制服を定めてしまうと、その自由な服選びをすることができなくなる。そこで「質素清潔の趣意」を掲げながら着物に袴という和服を残し、洋服に限ってセーラー服かジャンパースカートのいずれかを選ばせたのである。

この点も後述していくが、東京では昭和八年段階になるとセーラー服が台頭し、着物に袴姿はほとんど見られなくなる。その段階でも女子学習院中等科では着物に袴を残していたことは面白い。それでは、女子学習院中等科に通う生徒たちはどの標準服を選んだのだろうか。昭和十年十一月に刊行された『女子学習院五十年史』には、「最近は大体においてセーラー型に統一せられたる観あるを以て、この際之を制服たらしめんとの説の生じたるも自然の趨勢なるべし」と書かれている。

標準服を設けてから十年の間に、生徒たちの自主的な判断により、セーラー服が制服のようになったのである。こうした状況を受けた学校側は、昭和十二年にセーラー服を制服とした（口絵7参照）。

東京女学館の標準服

東京女学館は、明治二十一年に世界の人々と対等の交際ができる女性の育成を目的として、女子教育奨励会によって設立された。東京女学館は服装が派手なことで有名であった。学校があった虎ノ門に通う華麗な生徒たちの姿は「薔薇」や「牡丹」と見なされた。卒業式にはダイヤモンドやエメラルドの装飾をつける生徒がいたというから驚きである。生徒の父親は政財界で活躍する者が多く、裕福な家庭ばかりであった。

大正末期には洋服を着て通学する生徒が目立つようになった。そこで東京女学館では女子生徒に相応しい洋服の基準を設けることとした。昭和二年に三種類の標準服が定められた。①白セーラー服、紺スカート、紺色で蝶結びのネクタイ、②丸襟またはスクエアカットで前に三本タックのある白ブラウス、紺ジャンパースカート、③②と同じブラウス、紺スカート。

女子生徒は、このなかから好みのものを選んだ。靴は昭和六年卒業生によると、最初は黒・茶・白など自由であったが、かかとの低い黒皮靴になったという。靴下は黒のガスか絹製。帽子は、夏は麦藁に紺リボン、冬は紺フェルトに紺リボンであった。通学用の鞄はメリンス友禅の風呂敷か手提鞄を用いた。冬には紺色のコートを着た。また髪型は、おかっぱ、三つ編み、おさげであった。

渋谷の白鳥

それでは生徒たちは、三種類のうちなにを選んだのか。昭和三年から九年までの統計を見ると、セーラー服は昭和三年に〇人であったのが、六年に十人、七年に二十四人、八年に三十四人、九年に八十三人と右肩上がりに急増している。これに対してジャンパースカートとオーバーブラウスは増えることがなく、昭和九年には〇人となっている。また和服も昭和三年に六十五人、四年に七十二人と多かったが、七年に四十六人、八年に三十三人と減り、九年には〇人となった。

この結果は昭和五年にセーラー服を制服にしたから当然ではあるが、それが絶対的でなかったことは、その後も和服を着ていた生徒たちがいたことからうかがえる。生徒たちが和服かセーラー服かを選択し、最終的に後者を選んだのである。生徒たちには圧倒的にセーラー服の人気が高かったことがわかる。

このセーラー服は東京女学館の教師脇田房子が「今度うちの学校で制服を決める事になったので何かデザインして作品を出してみませんか」と数社に声をかけ、そのなかから選ばれたものであった(11)。三越や松屋など各百貨店も試作品を作ったが、女学館はマルス洋服店の白セーラー服を選んだ。

全国の高女のセーラー服は、冬は黒か紺、夏は白地というのがほとんどである。通年で白地を用いる東京女学館のセーラー服は珍しい(口絵8・9参照)。教師ミス・トロットがイギリスでは高貴な女性は白を身につけると提案し、冬服も白地のセーラー服になった。白のセーラー服は長く着ていると、どうしても色が黄ばんでくる。しかし、それは東京女学館に長く在籍する上級生の証であり、その点も生徒たちは誇りに思っていたようである。

東京女子師範学校附属高等女学校——エリート女性の誇り

東京女子師範学校附属高等女学校の標準服

明治七年に女性教員を養成する目的で、日本最初の女子師範学校である東京女子師範学校が設立され、明治十五年七月には附属高女（現在のお茶の水女子大学附属中学校・高等学校）が設置された。その後二度の校名変更を経て、明治四十一年に東京女子師範学校附属高女と改称している。

女性教員は女子師範学校で高等教育を受けた者がなる、職業婦人のなかでもエリートであった。全国の女子師範学校の頂点に立つ学校が東京女子師範学校である。その附属高女では、大正五年に靴を履くことを許可し、同八年には本科一年から三年生に筒袖の着物か洋服を着るように指示した。同校の『創立五十年』によれば、この頃から洋服の着用者は増加し、大正十二年の関東大震災後にはさらに増えたという。しかし、制服がないため、「甚だ奇異なる洋服」を着てくる生徒もいた。

ようやく標準服が設けられたのは、昭和五年三月であった。この標準服は東京女子師範学校教授兼文部省督学官の成田順が考案したという。セーラー服、ジャンパースカート二種類、ワンピース二種類の合計五つであった。婦人雑誌の『主婦之友』には、「お茶の水高女の標準新型洋服」と題し、写真入りで標準服が紹介されている。ここには『創立五十年』の記述にはないワンピース一号型と、体操服（セーラー服）がある。

セーラー服は白綿ポプリンの長袖で、水色の襟・袖・胸当てに白線三本を入れ、紺セルのスカートを穿いた。ジャンパースカート一号型は、白セルまたは富士絹のブラウスに、ピンタックを前後に入れた紺セルである。ジャンパースカート二号型は、ブラウスの襟が丸型でジャンパースカートの胸元を角型にした。

ワンピース一号型は上着が白富士絹で胸と腰にピンタックをとり、紺セルかポプリンのスカートとし、白のカラーと紐ネクタイをつけた。ワンピース二号型は富士絹、トプラルコ、ポプリンなどの生地で、ステンカラーで両胸に四本のピンタックをつけたものである。ワンピース三号型は富士絹、トプラルコ、ポプリン、ボイル、ギンガムなどの無地で、袖を短くした丸襟であった。

標準服の制定が遅れた理由

東京女子師範学校附属高女の「生徒心得」では、衣服の「質素、清潔、軽便」を重んじ、「華美に流るる」ことを禁止した。その上で和服でも洋服でも好きなものを着られるようにしていた。ところが、洋服着用者が増えてくると、「甚だ奇異なる洋服」が目につくようになったため、標準服を設けたのであった。

東京女子師範学校附属高女主事斎藤文蔵は、「簡便な点、経済的な点、生徒の動作の敏活を期する点などから言つて、洋服の方が適当でありますので、学校としては洋服の普及を望んでゐる次第です。保護者側の声としましても、洋服の利便を唱へてゐる向が多いと見受けます」という(12)。

学校側でも洋服の着用の利便性や必要性は感じていたのである。それなのに標準服を設けるのが遅れたのには、東京女子師範学校教授倉橋惣三の言説からはっきりする。「質素簡単に、従つて皆が大体同じやうな服装をすることになるにしても、それを各自の好みから出発させたいのである。逆にいへば、自分の服装を自分にあふように自分できめる自由を奪ひたくないのである」、「服装の中に個性を認め又育てたいのである」、「校服の制定は六《むつ》かしいことではない。又それに種々の便利が伴ふことも確である。しかし、それは、服装の教育をしてゐることではない(13)」。

生徒たちの自主性を重んじたため、制服を設けることに反対している。同じように考えた教員は他にもいたのだろう。したがって、他校に遅れながら設けたのは標準服であった。全国の高女で教鞭を取る女性教師には、女子師範学校の最高学府である東京女子師範学校の出身者が少なくない。となれば、卒業生たちが勤務校の服装を和服からセーラー服へと変えたように思いがちである。しかし、東京女子師範学校附属高女の洋式制服化は極めて遅く、全国の高女のそれの模範的存在にはならなかった。

二つの制服

昭和五年に標準服を設ける前に学校側では通学服の調査を行っていた。その調査結果を見ると、本科・専攻科・実科を合せてセーラー服が三百十一人、ワンピースが七十二人、ツーピースが六十八人、ジャンパースカートが三十九人であり、和服は本科で十八人、専攻科で七十九人、実科で九人であった[14]。セーラー服を着て通学する生徒が多かったことがわかる。

標準服を設けて二年後の昭和七年には、セーラー服とジャンパースカートを制服として制定している（口絵10参照）。制服に反対していた倉橋の願いは叶わなかった。制服を制定した理由について次のように説明している。

「当校に於って制服を選定するに当り、最初五種を選びて暫く生徒各自の好みに任せて自由に着用せしめたる所、生徒全般が自然にセーラー型とジャンパー型を選ぶに至り、この二種を標準服として制定するやうになつた。而してこの二種の中、現在ではジャンパー型は極めて少数となり、大部分セーラー型を着用する様になつた事及びセーラー型を制服として居る学校の多い事を考へ、多数の者の好む型を採るのが最も実行され易いと見て之を選んだ[15]」。

標準服のなかでもセーラー服を選ぶ生徒が圧倒的に多かったのである。全国の高女も続々とセーラー服を制服にしていた。そうした人気に押されて東京女子師範学校附属高女でも制服に踏み切った。女子学習院や東京女学館と同じく、生徒たちはセーラー服を好んだのである。

高等女学校の生徒

本書で取り扱うセーラー服は、高女の生徒たちが着たものを対象としている。高女の対象学年は、現在の女子中学生・高校生に相当する。高女という用語は、明治十五年に女子師範学校附属高女の設立により使われるようになる。明治二十四年十二月の中学校令改正にも見られるが、修業年限、入学資格、学科科目は明確にされなかった。明治二十八年一月の「高等女学校規定」により、修業年限は六年、一年伸縮を認め、入学資格は修業年限四年の尋常小学校卒業者とした。

そして明治三十二年二月に高等女学校令が施行されると、修業年限は四年、一年伸縮を認め、入学資格は十二歳以上で高等小学校第二学年修了者となった。二年以内の補修科の他、技芸専修科や専攻科を置くことができた。これらは良妻賢母主義による「学術技芸」の知識と技術を学ぶことが主目的とされたからであった。修業年限は、明治四十一年七月の改正令により、入学資格は十二歳以上で尋常小学校第二学年修了者とされ、修業年限は四年制か五年制となった。

また明治四十三年十月の改正令では家政に関する学科目である実科を置くことができ、実科だけを置く高女は実科高等女学校と称さなければならなかった。実科高女の修業年限は、尋常小学校卒業生は四年制、高女第一学年修了者は三年制、高等小学校卒業生は二年制と三種類あり、一年延長することができた。

現在の中学校三年制、高等学校三年制とは異なり、学校によって修了年限が違うところが複雑である。十三歳から十六歳か十七歳までと考えればよい。明治時代から高女のところもあれば、当初は実科高女でのちに高女へ昇格した学校もある。本書では、アジア・太平洋戦争の終戦まで高女に昇格しなかった学校は対象にしなかった。しかし、高女に昇格前の実科高女や各種の実業学校については分析しているため、それらの実態から高女以外の女子各種学校の制服変化についても知ることができる。

註

（1）『福岡女学院九五年史』学校法人福岡女学院、一九八一年、三九頁。
（2）井上美香子「学校制服にみるスクールアイデンティティーの形成に関する一考察—福岡女学院を事例として—」（『福岡女学院大学紀要・人文学部編』二九、二〇一九年三月）参照。
（3）『京都新聞』二〇〇七年十月五日。トンボ学生服の「ユニフォーム研究室長」であった佐野勝彦氏は、「いろいろな学校の年史を比較して検討していたところ、平安女学院の一二〇年史にセーラー襟のついた制服を採用したという記事があり、これがセーラー服の最も古い事例であることが判明しました。また、大正末の新聞にもそれを伝える記事が出ていたので、平安女学院が早かったと私なりに結論づけ」たと述べている（内田静枝編『セーラー服と女学生』河出書房新社、二〇一八年、七七頁）。
（4）『産経新聞』二〇〇七年十月十四日朝刊。
（5）二〇一四年四月十日の『読売新聞』夕刊では「全国初女学生にセーラー服」の見出しで、再び平安女学院の制服を取り上げた。その記事に学校制服の研究者である難波知子氏がコメントを寄せているが、佐野氏の発見説を否定せず、福岡女学院が上下セパレート型のセーラー服を制定した最初の学校でないことにも気が付いていない。二〇一六年十二月十日の『朝日新聞』西部本社夕刊、二〇一七年四月二十四日の『読売新聞』福岡版朝刊では「どちらも日本初」という不明瞭な記述で対決は続いた。
（6）『釜南七〇年史』岩手県立釜石南高等学校創立七十周年記念事業協賛会、一九八八年、三〇六頁。
（7）同右、一六頁。
（8）『山陽学園九十年史』山陽学園、一九七九年、八六～八七頁。
（9）拙稿「ミッション系高等女学校の制服洋装化」（『総合文化研究』二三—三、二〇一八年三月）。この成果は『読売新聞』二〇一八年四月七日夕刊、『朝日新聞』二〇一八年四月十四日夕刊、『中日新聞』二〇一八年五月十二日夕刊、『週刊プレイボーイ』二〇一八年四月二十三日号で取り上げられた。
（10）『金城学院百年史』学校法人金城学院、一九九六年、二一六頁。
（11）『東京女学館百年史』学校法人東京女学館、一九九一年、三八九頁。
（12）斎藤文蔵「生徒の通学服に就いて」（『婦人公論』一九三〇年三月）。

(13) 倉橋惣三「児童服のもつ問題」(同右)。
(14) 難波知子『学校制服の文化史―日本近代における女子生徒服装の変遷―』創元社、二〇一二年、二九〇～二九一頁参照。
(15)「女学生夏季制服」一九三九年(お茶の水女子大学所蔵、http://hdl.handle.net/10083/33436)。

第一章

体操服と改良服

セーラー服の起源

セーラー服の発祥はイギリス

海軍水兵の軍服にセーラー服を最初に取り入れたのはイギリスであった。なぜ襟の大きなセーラーを導入したのかは、所説あって定かではない。甲板上では風の影響で音声が聞こえにくいため、襟を立てて聞き取りやすくしたという説。船上では洗髪ができないため、長髪の汚れを防ぐという説などがある。またセーラー服の胸元がV字型なのは、船から海に落ちたときに服を破り泳ぎやすくする効果があるともいう。

これらがどのような根拠にもとづいたのか解明するのは容易ではない。確かなことは、イギリスの水兵のセーラー服がアメリカやフランスで用いられたものよりも古いことである。そしてイギリスでは軍服だけではなく子供服としても用途を広げた。そのきっかけは、イギリスのヴィクトリア女王が水兵の着るセーラー服を好み、皇太子のアルバート・エドワードに着せたことによる。

さらに女王は他の王子たちにもセーラー服を着せたり、孫のプロイセンのヴィルヘルム王子にもセーラー服を贈っ

4　セーラー服を着たヴィルヘルム２世の子供たち　ドイツ連邦公文書館所蔵

た。

帝国海軍の水兵服

日本にセーラー服が入ってきたのは幕末である。最初は幕府海軍の水兵服として用いられた。残念ながらその明確な時期を特定できる史料は見当たらない。現在のところ、慶応四年（一八六八年）に撮影したという、幕府海軍の軍艦富士山の乗員が着ているセーラー服が確認できるなかでは最も古い。慶応三年十二月九日に明治新政府が発足し、翌四年四月十一日の江戸開城後に軍艦富士山は新政府に接収されている。そう考えると、写真はその間に撮られたことになる。

セーラー服は袖に釦留がないジャケット式で、上着の裾をズボンの上に出し、スカーフもつけていない。アメリカやイギリスの海軍水兵はセーラー服を着ていたから、幕府海軍もそれに倣って水兵の軍服にセーラー服を採用したのだろう。

明治新政府の海軍服制は、明治三年（一八七〇年）十一月にはじめて制定された。海軍服制には水兵帽はあるものの、セーラー服は掲載されていない。しかし、同時期に撮影された軍艦龍驤の水夫は、フロック式のセーラー服を着ている。海軍服制にセーラー服が登場するのは、明治五年である。

そこでは「フロック則チ方今用フル所ノ水火夫服」と記されているが[1]、「方今」というのは現在用いているところのという意味である。したがって、明治五年からはじめてセーラー服を着るようになったのではなく、これまで着てきたセーラー服を正式に服制として規定したと見るべきである。フロック式は袖にカフス付きの釦留があり、たっぷりした身幅で裾の両脇を割り、裾をズボンのなかに入れて着る。

これ以降、セーラー服は帝国海軍の水兵服として用いられる。冬服の一種服は紺地で白線一本が入った上着に紺のズボン、夏服の二種服は白地で紺線一本が入った上着に白のズボンである。夏冬とも紺のスカーフをした。

セーラー服にはジャンパー式とフロック式とがあるが、いずれも上下に分かれている。セーラー襟がV型であるのが脱ぎやすさを重視していたとすれば、上下に分かれているのは当然だといえる。男性が着る軍服のセーラー服はズボンであるから、仮に上下が繋がっていたとしたら、どうやって着るのだろうか。

女子生徒のスカートならその心配はいらないというのは理屈にならない。ここで重要なのはセーラー服の構造である。その構造に該当しないものは、いくら似ていたとしてもセーラー服ではないということだ。平安女学院のワンピースがセーラー服ではないという理由はここにある。セーラー襟のワンピースであってセーラー服ではない。

昭和天皇も着た子供向けのセーラー服

イギリスの王室で子供服としてセーラー服が用いられていたこともあってか、日本の皇室でも幼少期の迪宮裕仁《みちのみやひろひと》親王（昭和天皇）と、淳宮雍仁《あつのみややすひと》親王（秩父宮）が白襟のセーラー服を着ている。男性皇族も同じであり、閑院宮春仁王が明治末年に紺地襟と胸当てに白線三本が入ったセーラー服を着ている。戦前の皇族は学習院初等科に通うため、セーラー服は初等科の制服に袖を通すまでの幼少期に限られたと思われる。

この点は華族も同じであったことが残された写真からうかがえる。明治三十年、伯爵松平康昌《やすまさ》が四歳のときに父康《やす》荘《たか》と撮影した写真では、セーラー服にズボンを着ている。胸当てに錨の刺繍があり、襟に白線一本、袖・胸ポケット・ズボン裾に白線二本が入っており、右腕には水兵帽を抱えている。

明治三十八年に康荘一家を撮影した写真では、十二歳の康昌は制服だが、弟の康信と康邦《やすくに》はセーラー服を着ている。襟のラインは角ばり、襟・首・胸当て・ネクタイ・胸ポケット・袖・ズボン縁に白線二本が入る変わった形である。水平帽のペンネントには英字が印字されているから、イギリス製のセーラー服かもしれない。

一橋徳川伯爵家の徳川宗敬《むねよし》は、一歳八か月のときに撮影した写真でセーラー服姿が確認できる。男爵岩佐新《あらた》の四女萬喜も幼少時に襟に白線三本の入ったセーラー服を着ている。

明治中期からセーラー服は子供服として用いられたことがわかる。しかし、皇族や華族のような裕福な家庭に限られ、全国の子供たちに普及したのではない。

セーラー服を制服にした旧制中学校

セーラー服が女子生徒に先行して男子生徒の制服であったことは、あまり知られていないだろう。それもそのはずで、全国でもセーラー服を学校制服にとりいれた旧制中学はほとんどなかったからだ。そのなかで珍しい事例が、明治三十年五月に開校した広島県の豊田尋常中学校（明治三十三年に広島県第四中学校、同三十四年に広島県立忠海中学校と改称）である。

豊田尋常中学校では、当初から生徒の制服に「海軍水兵形」のセーラー服を制定している。豊田尋常中学校のセーラー服は海軍関係者に受けがよかったという。それにもかかわらず、明治四十一年十月に「霜降陸軍形」の詰襟服に変更したのは、全国的に旧制中学校の制服が詰襟であったのに合わせたものと考えられる。

なぜ中学校ではセーラー服が普及しなかったのだろうか。そこで男子生徒の制服の歴史と特徴について少し触れる。男子生徒の制服に大きな影響を与えたのは、学習院と東京大学の制服である。明治十二年三月に制定した学習院の制服は、釦がなく襟から裾回りに蛇腹線のついた後の侍従たちが着る供奉服や、海軍将校一種服（冬服）と同じ形であ

5　豊田尋常中学校の制服（広島県立忠海高等学校同窓会所蔵）

った。帽子も前章を除けば、紺地に蛇腹の鉢巻という海軍将校一種帽と差がなかった。

明治十九年四月には最高学府である東京大学が黒の詰襟に金釦という制服を定めた。頭には校章を前章につけた制帽を被る。この学ランは東大の予備門である第一高等学校をはじめとする高等学校、その下に位置する中学校へと広がっていく。中学校のなかには学習院型の制服を定めるところもあったが、圧倒的に東大型の制服が多い。

こうした状況証拠から東大型と学習院型の制服は、国家の官僚と海軍将校というエリート予備軍としてのイメージを与えたと考えられる。海軍の幹部候補生を育成する海軍兵学校の制服は七つ釦の短ランであった。したがって、中学生以上の男子生徒の制服として、将校や下士官よりも階級が低い海軍水兵が着るセーラー服は普及しなかったといえる。男性にとってセーラー服は水兵服か子供服であり、エリートの表象からは除外されたのである。

南高輪尋常小学校のセーラー服

女子小学生の制服としてセーラー服を採用したのが、東京私立南高輪尋常小学校である。男子生徒の制服は、明治四十三年の開校時から冬服は紺か黒、夏服は霜降りの折詰襟であり、銀座の新川洋服店が請け負っていた。上流階級の子供たちが通う学習院、成城、暁星の制服を参考にしたため、金釦五個の折詰襟は暁星、半ズボンは学習院に似ている。

南高輪尋常小学校は、森村財閥の創設者である森村市左衛門によって創立された。良い人材を育成する目的から、英語の授業、クリスマスのイベント、卒業式に洋食をふるまうなど、西洋の子供たちが経験するのと同じような教育を行っていた。

女子生徒の制服をセーラー服にしたのは、西洋の子供たちが着ていたからだろう。大正七年（一九一八年）、八年の卒業写真にはセーラー服姿が見られるが着用は義務づけていなかった。セーラー服の型はアメリカの某大学の制服を模したもので、学校服専門店のヨシザワと相談して決めたという。セーラー服の型が統一されるのは、大正十三年に吉澤慶太郎が文京区本郷に店を開いてからである。

昭和二年（一九二七年）の卒業写真で全員がセーラー服を着ているのは型が決まったからだろう。大正九年からセーラー服姿の生徒があらわれた金城女学校が「セーラー服を採用していたのは東京・南高輪小学校一校のみだった」(2)というのは、南高輪尋常小学校で型には違いがあるものの、セーラー服を着る女子生徒がいたことを指している。ただし、セーラー服を制服にしたのは、金城女学校のほうが早かったことになる。

井口阿くりとセーラー服

読者の皆さんは、セーラー服といえば女子中高生の通学服を連想し、少なくとも学校の制服であることに疑いは持たないだろう。ところが、学校に取り入れられたセーラー服は、当初は通学用の制服ではなく「運動服」という体操服であった。それを日本の教育現場に持ち込んだのが、明治三十二年に文部省留学生としてアメリカに留学した井口阿くりである。

アメリカに渡った翌年、彼女はボストン体操師範学校に入学し、明治三十五年に卒業すると、ハーバード大学の夏期体操講習会に参加している。そして明治三十六年二月に帰国すると、東京女子高等師範学校国語体育専修科の教授に就任した。そこで彼女はアメリカで使っていた体操服と、スウェーデン体操を取り入れた。

井口は、ボストン体操師範学校のクラスメートたちとともに揃いのセーラー服を着ており、黒か紺の無地で襟や袖に線はなく、同色のネクタイを結んでいる。東京女子高等師範学校国語体育専修科の体操服として彼女が取り入れたセーラー服の体操服は、スカートではなく「袴」である。この「袴」は、明治二十八年か二十九年頃から、ハーバード大学の女性教師が穿いていたものだという。それまでは裾が長く、地面を引きずると汚れるため、裾を持って歩いていた。それを踵あたりで切り、動きやすくしたのである。だが、アメリカの「書生」たちの「袴」と同じものを穿いたため、「優美でない」「野卑に見える」「お転婆」などという批判が起った[3]。

しかし、その女性教師は批判にめげず、生徒たちも穿き続けた。すると、悪口をいっていた者も「活発で宜い」というように評価が変わり、「今では生徒ばかりでない、奥さん方に至るまで斯う云ふ短い袴を拵へられて、お昼前に働く内、買物に出る時、殊に今日のやうに雨降りの時には斯う云ふものを穿くやうになッた」という[4]。

6 井口阿くりのセーラー服
秋田県立博物館・秋田の先覚記念室所蔵

「高等女学校程度ノ女生徒運動服図案」

明治三十九年五月二十五日に文部省普通学務局は、各県知事宛てに「高等女学校程度ノ女生徒運動服図案」を通牒した。この図案は、体操遊技取調委員の井口阿くり、可児徳、川瀬元九郎、高島平三郎、坪井玄道らによる『体育之理論及実際』で確認できる。

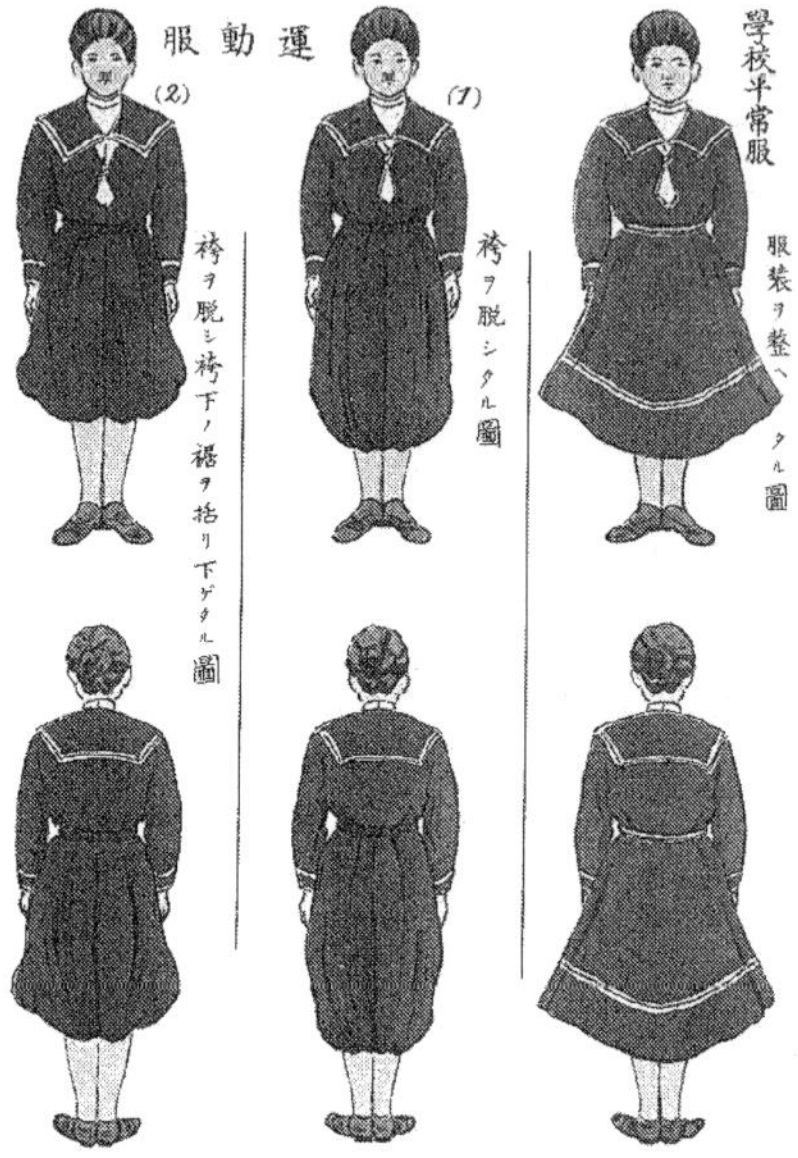

7　「高等女学校程度ノ女生徒運動服図案」『体育之理論及実際』

「学校平常服」と「運動服」のどちらもセーラー服である。生地は当時の着物や袴に用いられていた「木綿又ハ毛織」であった。濃紺色で襟と袖に白線二本がつき、ネクタイを結び、「袴」というスカートには裾に白線二本を入れた。

これが「学校平常服」であり、「袴」を脱ぐと「運動服」となった。「袴下」にはたっつけ袴のようなブルマーを穿いており、その裾を括ることもできた。つまり井口は、セーラー服の機能を「運動服」から「学校平常服」へと広げたのである。スカートの下には「運動服」に用いるブルマーを穿いているから、通学中にスカートがめくれても問題はなかった。

セーラー服にブルマーの「運動服」は、「身体ノ各部ヲ圧迫スルコトナク、且ツ運動ニ自由ヲ得ル点ニ於テ、別紙図面ノ服ヲ以テ、最モ適当ナリト認メタリ」という。同じ洋服でも、鹿鳴館時代に女性たちが着たコルセットで腰を圧迫し、裾が長く動きづらいドレスとはまったく違った。

その一方では「若シ土地ノ状況ニヨリ、前記ノ服ヲ用ヒ難キ場合ニ於テハ、筒袖袴ヲ用ヒシムル様奨励スベキ」とも述べている。都市と地方の格差を考慮し、セーラー服とブルマーを用意できない場合は、それに代わるものとして筒袖と袴を着るよう推奨した。この点から見ると、セーラー服とブルマーの登場により、筒袖と袴はその代用品になったと位置づけることができる。

セーラー服を全国的に広めようとしたのには、井口が帰国後に見た女学生の通学風景が影響していたと思われる。明治三十六年三月十五日に井口は、帝国教育講談会で次のように演説している。日本に帰国後に改良服を着ている生徒は一人しか見ておらず、筒袖に袴も尋常科では見かけるが、高等科になると見ることができないという。そして現在のアメリカの学校ではコルセットを用いないようにしていることを紹介している。

この演説では、セーラー服については述べていないが、右の打開策として彼女がそれに目をつけたとしても不思議ではない。井口が東京女子高等師範学校で実践していたセーラー服を、全国の「学校平常服」と「運動服」にしようとしたのである。

服装改善運動の展開

洋服と和服との服装論議

日本女子大学校長成瀬仁蔵によれば、大正五年二月に大阪の各高女の間では生徒の制服を統一するための相談が行われ、その話題が東京に伝わると同じように議論になったという。具体的な議論の内容はわからないが、成瀬は和服の経済上と衛生上の欠点を改善しなければならないものの、改善方法の研究が不十分であるため、「女学校の制服一定」には時期尚早だと判断している(5)。

女子美術学校講師伊澤峰子は、大正六年二月に成瀬とは対照的な意見を提案した。伊澤は、第一次世界大戦後に羅紗の価格が上がっているにもかかわらず、学習院の幼稚園児や小学生の通学服として洋服が増えていることに注目する。その理由は、和服に比べて洋服のほうが洗濯の手数が省けるからだと見ている。運動が自由な点や衛生上から見ても和服に勝っているともいう。

そして「洋服を高等女学校生徒の通学服として衛生、経済の両方面から御勧めしたい」と述べる。和服だと銘仙のカシミヤ、羽織袴など合計で十七円だが、洋服なら折襟かセーラー服にしても十五円でできる。小学校はともかく、中学生は制服を設けているから、「高等女学校程度から洋服にしたならば、凡《すべ》ての方面から便利ではないか」という。(6)

新案服展覧会と生活改善展覧会

和服と洋服の問題点を見出し、それをどのようにして改良するか。この議論は明治二十年代から継続されて行われてきた。大正時代を迎えると、服装を含めた生活改善を模範的に示す展覧会が開かれるようになる。

大正五年五月、読売新聞社が「女学生の上衣」などを展示する「新案服展覧会」を開催した。茨城県土浦高女、和洋裁縫女学校、東洋音楽学校、東京女子高等師範学校、東洋家政女学校など、服装の改良に熱心な女性たち約七百〜八百人が見学している。二十二日には展示品の審査が行われ、和洋女芸学校の女学生服が三等に選ばれている。元禄袖の五寸の袖口を開閉する打紐がつき、それに袴を穿くという改良服である。

東京教育博物館では、大正七年十一月二日から翌八年一月十五日まで「家事科学展覧会」が開催され、同年十一月三十日から翌九年二月一日まで開催の「生活改善展覧会」では改良服など十七点の実物が展示された。文部省普通学務局長赤司鷹一郎に服装改善案を直談判した桜井国子の改良服も確認できる。婦人服が四案あるが、ほとんどが女子生徒の服装と女児服を対象にしている。また尾崎芳太郎のような洋服案は少数派であり、和服の袖や袴に手を加えた改良服が多数を占めている。

高女や女子師範学校で考案した改良服が展示されたのは「家事科学展覧会」のときと同じだが、その作製を三越、高島屋、松坂屋、白木屋という百貨店が請け負っているのが新たに目を引く。

このなかで本書の関係で注目すべきは「山脇高等女学校案（生徒制服）」だろう。山脇高女の制服は、『婦女新聞』

大正八年十月五日付で山脇自身が「校服制定に就いて」という記事で紹介し、『婦人画報』同年一一月号の口絵に使われるなど、当時の新聞や婦人雑誌で注目された。展覧会を実際に見学した高女の関係者はもとより、遠隔地で雑誌を手にした教育者にも影響を与えたのである。

8　山脇高等女学校の洋式制服　『婦人画報』165号，大正8年11月，口絵

山脇房子と山脇高等女学校の洋式制服

山脇高女の創設者である山脇房子は、明治三十四年に医学博士弘田長が結成した女服改良会の委員となり、同委員の鳩山春子や三輪田真佐子などと意見を交わしてきた。生粋の服装改善運動家であった。そして他の運動家よりも一足先に自分の学校で洋式制服を導入する。

ところが、大正七年四月に「自分で適当なものを判断するが肝心」と題する文章では、学校に制服を設けることに反対していた。山脇は家庭には貧富の差があるため、服装に格差が生まれるのは仕方がないことだと判断した。「女学生時代の服装」を質素にすることを強制すると、卒業後には反動で華美になる恐れがある。「私には綿服が身分相応だから、お友達がどんな美しい着物を着てゐても真似る必要はないのだ」という自覚を持たせることが大事だという(7)。

だからといって服装改善に努める山脇が和服に満足していた

わけではない。長い袖は運動をするのに不便であり、袴も動きによっては足の上の方まで見えてよくないという。現状では袴の下に股引を穿かせるしかない。元禄袖は十四歳か十五歳くらいまではよいが、それ以上の年齢には見栄えがよくないと指摘する。そして草履は塵や埃によって衛生的によくないため、靴を履かせたいという。

こうした意見を発表したが、大正八年九月には「生活費中服装に要する費用多大なるを慮《おもんぱか》り此際率先して婦人に洋装を奨励」することとし、洋式制服の制定に踏み切った(8)。白襟のついた紺サージのワンピース、つばの広い紺の帽子であったが、着るかどうかは生徒たちの判断に任せた。着用を強制しなかったのは、山脇の持論である貧富の格差に配慮したからだろう。

洋式制服を定めたことにより、山脇の洋服や制服に対する不安はなくなったようだ。それは大正十二年四月の談話からはっきりする。山脇は、洋式制服を制定してから三年を経て、洋服のほうが和服よりも経済的によいことを確信した。

洋式制服の冬服は二十一円三十五銭(仕立て代金が十二円九十銭)でできるが、和服だと銘仙薄綿入羽織(二十八円)・着物綿入新銘仙(十六円)、更紗裏付きの下着(十一円)、襟付きの襦袢(十五円)、袴下用の半帯(三円六十銭)、カシミヤの袴(十六円)など合計八十九円六十銭もかかる。差し引き六十八円の得だという。夏服はガス糸の綾織の白地に藍色の丸星刺繍をした生地を三越に作らせて、店に仕立てを注文すれば十円、生徒たちが縫製すれば七円ですむようにした。

生活改善同盟会の創設

文部省普通学務局長赤司鷹一郎は、大正八年十一月に服装改善を困難な問題だと捉え、①衛生的、②動作に自由な点、③女性から見て美的、④経済的という点を克服しなければならないと論じる。また和服の袖が邪魔なことと、猫背になるのを防ぐことを挙げているが、具体的な解決策などの提言は一切ない。洋服の制服を設けると経済的かもしれないが、資金のない家庭では借金までして学校制服を作ったとなれば、かえって不経済であるという。

服飾の専門的な知識もない官僚の赤司に良案が浮かぶはずはない。最終的には「改良を強制する必要はない、絶えず撓《たゆ》まぬ研究を続けて貰《もら》ひ度《た》いといふのが私の希望です」などと、(9)他力本願のような発言をしている。文部省も服装改善運動の高まりを見過ごしていたわけではない。その必要性は認知しながら、官僚たちの手ではどうにもならない。そこで有識者たちを総動員して、この困難な問題を解決しようとしたのだろう。

この発言より半年前の大正八年五月に文部省は全国各地の小学生と高女の生徒がどのような服装であるかを調査している。この調査結果がどう処理されたのかはわからないが、やはり有識者の力に頼らないと解決できなかったと考えられる。そう考えるのは、大正九年一月二十五日に文部省が中心となり、東京教育博物館に半官半民の団体である生活改善同盟会を設立しているからである。

会長には公爵で伊藤博文の息子である伊藤博邦が就任し、幹事は東京府立第一高女校長市川源三、日本女子商業学校長嘉悦孝子、東京女子医学専門学校長吉岡弥生、三輪田高女校長三輪田元道などの教育者、文部省事務官乗杉嘉寿などの官僚がつとめた。評議員には入沢常子、山脇房子、下田歌子、本野久子など服装改善運動の担い手、それに理解を示す成女高女校長宮田修などの教育者の名前が確認できる。そのほか評議員には渋沢栄一などの財界人、徳富猪一郎（蘇峰）などの有識者、赤司鷹一郎、内務次官小橋一太、逓信省為替貯金局長天岡直嘉、といった官僚たちも名前を添えている。

服装改善調査委員の報告

三輪田元道と入沢常子は「家事科学展覧会」に出品し、下田歌子と本野久子は共同で生活改善展覧会に出品している。市川源三、吉岡弥生、山脇房子、宮田修も各学校で洋式制服を実践していく。こうした顔ぶれが生活改善同盟会の実働部隊であり、赤司鷹一郎などの官僚たちは実働部隊の状況把握に努めたと思われる。

生活改善委員の調査結果は、大正九年八月頃に『服装改善の方針』としてまとめられた。この史料は、東京帝国大学教授で医学博士の横手千代之助が委員長、宮田修を副委員長とし、生活改善同盟会の実働部隊や官僚、新たに加わった有識者の委員たちによって作成された。くり返すまでもなく、調査報告は実働部隊の意見で占められていたといってよいだろう。

生活改善同盟会の服装改善調査委員の報告書『服装改善の方針』によると、日本で洋服を導入することに多数の反対意見があるという。反対意見は、①体格が小さくて脚の短い日本人の洋服姿は美的でないこと、②作業着や日常服はともかく、社交用の服は多額な費用を要して経済的でないこと、③洋服には構造的に欠点があり外国でも問題にしていることであった。ただし、洋服を全否定するのではなく、その長所を採り、和服の短所を補う「衣袴式」が将来の婦人服には望ましいと述べている。

和服には多数の欠点があることを認めたうえで、女性用の日常服を改善する必要性を訴える。着物の裾が捲れて脚が出ることを防ぐため、運動や歩行に際して袴を穿くことを勧める。身幅を狭くして襟下をホックや釦などでとめ、洋式の下着を使うことを提案する。そして袴を穿けば、胸を締めつける幅の広い帯を用いないですむという。

このような服装改善意見は、明治二十年代から教育者や医学者などの間で言われてきたことと大差はなく、袴を穿くことは高女の女子生徒たちが実践してきたことである。服装改善調査委員会は高女の女子生徒の服装について報告していないが、彼女たちよりも年齢の低い「児童服」については次のように述べている。

幼稚園や小学生は運動を活発させるため、自由な服装が望まれる。多くの幼稚園や小学校で男女を通して「筒袖袴の軽装や特別な洋服式制服」を着ているのは、体操や遊戯など活発な運動に適しているからである。「今一歩を進めて速に児童の服装を全然洋服式に改める事は、頗る時宜に適したものと思ひます。洋服式児童服は独り動作に便利なばかりでなく、経済の点から申しましても、普通の和服よりも、耐久力に富み頗る利益であります」と説明している。(10)

外国の女学生のセーラー服を紹介する文部省事務官乗杉嘉寿

生活改善同盟会の幹事をつとめた文部省事務官乗杉嘉寿は、大正八年七月に「女学校の校服を制定せよ」という文章で見解を示している。題名からもわかるが、乗杉は高女で制服を定めることを求めていた。

学校では絹物を禁止し、木綿の服を着るように指導しているようだが、効果は期待できない。地方はともかく、東京では女子生徒たちの華美な服装を目にするという。また和服の袖を詰めて元禄袖や筒袖などを制服にしている学校もあるが、これは姑息な手段だと切り捨てる。西洋風の校舎が新築されて椅子や机を使っているのにもかかわらず、服装だけが江戸時代の寺子屋で学ぶ着物姿なのはおかしいとも指摘する。

制服は衛生的かつ活動的でなければならないから、その点で和服は適していないという。そして乗杉は、「制服の拵《こしら》へ方にはいろいろありますが、上衣は水兵服のやうな形のものが多く、肩から襟にかけた布片《ふへん》に線を太く一本入れるとか、細くして二本入れるとかしてゐるのもあり、また水兵服と同じやうに肩から胸にリボンを下げるのもあります。そのうちで最も多く見懸《みか》けるのは白い布地《きれぢ》の制服で、これは冬でも着てをります。袴《スカート》は白か黒ですが、上下とも黒のものもあります」と、外国の女子生徒の制服事情を紹介している。(11)

外国の女学校の制服はほとんどがセーラー服であり、学校によって襟の線が太くて一本、細くて二本という違いが見られる。肩から胸にはリボンを下げるものもある。後述するように日本では白い布地は夏服に限られ、冬服でも用いていたのは序章で紹介した「渋谷の白鳥」と呼ばれた東京女学館のセーラー服くらいであった。日本の冬服は上下ともに黒か紺であったが、西洋では白いスカートも用いていたようだ。

西洋の女子生徒が夏服の白の上下を冬も着ていたのには理由があった。校舎のなかは暖房が完備されており、冬でも室内は暖かく薄着でいられた。室外では外套を着れば寒さを防ぐことができた。このような西洋の女子生徒の制服事情を紹介し、日本も同じように変えることを望んだのである。その際のデザインについては述べていないが、外国でセーラー服が主流であることに着目していることから考えると、それを求めていたとしても不思議ではない。

外国で広がる女学生のセーラー服

イギリスの王室を皮切りに外国で子供服としてセーラー服が用いられたことは本章の冒頭で述べた。その後、セーラー服は欧米諸国を中心に広く女子生徒の通学服として広がった。イギリスの子供服としてのセーラー服を研究した坂井妙子氏によれば、イギリスでは一八六〇年代後半から流行し、九〇年代から海軍のセーラー服とそっくりなものが売り出されたという。また「セーラー服は上下に分かれているために動きやすく、カラーやカフスを換えれば、バリエーションも楽しめる」と、セーラー服が上下に分かれる構造についても指摘している[12]。

9　クイーンズランドの女子生徒のセーラー服（クイーンズランド州立図書館所蔵）

アメリカの子供服や女子生徒のセーラー服について研究した佐々井啓氏によれば、一八六〇年代からセーラー型のドレスが登場するが、女子生徒のセーラー服の広告記事などは一九一六年（大正五）以降に増えるという。そして、金城女学校のローガンの娘や福岡女学校のエリザベス・リーが着ていたセーラー服は、ア

10　ハンガリーの女子生徒のセーラー服　https://fortepan.hu/hu/photos

メリカで一九〇五年（明治三十八）以降に広まってきた少女や女学生が通学服として着ていたものの影響と見ている[13]。

外国のセーラー服事情を知る上で数少ない貴重な研究だが、このイギリスとアメリカの状況は他国にも影響を与えたことがうかがえる。オーストラリアのクイーンズランドの女子生徒は、一九一〇年（明治四十三年）に白長袖のセーラー服を着ており、青地の襟と袖に白線三本を入れ、黒か紺と思われるネクタイを結んでいる。ハンガリーの女子生徒たちは、一九三〇年（昭和五年）の集合写真で黒か紺地のセーラー服で襟と袖に白線三本を入れ、蝶結びのネクタイをつけている。

クイーンズランドとハンガリーとでは二十年という時間差があるが、その間にセーラー服を着る女子生徒の数が増えていた証拠といえる。日本のセーラー服も、そうした国際情勢に合わせた動きであったと見ることもできるが、最初からそこに答えを求めてしまうのは早計である。なぜなら、服装改善運動を受けて高女で洋式制服が取り入れられていくわけだが、必ずしも最初からセーラー服を制定していたわけではないからである。

全国高等女学校長会議

明治三十五年から開会された全国高等女学校長会議では、女子教育の改善を図るため、各高等女学校長が地元の状況などを踏まえながら意見を交わしてきた。議題は教科や教育方法はもとより、学校の施設や女学生の持ち物など多岐にわたっている。女子生徒の服装も例外ではなく、通学に相応しい服装や体育に適した服装も論点となった。

全国高等女学校長会議の議事録である「全国高等女学校長実科高等女学校長会議要項」を見る限り、女子生徒の服装について具体的な意見が読み取れるのは、大正三年十月二十二日の会議が最初である。そこでは、地方では筒袖を守っているが、東京では「膝ニブツカリサウナ袖ヲ附ケテ歩イテ居ル」ため、服装および学用品の制限規定に「筒袖」と明記すべきだという意見が見られる。(14) 同じような意見が他にも出たものの決まらなかった。

大正六年十一月十一日の会議では「女生徒服装改正ノ方法如何」は議題にあがらなかったが、「女子服装ヲ改良シ運動ニ便ナラシムルコト」という議題のなかで女子生徒の服装について意見が出ている。奈良県町立五条高女の校長中村常治は、運動や体育に「日本ノ服ハ極メテ便利ガ悪ルイ」と主張したが、(15) 洋服に関する具体的な意見は示していない。この会議でも具体的な方向性は見出せなかった。

体育の観点からは和服よりも洋服のほうが便利だが、どのような洋服がよいのかという明確な意見を持つ者はいなかった。したがって、明治時代からの筒袖に袴という改良服を用いていたわけだが、改良服で十分だと感じていたわけではない。この後、大正十四年まで高等女学校長会議で女子生徒の服装に関する意見を知ることはできないが、大正十年に洋式の制服を定めた静岡県組合立榛原実科高女の校友会雑誌『校友』創刊号からは、全国高等女学校長会議で洋式の制服について議論していたことがうかがえる。

大正のはじめから中程にかけて、女学校の服装問題が全国的に八釜《やかま》しくなってその形式が多大の興味をもって到る処に研究せられ、全国の女学校長会議に於《おい》ても、毎年各所から新しい考案の実物見本が提供せられて、甲論、乙論容易にその可否が決せず、今日にして思へば不思議に騒がれたものだ。本県下に於ても静岡の県立高女が和洋折衷式のものを用いたのをはじめとして、様々のためしが行われたものの一足飛びに今の洋服式に改めるほどの勇気もなく、とかく鵺《ぬえ》式のものが用いられたのである。その当時本校に於ては趨勢の向ふ処を察して断然今日の様な型を採用して終わったので、地方有力者諸君の間にも賛否の声が往々喧《やかま》しかったようである。(16)

この記録によれば、全国高等女学校長会議では毎年各校が考案した学校制服の実物見本が持ち込まれたが、議論が百出して決まらなかったという。静岡高女が和洋折衷式の制服、榛原実科高女が「鵺式」の制服を定めたため、地方有力者からは賛否両論が挙がったという。具体的な両論は想像するしかないが、先駆的な判断という称賛と、時期尚早という反論があっただろう。洋式の制服を望む者からは、「今日の様な型を採用して終わった」という中途半端な形になってしまったことを、残念に思う声が出たのではなかったか。

遊戯から競技へと変わる体操着

男子児童を質実剛健に育てるには、子供を産む母親の体も健康でなければならない。そのため、女子教育で体育が必要視されたのは、明治二十七年の日清戦争の頃まで遡る。しかし、運動に適した服装は、その後に女子生徒に袴を穿かせることは普及したが、井口阿くりが推奨するセーラー服の体操服は広がらなかった。

それが大正時代を迎えると、取り入れる高女が登場してくる。大正七年に清水谷高女、同八年に広島高女、同十年に自由学園、同十三年に普連土女学校でセーラー服の体操服を使っている。この背景には、明治時代までの女子教育の体育が遊戯的な側面が強かったのに対し、大正時代には競技としての意味が出てきたことがある。

兵庫県立第一神戸高女では、大正八年八月に大阪時事新報主催の庭球大会に出場するために練習が開始された。大正十一年六月二十四日には宮城県立宮城高女の運動部が主催する女子庭球大会が行われている。大正十二年四月に東京市の陸上競技大会に参加した自由学園の生徒はセーラー服でハードルや幅跳びに臨んだ。大阪市は大正十二年五月二十一日から二十五日まで第六回極東選手権競技大会を開催しているが、大阪府立清水谷高女では、ここで合同体操を行う予定でいたため、セーラー服から白い体操着へと変更したようだ。(17)

全国的に見ると、セーラー服よりもジャンパースカートを体操服としている学校が目立つ。大正十一年に香川県立小豆島高女、同十二年に青森県立八戸高女、栃木県立足利高女、同十五年に高知県立中村高女が、それぞれジャンパースカートを体操服として採用している。

これは大正十一年に二階堂トクヨが開校した二階堂体操塾の影響を受けたと考えられる。井口の後輩である二階堂は、イギリスのキングス・フィールド体操専門学校でチューニック体操を学んだ。同校で「理想の体操服」としていたのが、「チューニック型」とも呼ばれるジャンパースカートである。二階堂体操塾は、人見絹江という日本初のオリンピックの女性メダリストを生んだ（昭和三年のアムステルダム大会の八百メートル走で銀メダル）。

人見は女子生徒のアイドルであり、全国の高女では体育教育を通じて第二の人見が生まれるかもしれないと期待しただろう。人見も着たジャンパースカートが「理想の体操服」と受けとられたとして不思議ではない。人見のようなアイドルが生まれたのも、女子の体育が遊戯から競技へと変化したからである。女子の体育競技としての学校教育は、生活改善運動が展開する時期と重なっていた。

洋服を採用する高等女学校

宮田修と成女高等女学校の標準服

成女高女の校長宮田修が生活改善同盟会の評議員、生活改善委員の副委員長をつとめたことは先述した。宮田の考えは、大正八年四月の「女生徒の服装改良」という文章から知ることができる。「服装の事は従来も屢々《しばしば》問題になり所謂《いわゆる》改良服や、袴の間を割つて股引のやうなものにするとか種々考へられたが何れも中途半端な改良である」、「私は先づあらゆる中途半端な説を排して洋服説を提唱したい(18)」。

和服や袴に手を加えた改良服は中途半端であり、洋服にしなければならないと断言する。『服装改善の方針』を発表した立場からすれば当然の意見である。洋服反対論者に向けて「奈良朝時代迄は今日のやうな因循なる服装で無く股引筒袖式で却て今の洋服に近かった、殊に風俗上より見ても今日の和服は不完全で徳川時代の廃頽《はいたい》的気分から生まれたもので善良なる風俗ではない」と論じているのも面白い(19)。

11　成女高等女学校の標準服　『成女九十年』学校法人成女学園，1989 年

奈良時代は洋服に似た「股引」「筒袖」であり、幅の広い袖や袴は江戸時代の「廃頽的気分」から生まれたもので好ましくないという。この論理は、明治四年八月に明治天皇が出した「服制変革の内勅」と重なっている。内勅では平安時代から宮中の装束として用いてきた袖の広い衣冠などを廃止し、古代の「筒袖」と「細袴」に戻すことを記していた。洋式の礼服や制服の制定に反対する者を封じるために用意されたものだが、抵抗を抑えるために洋服を採用するとは書かれていない[20]。

この内勅が出てから男性が洋服を着ることは当たり前となった。それから約半世紀が経とうとしているのに、女性が和服で過ごしているのはおかしいというのである。しかし、宮田にしても適切な洋服の案はすぐには浮かばなかった。成女高女が洋式標準服を制定したのは、宮田の提言から三年後の大正十一年四月である。

洋服を絶対化した宮田だが、制服ではなく標準服としたのは、洋服をすぐに仕立てることのできない者に配慮したからだと思われる。標準服は、白折襟の洋服で上着にはベルトを締め、スカートには裾に黒線一本をつけ、帽子を被るものであった。もちろん、黒靴下に黒皮靴も用意された。この服を着た生徒たちの評価については第三章で述べることとする。

小林清作と愛知淑徳高等女学校の制服

愛知淑徳高女の校長小林清作は、名古屋市議会議員もつとめる地元の有力者であった。その彼は、大正八年一月十六日の日記に「大阪朝日から婦人の服装について意見を求められた。思うに日本女子の服装は、男子のように、結局は洋装になるであろう。活動に便利の点より見るも、経済の点より見るも」と記している[21]。前節の冒頭で成瀬仁蔵が述べていたように、大阪では高等女学校長たちが生徒の服装を規定するかどうかが話題になっていた。有力紙である大阪朝日新聞社も婦人の洋装化の行方に注目していたのである。

小林は、校内に設けられた婦人問題研究会でも「女学生に合理的な洋服を着用させることの理を説いて、熱心に制服着用論」を説いた。小林は校外でも女子生徒の洋式制服化を主張した。「当時因襲的な名古屋にあって、先生のむしろ過激にさえ思わえる洋服採用論は、肝っ玉の小さな教育者連はじめ名士を充分驚かせた」(22)。

大正九年五月に洋式の夏服を制定したが、布地や染色の出来に加えて仕立ても悪かったため、洋服に対する批判が起こった。小林は「汽車が一回脱線したとて、汽車はダメだということはできない」と言って諦めなかった。この年に入学した一年生に対しては洋服になるから袴の新調を見合わせるよう指示し、「新しい時代の女学生は活動的でなくてはいけない。いずれ、どこの学校でも洋服となるであろう」と述べている(23)。

女子生徒は着物に海老茶袴だという固定観念があり、それとは違う新しい風俗に対するアレルギー反応であったといえる。それは次に見る名古屋女学校に対しても同じ現象が起きていることからわかる。

越原和・春子と名古屋女学校の改良服

名古屋で服装改善運動に理解を寄せたのは小林清作だけではなかった。名古屋女学校の創始者越原和・春子も服装改善の必要性を痛感し、大正八年に夫妻で考案した改良服を制定している。これは制服ではなく通学服であり、着用は自由であった。

冬服は紺地、夏服は白木綿地の大きな丸襟がついたワンピースであり、夏服は一着一円七十銭という安さで作れた。木綿地の夏服は洗濯が簡単で、衣服の美を競う悪弊を防ぎ、発育の面でも優れていた。

越原春子は改良服を率先して着用し、それを着て通学する生徒もいたが、周囲からは批判的な声が少なくなかった。なかには「物めづらしさの野次馬も世間には多いので、学生中には通学の途中は和服で学校へ来てから洋服と着変へるものもあつた」という(24)。

12　名古屋女学校の改良服
学校法人越原学園越原記念館所蔵

しかし、その一方では批判や冷たい視線に動じることなく、改良服で登校する生徒もいた。この出来事から十二年が経過した昭和六年に『新愛知』紙は、「非難を斥けて断然洋服を着用、名古屋女学生の洋装―十年一昔の懐古―」と題し、名古屋高女の改良服について「今日から見れば此先駆者は時代に明ありと云ふべきで、当時笑ふたものは今日に至り笑ひ返されることになつた」と報じている。(25)

愛知淑徳や名古屋高女のように、洋服に対する批判的な声にめげず、毅然とした態度をとり続けたことにより、名古屋では洋式の制服や標準服が広がっていく。その役割を両校とともに担ったのが、本書の冒頭でも取り上げた金城女学校である。

セーラー服を最初に着た生徒たちの感想

『新愛知』は、「大正十年には生活改善会の支部が設けられ服装改良熱も高まつた」と書く。(26)その気運に小林や越原は呼応したわけだが、同年にセーラー服を制服とした金城女学校も服装改善運動の影響を受けたと見てよいだろう。

前年四月から洋服の着用を許可したところ、ローガンの娘が着ていたのと同じセーラー服を着る生徒が増え、それを大正十年九月に制服にしたことは冒頭で述べた。

日本でセーラー服を着た女子生徒がはじめて登場したわけである。名古屋の市街でも人の目を引いたことはいうまでもない。金城女学校で最初にセーラー服に袖を通した生徒たちは、「当時としてはモダーンなもので、周囲の者の眼をみはらせました。やがて方々の学校で制服がつくられるようになりましたが、最初は見馴れないし、着馴れないので恥ずかしい思いを致しました」と証言している[27]。

セーラー服を着て高女の生徒になれましたなどと、胸を張っていうようになるのは数年後のことである。日本国中で誰も着ていないものに袖を通すというのは、大変な勇気のいる行為であった。しかし、彼女たちのセーラー服は、約半年遅れで制定される愛知県立愛知高女のそれとともに憧れの対象となり、愛知県下に普及していくこととなる（第四章参照）。

北海道の浦河実践女学校（昭和八年に浦河実科高女、同十六年に浦河高女と改称）では、昭和七年六月の開校とともにセーラー服を制服とした。この年に最終学年であった生徒は「卒業の年にはじめてセーラー服を着ましたが、学校へ行く時は恥ずかしくて、町を走って通ったことを覚えております」と回想する[28]。

もうすでに北海道ではセーラー服を制服とする高女がほとんどであったが（第六章参照）、札幌市から約百八十キロ、帯広市から約百五十キロ離れた浦河町では、女子生徒のセーラー服姿は珍しかったのである。生まれて初めて洋服を着たときは、全国的に人気であったセーラー服ですら恥ずかしい気持ちがしたのである。

大正時代から昭和十年までの間に全国各地で同じような思いをした女子生徒はいたに違いない。だが、その姿が時間とともに定着することにより、女子生徒の洋式の制服は当たり前の存在となっていく。なかでもセーラー服は、着物と袴に代わって高女の生徒を示すものとなるのである。

関東大震災の影響という創られた神話

関東大震災の影響？

大正十二年九月一日、関東大震災が発生した。この火事で着物を着ていた女性の多くが焼死したため、震災後には洋服の必要性を訴える声が高まる。「アッパッパ」と呼ばれる簡単服や、モダンガールの洋装姿が見られるようになる。こうした現象から関東大震災が女性の洋服を着る契機となったと考えられるようになった。

この考え方を服飾史の分野で最初に提起したのは、女性史や服装史の評論家村上信彦である。村上は、「大正十二年以後、服装改良の叫びが起り、ことごとに震災の教訓を引き合いに出すようになった」、「とっくに洋装化されるべき女学校の制服は、十年間ひきのばされたあげく、和洋論争が社会的なものになった大正十三年以後、やっと実現した」と述べている(29)。

女性が広く洋服を着る契機になったのを関東大震災に求め、高女の洋装化が実現するのも、震災後であるという。しかし、本書で実証してきたとおり、村上の論理は誤っている。震災前から服装改善運動は起こり、「和洋論争」はくり返されており、そうした論争を経た上で洋式の制服の制定や洋服着用を許可する学校があらわれているのである。その学校数は全国的に見て少数ではない。

唯物史観にもとづく村上の最大の欠点は、服装史の流れを鋭い感覚で指摘するものの、それを裏付ける実証がなされていないことである。そのため、結果的に見当違いの学説を提供することとなっている。この間違いを踏襲したのが、家永三郎の『日本人の服装観の変遷』と、中山千代の『日本婦人洋装史』である。とくに中山の研究は多くの家政学の服飾史研究で引用されているが、震災の影響によって女性の洋装化が動き出したのではないという主張はこれまで看過されてきた。

それはメディアも同様である。学校制服をテーマとしたＮＨＫ高校講座「家庭総合「なぜ人は服を着る?」」（二〇一五年六月一日放送）では、「ところが、ある事をきっかけに状況が変わります。大正十二年の関東大震災、着物を着ていた多くの女性が逃げ遅れたため、動きやすい洋服を取入れるべきだという世論が強まりました。そして採用されたのが、もともと体操服として使われていたセーラー服でした」というナレーションが流された。

これを見た高校生はもとより、それ以外の視聴者も学校の制服洋式化や女子生徒がセーラー服を制服として着るようになったのは、関東大震災によって世論が高まったためだと認識するに違いない。だが、この放送内容は歴史事実を誤っている。大正十年九月に金城女学校、十一月にフェリス和英女学校、十二月に福岡女学校がセーラー服を制定している。また前節で確認したいずれの学校も震災前から洋服着用を許可していた事実を見逃してはならない。

震災によって洋装化が遅れた共立女学校と横浜雙葉高等女学校

横浜の共立女学校の記念誌には、「震災前より制定の計画があったが震災のため立ち消えになっていた冬服は昭和二年に制定された」とある[30]。昭和二年に制定された冬服のセーラー服の赤い襟は、校長ルーミス、大正十五年の卒業生、後藤惣兵衛商店が相談して取り入れた。共立女学校では関東大震災の前から体操服として白地に紺襟のセーラー服と、紺の襞のスカートを使用していた。昭和二年、それを冬服と同時に夏服に制定した。セーラー服を制定する計画は関東大震災の前からあり、それが震災の影響で実現が遅くなったのである。

こうした事情は同じミッション系である横浜雙葉高女にもうかがえる。横浜雙葉高女の校舎は震災で倒壊し、しばらくの間は仮校舎での授業を余儀なくされた。大正十四年に新校舎が落成し、翌年には初の修学旅行と運動会も行われた。大正十五年十月十一日、セーラー服と新徽章が制定された。横浜は震災で焦土と化し、両校とも落ち着きを取り戻すのに二年以上を要している。震災によって、むしろ洋装化の導入が遅れた学校もあったのである。

関東大震災前後の高等女学校洋装化の数量的考察

関東大震災が起きた大正十二年に全国で高女は、官立が三校、公立が三百六十五校、私立が九十四校の合計四百六十二校が存在した[31]。このうち筆者が調査したところ、大正十二年までに洋服着用の許可、洋式の制服、洋式の標準服などを定めた高女は百四十七校である。大正十三年に六十七校、同十四年に四十校、同十五年に三十三校が洋装化を行っている。大正十二年の高女の三十一・八％が洋装化を実施していたことになる。関東大震災が起きなくても、高女では洋装の必要性を感じ、その波は徐々に広がりを見せていたのである。

右の校数は『全国高等女学校実科高等女学校ニ関スル諸調査』に記載のある高女であり、大正十二年から十五年段階で高女ではなかった女学校や実科高女などを含めると、大正十二年までに洋服着用の許可、洋式の制服、洋式の標準服などを定めた学校は百六十五校、同十三年に八十三校、同十四年に六十校、同十五年に五十六校を数える（巻末表参照）。このなかには金城女学校、フェリス和英女学校、北陸女学校、普溜女学校、福岡女学校など、ミッション系の学校も含まれている。

高女が洋装化の必要性を受けとめたのは、関東大震災ではなく服装改善運動によるものと考えられる。その運動を文部省が中心となって組織化した生活改善同盟会が牽引したことが大きかっただろう。ちなみに、百四十七校のうちセーラー服を制服や標準服にしたのは二十八校しかない。初期段階でセーラー服は主流ではなかった。

高女の洋装化が服装改善運動によるものと考えれば、セーラー服が主流にならなかった理由も見えてくる。服装改善運動にかかわった公立学校長の多くがステンカラーやスクエアカラーの上着、ブレザーなどを支持し、私立学校の創設者たちがワンピースを考案していたからである。これらが手本のように新聞で紹介されれば、同じようなデザインを取り入れる学校が出てきても不思議ではない。

洋式の制服の普及に対する苦言

関東大震災が発生する三週間前の大正十二年八月十一日の『読売新聞』では、「学生服」と題する無記名のコラムが洋式の制服の普及に苦言を呈している。その冒頭では「近頃全国各地に亘《わた》つて、女学生が洋装をする様になり、従つて女学校が進んで校服を制定すると云ふ事が切《しき》りに行はれて居《お》ります」という。前の項目で洋装化を行っていた高女の実数を示したが、このコラムの書き手はそうした状況を感じ取っていたものと思われる。

また、和服だと縞や絣など都合によって選べるが、洋式の制服だと融通がきかないから、洋服の生地だけを決めて色や柄は生徒の趣味に任せてはどうかという。そして「男学生の金釦服でさへも余りに没趣味だと思つてる矢先に、女学生の所謂《いわゆる》校服が現はれて来たので聊《いささ》か気になるまゝに、愚見を述べて見ることにしました」と述べている(32)。

中学生が着る詰襟に金釦の制服を「没趣味」だと感じており、高女の制服が同じようになるのを避けたかったようだ。和服から洋服に変わることを認めたうえで制服という型にはめるのではなく、各自が好きなものを着られるようにすべきだという主旨であった。このように苦言を呈したくなる人物があらわれるほど、関東大震災の前から高女の生徒たちの洋服や洋式の制服姿が目につくようになったのである。

註

（1）『法令全書』明治五年、海軍省乙第二三三号。
（2）『目で見る金城学院の一〇〇年史』学校法人金城学院、一九八九年、六一頁。
（3）（4） 井口阿くり「女子体育に就いて」(『をんな』三―五、一九〇三年五月)。

(5)『読売新聞』一九一六年二月十六日、朝刊。
(6)同右、一九一七年二月二日、朝刊
(7)山脇房子「自分で適当なものを判断するが肝心」(『女学世界』一八―四号、一九一八年四月)。
(8)『読売新聞』一九一九年九月二十四日、朝刊。
(9)同右、一九一九年十一月六日、朝刊。
(10)『服装改善の方針』生活改善同盟会、一九二〇年、一一頁(国立国会図書館所蔵)。
(11)乗杉嘉寿「女学校の校服を制定せよ」(『婦人世界』一四―八号、一九一九年七月)。
(12)坂井妙子「一八八〇年代から一九二〇年代のイギリスにおける子供用セーラー服の流行」(『国際服飾学会誌』二九、二〇〇六年五月)。
(13)佐々井啓「アメリカにおけるセーラー服の変遷―The Ladies' Home Journal の記事から―」(『国際服飾学会誌』五七・五八、二〇二一年一月)。
(14)『高等女学校資料集成』五、大空社、一九八九年、三六九頁。
(15)『高等女学校資料集成』六、大空社、一九八九年、一〇四頁。
(16)『榛原高校百年史』静岡県立榛原高等学校、二〇〇〇年、四二五頁。
(17)井上晃『セーラー服の社会史―大阪府立清水谷高等女学校を中心に―』青弓社、二〇二〇年、五四頁。
(18)(19)宮田修「女生徒の服装改良」(『教育時論』一二二四号、一九一九年四月)。
(20)拙著『洋服・散髪・脱刀』講談社選書メチエ、二〇一〇年、四三~四五頁、同『明治国家の服制と華族』吉川弘文館、二〇一二年、六一頁参照。
(21)『小林清作先生』愛知淑徳学園、一九八〇年、一七二頁。
(22)同右、二八六頁。
(23)同右、三四二頁。
(24)(25)(26)『新愛知』一九三一年六月二十二日、日曜附録(学校法人越原学園所蔵)。
(27)『金城学院創立百周年記念文集　みどり野』金城学院創立百周年みどり野会事業委員会、一九八九年、一〇四頁。
(28)『北海道浦河高等学校五〇周年記念誌』北海道浦河高等学校、一九八三年、二一頁。

(29) 村上信彦『服装の歴史』三、理論社、一九五六年、一〇六頁、一一一頁。
(30)『横浜共立学園一二〇年の歩み』学校法人横浜共立学園、一九九一年、一八八頁。
(31)『全国高等女学校実科高等女学校ニ関スル諸調査　大正十二年十月一日現在』文部省普通学務局、一九二四年(国立国会図書館所蔵)。
(32)『読売新聞』一九二三年八月十一日、朝刊。

第二章 服育としての効果

上級生と下級生の心の絆

新潟県立高等女学校と高木鐸子

服装改善運動が高女の生徒の洋装化に大きな役割をはたしたことは前章で指摘したが、服装改善委員のなかには地方にセーラー服をもたらした人物もいた。それが服装改善委員の高木鐸子である。高木は横浜の子供婦人服実習会会長であったが、大正十一年（一九二二年）には新潟県立新潟高女に制服の縫製指導者として招かれている。

新潟高女では明治三十年代から筒袖の着物に海老茶袴を通学服としていたが、大正八年には袴の紐上に校章をバックルにしたベルトを締めるようになった。このベルトは東京女子高等師範学校附属高女のものを模倣したという。その後洋装化の必要性を感じて、在校生が手作りで制服を縫うのが伝統になった。新潟高女が高木の子供服や婦人服の仕立て方を広める活動に注目した意味は少なくない。

同校ではセーラー服を、一週間毎日三時間かけて仕上げた。冬服には寒さと耐久性を考慮して紺セルを使い、白襟でネクタイは細紐を結び、大黒帽を被った。夏服にはつばのある帽子を被った。手作りの制服は大正十二年四月から着用した。新一年生の制服は、三年生が一人ずつ一年生の補助につき、一週間放課後の三時間をかけて作った。セーラー襟の縁には、一年生は赤、二年生は黄、三年生は緑、四年生は紺、五年生は紫（昭和十年に五年制となる）と、学年を識別する刺繍を入れた。

このセーラー服は、大正十二年四月に新潟高女の制服として制定された。その直前の三月二十八日の『読売新聞』では「女学生服、上下五円足らずで出来る」という見出しで、新潟高女のセーラー服を写真入りで紹介している。[1] セーラー服が新潟に登場したことで県内に影響を与えることはもとより（第五章参照）、この出来事を東京の紙面で報じた意味は少なくない。東京の教育者たちがそれを目にすることで、セーラー服は自作でき女子生徒の制服として適しているという認識を広める機会の一つになっているのである。

作りやすさも人気の理由

ブレザーなどの洋服は複雑な割出によって立体的構成が必要となる。だが、セーラー服は直線的裁断の平面的構成のため、和裁の技術を利用してわりと簡単に作ることができた。セーラー服が人気の理由に、自分たちで縫製できるという、作りやすさもあったと考えられる（表1参照）。

埼玉県児玉高女では、昭和二年（一九二七年）にセーラー服を制定し、同五年には冬服をステンカラーの上着とジャンパースカートに改めている。セーラー服の上着は長袖のキャラコ製で、襟・袖・胸当てに黒線二本をつけた。スカートはブルーのギンガム製で襞のあるもので、それを肩から吊る上部はキャラコ製であった。

この夏服を三年生のときに着ることになった生徒によれば、四年生が作ったものを渡されたという。「作った上級生の名札付きで渡された」と証言する生徒は、「私のは成績一番の方の仕立てとか聞かされ、喜びに興奮したり、幸先を占ってみたり、一種の責任さえ覚えた」という。[2] 上級生と下級生の心の繋がりが見てとれるが、二年生や一年生の分も四年生が作ったのだろう。

この三年後の昭和五年に児玉高女に入学した生徒によると、六月から夏服を着用するので、入学すると裁縫の授業で自分の服を縫った。十月からは冬服に変わるが、上着は純毛紺サージの前開きのステンカラーで、臙脂のネクタイをつけるものであった。腰のところは襞を取って縫い縮め、幅が五、六センチのベルトのようなものをつけた。スカートは肩から吊るジャンパースカートである。

冬服は夏服に比べて被服構成が複雑なのがわかる。冬服は学校の斡旋により、埼玉県児玉郡児玉町と群馬県多野郡藤岡町にあった洋服店が請け負った。セーラー服は高度な技術がなくても縫製することができたので、この手軽に作れるところも人気の理由であった。

実際、児玉高女の生徒たちは、自分で縫製できない冬服に魅力を感じなかった。昭和五年に入学した生徒は、「当時の女学校は殆どの学校が夏冬共にセーラー服であったので、私達は自分達の冬の制服が如何にもみすぼらしく、野暮ったく思われて、みんなセーラー服にあこがれていた」という(3)。

さらに修学旅行先の京都でも嫌な思いをした。冬服を着て行ったところ「外地からいらっしゃったのですか」と聞かれ、生徒たちは憤慨した(4)。日本人に見られないのは制服のせいだと痛感し、セーラー服を望むようになる。後述の各章ではセーラー服姿でなかった生徒たちが修学旅行先で嫌な思いをしたことがくり返し登場するが、児玉高女も例外ではなかった。

昭和八年には、二、三人の四年生が冬服をセーラー服に変えて欲しいと校長に頼んだ。それが功を奏したのか、その年の一年生から冬服もセーラー服に改正された。昭和九年三月に卒業式を迎えた四年生は、「私達は遂に冬服のセーラー服を着る事は出来なかったが、本当に嬉しかった。後輩の為に何か良い事をしたような、こそばゆいような嬉しさだったかも知れない」と述べている(5)。

立日野高女	滋賀	4年生が1年生のものを縫製
河北高女→寝屋川高女	大阪	5年生が1年生のものを縫製
加古川高女	兵庫	4年生が1年生のものを縫製
生野高女	兵庫	5年生が1年生のものを縫製
伊丹高女	兵庫	夏服，上着を4年生，スカートを3年生
山崎高女	兵庫	4年生が1年生のものを縫製
明石高女	兵庫	自分で縫製
高田高女	奈良	5年生が1年生の冬服，4年生が1年生の夏服を縫製
宇陀高女	奈良	補習科生が縫製
粉河高女	和歌山	上級生が縫製
日高高女	和歌山	3年生と4年生，補習科生が縫製
古座高女	和歌山	夏服を各自で縫製
鳥取高女	鳥取	4年生が1年生のものを縫製
倉吉高女	鳥取	4年生が1年生のものを縫製
八頭高女	鳥取	4年生が1年生の上着，3年生がスカートを縫製
西大寺高女	岡山	上級生が縫製
吉田高女	広島	各自で縫製
三次高女	広島	4年生が1年生のものを縫製
山陽高女	広島	広島県私立，4年生が1年生のものを縫製
下関高女	山口	生徒各自で縫製
長府高女	山口	4年生が冬服，3年生が夏服を縫製
三好高女	徳島	上級生が縫製
松山高女	愛媛	5年生が1年生のものを縫製
今治高女	愛媛	補習科生が縫製
東宇和高女	愛媛	4年生が1年生の夏服を縫製
松山城北高女	愛媛	各自で縫製
折尾高女	福岡	2年生，3年生が縫製
伊万里高女	佐賀	4年生が上衣，3年生がスカート
対馬高女	長崎	4年生が1年生のものを縫製
口加高女	長崎	上級生が縫製
松橋高女	熊本	昭和6年から4年生が1年生のものを縫製
宮崎高女	宮崎	生徒各自で縫製
延岡高女	宮崎	昭和11年，4年生が1年生のものを縫製
国分高女	鹿児島	4年生が1年生のものを縫製
加治木高女	鹿児島	上級生が縫製し，新入生が購入
宮古高女	沖縄	生徒各自で縫製

出所：各高等学校の記念誌から作成。

表1　セーラー服を縫製する学校一覧

校名	府県名	縫製内容
宮城県第一高女	宮城	昭和10年～13年まで4年生が1年生のを縫製
宮城県第二高女	宮城	4年生が1年生のものを縫製
会津高女	福島	4年生が1年生のものを縫製
大成女学校	茨城	家政科，研究科の生徒が縫製
久喜高女	埼玉	
粕壁高女	埼玉	上級生が夏服を縫製
深谷高女	埼玉	4年生が1年生のものを縫製
松山高女	埼玉	3年・4年生が2年・1年生のジャンパースカートとブラウスを縫製
松戸高女	千葉	冬服は4年生，夏服は3年生が縫製
長岡高女	新潟	大正15年～昭和10年まで4年生が1年生のを縫製
新潟県立巻高女	新潟	4年生が1年生の冬服を縫製
小地谷高女	新潟	4年生が1年生のものを縫製
新潟市立高女	新潟	2年生が1年生のものを縫製
佐渡高女	新潟	4年生が援助し，1年生が各自で縫製
石川県立小松高女	石川	4年生が1年生のものを縫製
石川市立小松高女	石川	各自で縫製
敦賀高女	福井	上級生が縫製
小浜高女	福井	4年生が1年生のものを縫製
丹生実科高女→丹生高女	福井	4年生が1年生のものを縫製
長野高女	長野	4年生が1年生のものを縫製
上田高女	長野	1年生が下着，2年生が上着を縫製し，3年生が各自
野沢高女	長野	4年生と家政科生が1年生のものを縫製
大町高女	長野	夏服を各自で縫製
須坂高女	長野	5年生が1年生のものを縫製
木曽高女	長野	4年生が1年生のものを縫製
岐阜高女	岐阜	4年生が1年生のものを縫製
中津高女	岐阜	3年生が1年生のものを縫製
武儀高女	岐阜	4年生が1年生のものを縫製
榛原実科高女→榛原高女	静岡	4年・3年生が1年生のものを縫製
富士高女	静岡	生徒各自で縫製
新城高女	愛知	4年生が2年生，3年生が1年生の縫製
津島高女	愛知	上級生が縫製，昭和12年から購入
蒲郡実科高女→蒲郡高女	愛知	上級生が縫製
津高女	三重	夏服を各自で縫製
尾鷲高女	三重	昭和5年から補習科と4年生が縫製
四日市高女	三重	3，4年生が縫製
彦根高女	滋賀	5年生が1年生の夏服を縫製

ミシンによる洋裁

洋式の学校制服を自作する力強いアイテムがミシンである。ミシンと縫製の専門的知識を持つ指導者がいれば、女子生徒たちは洋服店や百貨店がなくても洋式の制服を作ることができる。幕末に到来したミシンは、明治三十三年（一九〇〇年）にシンガー社が東京に出店し、それ以降国内の各地で店舗数を拡大したことにより普及していった。

日露戦争後の明治三十九年に東京有楽町に開校されたシンガーミシン裁縫女学校は、女性の自活を謳った。卒業生の多くはシンガー社の「女教師」となり、ミシンの使用方法を購入者に教える役割を担った。大正八年の在校生は三百名というから決して多くはないが、彼女たちがミシンや洋裁の普及に一役買ったことは間違いない。

大正十一年頃のシンガーミシンの販売向けの小冊子には、夏用の白長袖に襟と袖に二本線の入ったセーラー服の女子生徒が描かれている(6)。白地の帽子を被り、スカーフは黒か紺の三角タイを結び、左腕にはワッペン、スカートはチェック柄で、足には白靴下に靴を履いている。子供服や通学服に使用するセーラー服は、シンガーミシンで縫製できるという宣伝広告にほかならない。

この小冊子の挿絵は服装改善運動の流れを受け、女子生徒の洋装化が動き出したことにより、ミシンが本格的に活躍するときが到来したことを告げていたともいえる。ただし、宣伝内容と実際の普及状況とが一致するとはいえない。大正十三年のシンガー社製のミシンは百十三円と高額だが、それをシンガー社では一括払いではなく割賦販売していた。これなら高女に娘を通学させることのできる家庭であれば購入できそうである。実際、日本における昭和三年のミシン販売総数のうち、約六十三％が割賦販売であった(7)。

しかし、どの家庭にもミシンがあったわけではない（六三頁の長野県立須坂高女の生徒の言説を参照）。シンガー社が全国的な販売を展開しても、高女の学費などを支払うので精一杯という家庭もあったのだろう。

13　西大寺高等女学校のセーラー服縫製作業　昭和８年（岡山県立西大寺高等学校所蔵）

姉妹のような絆

熊本県立松橋高女の制服の変遷からは、セーラー服とそれ以外の服とでは仕立てる難しさに違いがあったことがよくわかる。松橋高女では大正十二年の夏から白黒の縞のセーラー服を制定し、これを生徒たちが縫製している。大正十三年には紺色サージでベルトを締めるショールカラーの上着と、襞のあるスカートに改正した。つばの広い帽子とかかとの高い革靴も定められた。デザインが変更されると、それぞれ専門店で採寸して作製された。

生徒たちの技術力では縫製できなかったからだろう。昭和六年には格子柄ではなく紺地で襟・袖・胸ポケットに白線三本が入ったセーラー服へと改正された。白黒の縞ではなく、誰が見てもセーラー服だとうなずける一般的なデザインとなった。すると再び四年生が一年生の制服を縫製するようになった。

縫製指導した教師は、「はじめて縫ったので洋服店のようには出来なかったかもわかりませんが、四年生一同懸命に努力した製品で、一年生の皆さんは喜んで着てくださいました」、「当日は歓声と拍手が校内にあふれ、暖かい心と心がふれ合いました。四年生と一年生が手をつないで喜んだ日を忘れることができません」と当時を振返る。(8)

セーラー服は冬服に比べて夏服のほうがより簡単に縫製できたようだ。新潟県立巻高女に昭和六年四月に入学した生徒は、「夏服は一年生の時に自分のものは自分で制作し、セーラー服の線は刺繡糸で縫った。冬服は四年生が卒業制作として新入生のために縫っていた。上級生の誰が新入生の誰の制服を縫うかについては先生が決め、制服の経費は縫ってもらった人が払う方法であった。この上級生から下級生へ制服を縫って渡す方法は伝統として受け継がれ、思い出深いものとなっていた」と証言している。(9)

新潟県内では、新潟市立高女でも大正十五年にセーラー服が制定されると、一年生は二年生の助けを借りながら縫製するようになった。この年に入学した生徒は「校服は先輩の方から指導していただいて、自分達で作り、着用したものであるが、そのためにかえって上級生と下級生との間に姉妹のような和やかな美しい気風が盛り上がっていた」と回想している。(10)長岡高女でも大正十五年から昭和十年まで四年生が一年生のセーラー服を縫製した。

兵庫県立加古川高女の同窓会では次のような会話がなされている。ある卒業生は「今は服屋に仕立ててもらったのを着てますけどね、私達の時は上級生が皆仕立ててくれるので親近感が出来るしね、楽しみにして、それから校内でお会いしても何だかその人にあこがれてね、嬉しくて顔を赤くしたりしてね」と語っている。(11)この先輩と後輩との親近感は、先に述べてきたことと同じものである。

また続けて「上級生が下級生の服を作るということは昔の家庭科の技術が相当に高かったということですね」、「私ら小学校四年から裁縫がありましたからね、相当技術が高かったわけですね」という。これに対して別の卒業生は「女学校へ入って始めて私なんかミシンを習いましたね」と述べている。(12)

14　東京府立第八高等女学校での洋裁　『府立第八高等女学校卒業紀念』昭和13年3月（東京都立八潮高等学校所蔵）

縫製が得意な生徒と苦手な生徒

宮城県第二高女は、大正十五年にセーラー服を制服に制定している。この年に入学した生徒の一人は、子供の頃から姉に習っていたため、洋裁が得意であった。ここでも四年生が一年生の制服を縫製することになっていたが、彼女は友達の分も手伝い一人で四着も作ったという。彼女の手を借りたように、洋裁が苦手な生徒もいたのである。

千葉県立千葉高女では、昭和三年五月にセーラー服を制定してから、五年生が一年生のセーラー服を縫製することとなった。昭和六年に夏のセーラー服を縫製した生徒たちが残した記録からは、洋裁が得意な人と苦手な人が協力していることが見て取れる。「カフス縫つてよ」「えゝあたしカフス屋商売開業」と皆分業で出来る事」をやったという。「時にはお裁縫室に入りきれない程の人が、ミシンをふむやら、アイロンを掛けるやら、又は着せに行くやら、帰つて来るやら大騒ぎだった」という[13]。

五年生は約一月をかけて縫製し、教員の検査や手直しを経て完成すると、一年生に手渡す。これにより「一年生の喜ぶ様子を見て何物にもかへがたき満足。朝はおはよう。帰りはさようならと、心から挨拶をする」ようになった。この縫製作業を体験して「洋服屋にならうかしら」と自信を持つ生徒もいた。[14]

福井県の丹生実科高女（昭和十六年に丹生高女と改称）でも制服づくりの上手い生徒がいた。昭和三年にセーラー服を定めると、四年生は新入生の分を縫製することとなった。四年生の「N」が縫ってくれたセーラー服を受け取った一年生は、「Nさんは非常にお裁縫が上手だそうです。私は虎の子のやうに大事に抱へて、持って帰って家で着て見ると、体によく合ひスタイルも全く立派です。見てゐた父もすっかり感心して「その服は誰が拵へて下さったのだ」と云はれます。「Nさんですよ」と答へると父は「それは本当に綺麗に縫えてゐる」と大層お褒めになりました」と語っている。[15]

全生徒が「N」のように上手かったわけではない。なかには体にピッタリと合わない生徒もいただろう。だが、先輩と後輩との心の絆が生まれるだけでなく、縫製作業を通して結束力も強まった。高女の記念誌に明記されたものを抽出すると、生徒たちが縫製していた高女は全国的に見られる（表1参照）。記念誌に書かれていないだけで、実際にはこれ以上に存在していたと考えられる。

注文服と既製服の違い

セーラー服は直線断ちで縫えるのに対し、ブレザーは肩回りなど立体的に複雑な縫製技術を要した。洋服店と一口に言っても、注文に応じて体型に合わせた服を仕立てる注文服と、中古を含めた号数を吊るし売りしている既製服とでは大きく違う。背広と同じ構造のブレザーは、注文服の仕事である。そのような高度の技術を短時間の裁縫の授業で修得することはできなかった。

それに対してセーラー服は既製服の売れ筋商品であった。とくに昭和四年十一月に「東京婦人子供服製造卸商組合」が創設され、同六年に「全国洋服既製品規格並標準寸法」が設けられたことは大きかった。「既製服業界が昭和

五、六年から統制に入る昭和十三年までの間、第一次隆盛時代ともいうべき時期を送り得た要因の一つに、学生服の驚くべき需要増大があった」、「縫製面でも、詰め襟の学生服は軍服の延長線上にあるため、軍服縫製の経験者が下請け職人に多かった関係もあり、商品供給にこと欠かず、工賃も低廉であった。そのため、注文による学生服を駆逐するのに時間を要しなかった」という[16]。

これは男子生徒の学ランを中心にした記述だが、もともと水兵服のセーラー服も「軍服の延長線上」である。その証拠に「男女通学服専門」の「既製服卸商の店頭風景」の写真には、山積みにされた学ランの横に人形に着せたセーラー服が写っている[17]。ここでいう学生服とは学ランだけでなくセーラー服も含まれているのである。

学ランとともにセーラー服が全国に広がった一つの要素は、同じ規格の既製服を大量に供給できる環境が整っていたことが大きい。アジア・太平洋戦争の終戦後にブレザーが増えるのは、昭和二十七年に三十六サイズ、同四十五年に五十八サイズと、既製服の規格が拡充され、時代の需要に応えることができるようになったからである。

生徒たちの縫製技術は平均的に既製服の職人より劣っていたのかもしれない。しかし、セーラー服であれば、自分たちで作ることができ、生地の代金だけだから既製服を購入するよりも安価である。そしてくり返しになるが、縫製技術の訓練となり、生徒間の心の繋がりが生まれる。

都市部の二面性

多くの洋服店がある都市部でも生徒たちはセーラー服を縫製したのだろうか。この点について大阪を取り上げてみよう。関東大震災よりも前の大正九年から洋服の着用を許可していた大阪府立清水谷高女では、その後の職員会議で制服の制定に向けて何度も話し合いをした。その結果、大正十二年九月七日の会議でセーラー服に決まると、二十二日に三越と白木屋の店員が来校して生徒の寸法を測り、十月二十七日にセーラー服が届けられている。

大阪府立八尾高女の記念誌によれば、「当時、制服は高価なものであり、しかも高島屋か大軌デパート（現・近鉄百貨店）でしか製作されていなかった」[18]。これは前記の記録と照合すると正確ではないが、制服が高価であったことに違いはない。そして各自で縫製することに意義があった。そのため、昭和五年に四年生が一年生の夏服を作製することとなり、ミシンを七台から十五台へと増やした。昭和九年には全学年の手で新入生の冬服を作製し、翌十年から冬服の作製は春休みに行うこととなった。そして昭和十一年と十二年度には最上級生が新入生の外套を夏休み中に仕立てている。

大阪では多くの高女でセーラー服を縫製していた。大正十四年にセーラー服を採用した大阪府立河北高女（昭和二年に大阪府立寝屋川高女と改称）では、昭和三年に一年生から五年生まで全生徒がセーラー服を着るようになった。翌四年五月三十一日の「学校日誌」には「上級生徒製作夏服を第一学年級に渡す」とある。当時の生徒によれば、「上級生が縫ってくれた制服は大中小のサイズがあり、その中から合う物を選び、実費程度の費用をはらった」という。上級生が三種類のサイズを作り、それを一年生が有料で選ぶシステムである[19]。

百貨店に注文せず、自分たちで制服を縫製したのには、「裁縫の授業内容に高度の技術をとり入れて学習させることができるのと、上級生と下級生の愛情のつながりをなす役目を持つこと」という、前項で確認したのと同じ理由があった。そして河北高女では、制服の受け渡し方法にも特徴が見られる。「作品が出来ると講堂で受け渡しの行事があった。一年、五年おのおのの代表の挨拶がかわされ、ま新しい制服を一着づつ作者の姓名をつけて渡される」[20]。

このように先輩が作ってくれた制服を儀式によって受け取ることにより、それを着る生徒たちには制服を大事にするだけでなく、上級生に対する敬愛の思いを抱くようになる。百貨店に注文した制服を着た場合、三越製や高島屋製という高級ブランド意識はあったとしても、それを縫製した洋服仕立師に特別な思いを寄せることはない。

制服の入手に苦労する生徒への配慮

長野県立須坂高女からは、学校で裁縫するもう一つの理由が確認できる。同校では大正十四年に上下ともに黒地で襟に小豆色の線のあるセーラー服を採用し、その年の修学旅行では三分の一の生徒が着用したという。和服を着る生徒は減らず、学校側の要請もあって昭和六年から全員がセーラー服に袖を通すようになった。そのときの思い出として「現在のようにデパートや専門店で売っている既製の制服とは違い、みんな自分たちの手で縫ったものでした。学校にもミシンが僅かあるだけで、上級生はそれをかわるがわる使って下級生の服も作ってやりました」とある。[21]

兵庫県立明石高女では、ミシンのある家とない家との差を考慮し、学校内で縫製するよう指導していた。生徒の一人は、「授業でセーラー服を縫った。家に持って帰ると、母親などに手伝ってもらうかもしれないので、あくまで学校で作ることとされていた」という。[22]

地域によっては百貨店や洋服店がなく、自分たちで縫製するしかなかった。仮にあったとしても注文できない家庭もあった。そのことは滋賀県立彦根高女に昭和八年に入学した生徒の証言からも裏づけられる。彼女によれば「この頃のように既製服がどっさり店頭に並べられているということはなく、制服は一部オーダーする人を除いて、自分の家で作ることが多かったように思います」、「自分も五年生になった時には、新しく入学してきた人の制服を縫いました。裁縫が不得手な私は上手に作れなくて申しわけなく思ったことでした」[23]という。

洋服店と仕立屋：「制服問題」

彦根高女でも一部の生徒は店に仕立てを注文していたようだが、三重県立鈴鹿高女では洋服店が注文を奪い合った。鈴鹿高女は昭和六年四月からセーラー服を着て通学させた。紺地の襟・袖・胸ポケットに白線二本を入れ、紺地の棒ネクタイがついていた。この年以降、亀山町の仕立屋が合格者名簿を利用し、制服の受注や採寸のために各家を回ったという。セーラー服の制服は、地域の洋服店や仕立屋にとって利益を上げる機会をもたらした。

生徒が縫製することのできない制服となればなおさらである。和歌山県立新宮高女では、大きな「制服問題」となった。大正十二年七月に二学期始業式から洋式の制服の着用を求める趣意書が父兄に配られたが、制服の夏服を体操服にするだけに留まった。翌十三年十月には体操服である制服の夏服が便利なため、冬服にも洋式の制服を取り入れ、三年生以下の生徒たちに着せることにした。父兄宛の通知では、和洋服二年間の費用が和服は四十円、洋服は三十八円と示され、洋式の制服を十一月一日から実施することとなっていた。

新宮高女は洋服店を呼び、生徒たちの寸法を採らせた。これに親たちは「校長の専檀」と抗議し、来年度の新入生から導入するか、一年遅らせるよう求めた。しかし、校長は和服だと華美に流れ、貧富の格差が生じるため、洋式の制服に統一する姿勢を崩さなかった。一時的に多額な費用を捻出するが、卒業までの期間を考えれば和服より経済的にもよいという。

父兄総代には新宮町長木村藤吉、和歌山県会議員岩本清文が立ち、調停役には郡長江川豊太郎が乗り出した。その結果、大正十四年十月まで制服を延期し、現在調製した制服は来年十月まで着ないこと、今後金銭が生じる問題は父兄に相談することが約束された。この時点で制服を仕立てていた六十人の親子は不満に感じたことだろう。

それにも増して納得がいかなかったのは洋服店である。四軒の洋服店が個人契約で注文を受けており、三千円分の生地を準備していた。大正十三年十月二十八日、新宮高女と洋服店の誓約書には、「今後三年間四洋服店を指定店とすること」、「既装の六十着は学校側に於て買とること」、「明年四月より納入すること」とある。(24)

これで一件落着に見えたが、大正十四年五月には洋服店の競争が激しくなった。指定の四軒の洋服店では、夏服を五円から三円五十銭の協定価格で注文に応じたが、それ以外の洋服店がその価格以下で請負いはじめた。最低価格は二円九十銭だが、その分生地が粗悪となった。新宮高女は、仕上がった制服に不満を持つ父兄、約束が違うと憤る指定洋服店からの抗議に再び苦しむ。

新宮高女の制服はセーラー服ではなく、冬服は紺、夏服は白のショールカラーの上着であった。上着のデザインは岡山県第一岡山高女の冬服に似ている（一七一頁参照）。まだ和歌山県下でも洋服姿が珍しい時期ならではの騒動といえる。しかし、洋服店が介入しなければ、ここまでの大事にはならかなっただろう。各自で仕立てる「服育」には、こうした学校・洋服店・父兄の間のトラブルを防ぐ意味もあったといえる。和歌山県立新宮高等学校所蔵の卒業写真を見ると、昭和九年三月の卒業生からセーラー服に変わっている。セーラー服を生徒たちが縫製したかはわからない。

洋服店の制服調製の価格

セーラー服を洋服店に注文した場合、いくらくらいしたのだろうか。表2で見るように、価格が判明している高女は意外と少ない。また時期や場所によって制服や靴の価格には大きな開きが見られる。まず高額なものを比較すると、下関高女のセーラー服の冬服は十八円で、長府高女のテーラーカラーの冬服は十六円八十銭とそれより少し安い。神田高女のセーラー服は十六円三十銭と、さらに安価である。半田高女は靴を八円、夏服を八円と考えれば、冬服とスカートで十七円前後と予想できる。

次に低額のものを比べると、湯沢高女の冬のセーラー服とスカートは十一円だが、東金高女のブレザーとスカートで十二円六十銭、岡谷高女のそれは九円五十銭である。岡谷高女は靴を加えても合計十五円であり、他校に比べて非常に安い。このようにして見ると、セーラー服とブレザーやテーラーカラーとの価格差は甲乙つけがたいものがある。

ただし、東京で次のような史料が残されている。昭和四年三月の『読売新聞』の調査によれば、セーラー服紺サージは十八円から十四円、セル地で二十円から十七円、ジャンパースカート紺サージは二十五円から二十円、セル地で二十八円から二十二円だという。

表2　制服の調製費の比較

セーラー服

校　名	年	洋服店の価格
半田高女	大正12年	（松坂屋）セーラー服と靴で33円
下関高女	大正12年	（富田洋服店）冬服18円
第二山下高女	大正15年	（松山市の丸尾洋服店）5円50銭
湯沢高女	昭和3年	冬上衣6円50銭，夏上衣2円50銭，夏冬スカート4円50銭。合計13円50銭
古河実科高女	昭和4年	約10円
石岡実科高女	昭和7年	16円50銭
神田高女	昭和12年	（神田神保町の万崎婦人服部）セーラー服16円30銭

ブレザー，テーラーカラー

校　名	年	洋服店の価格
長府高女	大正15年	テーラーカラー冬服16円80銭，夏服9円90銭，靴7円50銭，合計34円20銭
東金高女	大正15年	ブレザー冬服上衣8円，スカート4円60銭，ワイシャツ1円65銭，ベルト55銭，ネクタイ20銭，帽子50銭，合計15円50銭
岡谷高女	昭和12年	ブレザーとスカートは9円50銭，ブラウスは1円，革靴は4円50銭，合計15円

出所：各高等学校の記念誌から作成。

　ジャンパースカートは、ブレザーやテーラーカラーなどの上着を組み合わせる必要があり、セーラー服とスカートの組み合わせよりも高額になるのである。都市部の百貨店や工賃の高い洋服で注文すればセーラー服の価格も高くつく。だが、『読売新聞』が報じているように、総じて生地代だけを見れば、セーラー服の方が安くできる。セーラー服は各自で縫えるから、生地だけ購入すればどこの洋服店よりも安くなることを忘れてはならない。

　洋服店で注文する場合、ブレザーやテーラーカラーと価格に大差がないとなれば、あとはデザイン性が重視されることとなる。どうせ高い金を出すのであれば、セーラー服の方がよいと女子生徒たちが考えても不思議ではない。

セーラー服を着る条件

厳しかった服装検査

洋式の制服は、洋裁の技能を修得するだけの意味があるのではなかった。服装規定にもとづいて着ているか、学校の規則を心掛けさせる意味があった。その点をチェックする服装検査は着物に袴の時代にもあったが、色や生地はもとより、スカートの襞の数などを明確に定めた制服は、学校が定めた規則に違反しているか否かを細かく点検することができたのである。

神奈川県立横須賀高女の生徒は、大正十五年にセーラー服が制定されて以降、不定期で行われた服装検査について次のように回想している。

服装検査といえば本校では重大行事の一つでありました。上衣丈は腰骨から下五糎、襞は前後合せて二十本以内、ベルトをしめてはいけない事になっていました。(スカートにベルトをしめるとウェイストが細く見えますので上級生になるといろいろ技巧をこらす方がございました。)靴下、靴、傘等すべて黒で学生らしい質素なものでした。ところが時々これを犯す方がありますので不意に検査がございます。体育館に一列に並び訓育係の先生がいかめしいお顔でエンマ帳と物差をお持ちになり一人々々御丁寧に御検閲なさいました。一回位はお小言でもすみますが二回三回と前科が重なりますとただでは済まなかったらしいのです。(25)

学校側が服制の規定に反するオシャレに目を光らせていたことがよくわかる。東京府立第五高女は、ナンバースク

15　山梨高等女学校の服装検査　『創立60周年記念誌』山梨県立山梨高等学校，1977年

ールのなかでもセーラー服を制服にしたのが早かった。大正十一年四月からセーラー服を着た生徒は、「通学の洋服が出来て」という文章で「第五高女の気風その儘のように思われて言い知れぬ満足と得意を覚えた」と書いている。だが、「反対に責任がいよいよ重くなった感がする」という。[26] 学校を示すセーラー服を着ることは、高女の生徒である誇りや責任感と表裏一体であった。

制服のオシャレ

制服は校外で複数校の生徒がいても、すぐにどの学校の生徒か判断するために作られている。それには生徒たちが、制服の見本と同じものを仕立てなければならない。ネクタイやリボンの色を変えたり、襟や袖の白線を黒線にしたり、二本線を三本線にすることは許されなかった。

しかし、どのように魅力のある制服であったとしても、全員が同じ規格だと、人とは少し違う形にして個性を出そうとする者もあらわれる。そのことは長野県立須坂高女と、群馬県立我妻高女の服装検査から浮かび上がる。

須坂高女でも定期的に服装検査があった。同校の記録に、昭和十五年六月一日に全生徒を講堂に集め、教員二名と四年生の週番六名が、セーラー服の上着とスカートの丈、髪の長さを調べたことが残っている。ある生徒は「検査で注意を受けることがらと言えば、スカートのヒダの数のほか、丈が長いということ、髪が短かすぎて落ち着かない感じだということ、上衣の胴のところを細めてあることなどが多かった」、「検査の日はこわかった。とにかく無事に検査が通るように、細心の注意を払ってその場に臨んだ」と証言する。[27]だが、なかには「反発心旺盛で、検査日以外はヒダの数をふやしたスカートをはいて来るような」生徒もいた。[28]

吾妻高女の生徒たちも、服装検査が厳しかったという。同校では毎週一回、「どんな寒風の吹きすさぶ日でも、粉雪の舞う日でも、校庭に整列して」行われた。検査では「上着丈は腰骨まで、スカートの襞数は一六、髪の長さはセーラー衿の丈以上」か確認する。[29]だが、服装検査の当日は右の基準を守っても、翌日には「上着の丈はぐっと短く、襞数も二〇と増えている生徒もちらほら」あらわれた。それを目にした生徒は、「それがいつか流行となり、何時の時代にも通用する若者の反発心の一つの現われだったのでしょうか」とも述べている。[30]

別の生徒もスカートの襞を「二〇にしたり、二四にしたりしておしゃれがしたかった。靴もあみだ靴だがバンドでとめるのがはきたくて」、「髪はセーラーの衿の長さまでのばし、三つ編みにするのだが、これもできるだけ短くしたくて、検査の時は、やや首を後に曲げてセーラーの長さにあうようにと苦心した」と語っている。[31]

ここでは二校の事例を紹介したが、他校でも似たような行為はもちろんあったことだろう。生徒のなかには服装検査日だけ規定どおりにし、それ以外の日にはスカートの襞数を多くしたり、丈の長さを変えたりして楽しむ者もいたのである。

転任教員と転校生が接したブレザーとセーラー服

千葉県佐原高女では、大正十五年四月にブレザーとジャンパースカートの組み合わせを制服とした。白ブラウスには赤のネクタイを結んだ。昭和五年の夏に岡山県矢掛高女から佐原高女に転任してきた教員は、この制服姿を目にして次のような感想を残している。

当時東京市内の女学校は勿論、私の前任校である、岡山県のまほらの地の高校でも、みんなセーラー服だったのに、ここだけは、如何にも田舎ふうで、垢抜けのしない、制服が着用されていた。しかもスカートに小さく多くのひだを、つくることは、校則によって、禁止されて居り、髪形も東京の有名な女学校の学生のような、真似をしてはならないのである。(32)

岡山県矢掛高女ではセーラー服を制服にしてというのは記憶違いである。同校はテーラーカラーからオープンカラーの上着に変わっていたが、セーラー服への改正は昭和十三年頃まで待たなければならない。昭和五年に岡山県にセーラー服が多かったのは事実であり（第四章参照）、それと混同してしまったのだろう。上京して目にした東京の高女の生徒たちのセーラー服姿が印象的で、それらが重なって、佐原高女のブレザー姿は「田舎ふうで、垢抜けのしない」ものに感じたのであった。女子生徒たちが好む襞を多くすることや、東京の有名な高女の生徒たちのような髪型を真似することは禁止されていた。

この制服に最初に袖を通した生徒は、「洋服を一着に及んで、いささか誇り顔に歩いて居る中に、駅前あたりで、「銚子行何時ですか。」「私ら車掌でありません。」こんな会話の交された思い出をお持ちの方も何人か御座いましょう」と述べている。(33)修学旅行先ではバスの車掌と間違われるのが定番であったが、最寄り駅では駅の車掌と誤解された。

見る人によっては田舎っぽく感じ、時に自尊心を傷つけられる制服を、全生徒が好んでいたとは思えない。昭和八年九月、襟に白線三本のセーラー服に改正された。誰しもが憧れるセーラー服に変わったが、服装検査は甘くなかった。佐原高女に転校してきた生徒は次のように回想する。

以前の学校は、セーラーに三角布のネクタイ(黒)をフワリときれいにかけたのでしたが、佐原はむすんであるタイ(ちょっと妙ないい方ですが……)を、スナップでとめて前にタラすのです。そのため、学校がかわっても、ネクタイだけとりかえて、わたしはすましてかよっていました。だれかがゆきずりに、スカートのヒダが、こまかいとかなんとかいわれたようにも覚えていましたが、べつに気にもとめなかったのです。ところがある日、またよばれて、職員室へゆくことになりました。先生は、わたしのセーラーの線に物指しをあてて「なるほど」というわけです。規定の五ミリ(はっきりはおぼえていませんが、とにかく細い)より巾が広いとのこと。早速洋服屋にもって行ってなおしなさいといわれ、わたしはすっかりあわてました。なにしろ、セーラーは一着しかないのですから、ムリもありません。冬休みかなんかを利用して、背中の破れと一しょに線もなおしたように記憶しています。(34)

転校前の高女がどこかはわからないが、形に違いがあるネクタイだけを交換し、セーラー服を買い替えることはしなかった。そのため、佐倉高女のスカートより襞数が細かく、その点を指摘されることもあった。彼女は構わず、先生の目にもつかなかった。だが、セーラー襟の白線巾は物差しで測られ、細く縫い直すことを余儀なくされている。細かい点でも服装規定から逸脱することを許さない学校もあった。

膝や素足を見せてはいけない

青森県立弘前高女の生徒は、「スカートの下から二本の脚を出して歩くのは年寄りの心配の種になりまして、同級生の佐々木キヨエさんが膝の関節を患ったため、父兄からごうごうたる非難が参りました。工藤浅吉先生が大慌てになり、いつも整列させては、スカートの下にはいている括袴を引張っては「おまえも膝が出ている」「もっと下げろ」と注意されたものです」と回想する。(35) 徳島県立名西高女に昭和三年から七年まで通った生徒は、「膝の上へちょっとでもスカートが上ると呼びつけられて叱られたものでございます」と、当時を振り返る。(36)

和歌山県町立紀南高女では、セーラー服のスカートは膝下十センチと決めていた。昭和十二年に入学した生徒は、「私たちはスカートは短くならないように、月にいっぺんは必ず、ずうーと一列に並べられて点検を受けました」という。(37) そして「ちょっとでも短かったら、絶対「直してきなさい」」といわれた。(38)

山形県立米沢高女の生徒は、「年中スカート、長靴下、黒皮靴（冬は長靴）をはいて、スカートは床上三十センチと定められ時々、先生に計られたりしたものです」という。(39) 北海道庁立江別高女でも服装検査は行われていたが、スカートの長さは昭和十三年卒業生は膝下十センチ、昭和十七年卒業生は膝下十五センチであった。

時期や学校によって多少の差はあるが、教員がスカートの長さを管理していた。体育教育の観点から活動的なものとして洋式の制服が選ばれたが、礼法という女子教育の観点も重視された。その折衷された姿がスカートの長さと、靴下で脚を隠すものであった。

胸に輝く徽章

セーラー服が制服になると、それにともなって新たなアイテムが誕生した。左胸に輝く高女の証ともいえる徽章である。明治時代に海老茶袴が普及すると、袴の裾に白線や黒線などを入れて、他校との違いを示す学校があった。大正時代には和服の制服とともに、自校の目印となるベルトを採用する学校が登場した。ベルトの中央部には、校章ともいえるデザインが彫り込まれたバックルがついていた。

つまり、セーラー服の左胸につける徽章は、袴の裾の線やベルトのバックルに代わるものであった。後述するように、北海道ではスカートの裾に白線、大阪府では色とりどりの襟カバー、愛知県や広島県などでは白襟カバーを、それぞれつけるなどの特徴が見られるが、その地域で同じようなデザインのセーラー服が広がっていくと、判別がつきづらくなる。各学校では線の色や本数、襟と袖の他に胸当てや胸ポケットにも線を入れたり、ネクタイの色や結び方を変えることで他校との差を見出した。

胸の徽章は小さいため遠目では判別できないが、近くに寄ればどこの学校であるかを他者に示すことができた。徽章のデザインは、静岡県の清水女子商業学校が富士山を入れたように地域性を色濃く出しているところもあるが、八咫の鏡を使っているところが多く確認できる。これは、明治八年に東京女子師範学校の開校に際して、昭憲皇太后が下賜した「みかかずば、玉もかがみも、なにかせん、学びの道も、かくこそ、ありけれ」という御歌に由来しているのかもしれない（口絵参照）。

胸の徽章は学校側では生徒を管理するアイテムであり、生徒たちにとっては高女の証としてのプライドを示していた。学校の制服には、管理と誇りという二つの側面が同居しているのである。

註

（1）『読売新聞』一九二三年三月二十八日、朝刊。

（2）『七十周年記念誌』埼玉県立児玉高等学校、一九九三年、一四〇頁。

（3）『児玉高校五十周年誌』埼玉県立児玉高等学校、一九七六年、二二一頁。

（4）前掲註（2）『七十周年記念誌』四三四頁。
（5）前掲註（3）『児玉高校五十周年誌』二二〜二三頁。
（6）（7）アンドルー・ゴードン著、大島かおり訳『ミシンと日本の近代―消費者の創出―』みすず書房、二〇一三年、六八頁、九一頁。
（8）『創立六十周年記念誌』熊本県立松橋高等学校、一九七九年、八一頁。
（9）『白楊百年』新潟県立巻高等学校創立百周年記念事業実行委員会、二〇〇七年、一二六頁。
（10）『あけぼの』一一二号、新潟市立沼垂高等学校、一九七二年、一七七頁。
（11）『六〇周年記念誌』兵庫県立加古川西高等学校、一九七二年、一八頁。
（12）同右、一八頁〜一九頁。
（13）（14）『創立八十周年記念誌』千葉県立千葉女子高等学校、一九八二年、五四頁。
（15）『丹生高校五十年史』福井県立丹生高等学校五十周年記念行事委員会、一九七六年、四六〜四七頁。
（16）小田喜代治『東京紳士服の歩み』東京紳士服工業組合、一九八五年、二四六頁、二九一〜二九二頁。
（17）同右、二七七頁。
（18）『山本七十年』大阪府立山本高等学校、一九九七年、五二頁。
（19）（20）『寝屋川高校百年史』大阪府立寝屋川高等学校創立記念事業実行委員会、二〇一一年、一五七頁。
（21）『鎌田を仰ぐ六十年―長野県須坂東高等学校の歩み―』長野県須坂東高等学校内六十年史編纂委員会、一九八〇年、一〇五頁。
（22）『創立八〇周年記念誌』兵庫県立明石南高等学校、二〇〇一年、八八頁。
（23）『彦根西高百年史』滋賀県立彦根西高等学校創立百周年記念事業実行委員会、一九八七年、二一〇頁。
（24）『新高八十年史　明治大正編』和歌山県立新宮高等学校同窓会、一九八三年、六七〇頁。
（25）『創立五十周年記念誌』神奈川県立横須賀大津高等学校、一九五七年、八九頁。
（26）『創立六十周年記念誌』東京都立富士高等学校、一九八一年、二四頁。
（27）（28）前掲註（21）『鎌田を仰ぐ六十年』一三八頁。
（29）（30）『吾妻高校五十年史』群馬県立吾妻高等学校、一九七一年、二六八頁〜二六九頁。
（31）同右、二九四頁。

(32)『創立五十周年記念誌』千葉県立佐原女子高等学校、一九六二年、八四頁。
(33) 同右、一三三頁。
(34) 同右、一四五頁。
(35)『八十年史―青森県立弘前中央高等学校―』青森県立弘前中央高等学校創立八十周年記念行事実行委員会、一九八〇年、三七〇頁。
(36)『半世紀の歩み―徳島県立名西高等学校五十周年記念誌―』徳島県立名西高等学校、一九七三年、五六頁。
(37)『南部高等学校の百年』和歌山県立南部高等学校創立百周年記念事業実行委員会、二〇〇五年、二五四頁。
(38) 同右、二六二頁。
(39)『山形県立米沢東高等学校創立七〇周年記念誌生徒会誌』第一〇号、山形県立米沢東高等学校、一九六九年、二七頁。

第三章

セーラー服の三都と三港

東京府

なぜバスガールの制服を嫌うのか

セーラー服に制服を変更する理由の一つとして、生徒たちがバスガールの制服に似ていることを嫌ったことが挙げられる。本章以降では、修学旅行先などでバスガールに間違えられたことに憤慨する事例がたくさん出てくる。そこで、なぜ彼女たちはバスガールを嫌がるのかを明確にしておく。

大正十三年（一九二四年）に東京市バスの女性車掌の制服が制定された。帽子を被りテーラーカラーの上着にベルトを締めている。当時の高女に見られる大黒帽、テーラーカラーの上着、ベルトの制服と似ている。ステンカラーやスクエアカラーの上着であっても、バスの女性車掌のように見えるのは、襟の形が違うだけであり、帽子とベルトがセットになっているからだろう。

修学旅行先でこうした制服を着ていると、決まってバスの車掌に間違われた。そして彼女たちが不愉快に感じるのも定番であった。バスの女性車掌が着る制服に似ていることに対する不満が強かった。それは女性車掌という職業を

16　東京市バスの女性車掌「赤襟嬢」，昭和９年４月（朝日新聞社提供）

軽視していたからだと考えられる。

バスの女性車掌は、乗客者から運賃を受け取り、雨風の強い日でも走行中は乗車口に立っていなければならない。職業婦人とはタイピストなどの事務職のことであり、それらとは違って肉体労働のバスの女性車掌や女工は、高学歴の女性が好んで就く職業ではなかった。(1) 女性教師や裁縫学校の先生などを目指して高女や実科高女に入学する生徒はいただろうが、多くは「良妻賢母」の教えを家庭で実践する主婦となった。

男子生徒に置き換えればより理解が早いだろう。旧制中学校に通う生徒たちは、旧制高等学校や専門学校か、東京大学や京都大学などに進学し、国家の官僚になる者も少なくなかった。大正時代に都市部ではタクシーが登場するが、運転手の隣座席には助手が座っていた。助手は客の乗り降り時にドアを開閉したり、客の荷物を車に乗せたりした。白線の入った制帽の前章と、詰襟の五個釦を輝かせながら通学する中学生が、タクシーの助手になることを目指していなかったのと同じである。

いずれにしても高女に通うのはエリートであり、彼女たちはそれを強く意識していた。したがって、エリートでもない女性車掌と間違えられることは、彼女たちのプライドを大きく傷つけた。セーラー服を着ていれば、誰もが高女に通う生徒だと思い、バスの車掌と間違えることはなくなるのである。

生徒たちの希望でデザインを改正

成女高女の校長宮田修が生活改善委員の副委員長などをつとめたこともあり、同校では大正十一年四月からステンカラーの標準服を制定したことは述べた。だが、生徒たちで着る者は二、三人しかいなかった。その理由としては「旧式な、一寸へんなもの」であり、「セーラーならいいのに」と思ったからであった(2)。したがって、大正十三年四月には白襟カバーのセーラー服を制服とした。スカートの裾には黒線をつけ、帽子を被った。

神田高女では昭和七年(一九三二年)までにジャンパースカートと丸型フラットカラーのブラウスの組み合わせを制服にしたが、「長さ二〇センチぐらいの短冊がつきボタン五個が並んでいる」ものであった。そのため生徒たちは「バスの車掌のような制服」と評価していた(3)。バスの車掌のような制服は望んでいなかった。そうした不満の声から か、昭和八年には襟と袖に白線三本を入れたセーラー服へと改正している。

女子学習院の服装改善

女子学習院のセーラー服は標準服として定めたものの、多くの生徒たちが他のデザインよりもそれを選ぶため、昭和十二年には制服となったことは本書の冒頭で述べた。学習院が洋式の標準服を取り入れたのも、前章で述べた服装改善運動と関係していた。この項目ではセーラー服が全国的に普及する素因として、服装改善運動の展開があることをあらためて実証する。

女子学習院が生徒たちに配布した刊行物『おたより』第九号（一九二一年七月三十日）では次のように書いている。

服装問題特に女学生の服装問題は世間でも色々論議せられ居り、他の学校では種々の試みをしてゐるのもありますが、之は大問題でありまして、根本的に調査する必要を認めましたので、委員を設けてあらゆる方面から折角研究をして居るのであります。但し軽々に決定のできる事ではないのですから、現在の服装を急激に変化しようなどとは勿論考へてゐません。極めて慎重な態度を以て、当分研究を続けるつもりであります。

服装改善運動の動きを見て、女子学習院もその必要性を認識したのである。服装問題については現職の教職員だけで結論を出すのではなく、同窓会である常盤会にも諮問している。常盤会では洋服講習会が開かれ、専門家による講演も行われた。講演では次の七点が示された。

①外出着は折り目正しい筋の立つものでなければならない。式服も同様である。②西洋で脛を露出するのは十三歳くらいまでだ。③スカートの下には同じ色のパンツ（ブルーマーズ）をつけるとよい。④学生の靴下に絹は使わない。⑤セーラー服にはセーラー帽がふさわしい。⑥スカートの丈は短いのが流行のようだが、膝の上は十三歳くらいまでそれ以上は膝から一、二寸長くする。⑦西洋人が和服を着るのを見ると違和感を覚えるが、日本人が洋服を着る場合にも同じことが言えるため、注意すべきである。(4)

さらに大正十五年七月には服装に関する注意事項が生徒たちに通知されている。①長いネクタイとブローチは使用せず、ハンカチを覗かせないこと。②靴下は白と黒に限り、絹製は用いないこと。③カフス釦は貝製など質素なものに限る。④スカートを新調するときは襞のあるものに限る。⑤蝙蝠傘は無地で飾りのないもの、帽子も質素なものにする。⑥紅や白粉、金または金色の腕時計などは必要ない。(5)

17　東京府立第一高女の冬服　『第五十六回卒業記念写真帖』東京府立第一高等女学校，昭和 17 年 3 月（筆者所蔵）

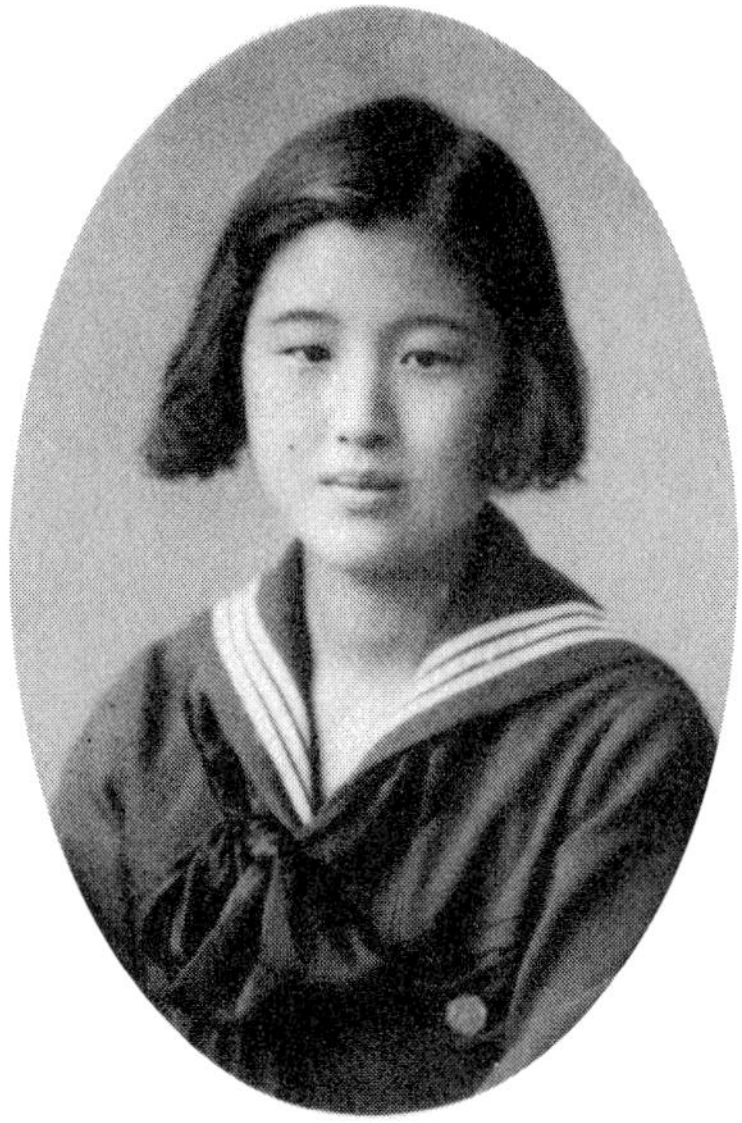

18　東京府立第三高女の冬服　『第 三 十五回卒業記念』東京府立第三高等女学校，昭和 14 年 3 月（筆者所蔵）

このような女子学習院内の服装改善の調査を踏まえて誕生したのが、大正十四年六月の標準服、同十二年のセーラー服の制服であった。写真で確認すると、襞のあるスカートの丈は長く、脚は黒の長靴下で覆われている。脛や素足を見せない身だしなみである。通学する生徒は裕福な家庭が多かったから、なるべく華美や贅沢にならないよう指示している。セーラー服は、折り目正しい外出着で、日本人が洋服を着る場合に違和感がないものであったことに加えて、華美や贅沢を抑止する役割をはたしたといえる。

東京のナンバースクール

東京では府立の第一高女、第二高女というナンバースクールが増加した。東京府立第二高女は、大正十年に洋服の着用を許可している。他のナンバースクールもその必要性を認めており、同年からどのようなものを着せるか検討していたと思われる。

実際、大正十一年に東京府立第三高女がテーラーカラーの上着、同第五高女がセーラー服を標準服としている。東京府立で最初の高女である第一高女は遅れをとったが、大正十三年に選んだ制服はハーフコートとジャンパースカートであった。同年には第六高女もジャンパースカートとブレザーを制服としている。

東京府立のナンバースクールでは、第五高女のセーラー服と、第一高女と第六高のジャンパースカートとに分かれ、これ以降に新設されたナンバースクールではどちらかを選ぶようになる。

大正十四年に第三高女は標準服をジャンパースカートへの変更を経て、昭和七年までにセーラー服へと改正している。大正十五年に第七高女ではセーラー服を制服に定めている。セーラー服とジャンパースカートとの優劣は、昭和

19　東京府立第七高女の冬服　後ろ襟の左右に松葉が刺繍されている『卒業記念』東京都立第七高等女学校，昭和 19 年 3 月（筆者所蔵）口絵 18 参照

20　東京府立第八高女の冬服『府立第八高等女学校卒業紀念』昭和 13 年 3 月（東京都立八潮高等学校所蔵）戦後に登場する「八潮巻き」と呼ばれる独特なネクタイの結び方ではまだない

を迎えるとはっきりする。

セーラー服を制服にしたのは、第二高女（昭和四年）、第八高女（昭和七年）、第七高女（昭和十年）、第十高女（昭和十一年）、第十二高女→北野高女（昭和十四年）、第四高女→竹台高女（昭和十五年）、第十五高女→神代高女（昭和十五年）、第十六高女→葛飾高女（昭和十五年）である。

ジャンパースカートは第四高女（昭和五年）、第十四高女→城北高女（昭和十五年）、ブレザーは第九高女（昭和四年）、ハーフコートとジャンパースカートの組み合わせは第十一高女→桜町高女（昭和十三年）しかない。

第一高女は東京府立の名門校であったが、増設されたナンバースクールはジャンパースカートを選ばなかった。第一高女、第四高女、第六高女の生徒たちは、ジャンパースカートに誇りを持って着ていたが、それをも上回る人気がセーラー服にはあったのである。

跡見女学校と実践女学校

跡見女学校は、明治八年（一八七五年）に創設された学校である。創設者の跡見花渓は、宮中女官が着る袿袴ほど優美な服装はないと考え、紫紺の行灯袴を生徒たちに穿かせた。大正四年十一月に大正天皇の即位式を記念して和服の制服を制定した。ゆかり織という木綿地の着物、羽織はともに袴と同じ紫紺であった。

昭和五年二月にブレザーにジャンパースカートが新たな制服として制定され、四月から着用された。洋式の制服は、校舎が現在の大塚に移転し、広い運動場で体育を行うことを視野に入れたものであった。しかし、紫紺の和服の制服を着てもよく、新旧入り交じる様子は昭和十七年ころまで見られた。

全国の高女の生徒たちが穿いた袴は、明治十七年に華族女学校の幹事兼教授下田歌子が考案した海老茶袴であった。男性用の袴のように襠がなく、襞を多くしたスカート状で、前後二本の紐で結んだ。下田は、明治三十二年に実践女

21　跡見女学校のジャンパースカート（昭和7年春）『跡見学園九十年』跡見学園, 1965年

学校を創設するが、生徒たちには「授業服」と呼ばれる上下続きの筒袖で襟は直衣を模したものを着せた。

この制服は大正十二年からテーラーカラーのワンピースに変わった。冬服は紺サージで襟と袖口に青い絹糸で桜の花の唐草模様の刺繍がなされた。夏服は水色銀ガムの長袖で襟だけ白ピケ地であった。夏冬とも箱襞のスカートで、襟ぐりが広いため胸当てをつけ、リボンは黒繻子を用いた。帽子は、冬は紺フェルトに紺リボン、夏は麦藁に黒リボンであった。

昭和六年にはテーラーカラーのツーピースに改正され、冬服は紺サージか紺セル、スカートに合わせて靴下は黒とした。夏服は上着だけが白ポプリンの長袖であった。夏冬ともに黒繻子の蝶リボンとなった。

実践の制服は二度の改正を経て、昭和十四年に定めたのがセーラー服であった（口絵12参照）。冬は紺のウール地、夏は白ブロード地とし、夏服は半袖となった。夏冬とも襟と袖は紺地に幅五ミリの白線三本をつけた。夏冬ともネクタイは黒繻子の蝶リボンに変化は見られないが、式日には白を用いた。実践第二高女は紺襟に幅四ミリの白線を二本、専門学校は紺襟に幅一センチの白線を一本とし、実践高女との違いを示した。ここに実践のセーラー服は出揃ったのである。

跡見と実践は、ジャンパースカートとセーラー服とに分かれた。跡見は戦前期にデザインを変えることはなかったが、実践が数年ごとに制服を改正しているところからは、どのデザインがよいのかを模索していたことがうかがえる。その到達点として選んだのは、ジャンパースカートではなく、セーラー服であった。

大妻コタカのセーラー服

大妻学院の創設者である大妻コタカは、和裁の学校という点にこだわり、服装改善運動の必要性を感じながらも、

22　大妻高等女学校の冬服　『大妻学院八十年史』学校法人大妻学院，1989 年

大正八年には和服の制服を定めた。冬服は紫紺の木綿の元禄袖、同生地の羽織、濃紺の袴、夏服は縦縞の木綿地であった。夏冬ともに校章のついたベルトを締めた。黒靴下と黒の短靴を用いており、足元だけは洋式であった。

それが昭和四年にセーラー服が制定されて全面的に洋式となる。冬は紺サージ、夏は白木綿で、紺の襟に白線三本が入っている。紺のネクタイは棒ネクタイのように結び、冬は紺、夏は白の帽子を被る。黒靴下と黒の短靴に変化はない。正面から見ると一般的なセーラー服と大差はないが、背面から見ると非常に特徴的である。

セーラー襟の後ろに垂れる部分は通常四角形だが、大妻は三角形であった。前面の襟の形と合わせると菱形になる。大妻コタカが考案した「三角襟」の菱形は、大妻の糸巻きの校章をあらわしていた。大妻の服装に対するこだわりの強さがうかがえる。

「三角襟」のセーラー服を着た生徒は、「ひどくやぼったく感じられた。しかし、大妻の校風に慣れるにしたがって、他校にない三角衿は、恥ずかしいことをすればすぐ大妻の生徒と分かることもあって、制服は清潔を心掛け、スカートの寝押しを励行して、常に気持ちを引きしめて誇らかに通学した」という[6]。

当初は「やぼったく」感じたが、他校にはない目立つセーラー襟のため、大妻の生徒として恥ずかしくない行動を取るよう心掛けるようになった。そしてスカートを寝押しするなど清潔を保ち、セーラー服に誇りを持って通学するように変化している。だが、三角襟は長くは続かなかった。体格のよい生徒には肩が出て見た目が悪いため、一般的な四角襟にあらためられている。

小石川高等女学校の和服の制服からセーラー服へ

小石川高女で和服の制服が定められたのは、大正十三年三月十五日であった。和服の制服は、薄色無地の着物に袴を穿き、腰には校章のバックルのあるベルトをつけた。しかし、生徒たちからは評判がよくなかったようである。生徒の兄は次の手紙を学校に送っている。

学校では校長の主義とかにて質素倹約を標語として教育してゐられますが、それも時と処によりませう。都では都らしく、田舎では田舎らしい事が必要かと思ひます。御校では生徒に恰度田舎の女学生のやうな服装をさせてゐられますが、それは考へものかと思ひます。もう少し都の女学生らしい時代に適応した服装をさせて、総《すべ》てにもつと新味を帯びさせて戴きたいと思ひます。将来、生徒は家庭に入って都会生活を営むので、田舎生活を営むのではありません(7)。

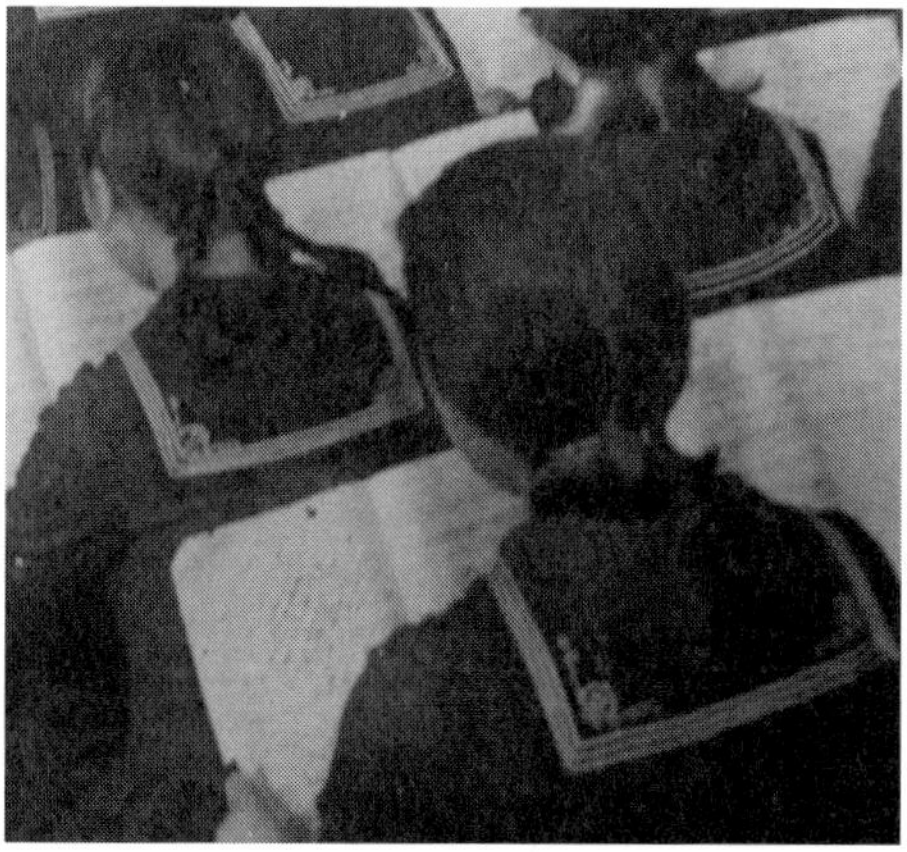

23　後ろ襟の左右に八咫鑑の校章と唐草の徽章が刺繍されている。『第十七回卒業記念』小石川高等女学校，昭和 17 年 3 月（学校法人日本文華学園文華女子高等学校所蔵）

学校では質素倹約の教育を実践しているが、都会と田舎との違いを考慮すべきだろう。小石川高女の制服は「田舎の女学生」のようだから、「都の女学生」らしい時代に適応したものに変えるべきだという。さらに卒業後は都会生活を送るのであり、田舎生活をするのではないと主張している。具体的な改正案は出していないが、文脈から洋式の制服を望んでいたことは想像に難くない。

これに対して学校側は「質素倹約といふ事は時と処を問ひませぬ。古今東西を通じて最も必要な事と信じて居ます。生徒の服装云々とありますが、兎角流れ易い奢侈を戒めることを主として一定の校服を用ひさせてゐるのです。しかし、教育上には堅実を欠かぬ範囲に於てより良き新味を加へつゝある事を断言致します」と答えている。(8) 質素倹約は時と場所を問わず必要なものであり、制服は奢侈を戒めるために設けたのだという。和服の制服に比べて洋式の制服のほうが高価だと判断していたからだと思われる。

ところが、洋式の制服も質素倹約の教育方針に合致すると思うようになるのに時間はかからなかった。昭和三年四月八日に制服は紺の帽子に襟の部分が白いブレザーへと変わり、同十一年二月十一日にはセーラー服へと改正されている。この過程は想像するしかないが、ブレザーにしたものの、東京の高女ではセーラー服が多く見られるようになったため、再度変更したのだろう。

セーラー服はブレザーより安価で作れたから、質素倹約を重視する小石川高女にとっては打ってつけであった。生徒たちが歓迎したことは、セーラー服の着用率の高さからもうかがえる。昭和九年に入学した生徒は、三年生になるときにセーラー服に変わったが、同十三年三月の卒業写真では全生徒がそれを着ている。小石川高女のセーラー服は、冬服は紺、夏服は白で襟と袖に白線三本を入れ、臙脂のネクタイであった。

後ろの襟の左右に八咫鏡の校章と唐草の刺繡が白糸で入っている。この刺繡は昭和十七年度の卒業生にはあるが、同十四年度の卒業生には見られない。少なくとも昭和十三年まではなかったから、翌十四年以降に入れたものと思われる。日中戦争下にしては珍しいことだが、そうしないと区別がつかないくらい東京中で似たようなセーラー服姿が増加していたのである。

日本女子大学附属高等女学校の通学服

東京でセーラー服が人気であったことは、制服のない日本女子大学附属高女の生徒たちの服装にあらわれていた。日本女子大学校長成瀬仁蔵は、服の色や形を選ぶのも教育であり、それらを学校側で生徒に強制すべきではないと考えていた。学校で制服を設ければ、卒業後に着る服の選択に困るだろうともいう。

だが、洋行の経験もある成瀬が洋服を否定していたわけではない。明治三十九年六月に日本女子大学の機関紙である『家庭週報』では「小児服の改良」と題し、六歳、七歳から十一歳、十二歳が着る服としてセーラー服を紹介している。襟に三本線、襟元にリボンタイ、スカートは吊スカートである。また大正十二年二月には「一二、三歳頃の女児に軽快な運動服」としてセーラー服を取り上げている。

日本女子大学附属高女の昭和二年から四年の運動会では、ほとんどの生徒が体操服として同じセーラー服を着ている。白の上着に襟とネクタイは薄く明るい色のようだ。昭和三年や四年の集合写真でも多くの生徒がセーラー服を着ているが、ネクタイが違ったり、襟の濃淡に差が見られる。昭和七年二月の写真では紺の上着で襟に白線二本のセーラー服が複数確認できる。

そして、昭和十年の運動会では、白襟に線がない上着に紺のスカート、濃い色のネクタイを全生徒が着ている。日本女子大学附属高女でセーラー服は運動服から通学服へと展開し、通学時には生徒たちが着始めたようだ。それは制服ではなかったが、昭和十年までの間には揃いのデザインになっている。

当初はバラバラであったセーラー服が同じデザインに揃った背景には、生徒が同じ店に注文したためと考えられる。昭和七年五月の『家庭週報』には、「御嬢様方の御通学や御散歩に是非高評あるヨシザワ水兵服を」というヨシザワの広告が掲載されている。学校の機関紙に載せるのであるから、学校が公認していることはもとより、そこで仕立てることを推奨していた可能性は否めない。

憧れの学校制服の店・ヨシザワ

ここに出てくるヨシザワは、学校制服の老舗として知られている。もともと文京区本郷で質屋業を営んでいたが、

24　ヨシザワの店頭に飾られたセーラー服（筆者撮影）

関東大震災によって大正十三年から輸入業へと転向した。洋服や雑貨などを扱っていたが、子供服のセーラー服が主力商品となる。やがて店で雇用した職人たちが縫製するようになるが、最初から高度な技術を有するわけではなかった。セーラー服は女子生徒でも縫製できたため、ある程度の和裁の技術があれば応用できたのであろう。

ヨシザワは、南高輪尋常小学校や女子学習院のセーラー服を請け負ったため、学校制服を仕立てる洋服店として知られるようになった。また経験を重ねることで縫製技術が上がるのも早かった。縫製の技術の高さは、華族令嬢たちも着るセーラー服のシルエットの美しさにあらわれていた。そこで仕立てられるとなれば、嫌がる生徒は少ない。友達がヨシザワで作るなら、自分もそこに注文しようと思う生徒もいただろう。日本女子大学附属高女では生徒に服装選択の自由を与えた結果、制服のように画一化されたセーラー服になったのである。

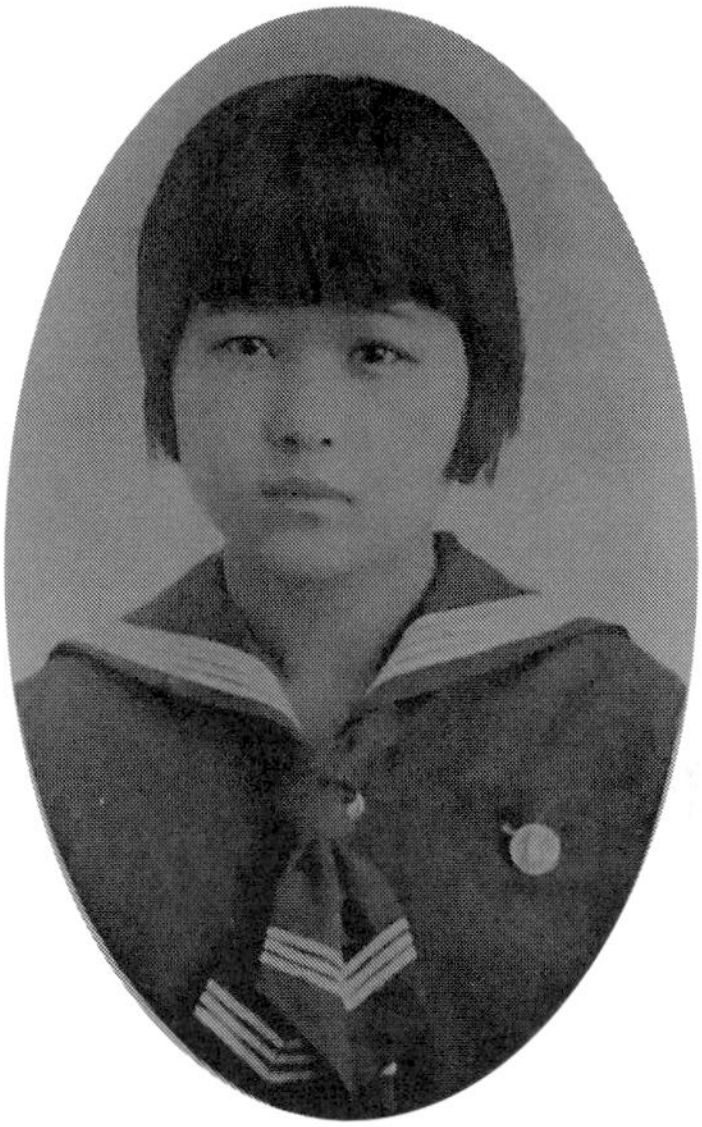

25　富士見高等女学校の冬服　『第六回卒業記念』富士見高等女学校，昭和6年3月（学校法人山崎学園富士見中学校高等学校所蔵）口絵14参照

26　順心高等女学校の冬服　『第十一回卒業記念』順心高等女学校，昭和14年3月（筆者所蔵）

東京の特徴

東京の制服を分析すると、セーラー服は五十三校、ブレザーやハーフコート、ジャンパースカートは三十二校であり、他府県と違ってセーラー服一色というわけではなかったことがわかる。人気のセーラー服を制服とする高女がある一方で、それとは違ったデザインを制服にすることで独自のカラーを示そうとした学校もあった。

セーラー服の襟や袖でも、雙葉高女が黒線三本、日本橋女学館高女が茶色線二本、戸板高女が黄土色の線三本、東洋英和女学校がゴールドの三本線、淑徳高女が赤線三本、青山学院高等女学部が緑の三本線、常盤松高女が赤茶の三本線、など特色のあるものが目につく。白線三本や二本の学校でも、ネクタイに神田高女が黒、小石川高女が臙脂、洗足高女が白線三本入りの棒ネクタイなどを用いている。

なるべく他校と重ならないようにする工夫が見られる。大阪では同じ型のセーラー服で判別がつきにくいため、襟カバーをつけて他校との違いを出したが、その必要がなかった。しかし、東京にも大阪の影響を受けることなく早くから白襟カバーをつける高女があった。

成女高女の白襟カバーは「白いカラーはいいと思いますね。遠くからでも解るし、清楚な感じがして、少女にはよく似合うと思います」という意見がある。(9)一方で、必ずつけていないと教員から叱られたため、「好まない人もいた」という。(10)

豊島高女の生徒は「白襟をつけた制服で、「野暮」という苦情はありましたが、それだけに、清潔で実直な感じでした。スカートの襞を毎夜敷布団の下で寝押しし、白襟を洗ってのり付けしたのを窓ガラスに張りつけ、ピーンとしたのを身につけるのが、最高のおしゃれでした」と回想する。(11)

東京では襟カバーを用いる高女が少なかったため、すぐにどこの高女かがわかった。その反面で「野暮」と感じたりして「好まない」生徒もいた。ところ変われば品変わると言うように、襟カバーの評価は地域によって大きく違うのである。

京都府

京都の洋式制服

京都はモダンな文化に対し、昔の文化を保守するイメージが強いように思われる。だが、大正九年十一月に平安高女がセーラー襟のワンピースを制服にしたように、服装改善運動の動きに無関心ではなかった。

京都成安技芸女学校は大正十年にギンガム地のスーツを制服とし、翌十一年にはワンピースへとあらためた。京都市立第二女学校が大正十一年四月に定めたワンピースは、イギリスの「オックスフォードやハロー女学校其他英国の女学生が最も多く着用する」デザインに似ていた(12)。京都府立第一高女は大正十一年五月に洋服通学を許可し、同十三年にワンピースを制服としたが、その目的は「単に皮相の西洋模倣でなく生活改善の意味で奨励する」ものであった(13)。

ここからは京都でも外国の女学校の制服を参考にしたり、服装改善を研究して洋式の制服の導入に取り組んでいたことが見て取れる。大正十三年に桃山高女はショールカラーの上着にベルトをつけた制服を定めている。京都では初期の洋式の制服に、桃山高女のようなバスガール型ではなく、ワンピースが用いられていたのである。

府一女のブレザーと府二女のセーラー服

京都でセーラー服を最初に取り入れたのは、京都府立第一高女であった。大正十四年に上下に分かれたセーラー服を制服にした。紺地の襟と袖と胸ポケットに白線を入れ、白のネクタイを蝶結びにしている。前年に定めたワンピースは一年しか使われなかったのである。

27　京都府立第二高等女学校の冬服
『第二十四回卒業記念写真帖』京都府立京都第二高等女学校，昭和6年3月（京都府立京都学・歴彩館所蔵）

しかし、第一高女のセーラー服は長くは続かず、昭和五年にブレザーに変更された。これに対して京都府立第二高女ではセーラー服を制服としており、東京と同じく京都でもナンバースクールは二派に分かれた。

二条高女、華頂学園、家政高女、京都成安高女（京都成安技芸女学校は、大正十二年に京都成安女子学院、昭和十五年に京都成安高女と改称）がブレザーを制服としたが、それ以外の高女ではセーラー服を制定している。この点も東京と共通しており、京都で最初の高女である京都府立第一高女のブレザーに倣うのではなく、セーラー服を支持する学校の方が多かったのである。

セーラー服の人気の高さは同志社女学校からうかがえる。同校では大正十三年四月にワンピース、ステンカラーの上着、セーラー服の三種類を標準服として定めたが、昭和三年四月に同志社女学校高等女学部の設置とともにセーラー服を制服としている。東京の女子学習院や東京女学館と同じ流れと見え、標準服のなかで多くの生徒がセーラー服を着ていたため、それを制服にしたと考えられる。

京都のセーラー服

同志社女学校高等女学部のセーラー服は、紺地の襟と袖に白線三本を入れ、ネクタイは白の蝶結びである。これと同じように京都のセーラー服は白線を二本か三本入れるところが多かった。福知山高女は襟・袖・胸に白線二本、堀川高女は襟と袖に白線三本、明徳高女と桃山高女は襟と袖に白線二本、綾部高女は冬服が白線二本、夏服が黒線二本を入れた。

西山高女は昭和二年の開校時には線のない無地のセーラー服であったが、同六年には襟と袖に白線三本を入れるように改正している。福知山高女、綾部高女、堀川高女は後述する大阪府の高女に多く見られる棒ネクタイだが、同志社は白の蝶結び、明徳高女と桃山高女は普通に結ぶなど、ネクタイで他校との違いを示した。

セーラー服に白線が多いのも偶然ではないようだ。京都の女子生徒の間でセーラー服の白線は憧れの的であった。その証拠に宮津高女ではセーラー服の襟に茶色線二本を入れていたが、それを着た生徒は「あの頃、白いブレード三本つけた他校のセーラーが羨しかった」と述べている(14)。

京都でセーラー服でないのは、京都府立京都第一高女、二条高女、平安高女、華頂学園、家政高女、光華高女、京都成安高女である。多くは私立校であり、公立のセーラー服との違いを出そうとしたと考えられる。だが、ブレザーの京都第一高女に倣う学校は少なく、セーラー服の普及力は圧倒的だった。

昭和天皇の即位記念の影響はない

高女の洋装化の原因は、関東大震災ではなかった。それでは昭和三年十一月の昭和天皇の即位式はどうであったか。(15) もし、仮に昭和天皇の即位式が洋式の制服と関係しているのであれば、京都府の高女はそれに合わせて一斉に洋式の制服を制定したに違いない。なぜなら、天皇の即位式は京都御所で行うこととなっていたからである。

京都では昭和三年に、宮津高女、同志社女学校高等女学部、明徳高女、堀川高女がセーラー服を制定し、十一月に華頂学園がジャンパースカートを制服としている。そのうち「大典奉祝記念事業」で制服を制定したと記念誌に記載しているのは華頂学園しかない。またその理由には「従来生徒の服装は個性を尊重する意味において、華美に流れない範囲で自由に任せてゐたが、体の発育に十分注意を払ひ、この時代の生徒の身体の発育に十分注意を払ひ、華美の点、被服費の軽減等の見地より種々考察の結果」とある。(16)

この理由は、服装改善運動の流れであり、個性を尊重する点から制服化が遅れていたと見るべきだ。華頂学園が昭和天皇の即位式を機会に制服を定めたとしても、それ以外の京都の学校の記念誌では昭和天皇を奉迎することを目的としたとは書かれていない。次章以降でも述べるが、全国の高女の記念誌を見ても、昭和天皇の即位式の記念行事として洋式の制服を制定したと書いてあるものはほとんどない。

昭和三年に洋式の制服を制定しているからといって、それを昭和天皇の即位式と結びつけて考えることは妥当ではない。むしろ、昭和二年や四年に制定している学校と同じように見るべきであり、それらは服装改善運動の流れを受けて、大正末期から全国各地で徐々に増加していったと捉えるべきである。

大阪府

大阪府の先がけはミッション系と仏教系

大阪府のセーラー服については、その特徴として襟カバーを用いていることが指摘されている。[17] だが、その点を除くと、大阪でセーラー服がどのような順番で取り入れられたのか、早く取り入れた学校内での制服に関する状況についてなど、明らかにされていないことがほとんどである。そこで大阪のセーラー服の特徴とされる襟カバーについても、全国的に見てどこに特徴があるのかを再検討する必要がある。

大阪では大正九年から洋服を許可したり、洋式の制服を制定する高女があらわれている。同年に清水谷高女が筒袖と袴の和服に加えて洋服の着用を許可し、泉南高女がブレザーにベルトの制服を定めた。

大阪でも服装改善運動の流れに応じ、学校で制定した制服がセーラー服以外のデザインであったことが見て取れる。大正十一年四月、ミッション系の普溜女学校がセーラー服を制定した。これは大阪で最初のセーラー服といえる。『大阪朝日新聞』は、大阪信愛女学院を「セーラーの元祖は信愛」と報じ、[18] 同校の記念誌でも大阪で最初のセーラー服と記述しているが、それよりも三か月早いのが普溜女学校である。

普溜女学校のセーラー服は、襟と袖に海老茶色の三本線が入り、ネクタイも海老茶色であった。昭和三年の大阪では、普溜女学校を真似たセーラー服を制定する小学校が目立つようになった。普溜女学校の校長は、小学生が同じようなセーラー服を着だしたため、「子供じみて見えるやうで気にかゝる」と述べている。[19] 小学生にも影響を与えるほど、セーラー服は可愛らしく人気があった証拠といえる。

普溜女学校に続いて大正十一年の夏に大阪信愛女学院がセーラー服を制定した。同校もミッション系の女学校である。金城女学校や福岡女学院と同じように、ミッション系は服装改善運動の流れを受けると、家政科の教員が独自にデザインを考案したり、当時主流のステンカラーの上着やワンピースに倣うのではなく、欧米の女子生徒たちが着ていたセーラー服を取り入れていることがわかる。

大阪信愛女学院の生徒は、帽子が「バケツのようだ」と不満の声を漏らしているが、セーラー服は「好きな着物をお母様に買って頂いたよりもっと嬉しく、フランスにでも飛んで行ったような気がいたします」と、大満足であった。[20]

明浄高女でも大正十一年四月からセーラー服を着用している。冬服が紺地、夏服が白地なのは他校と同じだが、グレーの襟カバーと蝶リボンをつけるのが特徴的である（口絵16参照）。明浄高女は大阪市日蓮宗寺院団の発願によって設置された。大阪のセーラー服は、ミッション系と仏教系の高女からはじまった。

清水谷高等女学校の襟カバー

清水谷高女は大正九年から洋服の着用を許可したように、服装改善運動に早くから理解を示す学校であった。大正十年には濃い真紅のリボンを巻いた帽子と、大きな襟（冬は紺、夏は白）のブレザー型で前釦を一個という洋服を制定している。洋服は高島屋に注文し、代金は二十八円であった。翌十一年六月十九日の職員会議では「先般規定シタル通リノモノニテ押シ通シ、異式ノモノハ用ヒシメザルコトトス」と決めた。[21] それ以前はデザインの違う洋服を着る生徒もいたことがうかがえる。

しかし、生徒たちはブレザー型の洋服に満足しなかったようであり、大正十二年には新制服について議論となった。六月には洋服専門家など校外委員を選び、七月と九月には「生徒制服調査委員会」が開かれた。校長藤澤茂登一は、制服について、①流行を超越して着られる永続性のもの、②廉価、③生徒が喜んで着るもの、④家庭で作れるもの、という注文を出している。

九月七日の職員会議では、紺のセルかサージのセーラー服で、上下にブルマーを合せて二十円五十銭とし、三年生以上でもなるべく作らせることが決められた。九月十一日には講堂に一年生から三年生を集め、新制服の説明が行われた。九月二十二日に三越と白木屋が生徒の採寸をしに来校し、十月二十七日に制服が届けられた。大正十三年四月の入学生には「本校入学の上は制服を着せるが、それを承知か」と念を押した(22)。

清水谷高女の冬のセーラー服は、紺または黒のサージで、襟・袖・胸当て・胸ポケットに白線三本をつけ、スカートの襞は十六本とした。夏服は白麻で、襟・袖・胸当て・胸ポケットに黒線三本をつけた。ネクタイは黒のサテン、儀式には冬服に限り白の富士絹を用いた。靴下は黒の木綿を基本とし、夏には白でもよかった。

清水谷高女のセーラー服が他校と違っているのは、汚れたら洗濯ができるよう、濃い空色の襟カバーをつけた点にある。また髪を結わえる紐の色を、一年生は赤、二年生は緑、三年生は黄色、四年生は水色、五年生は白と分けたこ

28　清水谷高等女学校の冬服
『写真帖』大正 15 年 3 月（大阪府立清水谷高等学校同窓会館歴史資料室所蔵）

とも目を引いただろう。実際、大阪府立の高女で最初のセーラー服を制服にしたのは清水谷だと報じられ、その後の府内のセーラー服の普及に大きな影響力を与えている。

夕陽丘高等女学校の襟カバー：大阪府立高女初のセーラー服

『大阪朝日新聞』は「府立で制服の規定された元祖は実に清水谷高女で大正十三年の四月から」と報じた[23]。この記述を根拠にしているかはわからないが、『思い出の高等女学校』でも「大阪地方で最初のセーラー服＝清水谷高女生（大正一三年）」と紹介している[24]。

しかし、いずれも誤っていることは前項で述べたとおりである。清水谷がブレザーの制服を定めたのは早かったが、大阪府立の高女という意味でも、清水谷はセーラー服を定めた最初の学校ではない。大正十二年四月に夕陽丘高女が紫の袴からセーラー服へと制服を改正している。大阪でセーラー服を制服にしたのは、夕陽丘の方が清水谷よりも早かった。

29　夕陽丘高等女学校の冬服　『第十五回卒業記念写真帖』大阪府立夕陽丘高等女学校，大正 13 年 3 月（大阪府立夕陽丘高等学校所蔵）

大正十二年に夕陽丘高女の一年生であった生徒は「私達は幸い卒業する迄どちらを着てもよいといわれましたので制服を着たり、袴を着たりしました」というが、同十四年の一年生は「古代紫の袴にひかれて入ったのに、入ったとたんに禁止され随分がっかりしました」と回想している[25]。大正十四年の一年生からセーラー服に代えて和服を着用することができなくなった。

大阪府立夕陽丘高等学校で所蔵する卒業記念写真帖には、その変化がよくあらわれている。セーラー服を着る卒業生は、大正十三年三月は百二十七人中で一人、昭和二年三月は百七十三人中で四十三人、同四年三月は百七十三人全員である。大正十二年四月にセーラー服を制定しても、紫の袴を希望する生徒が多かったが、同十四年四月の入学生から全員が着るようになったことがわかる。

夕陽丘高女のセーラー服の特徴は、冬服は紺地、夏服は白地に浅葱《あさぎ》色の襟カバーをつけたことである（口絵17参照）。襟の下につける同色の棒ネクタイも目立つ。昭和二年の一年生は、「わたしは、小学校時分から夕陽丘の制服がすきだったので外の学校へ行くつもりはありませんでした。もし受験に失敗したら一年遅れても行くつもりでした」という。(26)

わずか二年の間に紫の袴から浅葱色の襟ネクタイのセーラー服へと、憧れの対象は変化している。夕陽丘高女で浅葱色の襟カバー、清水谷高女で濃い空色の襟カバーを用いたことは、その後の大阪府立高女のセーラー襟に影響を与えていく。

梅田高等女学校と金蘭会高等女学校の不人気な洋服

服装を統一しようとした大阪の高女でも洋服の着用が進む。大正九年に大阪の私立梅田高女は、「生徒の服装として洋服を採用する件」について保護者に意見を求めた。その調査結果は、洋服の支持者が二百九十四人、和服の支持者が二百三人、「和洋中和説」が百八十三人であった。(27) 一年生は洋服支持が多く、その数は学年が上がるほど減り、四年生は和服の支持者が多かった。

この意見にもとづいて学校側では検討が進められ、大正十年三月には保護者に「本校所定の生徒用洋服」という説明文が通知された。ただし、この通知は梅田高女か金蘭会高女のものかははっきりしない。だが、両校とも同時に洋服を採用し、そのデザインも同じであったことからすると、両校共通であったとも考えられる。

洋服の様式は、「セーラース、ユニフォーム」とし、各部分には「種々研究ノ上改良」を加え、帽子はアメリカの女子生徒用の「キアップ」に多少の工夫を加えたものとした。[28] 洋服の生地には紺サージで価格の安いものを採用し、冬服と夏服とも二年間は使用できる耐久性を見込んでいた。ヘル、ベッチン、羅紗などは、価格・体裁・強度から見て一長一短があるとの理由から退けた。

冬服（帽子・下着を含む）は約二十六円、夏服（同上）は約十三円であった。梅田高女の調査によると、四年間で和服だと九十七円九十八銭、洋服（冬服二着、夏服二着）だと七十二円八十銭であり、洋服のほうが二十五円十八銭も節約できるという。

この説明文の「セーラース、ユニフォーム」は、アメリカの女子生徒のセーラー服を指すと思われるが、各部分を「種々研究ノ上改良」したため、完成した制服はセーラー服とは全く違うものであった。大正十三年に金蘭会高女を卒業した生徒によれば、「白地に黒の格子模様の上衣とスカート」であり、「その服は生徒間にいやがられて着る人はほんとうに少なかった」、「私は父が厳しく、学校できめたものは着よというので、着て学校へ行ったがはづかしかった」という。さらに彼女は「梅田高女の人も着ない人が多かった」と述べている。[29]

セーラー服を採用していれば、生徒たちが嫌がったり、無理して着て恥ずかしい思いをすることはなかっただろう。この洋服が制定されたのは大正十年だが、ほとんどの者が和服を着ていたというから強制力のある制服ではなく、洋服を着るときの型を定めた標準服のようなものであった。

街頭に溢れるセーラー服

大阪では大正十五年に四条畷、昭和二年に八尾、同三年に茨木、泉尾、梅花、羽衣の高女がセーラー服を制定している。ひと月後の『大阪朝日新聞』では、セーラー服が増加している様子を次のように報じている。

大阪の女学校はもうすつかりといつてい丶くらゐ制服になりました、その制服もセーラー型が一ばん多い、だから学校の先生でもうつかりすると自分の学校の生徒と他校の生徒とを間違へる東京の女学生は各校とり〲に明瞭な特色を発揮した服装で一キロメートルこなたのミルクホールからでも「お茶の水だ!」「三輪田もう放課だぜ」とやるやうにはまゐりません。(中略)清水谷に流れを発した府立各高女の制服はまづまづ大同小異、阿倍野がセーラーでないのと市岡がワンピースで極めて簡単な仕立てだこと。[30]

大阪では昭和三年には阿部野高女と市岡高女を除くと、どこの高女も似たり寄ったりのセーラー服であり、学校の教員も自分の生徒か、他校の生徒かすぐには見分けがつかないという。東京だと、ミルクホールから一キロ離れた道を行く生徒を眺めていても、東京女子高等師範学校附属高女や三輪田高女だとわかるが、大阪ではそうはいかないと指摘する。

阿部野高女はブレザーとジャンパースカートの組み合わせ、市岡高女はワンピースであったが、市岡高女も昭和五年四月からセーラー服へと変わっている。管見の限り、昭和十年までの間にセーラー服ではない高女は、阿部野と、同年にジャンパースカートへ変えた四条畷、ブレザーの相愛高女、ジャンパースカートの聖母女学院高女と扇町高女しかない。

右の新聞記事から六年後の昭和九年十月二十四日付の『大阪朝日新聞』で、大手前高女の校長生田鹿之丞は「只今の制服は東京の女学生などのと較べるとバラエテイに乏しく、線とかリボンとかに気持のいいのが少ないやうだ、若い女の子のことゆゑいくらか装飾めいた線やリボンをあしらつて、制服をもつと美的なものにするのがいゝと思はれる」と述べている。[31] これは当初、襟カバーがなかったことに加え、襟や袖の線も大差がなく、棒ネクタイを用いるところが多かったことを指摘している。

次章ではセーラー服の型を統一した県について述べるが、それに被服協会は大きな役割を担った。大阪府では被服協会大阪支部の協力を得て中学校の制服を統一したが、高女の制服を統一することはなかった。だが、他県はセーラー服を統一するときに、大阪の高女の制服で多く見られる襟と袖に線がなく、棒ネクタイのスタイルを採用している。このスタイルを本書では「大阪型」と呼ぶが、それは質素倹約を目的にしたときに一番ふさわしいと考えられたのである。

つまり、そのくらい大阪のセーラー服は統一を図っていなくても統一しているように見える地味なものであった。この後に大阪で色とりどりの襟が取り入れられた理由は、東京に比べて地味だという度重なる指摘があったことと、他校との見分けをつけるためだと考えられる。

大阪府のセーラー服の特徴

夕陽丘高女で浅葱色の襟カバー、清水谷高女で濃い空色の襟カバーを用いていたことは先に述べた。それに続いて堺高女で水色、岸和田高女で金茶色、茨木で白、明浄でグレー、大谷で水色、普留で白、佐野で水色、黒山で紺色の襟カバーを取り入れている。

襟カバーが増加した理由としては、大阪府立で最初にセーラー服を導入した夕陽丘高女と、府内の高女のセーラー服に影響を与えたと見なされている清水谷高女が使用していたことが考えられる。『大阪朝日新聞』で紹介されたよ

30　岸和田高等女学校の冬服（襟カバーは金茶色）『第三十一回卒業記念』大阪府立岸和田高等女学校，昭和10年3月（筆者所蔵）

うに、昭和三年以降に大阪では似たり寄ったりのセーラー服が増加し、各校を一目で見極めるものとして、両校で使用していた襟カバーを取り入れたと見るのが自然だろう。

しかし、大阪府内の全高女に波及したわけではない点にも留意しなければならない。第四章から六章で述べるように、襟カバーは「多くの府県の高女で着用され」ていたわけではなく[32]、愛知県、広島県など限られている。他県の襟カバーは、どこも白襟が基本であり、大阪で見られるような色とりどりの襟カバーは珍しい。この点が全国的に見て大阪のセーラー服の特徴といえる。

そして、そうした色鮮やかな襟カバーが戦後になると他県にも広がりを見せるが、それは全国的に高等学校の数が増え、他校との違いや高校と中学校との差をあらわすなど、新たな事情によるものである。

神奈川県

ミッション系の制服への対抗心

神奈川県のセーラー服はミッション系の女学校から始まった。フェリス和英女学校が大正十年十一月に標準服とし、同十四年に制服化したのが最初である。大正十三年に横浜英和女学校と横浜紅蘭女学校がワンピースを制服とし、横浜紅蘭は同十五年にセーラー服へと改正した。

ミッション系以外の学校でも大正十三年に平塚高女が紺サージの洋式の制服、同十五年に横須賀高女がテーラーカラーの上着など、セーラー服はすぐに普及しなかった。しかし、昭和を迎えるとその数は増えていった。

セーラー服の襟線のなかでも大正十五年に制定した神奈川高女の薄茶色と、昭和二年五月に制定した程谷実科高女（昭和九年に横浜市立高女と改称）のベージュは、他校の白線に比べて目を引いたと思われる。横浜市立高女のセーラー服は、紺地の襟にベージュの三本線が入り、ネクタイもベージュで当初はフェルト帽を被った。

ところが、これを着た生徒は「垢抜けしたミッションスクールの制服に比べて、何となく田舎くさくて見栄えがし

31　フェリス和英女学校の大正10年11月制定の標準服　フェリス女学院歴史資料館所蔵

32　フェリス和英女学校の大正14年制定の制服　フェリス女学院歴史資料館所蔵

33　小田原高等女学校の冬服　『第二十八回卒業記念写真帖』神奈川県立小田原高等女学校（筆者所蔵）

なく、私はあまり好きでなかった」が、先生は「うちの制服はなかなか上品でいいね」と自慢されるので、その度に相槌の打ちようがなくて困ったもの」だと回想している(33)。地方の高女の生徒からすれば、贅沢な主張であったかもしれない。

セーラー服に染まらない

襟に茶系の線が入ったセーラー服の登場に続き、横浜を中心にして神奈川県下にセーラー服は広がっていった。昭和三年に小田原、四年に秦野、五年に厚木、七年に高津の各高女がセーラー服を制定している。

厚木高女のセーラー服は、襟と胸当てに白線二本がつき、グレーのネクタイが特徴である。川崎高女は白線三本入りの二重の棒ネクタイがアクセントだが、それを除くと襟と袖に白線三本という一般的に見られるものだ。高津高女も襟・袖・胸ポケットに三本線が入り、秦野は変形の襟が特徴であったが、それも昭和九年の改正で襟・袖・胸当てに白線三本を入れるものに落ち着いている。

しかし、神奈川県の特徴はセーラー服が普及する一方で、それ以外のデザインの制服が少なからず見られることである。県下初の高女である横浜第一高女が昭和五年にジャンパースカート、横浜第二高女が昭和十一年にハーフコートを制定している。大正期にセーラー服ではない制服を定めた高女も改正することはなかった。

こうした影響を受けたことと、ミッション系のインパクトに負けない制服を定めようと各校が考えたのかもしれない。昭和五年に伊勢原高女はテーラーカラーの上着、同六年に横浜高女は古代紫のネクタイをつけたブレザー、同八年に上溝高女はジャンパースカートとブレザーの組み合わせ、同十一年に鶴見高女はショールカラーのブレザーを制定している。

神奈川県ではセーラー服に染まることなく、色とりどりの特徴のある制服が見られた。この特徴でいえば大阪府とは対照的であり、これから述べる兵庫県や長崎県とも異なる点である。

鎌倉高等女学校の標準服から制服へ

ミッション系の学校が横浜市内にあったことから、横浜を中心とする神奈川県の洋装化は早かったように見える。しかし、制服ではなく標準服であった場合、なかなか袴を脱がない生徒もいた。神奈川高女は、大正十五年にネクタイと襟の線が薄茶色のセーラー服を標準服としたが、全生徒が着るようになったのは昭和七年四月であった。セーラー服を着るのに六年間も要したのは、着物に袴姿への愛着が強かったからだろう。

その想いが校長に強かったのが鎌倉高女であった。同校では大正十一年に定めた冬は紫紺の着物に袴、夏は白地に黒の縞絣の木綿という和服の制服を用いていた。学校の創設者である校長田辺新之助は「現代の女子に似合う洋服はない、強いて選ぶならセーラー服であろう」とは述べていたが、セーラー服を制服にしようとはしなかった[34]。

昭和五年に関西の高女で前学期だけ過ごし、後学期に鎌倉高女に転校した生徒は、「制服もセーラー服から紫紺の木綿地（三越製）の和服となり、海老茶の袴に黒い靴下、黒い靴」になったという。また「袴の襞を前の晩、必死で畳んで新聞紙の間に挟んで寝押しをして翌朝、颯爽とはいて出ていく時の気分は満足そのものでした」と回想しており、海老茶式部に不満はなかった[35]。

ただし、生徒たちは夏の和服の制服を嫌ったため、三越に頼んで鎌倉高女の銀杏を模様に取り入れたが、あまり効果は上がらなかった。校長が江口ユウに交代すると、昭和九年度からセーラー服が制服になった。はじめて袖を通した生徒は次のように語っている。

制服が、衿とカフスに三本の白線が入ったセーラー服に変わったのは、わたしたちが一年に入ったその年であった。ただでさえ、新入生はひと目でわかる。それが、その朝はじめて手を通すま新しいセーラー服で勢ぞろいしたのだから、いやでもよくわかる。和服時代に入学した上級生もセーラー服で登校してさしつかえなしということで、手持ちのこまかいひだのスカート姿がいたりして、それが前後二四のひだという校則通りのスカートをはいたわたしたちからは、おおいにカッコよく見えたおぼえがある。(36)

セーラー服になったことで三年生や四年生にもそれを着た生徒がおり、校則の二十四本襞よりも細かい襞は一年生たちには「カッコよく見えた」という。従来の和服の制服を「湘南の学習院的上品なもの」と見る生徒もいたが、セーラー服も胸当てを除けば学習院とよく似ている。襟・袖・胸当てに白線三本が入り、スカーフを結ぶ。湘南のお嬢様にふさわしい上品なセーラー服が誕生するまでは、和服に対する想いが強かったため県下でも難産であった。

兵庫県

兵庫県の洋装化

兵庫県の高女で最初に洋装化を行ったのは、県下初の高女である兵庫県立第一神戸高女である。体育の授業には、動作性に優れた洋服と帽子が必要と感じ、大正七年に教員を大阪と東京に出張させた。両地では欧米諸国で生活した経験者や、洋式の制服を導入しようとする教育者から意見を聞き、学校に戻って研究を続けた。

その結果、東京の山脇高女から得るところが多く、その制服を見本にして洋服を仕立てた。大正八年にその試作品を生徒たちに試着させ、その後も三度の改良を加えた。校外では洋装化に反対する意見もあったが、保護者たちの理解を得て、大正九年四月から全生徒が着るようになった。兵庫県の洋装化は、服装改善運動を推進した山脇房子の考え方に同調した県下初の高女である第一神戸高女から始まった点を見逃してはならない。

柏原高女では大正十年五月に洋服着用を許可したが、同十五年四月に入学した生徒は「あこがれのセーラー服に、三つ編の長いお下げ髪を垂らして、胸をときめかしつゝ柏原高女の門をくぐった」と述べている。(37) 大正十一年から十五年の間にセーラー服を制服にしたのである。

明石高女は、大正十三年頃に白いショールカラーの上着を制服としていたが、修学旅行先でバスガールに間違えられた不満から、生徒たちが校長に制服の改正を要求した。その結果、翌十四年に襟と袖に白線二本を入れたセーラー服に改正された。

昭和になるとセーラー服ではないのは兵庫県立第一神戸高女、神戸市立神戸第一高女、松蔭高女、小林聖心女子学院高女くらいである。第一神戸高女の制服に影響を受けることなく、どこの高女もセーラー服に変えていった。

幕末に外国との通商をめぐって「兵庫開港、大阪開市」が問題となった。日本の近代化において、両地は関西圏の主要地である。隣接する大阪では色とりどりの襟カバーをつけたのに対し、兵庫では白襟カバーを用いていない。ここには、大阪のものまねはしないという兵庫のプライドがあったのかもしれない。

姫路高等女学校の改正過程

姫路高女では、大正九年にステンカラーでベルトをつけた木綿の弁慶縞の夏服を定めたが、着用は自由であった。

翌十年には紺の小倉地でビロード襟がついた夏服と同型の冬服を設けた。帽子は夏服ともに服と同じ生地の大黒帽を被った。大正十二年には生地が改良されるが、服のデザインには変化がなかった。

洋装化が早かったのには、学校側が従来の着物に袴スタイルからどう変えるか考えていたからだろう。姫路高女から東京府立第三高女に転校する生徒が複数いた。どの生徒も成績がよいため、第三高女の校長が姫路高女を授業参観に来たことがあった。しかし、校長からは「関西の女学生は服装がみすぼらしい。悪く言えば風采があがらん。びっくりした」という不本意な感想を聞かされた[38]。

こうした苦い体験が服装の改善を積極的に後押ししたのではなかったか。この試験的な服を経て昭和三年にセーラー服へと改正した。夏服には白線二本を入れたが、冬服の襟や袖に線はなく、大黒帽を被った。それが昭和九年には夏冬ともに襟と袖に白線三本を入れ、黒のネクタイを結び、胸には学年別の徽章をつけ、帽子を被るという、一般的なセーラー服へと変わっている。これは他府県と同じようにセーラー服への発展的段階を示していることと、兵庫県内でのセーラー服増加の動きをあらわしているといえる。

後退する和服への愛着

淡路高女では大正十三年四月からセーラー服を標準服としたが、なかなか普及しなかった。そこで昭和二年四月からセーラー服を制服にし、全生徒が着るようになった。すぐにセーラー服に袖を通さなかったのは、私立の甲南高女でも同じであった。大正十三年四月にセーラー服を制定したが、その着用を生徒たちに強要しなかった。セーラー服のデザインも自由だったため、襟の線の数はさまざまで色も黒、茶、緑、白などがあった。さらに襟に星や錨を刺繍する生徒もいた。

着物に袴を好む生徒たちは、「風邪だ、頭がいたい、足がいたい」などの理由で「和服着用願い」を提出し、和服で通学していた。[39] しかし、それも最初だけでセーラー服を着る人が増えると「憧れの的」へと変わった。その人気は、大正十五年五月、夏服のワンピースが定められたが、すぐに白のセーラー服へと変更されていることからもうかがえる。

セーラー服のデザインが自由だったため、「セーラーの背中のたれの線が、黒、茶、グリーン、白、そして線の数も一定せず、星や錨のマークをつけるもの」など、まちまちであった。校長は昭和三年の「御大礼を機会に制服の統一を完成したいと考へてゐる」と述べている。[40] その結果、靴下は黒、帽子着用、腕に錨をつけない、上靴と下靴の区別、服装は質素、校章をつけるなどの注意事項が設けられた。翌四年の注意事項では、セーラー服の白線は三本とある。昭和天皇の即位式によってセーラー服が取り入れられたわけでなく、デザインが統一されたに過ぎない。

山崎高女の制服は、筒袖の木綿紺絣の着物に白線一本入りの海老茶袴であったが、大正十五年四月に奥村奥右衛門が校長に着任すると洋式制服への変更が図られる。その結果、「当時都市部の女学校では殆どセーラー服を採用していたので、早速父兄の了解を求め、その年の冬服から洋服を着用すること」にした。[41] このセーラー服が決まったときに生徒たちは「大賛成で大喜び」であったが、四年生は卒業が近いことから従来の着物と袴のままとしたため、「大分不満の声」が上がったという。[42] 着物に袴のスタイルに固執することなく、セーラー服を着たがっていたことがうかがえる。

兵庫県で広がる影響

奥村奥右衛門の前任校は加古川中学校だが、同地域にある加古川高女は大正十三年にセーラー服へと制服を改正している。加古川高女のセーラー服の特徴は、ネクタイが一年生は赤、二年生は緑、三年生は水色、四年生はグレーと色で区別していることである。山崎高女の制服は、全国的にセーラー服が増えてきたという情報に加え、加古川で奥

34　親和高等女学校の冬服　『第二十五回卒業記念写真帖』財団法人親和高等女学校，昭和９年３月（筆者所蔵）

村が見た女学生のセーラー服姿も大きく影響していると思われる。

　加古川を背後にして建っている兵庫県立小野高女は、昭和三年にセーラー服となった。前年に入学した生徒は、「羽織に袴をつけて徒歩で、半里以上ある道を通学しました」が、「二年生になって、セーラー服の制服が出来ました。運動やすべての動作も活発になり、この時分から自転車通学が出来るようになりました」と回想している。[43] セーラー服は、自転車通学も可能にし、とにかく便利という好印象しかなかった。

　同校の別の生徒は、「先輩はえび茶の袴で黒靴で登校していましたが、私達の時から、制服になりました。何処へ行くにもこの制服で押し通しました。それは生徒（女学生）である誇り青春を誇示したかったのかもしれません」と述べている。[44] ここからも生徒たちがセーラー服姿に誇りを持っていたことがうかがえる。

　この一方で、昭和二年六月にセーラー服を制定した尼崎高女に通う生徒は、「校外へ出る時も、映画館などへ遊びに行く時もあくまで制服」と回想する。[45] 尼崎高女の事例からは、学校側が登下校以外の場所でも制服の着用を義務づけていたことがわかる。セーラー服を着る生徒たちは、見る者にエリートであることを示唆する一方で、校則に触れるような振る舞いを慎むことが求められたのである。

兵庫県のセーラー服は、龍野高女の襟の青線二本や尼崎高女の胸当ての紺線二本を除くと、襟・袖・胸当てに白線二本、襟と袖に白線二本を入れるところが多かった。姫路高女は黒のネクタイ、志筑高女は白のネクタイ、尼崎高女と神戸成徳高女は棒ネクタイと、ネクタイに違いが見られるところもあったが、その点を除くと見分けるのは難しかったと思われる。

隣接する大阪府の特徴である襟カバーをつけることはなく、次章で述べる岡山県のように制服を統一する指示を出すこともなかった。つまり、兵庫県でのセーラー服の普及は、隣県からの影響ではなく、県下の服装改善運動によるものと判断される。

長崎県

長崎県の制服

長崎県では大正十年に諫早高女がオープンカラーの上着に帽子の制服を制定し、同十一年に長崎高女が紺サージにベルトつきの冬服と、碁盤柄の弁慶縞のワンピースの夏服を制定している。大正十三年に成徳高女が制服を定めているが、スクエアカラーの上着に帽子というスタイルであった。

セーラー服の登場は、大正十一年に島原高女が制定してからだ。大正十三年に私立の鶴鳴高女が制定したセーラー服は、冬服は紺地で白襟をつけ、スカートには白線を入れた。夏服は白の上着で襟とスカートが鼠色であった。冬服には紺羅紗製、夏服には白木綿製でつばの広い帽子を被った。ある生徒は、冬の帽子について「女子学習院の制帽によく似た」と述べているが[46]、それは偶然ではなかったようだ。

鶴鳴高女の校祖笠原田鶴子は、華族女学校で学び、同校の教育思想に深い影響を受けていた。セーラー服を制定する前に全生徒が着物に袴を着用するようになったのも、華族女学校の下田歌子が考案した袴に倣ったからである。夏服は鶴鳴高女の独自のスタイルであったが、冬服は女子学習院のセーラー服を参考にしたと見るのが自然だ。ちなみに私立の瓊浦女学校は、大正十四年にジャンパースカートを制服にしているが、それは学習院の標準服に倣ったものであった。

長崎県ではオープンカラーの上着、スクエアカラーの上着、セーラー服、ジャンパースカートが出揃ったが、大正十五年以降セーラー服が増えていった。対馬高女は大正十五年にセーラー服を制定しているが、冬服は紺サージで襟に赤線三本、黒のネクタイに羅紗の帽子、夏服は白地に水色ギンガムの襟に赤線三本、木綿の帽子であった。これを着た生徒たちは、修学旅行のときに「対馬の制服はいいね」と、胸を張っていた[47]。

五島高女が昭和四年に定めた洋式制服はちょっと変わっている。前面は丸型のショールカラーの上着だが、背面はセーラー襟という折衷型をしている。前と後ろとで制服のデザインがまったく違うのである。冬は紺、夏は白で、紺の襞があるスカートを穿く。襟には白襟をつけ、ネクタイは黒繻子の棒ネクタイである。学校指定の才津洋服店が請け負っており、新入生を迎える時期になると、店の内外は「出来上がりを待つ新入生」たちで「テンヤワンヤの大騒動」になったという[48]。

長崎県では長崎高女、諫早高女、長崎純心高女、瓊浦高女を除くと、どの高女もセーラー服であった。成徳高女のスクエアカラーの上着も、昭和七年に白襟をつけるようになるが、同九年には黒アルパカの三角タイを結ぶセーラー服へと改正している。

註

（1）バスの女性車掌が過酷な肉体労働であったことは、村上信彦『紺の制服―バスの女子車掌たち―』（三一書房、一九五九年）が詳しい。肉体労働が「職業婦人」の対象でなかったことは、斎藤美奈子『モダンガール論』（マガジンハウス、二〇〇〇年、三八頁～四二頁）でも紹介している。

（2）『成女九十年　資料編』学校法人成女学園、一九八九年、一六七頁。

（3）『竹水一〇〇年の流れ』学校法人神田女学園、一九九〇年、一五九頁。

（4）『おたより』二四、一九二五年七月十五日（学習院大学史料館所蔵）。

（5）同右、二七、一九二六年七月十五日。

（6）『大妻学院八十年史』学校法人大妻学院、一九八九年、二六五頁。

（7）（8）『小石川高女新聞』一九二六年四月十五日（学校法人日本文華学園文華高等学校所蔵）。

（9）前掲註（2）一六八頁。

（10）同右、一六七頁。

（11）『豊島高等女学校記念誌』豊島高等女学校同窓会、一九八三年、二三六～二三七頁。

（12）（13）『京都成安女子学園六〇年史』学校法人京都成安女子学園、一九八七年、一三一頁。

（14）『宮津高等学校創立八〇周年記念誌』京都府立宮津高等学校創立八〇周年記念事業実行委員会、一九八四年、一〇二頁。

（15）難波知子氏は「日本の女学生の通学服が洋装に切り替わった」理由として、実証することなく「昭和天皇の即位記念などもきっかけになっています」などと書いているが（「お茶の水女子大学難波知子先生に聞く」〔内田静枝編『セーラー服と女学生』河出書房新社、二〇一八年、一五四頁〕）、そう断言するのであれば本書のように全国的に統計を取り、実証的にどのくらいあったのかを示すべきである。

（16）『華頂学園五十年史』華頂学園、一九六二年、六六～六七頁。

（17）徳山倫子「近代日本における女子学校制服の洋装化とセーラー服の普及過程―大阪府を中心に―」（『風俗史学』六二、二〇一六年三月）の分析視点は大阪に限られており、他の地域との比較も行われていない。また大阪の高女の制服制定の経緯についても深く掘り下げて紹介していない。

（18）『大阪朝日新聞』一九二八年五月三日、朝刊。

(19) 同右、一九二八年五月五日、朝刊。
(20)『大阪信愛女学院九〇年史』大阪信愛女学院、一九七四年、三七頁。
(21)『清水谷百年史』大阪府立清水谷高等学校一〇〇周年記念事業実行委員会、二〇〇一年、一二三頁。
(22)(23)『大阪朝日新聞』一九二八年五月四日、朝刊。
(24)『思い出の高等女学校』ノーベル書房株式会社、一九八七年、一〇二頁。
(25)(26)『夕陽丘百年』大阪府立夕陽丘高等学校創立百周年記念会、二〇〇六年、一三五頁。
(27)(28)『金蘭会学園八十年史』学校法人金蘭会学園、一九八五年、一四一頁。
(29) 同右、一四二〜一四三頁。
(30)『大阪朝日新聞』一九二八年五月四日、朝刊。
(31) 同右、一九三四年十月二十四日、朝刊。
(32) 徳山倫子氏は「「襟カバー」が付けられたセーラー服は多くの府県の高女で着用され、二〇一六年現在においても東海・関西地方を中心に多くの中学校・高等学校で着用されているが、先行研究ではその存在については言及されてこなかった」と指摘した上で、「一九三五(昭和一〇)年時点で二九校がセーラー服を採用していたことが判明したが、表からは約半数の一四校が「襟カバー」を着用していたことが確認できる」と述べている(前掲「近代日本における女子学校制服の洋装化とセーラー服の普及過程—大阪府を中心に—」)。
(33)『横浜市立桜丘高等学校創立五十周年記念誌』横浜市立桜丘高等学校、一九七七年、六〇頁。
(34)『鎌倉そして鎌女』学校法人鎌倉女学院、一九八一年、二八八頁。
(35) 同右、二八九頁。
(36) 同右、二九一頁。
(37)『創立六十周年記念誌』兵庫県立柏原高等学校、一九五七年、七二頁。
(38)『六十周年記念誌』兵庫県立姫路東高等学校・東生会、一九六九年、九二頁。
(39)(40)『創立五十周年記念誌』甲南女子学園清友会、一九七二年、二七頁。
(41)(42)『創立百周年記念誌』兵庫県立山崎高等学校、二〇〇七年、二九頁。
(43)(44)『百周年記念史誌』兵庫県立小野高等学校創立一〇〇周年記念事業実行委員会、二〇〇二年、一八二頁。

(45)『六十年誌』尼崎市立尼崎高等学校・尼崎市立尼崎高等学校同窓会、一九七七年、一二八頁。
(46)『創立九十周年記念誌』鶴鳴学園、一九八六年、二四五頁。
(47)『対高百年史』長崎県立対馬高等学校、二〇〇五年、二六五頁。
(48)『石田城』創立九〇周年記念号、長崎県立五島高等学校、一九九〇年、二五頁。

第四章

セーラー服に統一を図った県

なぜ統一されたか

学校制服の歴史について書かれた研究には、宮城県、栃木県、群馬県、静岡県、愛知県、岡山県、広島県、福岡県で高女の制服が統一されたと簡単に触れられている。だが、その理由や具体的な検討はなされていない(1)。

本当に各県で高女の制服を統一する指示が出されていたのだろうか。もしも各県で学校制服の統一を図ったとしたら、それを学校側に指示した公文書が存在するはずである。本書では、従来の研究史では見逃されてきた各県の公文書類、山口県や富山県でも統一が行われていたこと、被服協会が制服の統一化に大きく関与していたことも発見した。

日本全国でも限られた県で統一方針が示されていたとすれば、その県ではセーラー服の普及が難しかったと考えるのが自然である。そのように考えてよいのか、上からの強制力によってはじめてセーラー服を取り入れたのか。この章では前述した十県でセーラー服が普及したのは強制されたからなのかを考える。

福岡県

制服の統一指示はあったのか

セーラー服に統一が図られたと言われてきたものとして、一番時期の早いのが福岡県である。福岡県立朝倉高女では、大正十年（一九二一年）に紺サージのスクエアカラーの上着でベルト付という冬服を制定した。夏服は冬服と同型で綿製の格子縞であった。その制服を大正十三年にセーラー服へ改正している。その点について同校の記念誌には、次のように書かれている。

大正十三年、県下女学校生徒の制服はセーラー型に改正、統一される事になったが、中等学校購買組合設立以前、昭和五・六年頃までは本校の制服研究時代とも云うべき時期であった。特に夏服の白地は汚れやすいため、或はカラーとカフスを青にしたり、全生地を鼠色にしたり、又個人で用意する事も認められていたので、学年でも、個人でもまちまちの状態であった。その後購買組合から服地の配統をうけ、これを上級生が縫上げて、半袖白地ポプリンのセーラー型に統一された。(2)

この記述によれば、朝倉高女では大正十三年にセーラー服に型は統一されたが、生地や色はバラバラであったことがうかがえる。夏のセーラー服を襟や袖が青色にした年もあれば、鼠色の生地にする年もあったようで、上級生と下級生とで違いがあった。服制改正が続いたためとも思われるが、白ポプリンに統一されたのは昭和五年（一九三〇年）か六年頃であったという。その理由を「中等学校購買組合設立」から「服地の配統」を受けるようになったからだと説明している。中等学校には高女や男子の中学校をはじめ、実科高女や職業学校などが含まれる。

そこで関連の史料を捜索すると、昭和五年九月四日付の『福岡日日新聞』では、福岡県知事松本学が来年度から「中等学校男女生徒の制服を統一」することに賛成し、福岡県学務課が被服協会に「服地型等に就き照会」していると報じている。(3) また昭和五年九月十三日付の『教育週報』に「男女中等学校の制服を統一する学用品経済化の第一歩に福岡県で着手」という記事が掲載されており、福岡県学務課では「中等学校用品経済化を企て、その第一歩として中等学校男女生徒の制服統一をなさんとしてゐる」という。「県内に於て転校の場合一々制服を買ひ変へる不利不便なく、県下一律の制服制定となれば大量生産により非常に廉価に購入し得る便あり、目下被服協会に交渉、近く中等学校長会議で具体案を決定することとなつた」。(4)

こうした動きは、後述する各県の状況もあわせて見ると、制服の形状や生地の統一化を図る被服協会が福岡県側に働きかけ、それに学務課が応じたと考えられる。福岡県組合立早良高女（昭和十三年に西福岡高女と改称）の記念誌には、「昭和初頭に起った世界的経済恐慌は、わが国の産業にも深刻な打撃を与え、特に農村の窮乏は目を掩わしむるものがあった。農村に囲繞《いじょう》された本校は、その影響を最も強く受け、在校生の中退者は勿論のこと、入学志願者は、創立当初の二・三年間を除いて、昭和四・五年頃、著しく減少した」とある。(5)

高女に通う生徒は経済的に余裕のある家庭が多かった。しかし、農村に囲まれた早良高女のように、世界恐慌による不況のあおりを受けて、入学はもとより在学も難しくなる生徒が出てきた高女があったことも事実であった。費用を要する制服を仕立てるどころではない。福岡県で生地の供給を一元化し、制服の統一を図ろうとしていた社会背景には、世界恐慌による不況があったと思われる。

福岡県学務課は被服協会と協議し、中等学校長会議で具体案を決定する予定でいたようだが、これは実現したのだろうか。昭和六年二月四日の福岡県中等学校長会では、女子の冬服は十三円、夏服は六円という案が示されたものの、決定には至らなかった。冬服がサージとなった場合は、日本毛織物会社に依頼することが検討された。二月十日に男子制服は久留米産の「大巾物」に決まり、四月から統一を実施した。

女子の制服については、福岡県で紺サージの生地の生産がないため見送られている。この後、紺サージの価格が確定し、それが示されたかははっきりしない。ただし、後述する宮城県下でセーラー服へ統一が進む過程で、前例として福岡県の生地について言及されているため、制服の生地も統一が図られたと考えられる。しかし、福岡県ではセーラー服のデザインを統一させる指示を出したことはなかった。

被服協会による統一化

宮城県でセーラー服に統一する際の公文書からは、被服協会が福岡県の生地の統一に関与していたことがうかがえる。福岡県では生地が生産できないため、購買組合理事が大阪に行って紺サージを捜索しているが、これも被服協会大阪支部と無関係ではないだろう。

福岡県で中等学校購買組合を設立したのは、大阪府で男子制服が統一され、大阪被服協会支部からの援助を受けたためである。昭和四年七月十二日に設立された被服協会は東京に本部を置き、同年十二月六日に大阪支部、同五年十二月十三日に広島支部が創設され、中等学校制服の統一を図った。その手始めとなったのが、昭和五年五月の大阪府男子中等学校制服の統一であった。

この後、被服協会は各県で男子の制服は学ランに統一するよう推進していく。この点についても、従来の服飾史の論文や書籍にはまったく書かれていない、本書によって初めて紹介する新事実である。被服協会が男子生徒の制服の統一に力を入れたのも、当初は経済的な理由からであった。それが次第に詰襟学ランは陸軍軍服と同型であったため、戦争などの非常時にすぐに軍服として利用できる「軍民被服の近接」を図る意味へと力点が変化していった。

女子生徒の制服を統一した県は、男子の制服に比べると非常に少ない。女子中等学校で制服を統一すると「経済的問題」には効果的だが、「軍民被服の近接」という観点に合致するものではなかった。その証拠に第八章で述べるとおり、セーラー服は国家総力戦が求められた時期においても、女子の決戦服とは見なされなかった。この差が多くの府県で男子生徒の制服が統一されたのに対し、女子生徒の制服は統一が進まなかった原因と考えられる。

福岡県の状況

福岡県のミッション系の女学校では、大正十年十二月に福岡女学校、翌十一年に西南女学院が、セーラー服を制定していた。だが、大正十年四月の福岡高女は紺の襟と袖がビロード地のスクエアカラーの上着にベルトであり、同十一年に九州高女はスクエアカラーの上着に大黒帽、門司高女はダブルのボックス型と、バスの女性車掌が着ていたようなバスガール型が多かった。バスガールに間違えられやすいスクエアカラーの上着は、大正十年に朝倉高女、同十一年に嘉穂高女、大牟田高女、同十二年に三潴高女、同十四年に直方高女が制定しているが、それ以降増えることはなかった。

35　筑紫高等女学校の冬服『第三十六回卒業記念写真帖』筑紫高等女学校，昭和 19 年 3 月（筆者所蔵）

その一方でセーラー服は、大正十一年に香椎高女、同十二年に糸島高女、若松高女、同十四年に折尾高女、早良高女、同十五年に柳河高女と徐々に数が増えている。朝倉高女のように当初制定したバスガール型からセーラー服へと改正する学校も出てきた。築上高女は、大正十年にショールカラーとチェックのネクタイを定めたが、同十一年にはビロード襟に変更し、同十五年にはセーラー服に改正している。大牟田高女では、大正十五年にスクエアカラーの上着からセーラー服へと変えている。京都高女では、大正末期から和洋服の混合期間を設けたところ、セーラー服を着る生徒が増えたため、昭和二年からセーラー服を制服にした。

こうした流れから見ても、朝倉高女の記念誌に書かれた「大正十三年、県下女学校生徒の制服はセーラー服に改正、統一される事になった」という記述が間違いであることがわかる。昭和六年以前にセーラー服を制定および改正した高女は二十一校におよぶ。時期ははっきりしないが、昭和六年以降もほとんどの学校でセーラー服を制服にしている。

セーラー服の着用率は、文部省標準服が対象となる昭和十六年四月以前に開校した高女四十五校のうち四十校、八十八・八%である。勝山高女は襟・袖・胸当てに白線三本、八幡高女、山門高女は襟・袖・胸当てに白線二本、柳河高女、福岡高女、直方高女、京都高女は、襟・胸当てに白線二本、福岡第一高女は襟に白線二本であった。築上高女は襟に白線二本から黒線二本へと変えている。戸畑高女と三瀦高女は「大阪型」を制定したが、両校とも数年後には襟と胸当てに白線二本を入れるように改正している。

福岡県では、県からの指示を受けずとも各校は自主的にセーラー服へと改正している。昭和初年からセーラー服を制定する高女が続出し、洋式の制服の制定が遅れた高女は周囲に倣ってセーラー服になっていったのである。

愛知県

愛知県第一高等女学校の白襟カバー

36　愛知県愛知第一高等女学校の冬服　『第三十四回卒業記念写真』愛知県第一高等女学校，昭和14年（愛知県立明和高等学校同窓会「明和会」所蔵）

37　岡崎市立高等女学校の大正14年制定の冬服　『第十九回卒業記念写真帖』岡崎市立高等女学校，昭和4年3月（筆者所蔵）

愛知県で最初の高女である県立の愛知第一高女は、大正十一年四月にセーラー服を制定した。日本初のセーラー服の金城女学校よりも七か月遅い。最初のデザインは前開きの三つ釦でベルトを締めた。儀式の日を除いて襟と袖口には白いカバーをつけた。スカートは十六本の襞があり、冬はフェルトの帽子を被った。昭和五年の卒業生は襟・袖・胸当てに黒線のついたセーラー服を着ており、袖口の白いカバーはなくなっている。

だが、この最初のデザインは他校に影響を与えて普及した。愛知県では愛知第一高女に続き、名古屋第三高女、新城高女、愛知第二高女、名古屋第一高女、岡崎高女、瀬戸高女、稲沢高女、誉母高女、犬山高女、丹羽高女、津島高女、刈谷高女が、昭和七年にセーラー服に統一される以前から、襟に白襟カバーをつけている。昭和七年以降でも、安城高女、豊橋高女、西尾高女、中京高女などが白襟カバーをつけている。これは愛知第一高女の白襟カバーが県下に広がっていったと見てよいだろう。

他校の影響

愛知県の高女では、県内他校の影響を受けてセーラー服が普及した。新城高女は、大正十三年六月からセーラー服を制服とした。校長矢野礒は「洋服の方が第一に経済的で、その他に総《すべ》てよいようだ」と述べている。国府高女は、新城高女がセーラー服になったことを知ると、父兄会に「時勢に順応し、生徒の服装を洋服に改めることに方針が確定」したことについて賛否を諮った。父兄会では「女学生の洋服は最早一般的大勢で、むしろ時勢がおくれている位であるから、即時実行させたい」という意見で一致した(6)。

国府高女は新城高女に二年遅れの大正十五年十月にセーラー服を制服とした。昭和二年には全員が新しいセーラー服で修学旅行に向かった。某生徒は「引卒《ママ》の先生が肩身が広くなったと洩らされたのを聞き子供心にも嬉しさで一杯でした」と回想している(7)。

新城高女に影響を受けたのだから、そのセーラー服と似ているのは偶然ではない。「隣の芝は青く見える」ではないが、「隣の学校のセーラー服は輝いて見える」ようになったのである。瀬戸高女では、昭和二年に紺のセーラー服に紐リボン、丸帽を制服とした。このとき三年生であった生徒は「其の頃としては斬新な形の制服を着て喜びと同時に何となく自分達の立場の責務みたいな物を感じて胸ふくらませたものでした」という(8)。その嬉しさから日記には、「穿き馴れし、えび茶の袴に別れ告げ、今日より紺の制服着たり」、「新しき、制服着けて、校庭の、桜の下に、立ちて見るかな」、「校庭の、アカシヤの花、散り初めぬ、夏制服と、衣替えする」と短歌を詠んでいる(9)。

金城女学校がセーラー服を制定してから五年、愛知県下ではすでにセーラー服を着ることに抵抗はなかったと思われる。むしろ、高女に通う生徒の誇りを示すようになっていたと言っても過言ではない。

38　名古屋市立第一高等女学校の冬服　『記念帖』昭和３年３月，名古屋市立第一高等女学校（名古屋市立菊里高等学校所蔵）

名古屋市立第一高女の卒業アルバムに見る変化

名古屋市立第一高女では、大正十一年にセーラー服を制定した。冬服は紺サージ、夏服の上着は白ウールのアルパカであった。長袖に加えて「ザラザラした生地」のため、とくに夏は暑苦しくて着心地のよいものではなかった。『創立百周年記念誌』によれば、細リボンを蝶結びにし、前開き三つ釦が基本であったが、名古屋市立菊里高等学校に現存する卒業アルバムを見ると、釦がなく頭から被るものがほとんどである。

前開き三つ釦は、大正十四年三月に一人、翌昭和二年三月に一人、同三年三月に三人しかいない。大正十四年から夏服は白の木綿に変わった。もっとも、制服を強要しなかったため、大正十三年三月には〇人であったが、昭和三年三月に百一人、同五年三月に百七十五人、同七年三月に百七十九人と、全生徒が着るまで十一年もかかっている。一方、着物に袴は大正十三年三月に百五十八人、昭和三年三月に三十八人、同五年三月に七人、同七年三月に〇人と、減少していった。

この間の変化を眺めていると、リボンが細いものや太いもの、棒ネクタイなど統一されていないのが目につく。昭和三年三月の卒業アルバムには、セーラーの襟に白線一本、二本、三本ある服が混在している。転校してきた生徒は新たに作らなくてよく、前の学校で使っていた襟の線に違いのある服を再利用できたのだろう。

セーラー服に統一感がでてくるのは、昭和五年三月の卒業生からである。百六十八人が白襟をつけ、白襟のないものは無地の紺襟であり、全員が細いリボンをつけている。翌六年三月には一人を除く百七十一人が白襟をつけ、同七年三月には百七十九人全員が白襟である。昭和二年三月には一人しかいなかった白襟姿が、急増しているのがわかる。

椙山女学校のセーラーとジャンパースカート

椙山女学校は、昭和十一年のベルリンオリンピックの二百メートル平泳ぎで金メダルを獲った前畑秀子の母校である。同校は服装改善運動に対する理解が早く、大正九年四月二十七日に学校は父兄宛てに服装に関する通知を出した。洋服は経済的で体育にも適していることを説明し、伊藤呉服店（現・松坂屋）へ注文することを推奨している。

校長椙山正弌は翌大正十年に渡米するが、現地で女性の洋服姿を目にすることで、安価な女性服を普及させる必要性と、それに向けての課題点が多いことを感じた。椙山高女で洋服着用を推奨すると、大正十三年にはセーラー服の上着とジャンパースカートを組み合わせる生徒が増加した。大正十五年五月にはジャンパースカートに夏は綿ポプリンの七分袖のセーラー服、冬は紺サージのセーラー服に黒の帽子という制服を定めた。この制服は大正十四年に全生徒の投票で最も票を集めた東京の女子学習院のセーラー服を参考にして作ったものであった。

愛知県の状況

津島高女と知多高女は大正十二年に郡立から県立高女となった年に洋装化を行っている。だが、県立になったのが洋装の理由であったかはわからない。知多高女は大正十四年、津島高女は昭和六年までにそれぞれセーラー服を制服にした。昭和三年に犬山高女が白襟に紐リボンのセーラー服を制服とし、誉母高女でも同年に白襟をつけ襟に白線二本に紐リボンというセーラー服を着用している。だが、それらと昭和天皇の即位式に関係があるとは思えない。

安城高女では、昭和三年度の卒業生からセーラー服を着ているが、同七年の統一化によって、同校の象徴であったスカートの裾の白線三本が廃止された。それに代わって棒ネクタイに白線三本を斜めに入れた。愛知第一高女は、セーラー服に統一して夏服が長袖の白ポプリンとなったが、汚れやすいため昭和十一年には七分袖に変わり、襟は紺サージに白線一本へと変更された。

39　豊橋市立高等女学校の冬服　『第二十七回卒業記念』豊橋高等女学校，昭和6年3月（筆者所蔵）

昭和七年の県下統一と豊橋高女

愛知県では昭和六年十一月九日に中等学校長会議が開かれ、男女とも中等学校の制服を統一することを決定した。これは被服協会の趣旨を了解し、「県下男女に中等学校生徒服の改正」については「概ね大阪府と同様これを統一する」ものであった。[10] そして昭和七年一月二十六日に「女子中等学校生徒服装ニ関スル件」が通知された。

これは『愛知県史』や『愛知県教育史』にも掲載されていない史料である。セーラー服の襟や袖に線はなく、棒ネクタイであり、「大阪型」であることが見て取れる。表地が紺サージ、裏地が黒綿繻子であり、スカートは両肩から吊る型をしている[11]。

豊橋高女では周囲から洋装化に反対する意見もあったが、大正十一年十一月一日に筒袖から洋服へと制服を改正している。冬は紺のフェルト帽を被り、洋服の上着は紺サージでビロードのステンカラーの前開き四個釦、腰にはベルトを締め、下衣はスカートを穿いた。夏は三河木綿の帽子を被り、上着は白地に水色の格子で下衣は冬と同じスカートである。

冬服は大正末期に全国的に見られたバスガール型と称されるもので、生徒の評判は良くなかった。だが、豊橋高女のそれはカーキ色のランドセルを背負ったこともあり、市内では斬新的なデザインと見られたようだ。この特徴的な制服は、昭和七年の県下統一の通知を受けて、セーラー服へデザインを変更する。

しかし、豊橋高女を除けば、昭和七年六月段階までに自主的にセーラー服を制定および改正しており、結果的に愛知県の方針はセーラー服の規格と生地を統一しただけであった。

40–1　愛知県制定のセーラー服

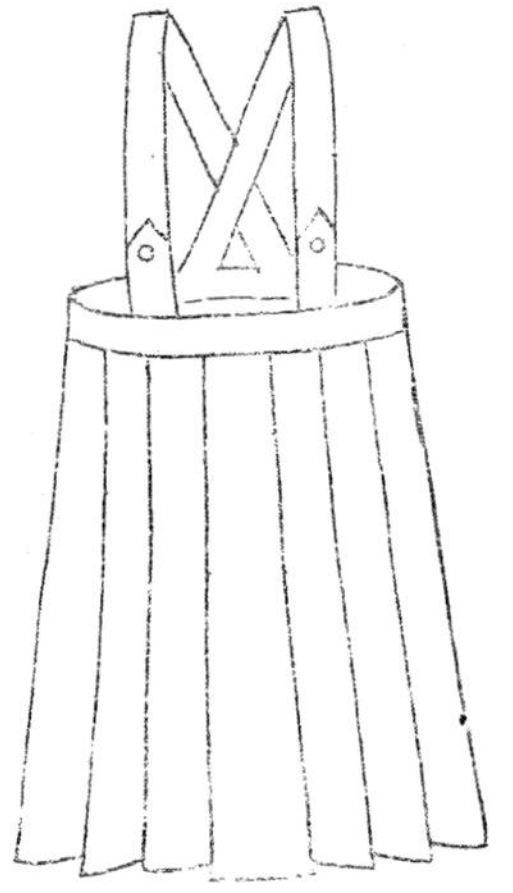

40–2　愛知県制定のスカート

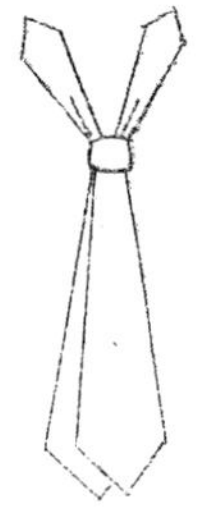

40–3　愛知県制定のネクタイ

（『愛知県公報』519 号，昭和 7 年 1 月 26 日，彙報）愛知県公文書館所蔵

名古屋襟はいつから？

愛知県のセーラー服の襟の形は、関東襟に比べて大きい。名古屋襟は、襟の横幅が肩幅まであり、襟の線は直線的で下端は臍《へそ》あたりまである。襟の縦幅が大きいため、胸当ては必ずついている。

大正十年十月に制定された金城女学校のセーラー服を見ると、V字型で白線が直線であるのがわかる。後年に比べると襟の肩幅から下端までの面積が小さいが、関東襟とは違う名古屋襟の特徴を示している。愛知県では名古屋襟を「金城襟」とも呼ぶが、この襟の形を最初に取り入れたのが金城女学校とわかれば、納得がいくだろう。

この名古屋襟は、国府高女の昭和二年と三年度卒業生に見られるが、いずれも関東襟などに混じっており、襟の肩幅から下端までの面積が小さい。襟の形は生徒たちの好みによって違っていたことがうかがえる。

だが、昭和十二年に日中戦争が始まり、綿に代わってステープルファイバー（以下、スフと略称）が奨励されるようになると、関東襟のような面積が少ないものが多くなる。第八章で後述するが、昭和十六年に文部省がヘチマ襟の標準服を制定したことからすると、戦時下に生地を多く使う名古屋襟の普及は難しかったといえる。

実際、太平洋戦争中と、終戦後の混乱期には、名古屋襟を見ることができない。それが再び見られるようになるのは、終戦から数年が経過してからである。瀬戸高等学校（瀬戸高女を改称）の昭和二十五年度の卒業写真では、白襟の関東襟にまじって名古屋襟が見える。尾北高等学校（丹羽高女を改称）の昭和二十六年から二十八年の間に撮影された集合写真を見ると、白襟の関東襟のなかに名古屋襟が数名いるのが確認できる。犬山高等学校（犬山高女を改称）の昭和三十年の授業風景と、誉母高等学校（誉母高女を改称）の同三十一年の授業風景を見ると、全員が名古屋襟となっている。

戦前期の名古屋襟に比べて肩幅から下端までの襟の面積が大きくなっているのがわかる。この状況証拠から分析すると、現在名古屋襟として一般的に知られる形は、太平洋戦争の終戦後に衣料の供給が回復し、全国的に学校制服が復活したり、新制服を制定する時期に取り入れられたといえる。あらためて、愛知県のセーラー服は、襟と線は金城、白襟は愛知県第一高女から枝分かれしたことが指摘できる。

山口県

山口県の高女での洋装化

山口県下で最初に洋式の制服を制定したのは、宇部の済美高女である。山口県立長府高女の記念誌では、「女学校において洋服を制服に指定する動きは、大正九年宇部の済美高女が採用して以後、県下の高女に広がり、本校の改正と前後して多数の学校でほぼ同様な型の制服を着るようになった」とある[12]。大正九年の制服は、紺の綿サージでビロードのテーラーカラーの上着であり、頭には大黒帽を被っている。大正十年の夏には木綿で白黒の格子柄の制服を定めた。ただし、大正九年にはまだ宇部村立済美実科高女で、翌十年十一月の市制施行とともに宇部市立実科高女へと変更され、さらに翌十一年四月に宇部市立宇部高女（昭和三年に県立）となった。

当時の教員は「採用後二年目この制服の生徒を率いて近畿旅行をしたことがある。途々にて出会う全国中の幾多の女学生は、中には好み好みの型の洋装したものも見えたが、たいていは長袖にセルの色袴という優しいいでたちだ。それら幾十組が出会うごとに驚きの眼を見張って見送り見返して、中には笑うもの嘲るものもあるらしい。「車掌見た様な」と言ったとかで、旅宿に着いて生徒一行で、果ては一行がやや照れ気味になったのは、可愛想にも、気の毒にも思った。先端を行くものは注視の的となるのは避け得ぬものだ」と回想している[13]。

大正十年に近畿方面に修学旅行に行ったところ、周囲から好奇な目を向けられ、車掌のようだと嘲笑されている。この教員が言うように「先端を行くものは注視の的」となったことは間違いない。それだけなら時間が解決してくれ

41　宇部村立済美実科高等女学校の大正９年制定の制服　『山口県立宇部高等学校沿革史』山口県立宇部高等学校，1959 年

42　山口県立宇部高等女学校の冬服　『第十六回卒業記念』山口県立宇部高等女学校，昭和７年（山口県立宇部高等学校所蔵）

るが、バスの車掌のようだと言われなくなるには、デザインを変更するしかない。

「服育」の効果をもたらした豊浦高女のセーラー服

豊浦郡立豊浦高女は、大正十二年に県立に移管されて山口県立長府高女と校名を改称した。長府高女にとって県立への移管は「一大慶事」であり、新機軸として打ち出されたのが洋式の制服であったという。しかし、このように書いているのは長府高女だけである。山口県では大正十二年に郡立から県立高女となった年に深川高女、岩国高女、久賀高女が洋装化を行っている。岩国高女はセーラー襟だが、深川高女と久賀高女は大黒帽を被るバスガール型である。ただし、いずれも県立高女に昇格したから洋式の制服を取り入れたという証拠はない。

洋式の制服の検討は大正十一年から始まった。長府をはじめ山口方面の呉服店に洋服の見本を作らせて、同年末の職員会議では長府の木屋呉服店の洋式制服を採用した。開襟のテーラーカラーの上着で前釦三個の上着にベルトをつけ、ベルトの中央には校章が浮き彫りしてある。スカートの襞は上部にしかなかった。夏服は木綿の上着を着用した。生徒の間では好評で大正十二年度の一年生だけでなく、二年生以上も積極的に着たという。大正十三年からは制服を考案した木屋呉服店に加え、山口市の万代洋服店、村田洋服店が分担で販売した。

しかし、この制服は長くは続かなかった。昭和二年にセーラー服へと改正されている。セーラー服の三本線は真紅であったが、昭和十年には白線へと変わった。またテーラーカラーの上着のときには麦藁帽子であったが、冬は紺、夏は白の布製の帽子になった。

セーラー服に改正した理由は、テーラーカラーの上着を着て修学旅行に行くとバスガイドと間違われて不愉快な思いをする生徒が続出したからであった。新旧の制服を体験した生徒は、セーラー服について「バンドでしめつけられるより、着心地が良く、ゆったりした気分になれた」と語っている(14)。長府高女の生徒たちも修学旅行先で嫌な思いをしていたが、セーラー服になるとそれがなくなり、ベルトで腰を締めていたテーラーカラーの上着より着心地もよかった。

セーラー服の効果はそれだけでなく、生徒たちが各自で縫製する機会をもたらした。昭和三年に入学した生徒によれば、セーラー服と帽子、体操服と帽子は衣替えのときまでに各自で縫製したという。また「はじめてミシンを踏む事から練習してこの作業、仕立上ったものは少々まずくとも、一斉に上級生と同じ夏服で登校出来た日の感激と気恥かしさ、やれば出来るという自信と誇りは、実に教育的意義の深いものでした」とも語っている(15)。

昭和八年の新入生のために、四年生が冬の上着、三年生が夏の上着を縫製したという。当初は各自で縫っていたが、昭和四年から八年の間に上級生が新入生の制服を縫製するように変わったのである。すでに第二章で述べたが、作りやすいセーラー服は「服育」に適していた。

女子学習院を模倣した下関高女

大正十二年四月からセーラー服を着るようになったのが下関市立下関高女である。前年の秋から裁縫・家事の授業を担当する教員森山シマ、清水フジノ、佐藤千代、三輪ミヨコ、平原ヤスが協議を重ねた。森山は東京で調査を行った。そのなかで女子学習院の生徒が着るセーラー服を模倣することとした。

43　下関高等女学校のセーラー服　『百年のあゆみ』山口県立下関南高等学校，2006年

女子学習院のセーラー服についてはすでに述べたが、学校側が標準服を指定し保証人宛てに通知したのは大正十四年六月であった。しかし、それ以前から洋服の着用は認めており、なかには白線の入ったセーラー服を着て通学する生徒もいたようだ。同校の幼稚園ではそれを着る幼児が少なからずいた。そうしたセーラー服が森山の目にとまったのだろう。

しかし、さすがに女子学習院と同じものではまずいため、襟の白線を海老茶色に変えることとした。東南部町にあった冨田洋服店に試作品を作らせている。大正十二年四月十三日に制定されたセーラー服は、襟・袖・胸当てに海老茶の線を二本入れ、ネクタイは同色の蝶結び広幅であった。スカートは二十八本の襞があり、黒木綿の靴下に黒皮靴を履いた。

冨田洋服店で冬服を一着注文すると十八円、これに靴代を加えると二十円を超えた。高価だと反対する父兄もいたため、学校側は四年間の着物代金よりも安く済むと説得している。かつては毎日羽織を変える生徒もいて、贅沢を競う風潮が見られた。セーラー服にはそうした競争を抑止する効果があった。夏のセーラー服は白木綿で水色襟に白線二本を入れたものであり、三輪ミヨコの指導のもとに生徒たちが縫製した。

大正十二年度の本科四年生と実科二年生は卒業が近いこともあり、セーラー服を着るよう強制はされなかった。この年の卒業写真では百二十三人(本科九十六人、実科二十七人)のうちセーラー服姿は四十九人(本科四十五人、実科四人)である。約四割が着ており、セーラー服の人気の高さがうかがえる。女子学習院を真似ただけあって、白黒の写真からも秀逸なデザインが見て取れる。実際、同校の記念誌からは、修学旅行先で嫌な思いをしたという感想は見られない。

防府高女では「田舎くさい」と言われない制服を求めた

防府高女では着物に袴では運動するのに不便なため、大正十四年の夏にセーラー服を取り入れた。地元では「そんな洋服が着たければアメリカへでも行ってしまへ」と批判する人たちが少なくなかった。[16]

そうした反対の声を背にしつつも、大正十五年には首飾りとベルトのあるフリーフレヤーを制服とし、頭にはお釜のような帽子を被った。当時のファションブックのなかからもっとも上品なものを選んだという。首飾りとベルトの色は、一年生は臙脂、二年生は牡丹、三年生は薄ピンク、四年生は薄茶色と区別していた。この制服は生徒たちが作った。

ある生徒は、「自分ながら立派だと思ったほどで大変な好評を博したのであった」と回想するが、一方では「田舎くさい」といわれた者もいた。(17) 賛否が分かれていたこともあり、昭和六年四月からはセーラー服へと改正している。冬服は紺サージで襟・袖・胸当てに白線二本、夏服は従来の空色木綿で襟に線は入れなかった。

山口県のセーラー服統一方針

山口県の高女で制服を統一したことは、これまでの学校制服の論文や書籍などでは一切触れられていない。『山口県立防府高等学校百年史』では「学校沿革小史」を典拠として次のように記されている。

昭和七年四月ヨリ山口県下女子中等学校服装一定シ、其方法左ノ如シ
一、冬服、紺サージ、セーラー型、但シ上衣ノ衿ニ白線ヲ施サントスルトキハ予メ県ノ認可ヲ受クルヲ要ス
二、夏服上衣ハ白ポプリン（スカートハ冬服ノモノト共用）
三、服地ノ中、冬服地ハ広島被服廠ヨリ、白ポプリンハ岩国義済堂ヨリ供給シテ貰フコトトス
四、右県下一定服ハ昭和七年四月入学生徒ヨリ着用セシムルモノトス。(18)

昭和七年四月の入学生から冬は紺サージ、夏は白ポプリンのセーラー服に統一し、紺サージは広島県の陸軍被服廠、白ポプリンは岩国義済堂から取り寄せることとした。『創立七十五周年記念柳井高等学校史』にも同様の記述がある。ただし、条文は少し異なっている。

山口県内では女子中等学校の制服を統一してはどうかという意見が浮上し、昭和六年七月に山口市で初会合が開かれた。翌七年三月には制服統一の具体案が作られ、六月三日に山口県訓令第一五号「山口県下女子中等学校生徒制服統一の件」が通達された。その内容は次のとおりである。

（一）統一服地質

イ、冬服地、表地、上服・スカート共に紺サージ

裏地、木綿（ゴマジス）

ロ、夏服地、表地、木綿白ポプリン、スカートは夏冬兼用

（二）洋服型式、夏冬ともセーラー型とする

（三）縫製

イ、上服、袖、冬カフス折返シ式、長袖。夏八分袖トスル。

裾、折込ミ式トス

ポケット、左胸部ニ一ツヲ附ス

ロ、スカート、スカートハ吊ル方式トシ、吊ハ綿ノゴマジスヲ用ヒ其ノ巾ハ約五センチヲ標準トス

折襞、襞数ハ八ツヲ標準トシ前後共突合セノコト、

ポケット、右前側内側ニ一ツヲ附ス、

（四）服地供給方法

県でまとめて購入し、各校に供給

（五）その他

統一ハ本年入学者ヨリ実施、他生徒ハ漸進主義デ統一
ネクタイやセーラーの線は各校の自由。(19)

裏地の地質や袖やポケットの形状など細かに指定しており、同じセーラー服では他校との区別ができなくなるため、ネクタイとセーラーの線は各校で自由としていたことがわかる。

防府高校と柳井高校の記念誌に違いが見られるため、山口県訓令第一五号を探したところ、山口県立図書館所蔵の『山口県報』昭和七年第五八三号に掲載されていた。原史料には「山口県下女子中等学校生徒制服統一の件」という表題はなく、次のように記されている。

公私立各女子中等学校長
山口県下女子中等学校生徒服制統一ノ為、左ノ通之ヲ定メ準拠スル所ヲ瞭カニセリ、学校ニ於テハ右ニ依リ服制ノ統一ヲ計リ遺憾ナキヲ期スヘシ
昭和七年六月三日　　山口県知事岡田周造
一、洋服地質
1、冬服地及スカート、紺サージ
2、冬服裏地、五枚繻子
3、夏服地、白ポプリン
二、洋服型式
セーラー型。(20)

セーラー服で冬は紺サージ、裏地は繻子、夏は白ポプリンという、非常にシンプルな内容である。これを守れば、あとは自由裁量であったことがわかる。柳井高女のポケットは左胸、吊りスカート、夏は八分袖で袖は折り返しなど、細かい指示は訓令には見られない。山口県では昭和七年六月三日付でセーラー服に統一する訓令が出されていたのである。この訓令がどのくらいの効果を上げたのかを次に確認しよう。

柳井高等女学校の場合

柳井高女は、昭和七年六月に山口県が制服統一化を図る通達を出したと記録しているが、この方針によって同校はセーラー服になったのか。元禄袖と山印の入った海老茶袴から洋服に変わったのは大正十年であった。冬服は大正十年一月十七日、夏服は四月十七日に制定された。

夏冬服ともに袖口にカフスのないベルトつきでショールカラーの洋服である。冬服は紺の小倉地で襟は海老茶のビロードをつけ、夏服は碁盤縞であった。ともに大黒帽を被り、襟元の蝶ネクタイを一年は黄色、二年はオレンジ、三年は紫、四年は緑と区別した。「校長先生の御創案による洋服」は「父兄たちをアット驚かせた」という(21)。

大正十二年三月の卒業生は「県下で最初という制服は小倉の珍妙なスタイルながら、胸を張って濶歩したものです」と語る(22)。県下で最初というのは誤った認識だが、最初だと自負するほど自信があったようだ。その反面で珍妙なスタイルだという負い目もあったこともうかがえる。

その負い目は、大正十三年の四年生が校長に、修学旅行では袴を着用したいと希望したことにあらわれている。その生徒の一人は「他校のは本校のを改良して格好が良かった。そこで、このような服を着て九州へ行くのは恥ずかしいということになり、袴の着用許可を学校長へお願いに行ったのです。気嫌が悪くなり、勝手なことを言う者は他校

44　山口県立柳井高等女学校の冬服　山口県立柳井高等学校所蔵

へ転校せよと叱責された。旅行は、碁盤縞の制服に、通学用の紺色の肩掛カバンで行きました[23]」と回想する。

デザインを考案した校長は、生徒たちにケチをつけられて機嫌が悪くなったのだろう。文句があるなら転校しろと言い放っている。生徒たちは不満ながら、珍妙な制服で修学旅行に行ったのである。当然嫌な体験が待っていた。昭和五年三月の卒業生は、「その頃の他の女学校の制服は毛織のセーラー服が殆ど全部と云ってもよい位でしたから、修学旅行の際は縞の服のネエさんと呼ばれたり、女工さんと間違へられたりした事もありました」という[24]。

昭和四年の修学旅行先では、多くの高女がセーラー服を制服にしていた。そうした生徒たちのなかに珍妙なスタイルで混じれば目立つ。「縞の服のネエさん」と呼ばれたり、女工と間違えられれば、ますます負い目を感じたに違いない。校長だけが満足していた制服は、昭和五年にようやく改正された。五月制定の夏服は白、九月制定の冬服は紺のステンカラーの上着でネクタイをつけたもので、襟の形を除けばセーラー服に近いデザインとなった。

しかし、このデザインは二年しか続かなかった。昭和七年六月に県下統一の方針を受けてセーラー服に改正したのである。柳井高女のセーラー服は、冬は紺地に白線、夏は白地に茄子紺線を、襟・袖（夏服はなし）・胸当て・胸ポケットを二本入れ、冬のネクタイは白、夏のネクタイは茄子紺であった。

昭和七年のセーラー服は被服実習をかねて四年生が縫製した。六月中旬に作業を開始し、七月四日に夏服が完成している。この年から、一年生のセーラー服を上級生が作ることとなった。昭和七年の県下統一により、柳井高女の生徒は修学旅行先でも憧れたセーラー服に袖を通すことができ、上級生と下級生の絆ともなる「服育」がもたらされた。

山口県の特徴

山口県の状況からは洋装化とセーラー服の普及の流れがよくわかる。その順番は、①服装改善運動の趣旨を実践する高女が登場し、②それに倣って制服を和服から洋服へと変更し、③バスガール型とセーラー服を比較して後者を選択する高女が増加していく、というものである。ちなみに昭和天皇が即位した昭和三年に洋装化を行った高女は山口県には存在しない。

山口県で柳井高女のように県下統一の影響を受けた高女はどのくらい存在したのだろうか。昭和七年六月以降にセーラー服に改正したのは柳井高女しかない。大正十二年にテーラーカラーの上着であった私立の中村高女はこの頃セーラー服に変更していたかは史料がなくてわからないが、それを加えても対象校は二校ということになる。

山口県では、県の統一指示を受けて学校側がセーラー服を制定したのではない。すでにセーラー服であった各高女の規格と生地を県が統一したに過ぎなかったのである。

広島県

昭和八年に広島県で決まった制服の統一

広島県には山口県と同様に手堅い証拠史料が残っている。広島は昭和二十年八月六日にアメリカによって原子爆弾を投下されたため市内は焦土と化し、多くの歴史史料が焼失してしまった。広島県の有力紙である『中国新聞』も例外ではなく、戦前の紙面は国立国会図書館や広島県立図書館でも所蔵していない。

しかし広島市の中国新聞本社には、昭和八年二月十四日付『中国新聞』に「女学生の統一服決定、きのふ三十五校長広島県女で大評定」という記事が残っていた。この記事によれば、昭和八年二月十三日、午後一時半から広島県立高女の裁縫室に県下三十五校の校長（新庄、三原、河内、日彰館各校長は欠席）のほか、稲内学務課長、藤吉視学官、浜田衛生主事、土橋視学、陸軍被服廠の荒張被服長と技師二名が集まり、高女の制服について話し合ったという。

その結果、冬服は「服地、従来の申合せ通り被服廠の研究、斡旋によるものを採用する」、「色、紺色とす、鳶茶色は既報の如き欠点あるをもつて否決」、「型、セーラー型とす、随意説もでたが結局統一を「可」とする、ネクタイ、ならびにジャバラ（二本）は白とするほか襟はつづいた裁方とし裾は折り返し、袖は折カフスとして内ポケットをつけることにする」、夏服は「服地と色、スカートは夏冬兼用（紺色）とし全会一致で上衣は白絹ポプリンとする」、「型、セーラー型、細部は大体冬服に準ずるも襟の色合ひ、カフスおよびジャバラの色は裁縫教員研究会に考究してもらふことにする」と決まった。(25)

冬は紺、夏は白のセーラー服に冬夏兼用の紺のスカートといった定番の型であり、襟の白線二本と、白のネクタイに揃えるのが県下統一の特徴といえる。「襟はつづいた裁方」、「裾は折り返し、袖は折カフスとして内ポケットをつける」などは、「裁縫教員研究会」の考究によるものと予想される。

服の生地が陸軍被服廠の研究および斡旋によって決まった点も見逃せない。鳶茶色がよくないとの「既報」があったというから、陸軍被服廠の研究成果が生地や色を含む制服の統一化を後押ししている可能性が考えられる。広島に支部を持つ被服協会の存在も大きい。おそらく陸軍被服廠と被服協会が広島県学事課に山口県での統一を伝え、広島県でも同様の取り組みを推奨したと考えられる。

山口県で冬服の紺サージを広島県の陸軍被服廠から取り寄せていたことは先述した。仮に防府高女だけであったとしても、その情報が陸軍被服廠に伝わったことは間違いない。そう考えると、広島県の統一方針は、前年に隣県の山口県を見習って実施した可能性が高いといえる。

そして広島県では、高等女学校長、陸軍被服廠、民間の「裁縫教員研究会」が三位一体となって制服の統一化に踏み切ったのである。先述の会議に参加した校長のなかで、制服の細部について希望がある場合は、二月十七日までに広島高女の校長へ申し出なければならなかった。その希望に関しては「裁縫教員研究会」が研究した。ただし、靴下や帽子は現行通りとし、登校の靴についても保留となった。県下で統一したセーラー服は、昭和八年の夏服から実施し、この年の一年生から着ることとした。二年生以上は対象外としたため、全学年が揃うのは昭和十一年度を予定していた。統一されたセーラー服の材料価格は冬服で七円五十銭、夏服は八十銭であった。

広島県の告示

広島高女の裁縫室で話し合われたことは実現したのであろうか。この点を解明するため調査をすると、昭和八年四月十一日に広島県告示第五七三号が出されていた。(26)

広島県下女子中等学校生徒被服統一ノ為其ノ規格ヲ左ノ通定ム
昭和八年四月十一日　　　　　　　　　　　　広島県知事　湯沢三千男

冬服

一、上衣

(一) 地質、紺サーヂ、(二) 型、セーラー、(三) 襟、襟丈ハ背丈ノ二分ノ一内外、(四) カフス、折「カフス」(但シ山形ニ非ラザルモノ)、(五) 裾、表ニ折返スコト、(六) ポケット、内「ポケット」トス、(七) 附属品、襟、胸当、「カフス」ニ白色「ジャバラ」二線ヲ附ス、「ネクタイ」ハ白色トシ地質、長サ、幅、結ビ方ハ随意トス

二、スカート

(一) 地質、上衣ニ同ジ、(二) 仕立方、襞付トシ襞ノ数及取リ方ハ随意トス

夏服

一、上衣

(一) 地質、白ポプリン (但シ襟、胸当、「カフス」ハ紺「サーヂ」トス)、(二) 型及仕立上、セーラー、(三) 襟、胸当及「カフス」ノ仕立方、着脱式トス、(四) 附属品、冬服ニ同ジ、

二、スカート

冬服ニ同ジ。[27]

広島県では昭和八年度から冬夏ともにセーラー服に統一されたことがわかる。冬服は紺サージ、夏服は白ポプリンという定番で、襟・袖・胸当てには白線二本を入れた。ただし、夏服の「胸当」とスカートの「裾、表ニ折返スコ

ト」は縦線で消されており、夏服には胸当てがなく、スカートの裾を表に折り返すことは指示されなかったと見える。女子生徒たちが好む襞は残され、その数は各校で決めてよかった。またネクタイは白と指定されたが、結び方、地質、長さ、幅は自由であった。冬服の襟の丈を背丈の半分以下と規定しているのも見逃せない。裏を返せば、後ろ首の付け根からウエストまでの長さの半分以上も襟を長くして作る生徒がいたことを物語っている。

広島県が制服の統一を図った理由については、河内高女の記念誌の「生徒の服装」の項目で「当時は世界恐慌と重なる昭和恐慌の深刻期で国民の生活困苦は甚しく質素倹約を旨としていた」と記されている。[28] ここからは広島県でも世界恐慌および昭和恐慌という経済問題のため、制服の費用を軽減し、無駄な布地の使用を避けるべく、制服と生地の統一化を図ったことがわかる。

広島高等女学校のセーラー服

本書の序章でセーラー服の起源について述べたが、そこで日本初の可能性があるものとして広島高女を挙げた。広島高女では月日は不明だが、大正九年に制服を制定している。九十年史の『悠久のまこと』では、冬服は紺襟に白線二本、夏服は白襟でベルトを締め、襟元に小さな蝶リボンがついた写真を掲載している。

だが、これは大正二年の体操服と一緒であり、体操服の写真を制服として掲載している可能性がある。同校の六十年史『皆実有明六十周年』では、同じ写真を大正九年ではなく「昭和初期」の写真としているなど混乱が見られる。七十年史でも制服の制定年は特定できておらず、九十年史の年表で大正九年と記されるようになる。

大正九年の修学旅行の集合写真で生徒全員が大黒帽にセーラー服のような冬服を着ているから、六十年史の記載は誤りである。しかし、それが制服であったかは疑問を感じる。大正九年に制定された制服は、大黒帽を被り、スクエアカラーの前開き三つ釦にベルトを締めるものではなかったか。そう考えると、大正十三年の修学旅行で生徒全員がスクエアカラーの上着を着ているのも納得がいく。その制服が揃うまでの過渡期は、従来の体操服を制服に代用していたのかもしれない。

そう考えない限り、大正九年にセーラー服のような制服を制定したにもかかわらず、スクエアカラーの冬服と夏服姿の写真が見られる理由がわからない。仮にセーラー服のような制服が体操服でなかったとしても、前襟の形が通常のセーラー襟とは違うスクエアカラーのように変形しており、金城女学校や福岡女学院のセーラー服と同型とはいえない。

実際、九十年史の『悠久のまこと』では昭和二年に「セーラー服となる」と明記している。冬服は紺で襟・袖・胸当てに白線二本をつけ、スカーフを棒ネクタイに結び、夏服は白地で冬服の線が紺、スカーフは白である。昭和二年には誰が見ても疑問を感じないセーラー服が制服になったのである。

45　広島高等女学校の大正９年制定の冬服　『皆実有朋百周年記念誌』広島県立広島皆実高等学校，2001 年

46　広島高等女学校の昭和２年制定の冬服　『皆実有朋百周年記念誌』広島県立広島皆実高等学校，2001 年

広島県の状況

広島県でも山口県と同じようにバスガール型とセーラー服を比較して後者を選択する高女が増加していく様子が見て取れる。大正十年に世羅高女は郡立から県立へと昇格し、同十二年に甲山高女と校名を変更した。これを機に着物に袴姿から洋式の制服になったというが、広島県でこのような事例は甲山しかない。ここでも県立昇格と洋式の制服の関係性が低いことが確認できる。黒サージのブレザーにベルトを締め、つばの広い帽子を被った。昭和二年四月にブレザーが丸形から背広襟に変わるが、同四年四月には元の丸形に戻している。そして翌五年四月にセーラー服へと改正した。冬服は紺で襟・袖・胸当てに白線二本が入り、ネクタイは白である。

福山高女では、大正十三年に白折襟のブレザーにベルトをつけ、大黒帽を被る制服を制定したが、翌十四年の修学旅行でバスガールに間違えられ、生徒たちから不満の声が上がっている。そこで昭和二年度の入学生からセーラー服へと改正した。冬服は上下とも紺サージ、襟と袖には緑線二本、緑色のネクタイ、夏服は白ポプリンの上着で襟に水色線、下衣はギンガムで水色のチェックのプリーツスカートである。

吉田高女が昭和三年に制定したセーラー服は、襟・袖・胸当てに白線二本を入れ、白ネクタイに白襟をつける。しかし、同年に和服から洋服にしたのは吉田高女だけであり、その理由が昭和天皇の即位記念事業であるとは書かれていない。

群馬県

群馬県下のセーラー服への道のり

群馬県は大正十二年年四月一日から郡制を廃止し、富岡、安中、吾妻が県立に移管され、町立であった館林、太田、伊勢崎、藤岡、渋川、沼田が実科から本科となり県立高女へと昇格した。県立高女は高崎、前橋、桐生の三校しかなかったが、これらが加わって十二校に増えた。だが、群馬県の女学校の洋装化は郡制廃止とは無関係である。

群馬県下の女学校で洋装化したのは、桐生高女が大正十二年四月に洋服の着用を許可したのが最初である。大正十五年の修学旅行では十人がセーラー服を着ており、セーラー服は生徒たちの間で自主的に広がっていった。昭和三年、冬服は紺サージで襟と袖に黒線二本、夏服は水色のギンガムで襟と袖に白線のセーラー服に変わり、翌四年には和装姿がなくなった。

太田高女は大正十四年に丸襟の上着とジャンパースカートを制服とした。だが、生徒たちは「大きな丸衿の上衣ができた。上着の上に例の校章のバンドをしめたので、乗合自動車の車掌さんの様だと笑われた。あまりいい型とは言えなかった」と不満を持ち、[29]父兄からも改正の要求が出た。昭和七年一月、学校は制服の改正に関する委員会を結成し、セーラー服へ改正することとなった。冬服は紺地で襟・袖・胸当てに白線二本、夏服は白地とし、一年・二年は臙脂、三年・四年は空色と、ネクタイの色で区別した。

前橋高女では、大正十四年四月に洋服着用を許可し、九月からはワンピースかツーピースの着用を義務づけた。夏服は木綿製の空色か鼠色で黒のベルトを締め、冬服は紺サージでスカートに白線二本を入れた。しかし、学校側は途中から「今度新調する場合にはなるべくセーラー服」にと推奨している。[30]冬服は紺サージ、夏服はギンガム、黒繻子のネクタイを結び、スカートには白線二本を入れた。

右三校のセーラー服の価格はわからないが、昭和二年四月に渋川高女が制定したセーラー服は九円九十銭であった。これに外套が十六円五十銭、靴が九円から六円五十銭が加わり、最低でも合計三十円以上した。これに対して富岡高女の制服は十八円と渋川高女のセーラー服の約二倍であった。大正十三年六月十九日の職員会議で決定された富岡高女の制服は、茨城県立土浦高女から転校してきた女子生徒の制服に倣ったものである。両校ともバスガールの制服に類似したブレザーの三つ釦でベルトをするものであった。

富岡高女の制服は、昭和七年にセーラー服に改正された。冬服は紺サージで襟と袖に白線二本、夏服は白ポプリンで襟と袖に茶色線二本というデザインであった。改正の理由ははっきりしないが、従来の制服がセーラー服の二倍の価格をしていたことから考えると、調製費用の負担軽減を図ったと見るのが自然であろう。館林高女は大正十五年にブレザーとジャンパースカートを制服としたが、これは栃木県立佐野高女から借りたものを参考にしていた。しかし、昭和八年三月二十日にセーラー服へと変更された。

吾妻高女では昭和六年に白丸襟のハーフコートの制服を定めたが、同九年までには紺地で襟・袖・胸当てに白線三本が入るセーラー服へと改正した。この改正にあたり、二年生以上のハーフコートと、一年生のセーラー服のスカートに白線二本を入れるようになった。これは昭和五年まで用いていた袴に白線二本が入っていたものを復活したのである。しかし、生徒からは「義士の討入りのようで嫌だなあ」と評判が悪かった[31]。彼女たちが白線を嫌ったのは、袴に馴染みがなく、他校のスカートが無地であったからだろう。

さらに憧れのセーラー服の着こなしでも不満を持っていた。ある生徒は「洋服の上着丈は短かくスカート丈は長くしたかったけれど、決まりは上着丈腰骨まで、スカート丈は膝下までで、流行のスタイルとかけ離れていたのでちょっと不満だったわね」という[32]。女子生徒たちにとって、上着丈を短く襞数の多いスカート丈を長くし、三つ編みの髪をできるだけ短くするのがオシャレであった。

昭和八年に群馬県で制服統一の指示はあったのか?

群馬県では昭和八年に制服統一が図られたと断定されてきた。その根拠は渋川高女の記念誌に見られる「この頃県下県立高女生の服装は全部水兵型に統一された」という記述である[33]。

しかし、太田高女で昭和八年にセーラー服へ変更されたのは、県から指示があったためではなく、前年からの生徒たちが希望していたためであった。渋川高女と太田高女のどちらの記念誌が正確なのか判断に迷う。群馬県下の高女の記念誌では、渋川高女を除くと昭和八年にセーラー服に統一されたという記述は見られない。

このような場合、決定打は高女に指示を出した県の文書である。この点は山口県や広島県で確認した。ところが、群馬県立文書館にはそれに該当する史料は残っておらず、『群馬県報』にも訓令や告示として出した形跡は見つからなかった。

あったことを断言するには渋川高女の記念誌だけではなく、その証拠となる通達文面が必要である。昭和八年にセーラー服を制定したのは、館林高女、太田高女、吾妻高女の三校だけである。太田高女は生徒たちの希望が直接の理由であるため、仮に県の指示があったとしてもそれによってセーラー服に変更したのは館林高女と吾妻高女だけとなる。

群馬県のセーラー服の特徴

群馬県のセーラー服の特徴がよくわかるのが、安中高女の史料である。安中高女は袴の裾に白線二本を入れていたが、それは昭和四年六月にセーラー服を制定してからも引き継がれた。白線二本は「清き碓氷川の流れ」をかたどったものであった。

昭和四年四月に入学した生徒は、「入学式から帰宅した私は今は亡き母と二人で此の白線をかなりの長い時間かゝつて縫ひ付けました。とても楽しい、うれしい作業であつた事を今もはつきり覚えて居ります」という。それがセーラー服に変わると、「始めて洋服屋さんに寸法を測つてもらひ制服を作りました。さあー、今度はセーラー服を着ての通学です。とてもうれしかつたのと一緒に一寸照れくさかつたものです」「通学は勿論、何処へ行くにも何をするにも、制服と一緒の女学校生活でした」「昭和八年三月十七日、いよ〳〵制服とお別れです。別れがたくしばらくの間はスカートの白線だけを取つて時々は着て居りました」と述べている。(34)

群馬県内ではスカートの裾に袴時代と同じ白線を入れる学校が点在していたことがわかる。群馬県では、館林高女、伊勢崎高女が白線一本、安中高女、吾妻高女がスカートの裾に白線二本を入れていた。第六章で述べる北海道ほど多いわけではないが、関東では千葉県の高女で少し見られるくらいである。

宮城県

宮城県のセーラー服化

宮城県の高女で最初に洋装化に乗り出したのは、県下初の高女である宮城高女であった。大正十一年に洋服の試作品を数種類作り、翌十二年四月から洋服の着用を推奨した。同年七月二日に調査をすると全生徒六百五十名のうち、靴を履く者が三百五十名、洋服着用者が二百名であった。大正十四年にはセーラー服へと改正した。冬服は紺の襟や袖に線がなく、蝶ネクタイをつけ、夏服は白地に水色襟で、ともに十六本の襞スカートである。

これに対して宮城県第三高女は大正十三年には夏はジャンパースカート、冬はそれにベルト付の上着という制服であったが、昭和四年に上着が釦付の丸襟、翌五年にブレザーへと改正された。これと同じように古川高女は、昭和二年十二月三日にブレザーの制服を定めた。同校では全国の主な女学校八十余校から情報を収集したところ、九十%がセーラー服を採用していることがわかった。生徒たちはセーラー服を美しいと感じていたようだが、教員はブレザーを支持した。

これは当初洋式制服にバスガールのようなベルト付のブレザーを採用していた学校が少なくなかったからであろう。しかし、そうした学校が数年の間にセーラー服へと制服を改正したことはすでに述べた。古川高女も例外ではなく、昭和十年の写真を見ると細リボンをつけたセーラー服を着ている。大正十五年に宮城第二高女、昭和三年に仙台高女、常盤木学園高女、同四年に石巻高女、同五年に白石高女、登米高女、尚絅女学院、同七年に角田高女が、セーラー服を制定している。これらに対してセーラー服でないのは、昭和四年にショールカラーの上着を制服とした涌谷高女、ステンカラーの上着を制服にした若柳高女、同六年にブレザーを制服にした宮城女学校だけである。

宮城県では昭和十年にセーラー服に統一されるが、それ以前から十五校のうち九校がセーラー服であった（着用率は六十％）。こうした点から、セーラー服の規格を統一すれば経済的な改善を図れると判断したと考えられる。

女子中等学校生徒服標準規格

宮城県の制服統一化には、愛知県や山口県のそれと同じように被服協会が関与していた。宮城県学務部教育課視学

47-1　宮城県制定のセーラー服　昭和10年宮城県令第26号（『宮城県公報』号外，昭和10年3月31日，宮城県公文書館所蔵）

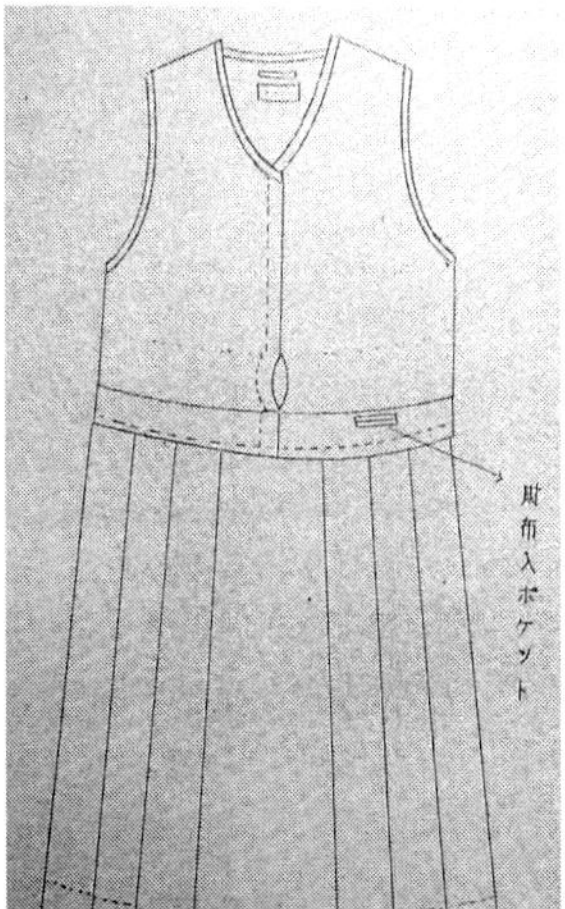

47-2　宮城県制定のスカート　昭和10年宮城県令第26号（『宮城県公報』号外，昭和10年3月31日，宮城県公文書館所蔵）

官中村勝衛が中心となり、被服協会主事三徳徳次郎が相談に乗るかたちで推進された。宮城県の公文書である昭和十年三月二十三日付の「女子中等学校生徒制服地見積之件」からは、東京陸軍偕行社から大阪府宛てに、愛知県や福岡県などの高女で指定している統一規格の制服地の見積書について問い合わせがあり、被服協会の工場である愛知県津島町横井毛織工場から宮城県学務課宛てに見積書を送らせたことがわかる。

宮城県では昭和十年三月三十一日にセーラー服の規格が示された。

一、帽、学校長ノ定ムル所ニ依ル

二、正服

（イ）製式、水兵型、

品質、夏、ポプリン、冬、サージ、

色、夏、白、冬、紺

徽章、学校長ノ定ムル所ニ依ル

（ロ）袴（スカート）

製式、襞付、

品質、サージ

色、紺

三、靴

製式、短靴

品質、革又ハ護謨

色、学校長ノ定ムル所ニ依ル。[35]

冬服は紺サージ（裏地は黒絹繻子）、夏服は白ポプリン（裏地は白キャラコ）で、襟と袖は夏服でも紺地白線三本を入れ、リボン型のネクタイ（冬は黒絹繻子、夏は白絹繻子）をつける。紺サージの襞スカートは肩から吊るようになっている。

女子中等学校生徒服標準規格の効果

宮城県の場合、昭和十年の女子中等学校生徒服標準規格によってセーラー服にデザインを変更したのは、第三高女、涌谷高女、古川高女、若柳高女、吉田高女の五校である。それより前からほとんどの高女でセーラー服を制定していた。吉田高女がセーラー服に改正したのは、この女子中等学校生徒服標準規格が示されてから五年後という点は見逃せない。吉田高女は私立であったから、県の標準規格は公立を対象としていた可能性がうかがえる。

セーラー服に使われる線の色や本数、リボンの形や色は自由であった。角田高女は夏服の白襟・白線三本を紺襟・白線三本に変えたが、吉田高女は白線が二本である。私立尚絅女学院が昭和九年に改正した冬服は、襟に「おなんど色」の線三本と、同色のネクタイを使った。仙台市第二実科高女は、昭和十二年にブレザーからセーラー服へと改正しているが、襟・袖・胸当てにつける三本線は黒である。県下すべての高女で線の色数とネクタイの色を同じにしたら、どこの生徒か判別ができなくなるのを避けたからだと考えられる。

宮城県におけるセーラー服の普及は、大正時代から宮城第一高女や宮城第二高女がセーラー服を制定し、それにともなって他校でもセーラー服を取り入れていったことが大きい。女子中等学校生徒服標準規格は、残り少ないブレザーの公立学校に対し、セーラー服への変更を迫ることになったが、セーラー服を県下に広める要因ではなかった。

栃木県

栃木県の女子生徒に最適なセーラー服

栃木県立宇都宮高女が昭和六年に宇都宮第一高女と校名を変更したのは、同三年に宇都宮市内に宇都宮第二高女が新設されたからである。宇都宮第二高女の冬服は、女子師範学校の制服と同じステンカラーの上着で、十六本箱襞の吊りスカートを制定した。富士絹の紺ネクタイが女子師範、臙脂のネクタイが高女であった。夏服は薄鼠色の綿ポプリン地の襟・袖・胸当て・胸に白線三本が入ったセーラー服を着た。夏服に三本線はくどいとの理由から、昭和六年には二本へ改正された。

昭和八年四月に入学した生徒は、「あの頃は市内の各女学校は全部セーラー服で、第二高女のみ違っておりました」と述べている。栃木県下では栃木高女のようにセーラー服ではないところもあったが、宇都宮市内の女子生徒は夏冬ともにセーラー服姿になっていた。女子師範学校の敷地の奥に校舎があったため、「何かにつけて間借り生活のような気が致しました。その上、服が似ているので一層気がめいってしまい、制服を変えていただくことにしました」という(36)。

この生徒は、宇都宮市内で自分たちの冬服だけがセーラー服ではなく、女子師範学校でもないのにそれと同じ制服に袖を通すことに引け目を感じるようになった。彼女だけの希望で制服を変えることなどできないから、同じように感じる生徒が大勢いたのだろう。事実、昭和八年に冬服が紺の襟・胸当てに白線二本のセーラー服となった。富士絹の白ネクタイは左右の幅が大きく、結び目が小さい蝶結びという、関西で見られる形をしている。

宇都宮第二高女から二年遅れで栃木高女がセーラー服に変えた理由は次のようである。

48　栃木県立宇都宮第一高等女学校の大正14年制定の冬服　『卒業写真帖』栃木県立宇都宮第一高等女学校，昭和8年3月（筆者所蔵）

49　栃木県立宇都宮第一高等女学校の昭和7年制定の冬服　『卒業写真帖』栃木県立宇都宮第一高等女学校，昭和8年3月（筆者所蔵）

イ、従来ノ制服ニ比シ製作容易ニシテ生徒ノ洋裁実習ノ上ニ極メテ適当セリ、

ロ、所要ノ用布比較的多量ヲ要セス従ッテ仕上ゲ価格低廉ナリ、

ハ、当地方小学校女児ハ大低セーラー型洋服ヲ着用セルヲ以テ本校入学ノ際僅カニ之ニ加工セバ本校ノ服トシテ着用シ得ルヲ以テ新入生徒ノ保護者ヲシテ著シク学資ヲ軽減セシムルヲ得ルノ便アリ、

ニ、従来の制服ニ比シ優美ニシテ中等学校女生徒用トシテ最適当ナリト認ム[37]。

セーラー服がブレザーに比べて簡単に縫製でき、価格も安いという「イ」と「ロ」の理由は、第二章で述べたとおりである。ここで注目すべきは、栃木県下では小学校の女子生徒もセーラー服を着ているため、それを再利用できるということと、セーラー服がブレザーよりも優美で小学校や高女の生徒には最適だと判断していることである。

栃木県下の実態

栃木高女の判断が正しかったとすれば、昭和十年までに栃木県下では女子生徒の制服はセーラー服という価値観が定着していたといえる。栃木県下の高女の制服の変化を統計分析してみると、大正時代にブレザーやジャンパースカートなどを制定した高女も、昭和を迎えるとセーラー服へと改正しているのがわかる。

栃木県の高女で最初に洋装化したのは真岡高女である。大正十二年六月九日に制定した標準服はオープンカラーでシングル三個釦のブレザーにベルトであった。それが昭和三年九月九日にセーラー服を制服とし、ベルトをやめ胸につける徽章に変更した。ネクタイ通しがなく、棒ネクタイを結ぶものであった。栃木県で大正十二年に郡制が廃止されて県立となった学校で洋式制服を取り入れたのは真岡高女だけだが、それが理由かどうかは明確ではない。

氏家高女は、大正十三年九月十六日にブレザーにベルトをつける制服を定めたが、昭和三年十一月二十一日には襟に二本線、胸に徽章というセーラー服へと改正された。昭和十年にはネクタイを従来の細い紐型から蝶結び型に変え、白ポプリンの白襟に、紺色の上襟をつける夏服が設けられた。

鹿沼高女の制服は白線二本入りの胸当てのあるブレザーであったが、その後にセーラー服を併用することを許可している。栃木県下の高女でセーラー服にしなかったのは、昭和九年にジャンパースカートからハーフコートに変更した佐野高女だけである。

無地のセーラーでは見分けが難しいため、襟や袖に線を入れたり、ネクタイの色やデザインを変えたりしたことは先にも述べた。しかし、それでも足りなかったことが足利高女からうかがえる。足利高女では大正十五年四月の入学生から腰に校章つきのベルトを締め、襟に黒線三本のセーラー服を着た。昭和七年五月の改正では紺サージの襟・

袖・胸当て・胸に白線三本となり、ネクタイは専攻科が白、本科が紺となった。そして昭和十四年七月には襟の後ろ左右に白星を刺繍した。星章は県立高女の誇りを持ち、校外に出たときに足利高女の生徒であることをはっきりさせる目的があった。

セーラー服だらけでどこの生徒だか見分けがつきにくくなっていたのである。

栃木県下の白襟

宇都宮第一高女は、大正十四年二月にブレザーの標準服を設けたが、昭和七年にセーラー服の制服に変更した。襟の線は専攻科が白、本科が紺で区別している。セーラー服に変更した理由は、校長が関西に出張したとき、修学旅行生の白襟セーラー服を見て、「清潔で統一されてよい感じ」がしたことによる。生徒たちはセーラー服を喜んだが、白襟には難色を示した。生徒たちは「白えりは格好がわるい、子供じみている」といって反対を繰り返したという[38]。

校長が見たのは修学旅行生であったというが、先に述べたとおり大阪ではセーラー服に襟カバーをつけるところが多かった。関西では馴染みがあったが、栃木県下では見られなかったため、すぐには受け入れ難かった。しかし、時間が経つにつれ意識は変わり、一年生と二年生が全員着るようになると、「特に一番きらった白えりに、かえって誇りをさえ持つようになってきた」という[39]。

この白襟は、昭和十二年に宇都宮第一高女の教員であった丸山象吾が真岡高女の教頭として転任すると、同校のセーラー服に取り入れている。真岡高女は、大正十二年に胸当てのあるオープンカラーで三つ釦にベルトという上着にスカートを標準服にしたが、昭和三年には夏冬ともにセーラー服に改正した。そのセーラー服に県下初の高女である宇都宮第一高女の白襟が加わったのである。

県下で二番目の高女である栃木高女は、大正十三年に紺サージで襟なし前開きで、十六本襞のジャンパースカート

50–1　栃木県立鹿沼高等女学校の冬服　『卒業記念』栃木県立鹿沼高等女学校，昭和 16 年 3 月（栃木県立鹿沼高等学校所蔵）

50–2　栃木県鹿沼実科高等女学校の冬服　『第二十七回卒業記念』栃木県鹿沼実科女学校，昭和 16 年 3 月（栃木県立鹿沼高等学校所蔵）

を制服とした。昭和五年にはブレザーに改正し、同十年に襟・袖・胸当てに白線三本が入ったセーラー服へと変わった。ネクタイは儀式のときには蝶形に結んだ。昭和十三年からは白襟カバーをつけるようになる。その理由は日中戦争の影響から羊毛の輸入が困難でスフ混毛の生地となり、洗濯がしづらい襟の清潔を保つためだという。

栃木県の指示は制服の統一化とはいえない

栃木県の公式記録である『栃木県報』を見ても、県下の高女に白襟をつけるような指示をしたとは記載されていない。これは県の学事課や高等女学校長会議で決まった可能性が低いことを示している。また制服統一化に重要な動きを見せる被服協会側の記録にも、栃木県のことは書かれていない(40)。

栃木県の高女で白襟カバーを統一して用いていなかったことは、栃木県立鹿沼高等学校が所蔵する鹿沼高女と鹿沼実科高女の卒業写真帖を比較検討すれば明らかである。昭和十六年三月の鹿沼高女の生徒は白襟カバーをつけていないが、鹿沼実科高女では全員がつけている。鹿沼実科高女は鹿沼高女よりも早い昭和二年に「大阪型」のセーラー服を制定し、同九年に襟と袖に紺線二本を入れ、襟元に桜に錨の徽章をつけた。そして昭和十一年から白襟カバーをつけるようになった。これは両校ともにセーラー服のため、襟や袖の線の色の違いだけでなく、一目で違いを明確にする意味があったと考えられる。

栃木県では大正末から昭和十年までの間に各校の判断でセーラー服を制定および改正した。そのなかで佐野高女だけは、セーラー服を制服としなかった。栃木県のセーラー服の着用率は九十%である。大正十三年、冬服は白ブラウスに黒のネクタイ、シングル四個釦のブレザーにベルト、夏服は白ブラウスにジャンパースカート、夏冬ともに黒靴下とした。それを昭和九年五月十七日に細い蝶結びのネクタイに、上着をハーフコートへと変えたが、その下に着るジャンパースカートは変化しなかった。この点でもセーラー服に白襟をつけるように統一されたわけではなかったことがわかる。栃木県ではセーラー服が自然と普及していったが、統一されたわけではなかった。

富山県

富山県の高女の洋装化

富山県で最初に洋式制服を制定したのは、大正十一年に濃紺のジャンパースカートを制服とした魚津高女である。白いテーラーカラーの上着でベルトをつけた。地元の新聞『富山日報』では、「あの格好のよい同学（魚津高女）生徒の洋装」と報じられ[41]、県下に洋式制服の登場を知らしめたのである。

これに続いて大正十二年に滑川高女が冬服は紺サージ、夏服がギンガムの白地に水色の格子柄のテーラーカラーの上着、同十三年に富山高女と高岡高女はステンカラーの上着、同十四年に石動高女がテーラーカラーの上着と、バスガール型の制服を制定している。大正十三年に襟が白いステンカラーの上着を制定した福光高女は、高岡高女のそれに倣ったという。

このうち滑川高女は郡制廃止により郡立から県立高女に昇格した年と重なっているが、それが理由で洋服を定めたのかは明確ではない。また富山県下では昭和天皇の即位式があった昭和三年に洋装化へ踏み切った高女もない。

セーラー服を採用したのは、大正十二年に白襟をつけた砺波高女が最初であった。翌十三年にはネクタイを蝶結びにし、昭和十一年には棒ネクタイへと変わっている。翌十二年には袖に白線二本を入れるようになった。これに続いて大正十五年に戸出実科高女（昭和十八年に戸出高女と改称）がセーラー服を制定した。冬服は紺地に青線三本、夏服は白線三本を入れていた。

魚津高女は県下初の洋装化であったが、全身黒づくめだったため、修学旅行先では孤児院と間違えられたり、烏と誇られたりした。そのため夏だけは白靴下を穿くこととしたが、昭和四年にはセーラー服へと改正している。冬服は紺の三本線、紺のネクタイ、襞のスカート、夏服は白ポプリンで白線、黒のネクタイである。昭和十年には紺のネクタイがリボン型へと変更された。戸出実科高女のセーラー服に影響を受けたのか、よく似ている。

氷見高女は昭和八年にステンカラーの上着からセーラー服へと改正し、高岡高女も昭和十年代にはセーラー服へと変わっている。昭和十一年に開校した藤園高女は襟と袖に白線三本を入れ、白のネクタイというセーラー服にした。石動高女もテーラーカラーの上着を、昭和十二年にはセーラー服へと改正している。セーラー服にした高女は十校のうち七校であり、着用率は七十％である。他県よりも遅れてはいるが、セーラー服の波が少しずつ広がってきた。

富山県が設けた標準服

山口県とともに富山県で制服の統一化が図られたことは、従来の研究史で取り上げていない。富山県は昭和十三年三月二十九日に「富山県中等学校生徒服制」を定めた。女子生徒の冬服は紺サージのダブル二個釦のブレザーであり、夏服は白ポプリンの詰襟前開きで青藍色の蝶型ネクタイをつけた。これに夏は白ピケの帽子、冬は紺羅紗ダブルでベルトつきの外套が加わる。

どの生地にもスフが三割含まれていた。日中戦争の長期化により無用な生地の消費をなくすため、スフ混の統一規格を設けたのである。セーラー服は襟に無駄な生地を使うと判断したのだろう。だが、ダブルのブレザーの方が生地を余計に使う感じがする。実は富山県でセーラー服に統一しなかったのは生地だけではなく、別の問題もあったからである。

これを決めた富山県の高等女学校長会議では、セーラー服はアメリカのフラッパーが水兵生活にあこがれて真似たもので、優美、衛生、経済、便利の点からいって新時代の女学生にはふさわしくないと判断した。フラッパーとは、一九二〇年代に自由を求めて服装や行動で慣習を破った若い女性を指している。旧慣を重んじる上品な女性が着るべ

51–1　富山県の標準服（冬服）『富山県報』昭和十三年，富山県訓令甲第八号（富山県立公文書館所蔵）

51–2　富山県の標準服（夏服）『富山県報』昭和十三年，富山県訓令甲第八号（富山県立公文書館所蔵）

52　富山県立砺波高等女学校の新旧制服　『八十年史』富山県立となみ野高等学校，2002年

き服装ではないと判断したのだから驚きである。

さらに後述する岡山県とも重なるが、県下初の富山高女がセーラー服を制服にしていなかったことが関係していると考えられる。他県ではバスガール型は早々に消えたのに対し、富山ではしぶとく残り続けた。セーラー服を標準服としなかったのには、富山県ではその普及が遅れたことと相関関係にあると思われる。

富山県ではダブルのボックス型のブレザーを標準服とし、新規に作る場合にはそれを推奨し、従来のセーラー服の着用を禁止しようとした。だが、昭和十六年四月から施行される文部省標準服と同じように、なるべく無駄な仕立てをなくし、使えるものはそのまま利用するという、中途半端な運用となった。

静岡県

静岡県のセーラー服への道のり

静岡県で洋式制服を採用したのが早かったのは、静岡県組合立榛原実科高女（昭和二年に静岡県立榛原高女と改称）である。大正十年に制定した制服は夏冬ともにセーラー服ではなかった。同年七月一日の職員会議で決定されたデザインは、細い襟と袖口が白地、襟もとにはリボン、中央に大きな白い釦が二個つき、スカートの裾には白線二本を入れるものであった。夏服の色と素材は不明だが、冬服はコール天で色は紺だと思われる。冬には大黒帽を被った。

いきなりセーラー服を定めず、大正期に見られる独特で珍妙なデザインをしているのは、第一章で引用した「一足飛びに今の洋服式に改めるほどの勇気もなく、とかく鵺式のものが用いられたのである」という理由だからであろう。つまり、この段階の制服は、全国や県内の様子を見たうえで洋式に改正しようとしていたと考えられる。

実際、榛原実科高女は、大正十二年にセーラー服に近い型へと制服を変更している。十月二十四日から四年・三年生が一年生の制服を縫製しているから、これに袖を通したのは大正十三年四月の新入生が最初である。セーラー白襟にネクタイは細長くなり、スカートの白線二本は残されたが、白の大きな釦はなくなった。

このデザインも長くは続かず、大正十五年四月からはセーラー服へと変わっている。セーラー襟が大きくなり、ネクタイはリボン結びとなった。誰が見てもセーラー服だと納得するまでに、五年間に二度の改正を要している。

53　榛原実科高等女学校の大正10年制の冬服　『榛原高校百年史』静岡県立榛原高等学校，2000年

私立の西遠高女が大正十二年に定めた洋式制服もセーラー服ではなかった。テーラーカラーのワンピースで左右四個のダブル釦がつくのが特徴である。初期の定番であるベルトも締めた。昭和三年にはツーピースとなり、襟に黒いボウがつくものに変更された。セーラー服に近づいたが、セーラー襟ではなくベルトも残っていた。セーラー服になるのは昭和七年である。襟には黄金色の線を入れ、黒絹のネクタイをつけた。最初の制服から九年、二度の改正を経てようやくセーラー服は誕生した。

静岡県立三島高女では、大正十年に白と黒の格子柄の上着、下は海老茶のスカートに白線を二本入れた改良服を定めた。同十二年に夏服は薄鼠色のウール地や白地に青の縦縞、冬服はオーバーで、それぞれ腰には校章つきのバックルを締めるものになったが、これらは生徒に評判がよくなかった。

昭和九年に一般的な曲線を描くセーラー襟に改正されている。襟と袖には白カバーをつけた。翌十年には、後ろ襟の左右に星の刺繍が入れられた。静岡県では白襟をつける高女が複数あったため、それらとの違いを明確にしようとしたものと考えられる。

大宮高等女学校の生徒たちの願い

大宮高女は、セーラー服の制定が大正十三年であったが、当初のそれは襟巾が細くて釦つきの前開きで、ベルトをつけるという、ステンカラーやテーラーカラーのバスガール型に近いものであった。昭和七年には「大阪型」のように襟と袖が無地で、細い棒ネクタイをつけるように変わったが、それでも生徒たちには不人気であった。

ある生徒は「制服はセーラー型だったんですが、東京から転校してきた人の襟は格好がすごくいいのに、私達のは襟が短くて格好悪いんです。特に夏服は、他校は白なのに、大宮高女は白とグレーの霜降りみたいな。修学旅行や静岡に代表が集まるなんて時には制服が恥ずかしかったです。セーラーへと線を入れてもらいたくて。土居校長先生のお嬢さんが同級だったので皆で「ねえ、お父さんに言ってー、こんな制服にしないで、線を入れてよそのセーラー服みたいにして」なんてお嬢さんに言ってもしょうがないのにね」と回想している。(42)

その説得が功を奏したのか。生徒たちに評判の悪かったセーラー服のデザインは改正された。昭和九年から式日には白絹の蝶ネクタイをつけるようになり、同十一年のセーラー服改正では襟・袖・胸当て・胸ポケットに白線一本を入れ、襟の後ろは十文字に交わる縁取りとなった。

無地から白線入り

静岡県立富士高女がセーラー服を制服にしたのは大正十三年であった。同校の生徒たちが洋式の制服を希望し、裁縫教師がデザインした。セーラー服は裁縫教師の指導を受けて生徒たちが縫製して六月から着た。夏服の上着は白木綿キャラコ、ポプリン、ブロード、スカートは黒か紺のサージであった。冬服はサージ、セル、カシミアでギャザースカート、黒繻子の襟カバーに細長いネクタイをつけた。

この制服を用いてから三年後の昭和二年に八本のプリーツスカートに変更した。生徒たちにはギャザースカートは評判がよくなかった。襟は黒繻子の縁取り線、ネクタイは紺繻子となった。昭和十一年には冬服の襟・袖・胸に白線二本が入り、スカートの襞も多くし、夏服は白のポプリン、ブロード、襟も白地で、白の帽子を被った。富士高女では生徒たちの好みに応じながら、セーラー服のデザインを改良させていった。

静岡県立巴高女は、大正十一年に県立高女に昇格したが、その前年から洋式制服を着ていた。冬服は紺サージの上下でベルトを締め、白いテーラーカラーの上着、夏服は同じ型で木綿のチェック柄という、初期の制服に見られるデザインである。したがって、修学旅行先では車掌に間違えられて「巴高女です」と答えると、「何を作っている工女さんですか」と工場の女工に見られた[43]。

大正十五年にセーラー服になると、間違えられることはなくなる。紺サージで白襟をつけ、細長いネクタイを締め、スカートの襞が多くなった。夏服は薄水色の地で白襟をつけ、冬と同じネクタイ、夏には帽子を被った。昭和七年に巴高女から清水高女と名称が変更されると、白襟がなくなり、襟・袖・胸当て・胸に青線二本を入れるようになった。さらに昭和十一年には襟・袖に白線二本入れ、ネクタイも広幅のリボンのように結ぶものへと変更している。

両校ともにセーラー服のデザインを三度改正しているが、最終的に冬服は胸の白線の有無、ネクタイの色と形を除

54　清水高等女学校の冬服　『第25回卒業　卒業記念』静岡県立清水高等女学校，昭和13年（筆者所蔵）

55　藤枝高等女学校の冬服　『卒業記念写真帖』静岡県立藤枝高等女学校，昭和15年3月（著者所蔵）

くと、似ていることがわかる。紺地のセーラー服の定番は、無地から白線を入れるものへと変化していたのである。

静岡県下の初期のセーラー服は、襟や袖に線のない無地が多かった。それが時間が経つにつれ、白線が入ったり、色のついたスカーフを用いるなど、少しずつ進化を遂げながらセーラー服のデザインが整えられているのが特徴である。昭和天皇の即位式の記念事業として洋式の制服を制定した高女は一校もない。また愛知県と同様に多くの高女でセーラー襟に白襟カバーをつけている。

日中戦争の長期化による静岡県の制服統一

静岡県では日中戦争の長期化による対策として制服を統一したという。昭和十四年一月二十九日付の『婦女新聞』は、昭和十三年から研究を進め、翌十四年一月には静岡県立高女十四校、一万五千人の生徒に通達する予定だと報じている。この方針は、昭和十四年三月三十一日の静岡県告示第二九三号として公布された。[44]

品目	形状	色	品質	備考
帽	（着用セズ）			夏ハ白色布製ノ運動帽又ハ之ニ類似スルモノヲ用フルコトヲ得
校章	当該学校ノ意味ヲアラハシタルモノ	適宜	適宜	
上衣	セーラー型	紺（冬）白（夏）	ステープルファイバーサージ（冬）二子ポプリン（夏）	
袴	襞数十六本アルスカート	冬上衣ニ同ジ	冬上衣ニ同ジ	夏服兼用トス
靴	ハイヒールナラザル短靴	黒	革	

冬服と夏服ともにスフ地のセーラー服で、冬は紺、夏は白、スカートは冬夏兼用で紺と規定する。襟と袖には幅五ミリの白線（夏服は紺線）を二本入れ、スカートの襞は十六本と定め、ハイヒールの靴も禁止された。また『静岡民友新聞』に掲載された「制服仕様書」により、スカート吊りとバンドを使用し、ネクタイは紺の不二絹であることがわかる。

静岡県でセーラー服の統一規格を設けたことは、日中戦争の長期化による影響であると見て間違いない。そのことは国が推奨するスフを取り入れている点によくあらわれている。昭和十四年の規定によって静岡県ではセーラー服が百％になるのだが、それ以前から三十校のうち二十五校がセーラー服を制服としていた。八十三・三％という高い着用率であり、こうした点からセーラー服への統一に踏み切ったと見るべきである。

岡山県

大正時代の岡山県の制服

岡山県の高女で最初に洋服を取り入れたのは岡山高女である。大正十年十月に生徒の一人が紺サージの洋服を着てきた。翌十一年四月に紺サージで黒貝六個釦のスクエアカラーの冬服と、六月に同型で白とお納戸色の格子の夏服が定められた。昭和二年六月に棒ネクタイのオープンカラーの上着に変わった。このスクエアカラーの冬服は、大正十四年六月に玉島高女、昭和二年までに邑久高女、同四年に総社高女が取り入れている。他の地域では事例の少ない珍しいデザインであり、岡山高女の影響を受けていると考えられる。

山陽高女では、岡山高女に一年遅れの大正十一年から洋服の着用を許可し、同十三年四月に冬服は紺サージ、夏服はワンピースを制服にした。井原高女は、大正十一年六月に格子柄のワンピースを夏服にし、翌十二年四月にはショールカラーの二つ釦・ベルト・大黒帽という組み合わせを冬服にしている。笠岡高女は、大正十一年にショールカラーの上着、ジャンパースカート、ベルトの組み合わせを制服として定めた。倉敷高女は、大正十二年四月の一年生から冬服は紺サージ、夏服は浅黄のギンガムのステンカラーの上着を着るようになった。冬服は白襟である。

岡山県の事例からも、大正十一年から十二年にかけては、ワンピースか、バスガールに間違えられるステンカラーやショールカラーの上着にベルトをつけ、大黒帽を被るスタイルであったことが確認できる。岡山県で早い時期に登場した右の制服デザインは、この後に続いて洋式の制服を採用する学校に影響を与えたと考えられる。

岡山では正面から見るとセーラー服のようだが、実際にはショールカラーというものが少なくない。スクエアカラーの上着とベルトは、大正十三年六月に勝間田高女が取り入れている。大正十四年三月に順正高女がショールカラーの上着とベルト、同年に就実高女がショールカラーのワンピース、同年までに龍王高女がショールカラーのワンピースを、それぞれ制服にした。

セーラー服は、大正十三年六月に林野高女、同十四年二月に津山高女が制服にしている。大正十一年に開校した和気高女では、同十三年までにテーラーカラーの上着を制定し、同十五年までにセーラー服へと改正した。岡山県の流れからも、関東大震災よりも前に洋服の着用許可および洋式の制服を制定しており、当初はワンピースや大黒帽にベルトを取り入れたバスガール型が先行し、それに少し遅れてセーラー服が登場したことが見て取れる。

バスガール型からセーラー服へ

倉敷高女は、昭和三年四月に県立に昇格し、制服はセーラー服に改正された。昭和五年三月に卒業した生徒は、前年五年生のときに「東京旅行」をした際、宿泊した江の島で「あなた達はどこのバスガールですかと聞かれて一寸腹を立てました」と回想している。

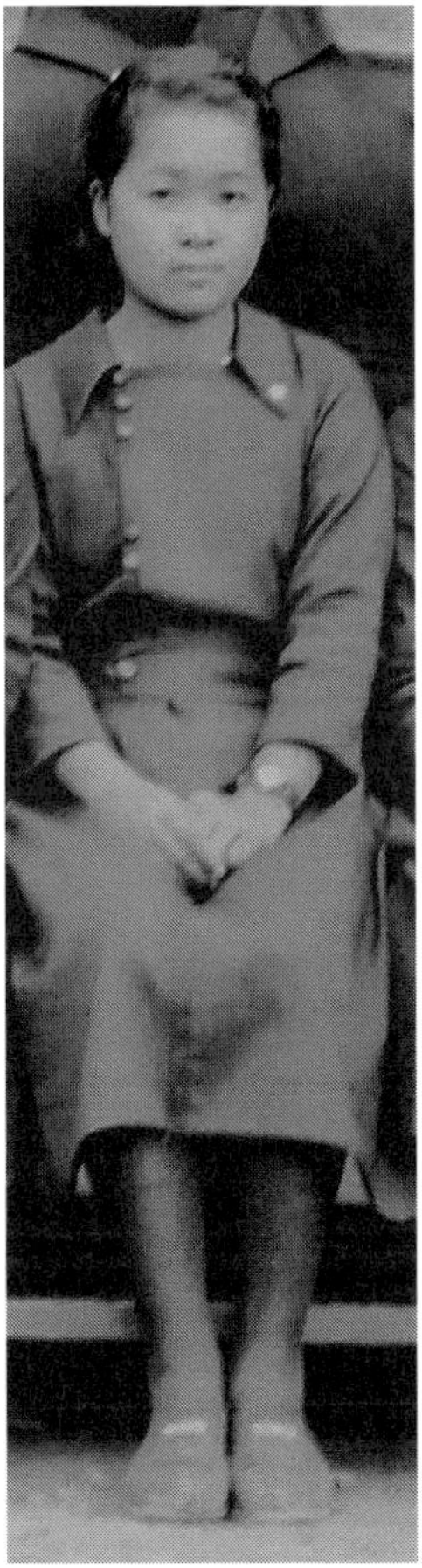

56　岡山県第一岡山高等女学校の冬服『本科第三十七回卒業記念』岡山県第一岡山高等女学校，昭和14年3月（岡山県立岡山操山高等学校所蔵）

57　岡山県矢掛高等女学校の初代冬服　『第十一回卒業記念写真帖』岡山県矢掛高等女学校，大正15年3月（岡山県立矢掛高等学校所蔵）

58　岡山県矢掛高等女学校の2代冬服　『第十七回卒業記念』岡山県矢掛高等女学校，昭和7年3月（岡山県立矢掛高等学校所蔵）

59　岡山県矢掛高等女学校の3代冬服　『第二十六回卒業記念帖』岡山県矢掛高等女学校，昭和16年3月（岡山県立矢掛高等学校所蔵）

続けて「制帽が大黒様のかぶられるような帽子だったり制服も紺サージの上衣に太いバンドがついていたりしましたのがバスガールと間違えられたのだそうです」、「昔は生徒がおとなしかったのでございましょうか、先生の決められた事は文句をいったらいけないと教えこまれていたためでございましょうか、よく辛抱したものでございます」とも語っている(45)。

彼女たちもバスガールに間違えられる大黒帽にベルトを締めるブレザーには嫌な思いを抱いていたが、先生たちが決めた制服に文句も言わず、我慢して着ていたという。二年生以下が着ていたセーラー服に対する感想は書いていないが、羨ましいと感じたのではなかったか。

井原高女のバスガール型の制服は、アメリカのシカゴ大学を卒業した校長茂原茂の「創意」で制定されたものであった。それが昭和四年四月に校長が楢崎操一に交代すると、セーラー服へと変わった。三年生のなかには襟だけをショールカラーからセーラー襟に替えた生徒もいた。昭和二年から三年になると、成羽高女がバスガール型のショールカラーの上着を制服としたが、西大寺高女、津山実科高女（昭和十五年に美作高女と改称）、勝山高女、落合高女、就実高女など、セーラー服を制服とするところが増えてくる。

邑久高女は昭和二年までに第一岡山高女のようなスクエアカラーのジャンパスカートを制定し、同四年までにセーラー服へと改正し、瀬戸高女は同七年までにスクエアカラーからセーラー服に改正している。また観生高女は昭和四年までにブレザーを制定し、同九年までにステンカラーの上着へと改正し、同十三年までにセーラー服へと改正している。

昭和天皇の即位式は無関係

就実高女は改正した理由を「従来のヘチマ襟のワンピースを、昭和三年に当時全国的に女学生の憧れの的となったセーラー服に改正した」と記している。(46) もしも昭和天皇の即位式の記念事業だとすれば、そのことを明記するはずである。また県立高女となった年に洋式の制服を取り入れたのは昭和三年の落合高女だけだが、同じく昭和天皇の即位式や高女昇格などの理由は書いていない。

岡山県の事例からも昭和天皇の即位式の記念事業として、高女の洋装化が図られたというのが事実無根であることがはっきりする。岡山県立総社高等学校の百年史の「総社高校の制服の変遷」では、「昭和天皇の即位を記念して全国的に制服の制定を行う学校が多数見られた。本校の制服もこの年に袴から洋装に切り替わった」と記されている。(47)

しかし、「昭和天皇の即位を記念して全国的に制服の制定を行う学校が多数見られた」というのは事実ではない。この記述では即位式が行われた昭和三年ではなく翌四年と見ているが、岡山県内で昭和四年に和服から洋式制服に変更したのは総社高女しかない。この点で見ても実証性に欠けているのである。

60（上） 岡山県瀬戸高等女学校の冬服 『卒業記念』昭和７年３月（岡山県立瀬戸高等学校所蔵）

61（右） 岡山県和気高等女学校の冬服 『卒業記念写真帖』岡山県立和気高等女学校，昭和 14 年３月（岡山県立和気閑谷高等学校所蔵）

岡山県のセーラー服

昭和初期になると岡山県ではセーラー服を制定する学校が増えていった。学校名と制定年月などは巻末表を見てもらいたい。岡山県では多くの学校でセーラー服に白襟をつけている。この点は愛知県や静岡県と共通する。倉敷高女、勝山高女、新見高女、瀬戸高女、福渡高女、就実高女、真備高女は白襟をつけ、林野高女、勝山高女、福渡高女、瀬戸高女、邑久高女、新見高女、成羽高女が「大阪型」と同じことが見て取れる。

白襟は卒業式などの式日だけしかつけなかった学校もあったと思われる。就実高女は、昭和三年にショールカラーのワンピースからセーラー服へと変更した。大正時代に袴を用いていたときには、裾に茶色の波線は就実実科女学校、卵黄色の直線は就実高女、無線は専攻科と区別していた。セーラー服の襟の線には袴の裾の色をそのまま利用した。通常時から白襟をつけたのでは色分けする意味がなくなってしまう。

岡山県では県下初の第一岡山高女が独自にスクエアカラーのジャンパースカートを始め、当初バスガール型で

62　岡山県邑久高等女学校の冬服『第十六回卒業記念写真』岡山県邑久高等女学校，昭和 12 年 3 月（岡山県立邑久高等学校所蔵）

63　岡山第二岡山高等女学校の冬服『岡山第二岡山高等女学校第一回卒業』昭和 16 年（岡山県立岡山朝日高等学校所蔵）

64　岡山県第一岡山高等女学校の集合写真（岡山県立岡山操山高等学校所蔵）

あった高女のなかでもステンカラーを制定するところが散見される。その型はセーラー服の襟を生地の少ない折襟にしただけで「大阪型」と同じであった。最終的にはオープンカラーの上着を標準服としたが、県下ではそれまでに三十校のうち二十四校の高女が独自にセーラー服を制定していた（着用率八十％）。昭和十一年開校の第二岡山高女は、第一岡山高女とは対照的に白線二本のセーラー服を制服とした。岡山県でのセーラー服の人気は、県下初の高女の制服や標準服の公布に影響されなかったことを示している。

岡山県の標準服

セーラー服に変わる前の観生高女のステンカラーの上着と、矢掛高女のオープンカラーの上着は、襟や袖に線がなく、棒ネクタイという「大阪型」であった。生地を統一し、無駄な生地をなくすという意味でいえば、セーラー襟よりもオープンカラーを選んでしかるべきだ。そのように岡山県の当局も考えたのだろう。

岡山県では昭和十四年十月に標準服を制定した(48)。ここで紹介する昭和十四年十月一日の『岡山県公報』の「公私立中等学校青年学校小学校幼稚園職員並ニ公私立中等学校青年学校生徒ノ服制」も、新発見の史料である。

女子生徒の制服の上着はオープンカラーで、スカートは前後各二個、左右各一個の「箆襞」である。これは日中戦争の長期化による資源の節約を目的として、生地を多く使うセーラー襟と襞の多いスカートを禁止したことに他ならない。だが、この史料の「附則」では「本令ハ公布ノ日ヨリ之ヲ施行ス、但シ昭和十八年三月三十一日迄ハ従前ノ服装ニ依ルコトヲ得」と書かれている。

つまり、新調する場合は標準服だが、二年生以上が卒業する昭和十八年三月までは従前の制服をそのまま使ってよかった。事実、昭和十四年十月四日の『合同新聞』は、「学務部長から服制実施に就て注意」として「徒《いたずら》に新調を急ぐな」と報じている。「統一される岡山県下学園の服制」の主旨は、服装の「虚栄を戒め」、「学校生活の能率を高

め」、「養護上の合理化を図ると共に国防上産業上に資せしめんとする」ものだという。(49)

制服を統一する意味

この章では制服統一化の実態を考察したが、愛知県、山口県、広島県、宮城県、静岡県がセーラー服に統一し、岡山県と富山県とがそれとは異なるデザインの標準服を設け、福岡県が生地の統一を図ったことが明らかとなった。一方で福岡県、群馬県、栃木県ではセーラー服に統一するよう指示しなかったことも証明できた。

県下統一の理由は次の二つに分けられるだろう。まず一点は、昭和初期恐慌による経済不況への対策であった。同じ規格による素材を使用すれば、洋服店による価格の差をなくすことができる。制服を安価にすることで、家庭の負担を減らそうとしたのである。福岡県、愛知県、山口県、広島県、宮城県の意図は、そこにあった。

もう一点は、昭和十二年七月に起きた日中戦争の長期化による国家総動員体制の政策である。国防上からの観点が重視され、生地に代用品のスフが使用されたり、白襟カバーをつけて洗濯費の軽減を図ったりするようになる。富山県、静岡県、岡山県の意図は、戦時経済によるものであった。

このように高女の制服の統一を図った県でも、その目的は大きく二つの段階に区別されるのである。

註

(1) 難波知子氏は、各県の統計および実証作業には手をつけず、各県下統一の理由をすべて「戦時体制への対応」によると断定している（難波知子『学校制服の文化史』創元社、二〇一二年、三一四〜三一五頁）。だが、昭和十二年に起こる日中戦争の長期化による国家総動員体制と、それ以前の状況とを同じ意味で考えるのは無理がある。そもそもセーラー服に統一した県があることを、先行研究から孫引きしているだけであり、各県の公文書はもとより地元の新聞など一次史料は見ていないし、具体的に統計を取って制服の内容を分析しているわけではない。また先行研究はもとより、高等学校の記念誌の記述を疑うことなく、各県で統一の指示があったかのように述べているが、その事実については慎重になる必要がある。

(2)『創立五十年史』福岡県立朝倉高等学校、一九五九年、二八五頁。
(3)『福岡日日新聞』一九三〇年九月四日朝刊（福岡県立図書館所蔵）。
(4)『教育週報』一九三〇年九月十三日（『教育週報』六、大空社、一九八六年）。
(5)『創立四十年史』福岡県立西福岡高等学校、一九六五年、三一頁。
(6)『国府高校創立六〇年誌』国府高等学校創立六〇周年実行委員会、一九七八年、二六五頁。
(7)同右、一三八頁。
(8)(9)『五十年のあゆみ』愛知県立瀬戸高等学校、一九七四年、一一頁。
(10)「時報」（『被服』三―一、一九三二年一月）。
(11)「女子中等学校生徒服装ニ関スル件」（『愛知県公報』一九三二年一月二十六日、彙報）愛知県公文書館所蔵。
(12)『長府高等学校六十年史』山口県立長府高等学校、一九七二年、九八頁。
(13)『かたばみ―山口県立宇部高等学校創立五〇周年沿革小史―』山口県立宇部高等学校、一九六九年、二五頁。
(14)前掲『長府高等学校六十年史』一〇一頁～一〇二頁。
(15)『殊の光』七〇周年記念号、山口県立長府高等学校古都の浦同窓会、一九八〇年、三四頁。
(16)『山口県立防府高等学校百年史』山口県立防府高等学校、一九七九年、五一九頁
(17)同右、五二〇頁。
(18)同右、五二一頁。
(19)『創立七十五周年記念柳井高等学校史』山口県立柳井高等学校、一九八六年、四五七頁。
(20)『山口県報』昭和七年訓令第一五号（山口県立図書館所蔵）。
(21)前掲『創立七十五周年記念柳井高等学校史』六七頁。
(22)同右、六七頁～六九頁。
(23)同右、四三二頁。
(24)同右、六九頁。
(25)『中国新聞』一九三三年二月十四日、朝刊（中国新聞本社所蔵）。

(26) 『中国新聞』の記事を最初に取り上げたのは、豊原繁子「女子学生・生徒の制服について」第二報(『東京家政学院大学紀要』六、一九六七年十二月)である。蓮池義治「近代教育史よりみた女学生の服装の変遷」四(『神戸学院女子短期大学紀要』一九、一九八六年三月)と難波知子『学校制服の文化史』(三二四頁)は原史料を確認せず、豊原氏の記述を孫引きしている。原点にあたることは歴史研究の鉄則である。また三氏とも、広島県下で制服が統一された根拠にしているだけであり、新聞記事の内容を検討してはいない。そして、新聞で報道された結果が、行政文書によって示されたのかについて追跡することも怠っている。
(27) 『広島県報』昭和八年第六〇七号(広島県立文書館所蔵)。
(28) 『河内高校七拾年誌』広島県立河内高等学校、一九七九年、二〇二頁。
(29) 『太田女子高校五十年史』群馬県立太田女子高等学校、一九七三年、一二七頁。
(30) 『前橋女子高校六十年史』上、群馬県立前橋女子高等学校、一九七三年、三一四頁。
(31) 『吾妻高校五十年史』群馬県立吾妻高等学校、一九七一年、二六八頁。
(32) 同右、二九六頁。
(33) 『渋女六十年誌』群馬県立渋川女子高等学校、一九八一年、一四四頁。
(34) 『安中高校の六十年』群馬県立安中高等学校、一九八〇年、七七頁。
(35) 昭和十年宮城県令第二六号(『宮城県公報』号外、一九三五年三月三十一日、宮城県公文書館所蔵)。
(36) 『三三年史』栃木県立宇都宮中央女子高等学校、一九六一年、二五六頁。
(37) 『創立八〇周年記念誌』栃木県立栃木女子高等学校、一九八一年、一〇四頁。
(38) (39) 『九〇年史』栃木県立宇都宮女子高等学校、一九六六年、一〇一頁。
(40) 難波知子氏は、栃木高女の記念誌に書かれたことだけを鵜呑みにして、栃木県下では白襟のセーラー服に制服が統一されたと明記している(前掲『学校制服の文化史』)。
(41) 『富山日報』一九二二年十月十五日、朝刊(富山県立図書館所蔵)。
(42) 『桜丘譜―創立一〇〇周年記念誌―』静岡県立富士宮東高等学校創立一〇〇周年記念事業実行委員会、二〇〇六年、一四五頁。
(43) 『創立七〇周年記念誌―清流―』静岡県立清水西高等学校、一九八一年、一五二〜一五三頁。
(44) 「静岡県告示」昭和十四年第二九三号(『静岡県公報』昭和十四年三月三十一日、第三四四六号、静岡県立中央図書館所蔵)。
(45) 『青陵(創立六十周年記念)』岡山県立倉敷青陵高等学校、一九六八年、一〇三頁。

(46)『就実学園八十年史』就実学園、一九八五年、五一頁。

(47)『岡山県立総社高等学校創立百周年記念誌』岡山県立総社高等学校、二〇一七年、五七頁)。同校の創立百周年の制服デザインのリニューアルには難波知子氏が協力しているため、この記述にも氏の助言があったのかもしれない。なぜなら難波氏は、「日本の女学生の通学服が洋装に切り替わった」理由として、実証することなく「昭和天皇の即位記念などもきっかけになっています」と断言しているからである（「お茶の水女子大学難波知子先生に聞く」〔内田静枝編『セーラー服と女学生』河出書房新社、二〇一八年、一五四頁〕）。

(48)難波知子氏は、岡山県立操山高等学校の『創立七十周年』だけを手がかりに「昭和十五年に岡山県で標準服が制定された」と述べているが（前掲『学校制服の文化史』三一四頁）、昭和十四年十月の誤りである。

(49)『合同新聞』一九三九年十月四日、朝刊（岡山県立図書館所蔵）。

洋式の制服の統一を嫌う県と制定が遅れる県

統一を嫌う山形県と新潟県

山形県は違いがはっきりしている

山形県の高女で最初に洋式の制服を制定したのは、大正十三年（一九二四年）二月にベルト付のブレザーを制定した山形県立山形高女（昭和七年に山形第一高女と改称）である。これに次いで大正十三年六月に米沢高女、同十四年に鶴岡高女が、それぞれステンカラーの上着を制定している。セーラー服は、大正十五年六月に亜麻色綿麻織の夏服を制定した酒田高女が最初である。米沢高女で洋式の制服を採用したのは、「山形師範や山形高等女学校の洋服実行に刺激されたこと」だという(1)。

その山形高女は昭和二年（一九二七年）にセーラー服へと改正し、翌三年には山形第二高女もセーラー服を制服とした。鶴岡高女は昭和二年、米沢高女は昭和四年にセーラー服へと改めた。フラットカラーの上着を続けていた新荘高女が昭和十五年にセーラー服へと改正すると、山形県の高女のセーラー服着用率は百％を迎えた。

山形第一高女の夏服はグレー地の襟に黒線二本、冬服は紺色の襟と袖に白線三本でネクタイが海老茶であり、山形

65　山形県立鶴岡高等女学校の冬服
『記念帖』山形県立鶴岡高等女学校，
昭和６年３月（筆者所蔵）

66　山形県立谷地高等女学校の冬服
『卒業記念写真帖』山形県立谷地高等女学校，昭和 12 年３月（筆者所蔵）

第二高女は冬服がネクタイは海老茶、夏服が赤味がかった白色にネクタイは黒という違いが見られる。鶴岡高女の夏服は白襟に水色線二本を入れ、長井高女の冬服と夏服は襟に茶色線三本を入れて薄緑色のネクタイをつけた。どこの高女のセーラー服かはっきりわかるようになっていた。

都会の姿を求めた宮内高女

宮内高女では昭和二年から三年の間にセーラー

67　山形県立山形第二高等女学校の冬服　『修学旅行記念』山形第二高等女学校，昭和14年（筆者所蔵），山型の白線3本入りの紺の棒ネクタイに変わった

服が制服となった。大正十五年六月に熊本県立玉名中学校から赴任した教頭森三樹が実施した。その理由を森は次のように語っている。

都会の女学生を見慣れた眼には、モンペ姿に綿帽子を被った姿は、女学生というよりは田舎娘の素朴さが感じられたが、一番驚いたのは、その言葉遣いであった。彼女等同志の自由な会話を聞いていると、時々「おら、おめえ」が飛び出してくる仕末で、可憐な女学生のイメージはどこへやら、全く興醒《きょうざ》めものであった。(2)

こうして都会の女学生と遜色がないようにするため、服装と言語の改善に努めたのである。しかし、「モンペを脱いで、セーラー服に着替える事は簡単に出来たが、言葉の方は、一方ならぬ難事であった(3)」。生活改善への思いが強かったこともあり、冬服の紺葡萄茶と夏服の白の生地には良いものを使っていた。昭和四年四月の入学生によれば、「布地は最上のものを使っておりました。

ですから、私たちが新調しました服を、更に裏返して縫いなおし、妹たちが着ても新調同様の服のようであった程豪華な布でありました」と述べている。(4)

さらに続けて「冬の制服が山形第一高等女学校のそれと大変似ておりましたから、山形へ行った時等、第一高女の一年生から頭をさげられたりしたものです」という。(5) 森が山形第一高女のセーラー服を模倣したのかははっきりしないが、山形でも都会にある県下初の高女に似ていたのは偶然ではないかもしれない。

評判の悪いフラットカラー

栖岡高女では昭和四年六月に夏服を和服からフラットカラーの上着に改めた。卵色ポプリンで紐ネクタイを輪結びにした。サージで上着は長く、襞の多いものであった。しかし、襟・袖・腰のどの部分にも空間がないため、暑さに「とうとうこらえ切れなくなって、家に帰る途中、運動着に着かえ」た生徒もいた。また「淡色の事とてすぐに汚れが眼につきますので、週に一度位は洗はねばなりませんでした」という苦労話も残されている。(6)

それが昭和五年の冬服でセーラー服となり、翌六年には夏服もセーラー服へと改正された。修学旅行にセーラー服を着ていったところ、「お蔭で服装に対しては今までの様に色々な批判はされずに済む」ことになったという。(7) この批判には生徒たちの苦労話も含まれていたと考えられる。昭和九年四月の改正では冬服のベルトがなくなり、夏服もベージュのサージおよびセル地から白ポプリンへと変わり、ようやく一般的なセーラー服となった。

一般的なセーラー服になるにつれて独自性がなくなっている。昭和五年の冬服では紺襟・袖・胸当てに臙脂線二本を入れ、富士絹またはクレープデシンの棒ネクタイであったが、同九年の冬服は襟と袖に白線三本を入れ、ネクタイは富士絹の蝶結びとなった。山形県では特徴的なセーラー服が多かったため、シンプルな方が目立ったのかもしれない。

新荘高女では楯岡高女の評判を知らなかったと見え、昭和五年にフラットカラーの上着を制服とした。昭和十三年には蝶ネクタイをつけるようになったが、同十五年にはセーラー服へと改正している。その理由ははっきりしないが、楯岡高女と同じように生徒たちの受けがよくなかったのかもしれない。

山形県議会での制服問題

少し前まで着物に袴であった高女の生徒が洋服を着るようになったことは、県政を担う県会議員にも衝撃的なできごとであったようだ。昭和四年十二月、山形県の県会では、立憲民政党の青塚恒治が「動《やや》もすれば短いスカートの下から大腿の一部を露出し、極めて勇敢な行動をとつている生徒が多数居る。本県の女学生の服装の如何にして時代に適応せしめるか、県当局殊に学務部長の御意見を問う」と発議している(8)。

長い袴の裾で隠れていた脚線美がスカートになって露わになったことを問題にしたのである。これに対して学務部長林信夫は、「生徒の服装については現在学校長の自由に委《まか》してございます。洋服の着用については一面の理由があり、今《(未)》だ十分研究をしていると申し上げるには甚だ烏滸《おこ》がましいのですが、十分研究したいと思いますので、暫くの御猶予を願いたいと存じます」と答えている(9)。

ここからは県の学務部長が学校の制服については各学校長に一任していたことがわかる。山形県の高女では洋式の制服の制定は、各学校の判断によっていた。その結果、セーラー服の着用率は百%となったが、各校独自のデザインを画一化させることはしなかった。

新潟県の場合

新潟県下で最初の高女である新潟県立新潟高女は、「各地の女学校の制服を視察し比較研究した」というが(10)、具体

68　新潟県立新津高等女学校の冬服
『第九回卒業記念』新潟県立新津高等女学校，昭和８年３月（筆者所蔵）

的にどのような高女を視察研究したのかはわからない。新潟高女では洋服店に注文するのを不経済だと見なし、服装改善委員の高木鐸子を招いて校内で制服づくりを行ったことは第二章で述べた。仕上がったセーラー服は、大正十二年四月から制服となった。

しかし、新潟県下ではこれが初のセーラー服ではなかった。大正十一年四月に糸井川高女、七月に巻高女がセーラー服を制服として定めていた。この年の四月に両校は県立高女に昇格しているが、それと洋装化との因果関係ははっきりしない。新潟高女が視察した学校に両校が含まれていた可能性は否定できない。

右の三校に続いて高田高女が大正十二年四月からセーラー服を試着させ、同十四年四月に制服として確定した。大正十二年五月に長岡高女でもセーラー服を取り入れるなど、新潟県の高女では順次セーラー服が増えていることがわかる。

洋式の制服を制定した当初、セーラー服でなかった高女は三校しかない。柏崎高女は大正十二年に弁慶縞を夏服、同十四年に丸襟型を冬服とし、新津高女は同十三年四月にステンカラーの上着にベルトとスカート（十六本の襞）を定め、河原田高女は同十五年に木綿丸襟の制服であったが、いずれも昭和四年から六年にセーラー服へと改正している。

新潟県の中等学校長会議

新潟県では昭和六年七月に新潟師範講堂で中等学校長会議が開かれ、「中等学校生徒の制服統一の可否」が問題となった。不景気とはいえ、制服を統一することによって、各学校の歴史と「精神シンボルたる制服が破壊されることは忍び難い」[11]。また都会と地方を同じようにすることはできないと結論づけている。会議では県側の制服を統一しようとする提案を否定した。

新潟県は制服を統一しなかったが、図らずもセーラー服の着用率は百％になったのである。この点が山形県と同様なのは面白い。新潟県下でセーラー服が人気であったことは、それが高女以外の学校にも影響を与えたことからわかる。一例を挙げれば、新潟女子工芸学校では昭和二年に白襟、紐ネクタイのセーラー服を制定している。翌三年に襟に「工」を刺繍しているのも[12]、新潟市内がセーラー服だらけとなり、どこの生徒か判別ができなくなったからだ。

洋式の制服の制定が遅れる長野県

長野県で洋装化の早かった高女

長野県で最初にセーラー服を制定したのは、上田高女と小諸高女である。上田高女は大正十一年四月からセーラー服を全生徒に着せる方針を示したが、制服ではなく標準服として着用は自由であったようだ。その証拠に、昭和七年の卒業アルバムに載っているミシンで裁縫する生徒のうち二十一人が着物、四人がセーラー服である。昭和十年の「諸規則諸内規」を見ても、和服と洋服（セーラー服）のどちらを着てもよいこととなっている。

上田市内の洋服店に縫わせると三円から二円の工賃を取られるため、一年生がスカート、二年生が上着を縫製し、三年生になるときには自分の分を縫えるようにした。材料費は冬服はコールテンで六円五十銭、夏服は綾織の格子縞で二円五十銭であった。セーラー服は三つ釦の前開きで、襟と袖は洗濯ができるようカラーをつけた。

小諸高女が大正十一年に制定したセーラー服は、冬は黒のサージで襟・袖・胸当てに白線二本をつけ、夏は白地で襟と胸当てに黒線二本をつけた。冬は黒、夏は白の棒ネクタイである。服装検査は厳しく、スカートの襞は十六本、丈は床上三十センチと決められた。しかし、小諸の小学生たちは、このセーラー服を着ることに憧れ、遠方の高女に通うことはしなかったという。セーラー服を着る生徒たちは、制服が自分たちを束縛するものとは思っていなかったことには留意しなければならない。

ステンカラーの上着を変更した長野高女と更級高女

長野県下で最初の高女である長野高女は、女子生徒に袴を穿かせるのが早かった。ところが、洋装化では上田高女や小諸高女に遅れを取り、大正十四年に襟の部分がビロードのステンカラーの上着、翌十五年に六本筋の入ったステンカラーの上着を制服にしている。残念ながらこれを着た生徒たちの感想が残っていないため、どのように感じていたかはわからない。

しかし、よく思っていなかったのではないか。その証拠に昭和八年にセーラー服へと改正している。襟と袖に白線三本、胸ポケットに白線一本を入れ、冬は黒、夏は紺の蝶ネクタイをつけ、儀式の日には白のネクタイを締めた。長野高女でステンカラーの上着が不人気であったのではないかという推測は、更級高女の変化を見ても十分成り立つ。

長野県更級高女（大正十四年に篠ノ井高女と改称）は、大正十三年五月に襟に白線の入ったステンカラーの上着の四つ釦で、ベルトをつけた制服を定めた。一円五十銭で仕立てた制服は、「バスの車掌の制服のようなもの」で、「郵便屋さん」などと間違われたこともあった。さらに「スカートは先生方の工夫により股のあるもの」で、生徒たちはそれを嫌って「長野高女へいった姉のおさがり（股のないスカート）を使用し注意された」り、「長くてこまかいひだのあるスカートをはきたがる人がいたが禁止された」りしている[13]。

生徒たちに不評であった制服は、昭和二年までにセーラー服へと改正された。襟と袖に茶色の三本線が入り、茶色の棒ネクタイをつけた。スカートも股のない一般的なものに変わった。この改正は生徒たちの不満を抑えるためであったと考えられる。セーラー服の線は、昭和九年頃に茶色線と白線が混在し、翌十年には全員が襟・袖・胸ポケットに白線二本入れるものへと変っている。その理由はわからないが、当時主流であった白線に合わせたのかもしれない。

歴史研究者が体感した飯田地方の遅れ？

江戸時代を中心とした農村史の研究者である古島敏雄は、大正時代の飯田地方における体験談を残している。古島は大正十三年四月に飯田中学校に入学し、学校指定の洋服店で夏の制服を仕立てた。この夏の制服がはじめての洋服で、それ以前は着物に袴で通学していた。飯田中学校には自転車で通学する生徒も少なくなかった。

古島は夏の制服を着てすぐの頃、愛知県の知多半島でセーラー服姿の女子生徒を見て驚いている。そのときの感想を「入学の夏愛知県知多半島の河和という土地へ学校から海水浴に行ったさい、半田の町あたりで制服の女学生が多数自転車に乗っているのをみて驚いた」、「セーラー服の制服をきめてなかった飯田の女学生は和服に袴であり、女学生の自転車通学はなかったのである。中学生のやっていることを愛知県では女学生もやっているという感じで驚いた」と回想している[14]。

半田の女学生とは愛知県立の知多高女（昭和十三年に半田高女と改称）のことだろう。愛知県については先述したが、知多高女では大正十二年に洋服を許可したところセーラー服を着る生徒があらわれ、同十四年にセーラー服を制服としている。大正十三年の夏には多くの生徒がセーラー服を着て自転車で通学していたのである。それを見た古島は、男子生徒と同じことをしているのに驚いている。

飯田高女の生徒はバスに乗って通学していたというから、知多半島に比べて文化が遅れていたとは言い切れない。実際、飯田には洋服店も自転車もあった。洋服を着て自転車を乗り回すことが、女子生徒にふさわしい行為かどうかという点であろう。その意味において飯田高女は、知多高女に比べると遅れていたかもしれない。

飯田高女がセーラー服を制服にしたのは昭和二年四月からであった。冬のセーラー服は、紺地で襟・袖・胸当てに線がなく、スカートの裾に白線一本が入っている。昭和八年三月の卒業生は「女学校の入学式に初めてセーラー服を着、それは夢にまで見た憧れの姿でした」と述べている(15)。

昭和二年四月に中学四年生を迎えた古島は「町の県立女学校が制服をきめたのは昭和に入ってから」というが(16)、それ以上の感想は書き残していない。しかし、この短い文には、ようやく飯田の女子生徒もセーラー服を着るようになったかという思いが含まれているような気がする。しかし、古島は後年に振り返って、愛知に比べて飯田が遅れているように感じたようだが、実は長野県下の高女で飯田の洋装化は早い方であった。他の地域はもっと遅かったのである。

中野高女と須坂高女の違い

中野高女は、昭和四年にセーラー服を制服にした。同校の記念誌では「制服がセーラー服に変わったのはおそい方だったらしく、長野や上田ではもう洋服になっていたようです」とあるが、長野県下で中野高女の洋装化は早い方である。セーラー服も長野高女より先に導入している。セーラー服が制定されるまで、校長は着物と袴は地味にするよう指示し、「大正かすり」が流行したときには「ちょっときれいすぎますね、絹みたいだから、やめた方がいいですよ」と諭した(17)。

中野高女では開校時から袴の裾に白線一本を入れていたため、スカートに変わってからも白線一本を入れた。スカートの襞は十六本、靴下は黒の木綿とし、外套類は禁止された。長野高女や上田高女よりも襞数の少ない「一六本はヤボくさかった」という(18)。生徒が襞数の多いスカートを好んだことと、長野と上田の両校を意識していたことがうかがえる。

須坂高女では海老茶袴の裾に黒線をつけていたが、中野高女の白線の方が目だったため、生徒からは同じように白線に変えて欲しいとの要望が出た。しかし、校長は「白は汚れやすいからいけない」と認めなかった(19)。通学の履物は下駄と決まっていたが、雪の日は歯の間に雪が挟まって団子状になって困ったという。四キロ以上の道のりを歩く生徒の下駄は、すぐに鼻緒が切れたり、十日もすると歯が擦り減ってしまった。

大正九年、遠方から通う者に限り靴の着用を認め、一足三十銭のズック靴やゴム製の靴を履く生徒があらわれた。大正十四年には白の上着に黒のスカートの洋服を定めたが、これを着たのは二、三人しかいなかった。この年の修学旅行では冬用の黒線を入れたセーラー服を三分の一の生徒が着た。その後、冬用のセーラー服を着る生徒が増加し、学校側も和服から洋服へと全面的に切り替えることを考えるようになる。

昭和二年五月三十一日の職員会議録には「制服ヲ有スル者ニハ、ツトメテ制服を着セシムルコト」とあり、学校側が制服を着るように指示したことがうかがえる。昭和五年からは全生徒がセーラー服を着るようになった。昭和六年三月卒業の生徒は、「私たちが四年生の時に、はじめて和服から洋服（セーラー服）になりました」、「二本の黒線のはいったセーラー服に黒い靴下、黒い革靴という、当時みんなのあこがれの女学生スタイルだったんですよ。六月ともなれば白鳥のような、まっ白な夏服に衣がえして、清楚ですがすがしい感じでした」と回想している(20)。

セーラー服は学校のミシンを使って上級生が下級生の分も縫製した。スカートの襞は十八本、長さは膝が隠れる程度と決まっていた。靴はかかとの高いもの、「テンカ靴」という上が革で下がゴム製のものが使われた。ただし、諏訪高女と同じように帽子を被ることは禁止された。昭和十一年、セーラー服のデザインを改正している。冬服は紺サージ、夏服は白ポプリンとし、襟・袖・胸当て・胸ポケットに白線二本を入れ、スカートの襞は十六本、長さは膝下五センチであった。

強制しない洋服

大正十二年四月に開校した豊科高女では、元禄袖に海老茶か紺の木綿製の袴を用いていた。同校の目印は袴の裾に入れた白線一本であった。履物は下駄でも靴でもよく、昭和五年頃には洋服を着ることも許可していた。洋服を着る場合は、綿サージでスカートに白線一本を入れればよく、型は自由であった。

昭和九年三月までの卒業集合写真では和服に交じって洋服姿が見られるが、セーラー服や折襟などさまざまである。翌十年三月の卒業写真では洋服はみなセーラー服となり、十一年三月からは全員がセーラー服を着ているから、セーラー服が制服となったのは昭和九年であったと考えられる。昭和九年の卒業生は「昭和初期の経済大恐慌の時代であり、学校としても制服を奨励することはできなかったものと思われる」と回想し、同十年の卒業生も「当時は不況で、学校でも制服の統一を言わなかったので、友達同志で制服を作るかどうか相談した」という(21)。

生徒たちは、豊科高女が制服を強制しなかったのは昭和恐慌による経済不況を考慮したからだと感じていた。セーラー服が制服になってからも、和服で通学することは認められていた。しかし、昭和十一年以降の卒業アルバムで全員がセーラー服を着ているので、父兄たちは用意できる経済力を有していたことと、生徒たちも和服よりもセーラー服を選んだことがわかる。

セーラー服は、豊科町の酒井洋服店と小沢洋服店が請け負った。昭和八年にセーラー服を制定した長野県立木曽高女では、四年生が一年生のものを縫製している。長野県下でも、須坂高女や木曽高女のように自分たちで仕立てる場

69　長野県立木曽高等女学校の夏服　『第十回卒業記念』木曽高等女学校，昭和 13 年 3 月（筆者所蔵）

合と、豊科高女のように洋服店へ注文する場合とに分かれていた。

制服を着るか否か生徒の自主性を重んじていたのは、昭和三年四月に開校した長野県塩尻実科高女（昭和十三年に塩尻高女と改称）も同じであった。同校では、昭和七年に生徒会の発議にもとづいてセーラー服が制服として定められた。着物に海老茶袴よりも「近代的女学生として颯爽たるものがあった」という[22]。だが、経済的事情に鑑みて、セーラー服を着るかどうかは自由であった。

セーラー服を着るのを望んだのは生徒たちであり、その要望を学校側が受け入れた。

セーラー服への長い道のり

野沢高女では、大正十二年三月にガス糸紺綾織の筒袖を標準服とした。下は開校時からの海老茶の袴に白の波線がついたものを用いた。この改良服を標準服にすることを父兄宛に伝えた文書には、但し書きとして着用は任意であり強制するものではないと明記されている。

ところが、改良服は夏の運動には暑苦しかった。夏服だけでも洋服にするか検討するため、校内では研究会が開かれ、父母会でも話し合われた。昭和二年五月に渋茶色ギンガム地の上着と、黒か紺サージのスカートという制服が定められた。オープンカラーという点を除けば胸当てもありセーラー服と変わりがない。ネクタイは黒の細いリボンを結んだ。この五年後の昭和七年九月には冬服も夏服と同型で紺サージのものが制定されている。

したがって、冬服の改良服は昭和七年まで使用されていたのである。それに代わるオープンカラーの制服も人気はなかった。昭和十二年六月から夏服はセーラー服へと改正された。白の上着で襟・袖・胸当てが紺サージ、襟と袖に白線を三本入れた。冬服は紺サージで襟と袖の白線三本は同じである。ネクタイも夏冬兼用で紺の棒ネクタイを締めた。

どこが変わったかといえば、襟の形と、襟と袖に白線が入ったくらいだろう。生徒が望んだのは、一般的に見られるセーラー襟の形と白線であった。なぜうちの学校は特殊な形の襟をしているのか、少し変えればセーラー服になるのにという不満だろう。野沢高女がセーラー服にたどり着いたのは、日中戦争が開戦する一月前である。いかに遅いかがわかるだろう。

諏訪地方のブレザーとセーラー服

東京などではセーラー服が常識となり、長野県でも制服にする高女が増えてくると、岡谷高女の生徒も洋式の制服を望むようになった。昭和七年から生徒たちは学校側に洋式の制服を要望し、教員たちも話題にしている。

木綿の袴は色落ちなどから一年に一着は買い替える必要があり、軽快な動きが制限され、夏は暑かった。毎晩の寝押しの作業も大変で、失敗すると折れ目が乱れ、畳の目が残ることもあった。それを避けるため校則を破ってカシミヤ製の袴を穿く生徒もいた。

岡谷高女が洋式の制服を採用することになった要因は、昭和十一年に行われた関西への修学旅行であった。奈良の旅館に泊まったとき、雨で濡れた袴を寝押ししたため、袴の染料が落ちて部屋の畳がすべて臙脂色に染まってしまった。この事件は教員に衝撃を与えたようである。本書で述べたように修学旅行では外見で嫌な思いをすることが少なくなかった。だが、岡谷高女の経験はそれらと内容が異なっている。

この事件は木綿袴の不都合なことを痛感した出来事となった。昭和十二年二月、岡谷高女ではセーラー服とブレザーを検討した結果、紺サージのジャンパースカートの上に二つ釦のブレザーを制定した。ブレザーとスカートは九円五十銭、ブラウスは一円、革靴は四円五十銭であり、岡谷市内の洋服店と靴屋が寸法を採りに来た。

そもそも諏訪高女では、長野高女が率先して行った和服の改良服についても教員間で反対意見が強かった。大正九年十月頃から体育と裁縫の教員が服装改善の調査研究を行うものの、「洋服を採用することは土地から無理であるし、学校の主義に合わない」などの意見が多く、「洋服採用問題は諏訪高女のタブーであった」[23]。

諏訪地方では洋式の制服は珍しかったため、『南信日日新聞』などに制服の写真が掲載された。岡谷高女の生徒は「諏訪高女の方が岡谷高女に制服で先を越されて大変口惜しがって新聞の写真を破りすてた」という噂話を耳にしている[24]。真意は定かではないが、悔しい思いをした諏訪高女の生徒がいたことは想像に難くない。

諏訪高女では生徒や父兄から制服を求める声が出ていたが、校長岩本義恭は慎重に考えて許容しなかった。昭和十二年、校長が小町谷常是に交代すると、セーラー服とジャンパースカートのいずれにするか議論が交わされた。教員堀寿美子が実物見本を試作し、職員会議で検討した結果、セーラー服に決まった。ブレザーの岡谷高女との違いを出す意味もあったと思われるが、遅れを取ったもののブレザーよりも人気のセーラー服を採用したのではなかったか。

冬服は紺サージ、夏服は白ポプリンの長袖で紺地の襟と袖に白線三本、胸ポケットに白線二本を入れ、ネクタイは黒であった。スカートの襞は十六本、長さは床上三十センチとした。セーラー服は昭和十二年六月十七日から着用が許可されたが、これは制服ではなく標準服であったようだ。それは同日付の「家庭通知」で「これまで本校生徒の服装は、和服だけに制限してゐましたが、今後は和服の外に希望者に対しては洋服の着用を許すことに致しました」と記していることからわかる。(25)

洋服を着る場合は「本校制定の通学服を着用すること」としていた。だが、「現在洋服を持合せてゐる者は其のまゝ之を使用してもよい」、「転校生は前学校の制服をそのまゝ使用しても差支へない」、「上級生は実際に使用する期間が短いから、なるべく洋服を作らない方がよい」など、無理して用意しなくてもよかった。(26)

着用したい人は材料を購入して自分で作るか、洋服店に注文するか選べた。上諏訪洋服商組合の協定料金は、材料は冬服上着約四円五十銭、スカート約四円、夏服上着約一円五十銭、仕立料は冬服上着一円七十銭、スカート一円、夏服上着一円二十銭であった。靴は注文品と既製品を問わず、上諏訪町の価格で四円五十銭と定めた。制服は手作りであれば夏冬合わせて十円、注文すれば十三円九十銭でできた。(27)

遅れる制服の制定

長野県下で制服の制定が遅かった学校は他にもある。松本地方では、昭和四年に松本第二高女が開校するとセーラー服が登場したが、松本高女では依然として着物に袴を続けていた。松本高女がジャンパースカートを制服としたのは、昭和八年を迎えてからであった。東京の高女の制服を調査した結果だが、松本第二高女に遅れを取ったことと、それとの違いを明確にする意味も含まれていたと考えられる。

山梨県や静岡県と接する伊那地方にある伊那高女では、徐々にセーラー服を着る生徒が増えていった。昭和六年の「化学の授業」の写真では、紺地の襟と袖に白線二本のセーラー服を着ている生徒が一人いるが、彼女を除くと着物に羽織袴である。当時の生徒によれば、和服でも洋服でもよく、制服はなく自由であったという。ただし、和服は袴の紐に白線二本のある海老茶袴を穿き、洋服はセーラー服と決まっていた。スカートの襞は多いと教員から注意された。セーラー服は昭和十三年から増加し、同十五年には全生徒が着るようになった。紺の襟・袖・胸ポケットに白線三本が入り、黒の木綿のネクタイを締めた。

富山県に接する地域にある大町高女がセーラー服を制服としたのも昭和十二年と遅かった。同年六月から着た夏服は各自で縫製した。それを経験した生徒は、「お裁縫が苦手だった私は本当に苦労して、しかも当時ミシンがある家など本当に数少ない時代でしたので、家で作ることも出来ずいよいよ期日に間に合わなくなって、ご近所の仕立屋さんでお借りして縫った」という。[28]仕立屋に注文せず、ミシンを借りて自分で縫ったというのは面白い。

また彼女は続けて「割合みじか目の上衣が流行でおしゃれはスカートが長く、上衣のみじかいのとされ、いわゆる今のカッコイイ姿だったようです。上衣丈をみじかく折り上げて町を歩き、学校では下げている人も多く、その折線をみつけられて職員室に呼ばれてしかられたりしたものです」と証言している。[29]

制服を統一した県とは異なる措置

最後に長野県で洋式の制服の制定が遅れた理由についてまとめる。その原因を物語るのが長野から南西約十五キロに位置する信州新町にある水内実科高女（昭和十八年に水内高女と改称）である。水内実科高女では、昭和三年四月の開校とともにセーラー服を制定したが、昭和五年から六年頃には恐慌の影響により、用意できない生徒が増加した。

昭和七年四月に入学した生徒は「学校設立の当初は制服も決められて、サージのセーラー服に白の二本線にネクタイ、皮靴をはいた羨しい女学生姿でした。しかし昭和五、六年頃からの全国的不況と、大きな霜害に遭ったりして、生徒数も減り服装なども統一できなくなってしまい和洋さまざまでした。私は母に大正絣の着物を元禄袖に仕立直してもらい、エビ茶色のメリンスの袴に白線を付け、髪は「三つ組《ママ》」にして背中の真中まで長く垂れ毛先を目立たない小さなリボンで結び、日和下駄をはいての通学でした」という。(30)

このように語る彼女も、元禄袖に裾に白線を入れた海老茶袴という明治時代の姿に戻っている。福岡県では生地を統一し、愛知県や山口県などでは制服の規格も統一した。それは恐慌による各家庭の負担に配慮したからであった。しかし、長野県では制服そのものを用意できない家庭があったため、どのような服装でもよいという判断をした。経済不況に対する方針が大きく違っている。これも洋式の制服が長野県で遅れた大きな理由である。

洋式の制服の制定が遅れた長野県の特色

長野県は全国的に見ても学校の洋装化が遅い。昭和六年以降に洋式の制服を制定した高女は九校におよぶ。昭和十六年以降に開校および高女となった学校を除くと約半数にあたる。

長野県の高女は、他県はもとより、県下の他の地域がセーラー服を制定したからといって、すぐにそれに影響されることはなかった。世界恐慌の影響を受けて全域的に不況となったことが大きい。洋式の制服や靴などを用意できない家庭に配慮する必要があった。

しかし、なかには華美な着物を着て来る生徒もおり、父兄からは制服の制定を求める声が上がった。また生徒たちもセーラー服に憧れており、それを着たいと思っていた。すでに全国的に高女では服装改善運動を実践しており、長野県は取り残されたような状況であった。とくに日中戦争が起きると、被服費の節約を求める風潮が追い風となり、学校側も洋式の制服に踏み切ることを余儀なくされた。このあたりは第七章で述べるミッション系の高女とは制服の導入が遅れた点では共通するものの、ミッション系の高女のように他校との区別がすぐにつく個性豊かなデザインとは異なっていた。

ブレザーは三校しかなく、残りの高女はセーラー服を制定している。白襟をつけたりスカートの裾に白線を入れるところは少なく、紺の無地か襟・袖・胸当てに白線を三本や二本入れる学校が多い。ネクタイも黒や紺の棒ネクタイか三角タイを結ぶシンプルなデザインである。長野県では洋式の制服の制定が遅れたものの、結果的に見れば人気のセーラー服を取り入れている。

註

（1）『山形県立米沢東高等学校八十年史』山形県立米沢東高等学校創立八十周年記念事業実行委員会、一九七八年、一二九頁。
（2）（3）『山形県立宮内高等学校創立五十周年記念誌』山形県立宮内高等学校、一九七一年、二二七頁。
（4）同右、二三五〜二三六頁。
（5）同右、二三六頁。
（6）（7）『創立五十周年記念誌』山形県立楯岡高等学校創立五十周年記念誌刊行委員会、一九七四年、三六頁。
（8）（9）『山形県議会八十年史』Ⅲ・昭和前篇、山形県議会、一九六七年、二〇九頁。
（10）『われらの八十年』新潟県立新潟中央高等学校、一九八〇年、「洋風制服の制定」の頁。
（11）『教育週報』三二〇号（『教育週報』七、大空社、一九八六年）。
（12）創立八〇周年記念号『をみなへし』三五、新潟青陵高等学校、一九八一年、「制服の変遷」の頁。
（13）『篠ノ井高校七十年史』長野県篠ノ井高等学校同窓会、一九九六年、五六頁。
（14）古島敏雄『子供たちの大正時代』平凡社、一九八二年、二九〇頁〜二九一頁。
（15）『風越山を仰いで』長野県飯田風越高等学校内八十周年記念誌編集委員会、一九八一年、八九頁。
（16）前掲『子供たちの大正時代』八六頁。
（17）長野県中野高等学校同窓会編『地域教育一〇〇年の想いを拾う』北信ローカル、二〇〇八年、四九頁。
（18）同右、五〇頁。
（19）『鎌田を仰ぐ六十年』長野県須坂東高等学校内六十年史編纂委員会、一九八〇年、五六頁。

(20) 同右、一〇四〜一〇五頁。
(21)『豊科高等学校六十年誌』長野県豊科高等学校、一九八四年、三三五頁。
(22)『長野県塩尻高等学校七十年誌』長野県塩尻高等学校記念誌編纂委員会、一九八一年、七一頁。
(23)『諏訪二葉高等学校七十年誌』長野県諏訪二葉高等学校同窓会、一九七七年、一九一頁。
(24)『創立六十周年記念誌』長野県岡谷東高等学校、一九七二年、一四頁。
(25)(26) 前掲『諏訪二葉高等学校七十年誌』二九〇頁。
(27) 同右、二九一頁。
(28)(29)『七十年のあゆみ　大町北高等学校』長野県大町北高等学校創立七十周年記念事業実行委員会、一九八三年、三五七頁。
(30)『長野県犀峡高等学校創立六十周年記念誌』長野県犀峡高等学校同窓会、一九八一年、二五八頁。

第六章

全国のセーラー服の状況と個性

本章では、大正後期から昭和戦前期までの全国のセーラー服の実態について検討する。この章も十年にわたって収集したデータによる新事実ばかりである。もちろん、他の研究者の書籍や論文でも書かれていない。これだけの情報を集めるのは容易ではないため、従来の研究者はこの作業を逃げてきた。だが、この作業を行わない限り、セーラー服が全国的にどのような過程を経て普及していったのかという真実に迫ることはできない。

最北端と最南端の制服事情

北海道の洋装化

大正十五年（一九二六年）頃に北海道のエリートである札幌帝大生が能代高女の洋服姿に驚いたというが（秋田県立能代高等女学校の勇断の項を参照）、北の大地の洋装化は遅かったのだろうか。札幌区立高女（大正十二年に札幌市立高女と改称）では、大正十一年に裁縫科教員が裁縫研究会を開き、冬は紺地、夏は鼠地のサージ製で折襟型背帯付の洋服、スカート襞が十六本という制服を考案した。これは翌十二年一月一日に制定されたが、従来の和服を着てもよかった。

この洋式制服は、昭和六年（一九三一年）に黒リボンをつける紺色のセーラー服に改正されるまで用いられた。札幌帝大生が札幌高女の洋服姿を見ていなかったとは思えない。それとは違った洋服を着た能代高女の姿を新鮮に感じたのではなかったか。

札幌から少し離れた北海道庁立小樽高女では、大正六年一月二十六日に体育の観点から上草履を廃止し、上靴を使用するようにした。二月五日に「運動袴」、同八年六月二日に「運動帽子」を取り入れ、同十年五月十一日にジャンパースカートを体操服として定めた。この翌月の六月十七日、平常服に洋服を着るよう奨励している。生徒の多くはセーラー服を着用し、全員スカートの裾に黒線二本をつけた。昭和二年四月七日、上下紺のセーラー服と帽子を制服に制定しているが、それは通学服にジャンパースカートではなく、セーラー服を着る生徒が多かったからだろう。

右の両校は北海道における高女の洋装化の発端を作ったといえる。その証拠の一つが池田高女からうかがえる。池田高女では昭和六年に襟とスカートに白線二本を入れたセーラー服を制服とした。それまではスカートに白線二本さえ入れれば、どのような服装でもよかった。生徒たちは「よその都会の女学生はセーラー服着てましたね」と、他校のセーラー服姿を魅力的だと感じていた。小樽高女から転校してきた生徒のセーラー服を見て「あかぬけしてました」という感想を述べている(1)。

北海道では昭和を迎えると着物に袴からセーラー服へと改正する高女が増えるが、その動きは他県に遅れていたわけではなかった。

北海道の特徴：北の大地に広がる白線

70　北海道庁立札幌高等女学校の夏服　『写真集庁立札幌高女札幌北高80年』札幌北高等学校創基80周年記念協賛会，1982年

最北の大地、北海道でセーラー服を最初に導入したのは、大正十三年二月に制服として定めた旭川高女である。そのせいもあってか生徒は、「二本線のセーラー服を着ていると一目おかれる感じで、誇らしい気持ちだった(2)」と、襟の白線二本のセーラー服に誇りを持っていた。同年四月の新学期からは札幌高女が標準服としてセーラー服を取り入れている。両校に続いて昭和二年四月にセーラー服を制服にしたのが小樽高女である。

小樽高女が北海道で最初に洋服の着用を許可したことは述べたが、大正十年六月以降も着物に袴で通学する生徒のほうが多かった。生徒たちは袴の裾の黒線二本に誇りを持っており、洋服のスカートの裾にも黒線二本を入れていた。昭和二年五月に校章バッジと帽子が制定されると、セーラー服のスカートに黒線を入れることができなくなる。このとき校長室で黒線の廃止に対して抗議する生徒も少なくなった。

北海道の女子生徒たちは、袴の裾の線に強い愛着を持っていたことがうかがえる。小樽高女では校章バッジに変えてしまったが、札幌高女は裾に山型線を入れていた。その後、セーラー服を制定した多くの高女でもスカートの裾に線を入れているのが、北海道の特徴である。

岩内高女の生徒は、「たくさんの折ひだがありました。毎夜そのスカートをおふとんの下にきちんとたたんで寝押しをしなければ折ひだが消え、かっこうが悪くなるので、毎夜ねむい眼をこすりながらスカートをたたむ日課もせつないものでした」と述べている。[3] スカートの折襞を維持することは全国の高女の生徒に共通する作業であり、スカートを布団の下に敷いて寝押ししたという回想録は多く残っている。

北海道の女子生徒たちは、スカートの襞に加えて裾の線にも特別な思いを持っていた。北海道は広く、札幌市内に点在する高女を除けば、まず登下校の道で他校とすれ違うことはなかった。したがって、スカートの裾の線は学校を識別するためというよりも、袴時代から続く高女の生徒としての誇りを示すものといえる。しかし、他県の生徒からは袴時代のように高女を示すものとは見られないこともあった。

そのことがよくわかるのが昭和八年四月にセーラー服を制定した江別高女の体験である。江別高女はスカートの裾に大小二本の白線を入れていたが、京都の修学旅行では他校の生徒から「新撰組、新撰組」といわれて恥ずかしい思いをした。[4] 全国的に見てもスカートの裾の線は袴時代と違って珍しかったのである。

沖縄県の制服：南国の乙女姿

最北端の北の大地から最南端の南国へと飛んでみる。沖縄の高女の洋装化は、大正十一年にステンカラーの上着を制定した首里高女が最初である。これに続いて国頭高女が大正十三年に青地に白丸襟の制服を定めた。これを着た生徒は「私達女学生の服装はみおとりして、何となく嫌な思いをした」と感想を述べている。同校は昭和五年に県立沖縄第三高女へと昇格すると、襟に白線三本を入れたセーラー服へと改正した。先に旧制服に不満を感じた生徒は、「三本線入りのセーラー服で、ネクタイが使用された事。更に記章が制定され、セーラー服の胸にほこらしいなごらんの記章をつける事が出来た事」から「やっと、学業に励む気持になった」という。[5]

この改正の間には大正十四年に沖縄第二高女、大正十五年に県下初の高女である沖縄高女（昭和三年に沖縄第一高女と改称）、昭和二年に積徳高女が、それぞれセーラー服を制服としている。沖縄第二高女は襟と袖に白線二本、積徳高女は襟・袖・胸ポケットに白線二本を入れた。

昭和七年開校の昭和女学校は襟と袖に白線二本を入れたセーラー服を制服とした。昭和十一年に開校した宮古高女もセーラー服であり、紺地の冬服は襟・袖・胸ポケットに白線一本、白地の夏服は紺の襟と袖に白線一本を入れている。沖縄第三高女の生徒の言説と重ねて見ると、沖縄でもセーラー服が女学生の表象として憧れの対象となっていたことがうかがえる。事実、首里高女を除く高女はセーラー服であり、その着用率は八十五・七％である。

東北地方の制服

青森県の洋装化

青森県の洋装化およびセーラー服化は他県に比べて遅くなかった。高等女学校令で最初に設置された青森県立青森第一高女は、弘前高女学校と改称した。青森では弘前高女が大正十一年に制定したのが最初のセーラー服である。もちろん珍しく、着るのには勇気がいったに違いない。

セーラー服に初めて袖を通した生徒は、「私達の入った年に初めて制服が出来まして綿サージセーラー服でございました」、「上級生は任意なのですが、制服を着る人も、少しずつ増えたようです」、「制服に誇りをもって登校したものでございます」と、往時を振り返る(6)。

そうした気構えが通じたのか、大正十五年には八戸高女がセーラー服を制定している。県下で一番目と二番目の高女がセーラー服を制服にしたことが、青森県の制服に影響を与えたと考えられる。

この間には三番目に設置された青森第三高女を、青森高女と改称した同校が、大正十四年にステンカラーの前開き三個釦の上着でベルトをつける制服を定めた。これを着た生徒は「あの制服ね、バスの車掌服とよく似ていて嫌だったが、それでもおしゃれな生徒は上着の丈やベルトの位置を変えたりしましてね」という感想を残している。[7]
弘前高女の生徒がセーラー服に「誇りをもって」いたのとは大きな違いがうかがえる。この後に五所川原高女と、私立弘前女学校はセーラー服を定めており、青森高女のステンカラーの上着に倣う高女はあらわれなかった。昭和十六年に県立田名部高女となる田名部実科高女も昭和八年にセーラー服を定め、同十八年に県立波岡高女となる波岡女子実務学校でもセーラー服を着ていた。

こうした変化を受けてか、青森県立青森高女は昭和八年にステンカラーの上着からセーラー服へと改正している。青森市立実科高女は昭和六年までにブレザーを制定しているが、同九年に青森市立青森高女へと変わり、同十年にはセーラー服へと改正した。三木本高女も昭和八年にはハーフコートとジャンパースカートを定めたが、同十五年までにはセーラー服へと変わっている。

セーラー服が普及しない岩手県

岩手県で最初に洋式の制服を定めたのが、岩手県立一関高女であった。大正十一年に同校出身の船山つねが考案したテーラーカラーのワンピースは短命におわり、同十三年にショールカラーのワンピース、昭和四年にオープンカラーの上着と紆余曲折を経て、昭和八年にセーラー服となった。冬は紺サージ、夏は白ポプリン、ともに紺襟に白線三本を入れ、ネクタイは濃茶絹の蝶結びであった。

大正八年に設置された遠野町立実科高女は、翌九年の上閉伊郡立実科高女への改称を経て、同十二年四月に岩手県立遠野実科高女へと県立に移管された。このとき赴任してきた教頭森下洸は、沖縄の学校で洋服を採用していることを知り、その合理性を理解していた。そこで森下は和服から洋服へ制服を変更することを提案し、大正十二年七月に夏の制服を定めた。

夏服は鼠色と紺色の縞柄の長袖、冬服は紺サージの紫紺色（のちに鬼サージの紺色に変更）で襟・袖・ポケットには紺のビロード地がつけられ、ベルトを締めるものであった。また夏は白地、冬は紺地で襞を多く取った「きくらげ」と呼ばれた帽子を被った。制服と帽子は教師の指導を受けながら生徒たちが縫製した。

この制服を着た生徒は「とにかく、はずかしくて、登下校のときは誰にも逢わなければよいと思った。特に中学生に逢わないようにと願った。それは、中学生にからかわれるからである」「また、ある時は、通りすがりの老婆から、みっともないと叫ばれたこともあった」と証言している(8)。

釜石実科高女で大正十三年にセーラー襟のワンピースを試着させたところ、生徒たちが上下に分かれたセーラー服を作ってきたことは序章で述べた。これが岩手県で最初のセーラー服である。両校を比較すると、遅かれ早かれセーラー服に行きついたという結果が見えるだろう。

しかし、岩手県が面白いのはセーラー服が他県のように普及しなかったことである。洋式の制服化が他県に比べて遅かったわけではない。水沢高女では、大正十二年度の一年生から夏服はセーラー服になったが、冬服は紺地のスクエアカラーの上着であった。夏のセーラー服は白地で襟と袖に二本線が入り、棒ネクタイをつけた。昭和九年に冬服は改正されるが、ステンカラーのデザイン変更にとどまった。

大正十二年七月に遠野実科高女（大正十五年に遠野高女と改称）が定めた夏服はビロード襟の縞柄長袖でベルトをつけるものであり、昭和四年にセーラー服に改正している。紺地の襟や袖の線は紺色であったが、昭和十三年には白線二本へと変わった。花巻高女が大正十二年に制定した夏服は胸当てつきのテーラーカラーのワンピースであり、セーラー服に改正したのは昭和十五年であった。ステンカラーの上着は、昭和三年に盛岡高女、岩谷堂高女、同八年に宮古高女が制定している。黒沢実科尻高女（昭和三年に黒沢高女と改称）は昭和二年にセーラー服を制定したものの、同五年にはステンカラーの上着へと変えた。

セーラー服は、右で触れた学校の他には、昭和五年に制定した高田実科高女（昭和十一年に高田高女と改称）と、同十一年までに変えた一戸高女、同十五年にテーラーカラーの上着から変更した花巻高女しかない。高田実科高女は、開校時の昭和五年は「着物にハカマも良し、セーラー服でも良し」であったが、翌六年には全員がセーラー服を着るようになった(9)。一関高女の夏服は襟に白線三本、一戸高女は襟・袖・胸当てに白線三本、釜石実科高女と高田実科高女はそれに白線二本を入れており、この点は他県に見られるものと大差はなかった。

秋田県立能代高等女学校の勇断

秋田県で最初に洋式制服を制定したのは、秋田県立能代高女である。大正十二年夏に「エプロン式の洋服」を定め、翌十三年十月に洋式の制服を制定した。これは校長坂本定徳が大正九年秋から構想してきたものであった。冬服の上着は綿製の五つ釦、夏服は水浅黄色のギンガム、首もとが丸くなった「ヘチマ襟」とよばれる形式をしている。

冬服は洋服店が仕立て、夏服は自分たちで作った。「綿だけに一晩寝押をかけて下校時には袋みたいになるスカート」には困ったようだ(10)。当時は洋服で通学する女子生徒が珍しかったため、周囲からの眼差しも厳しかった。地元の新聞には「洋服を着せるなどとは馬鹿げた事だ。それは暖国の話で、この寒国では真似てはならぬ。害こそあれ、益はない。否否、今に女学校卒業生がお嫁に行ったら、皆冷え症となり、子供などは生れぬであらう」と書き立てられた(11)。さらに地元の有力紙である秋田魁新報では、能代港町の有力者の「洋服は二重に金がかかっていけない。経済的だといはれるけれども洋服は家庭にあっては何の役にもたたぬ」という発言を載せている(12)。

地元の大人から批判的な目で見られても生徒たちは動じなかった。ある生徒は「私達は太い脚を幾分気にしながらも、得意になって畠町を潤歩した。町の人々は此の異様な洋服姿を物珍し気に立見して様々に批評した。然し私共は諸先生の下にいとも明朗であったし、その姿で堂々北海道に旅行して、札幌帝大生の目を見張らせたものだ」と書き

残している。(13)

この堂々とした振る舞いが周囲の価値観を変えさせることになったのだろう。それから二年が経つと、坂本校長は生徒たちに「秋田も大舘も校服になるさうだ。時はよい判断者だ」と笑顔で話している。(14) 秋田高女では、大正十二年に洋服の着用を許可していたが、洋式の制服を制定するという情報が流れたのである。能代高女は昭和二年にスカートの裾に白線一本を入れたセーラー服に改正した。昭和四年までに冬服は紺地、夏服は白地の長袖で紺地の襟・袖・胸当てに白線三本を入れるようになった。

秋田県に広がるセーラー服

昭和二年に秋田県立大曲高女が冬服にセーラー服を制定している。夏服が白ブラウスにリボン、冬のセーラー服は襟・袖・胸当て・胸に白線二本を入れたものであった。昭和三年四月に制定した秋田県立本荘高女のセーラー服は、襟・袖・胸当て・胸に白線二本、スカートの裾に白線一本と、能代高女と大曲高女を合わせたようなデザインである。

能代高女が情報を得た秋田高女は昭和三年、大館高女は同四年にセーラー服を制服にしている。大舘高女のセーラー服も襟・袖・胸当て・胸に白線を二本入れ、棒ネクタイを締めるという大曲高女と瓜二つのデザインである。秋田高女のセーラー服は、襟・袖・胸当てに白線三本、上着の左下にあげまきの徽章を入れることで他校との違いを示した。このあげまきの徽章は、昭和十一年に左腕へと位置を変えている。

秋田県立横手高女が昭和五年に制定したセーラー服は、襟・袖・胸当てに青線二本、青の棒ネクタイというところに独自性があったが、昭和十三年には線の色を白に改正している。秋田高女との違いは青のネクタイの切り結びで示した。また上着の左下と後ろ襟の左右に白糸で銀杏を刺繍し、一目で横手高女のセーラー服であるとわかった。

私立の聖霊学院高等女学院は、昭和六年に襟に白線二本を入れたセーラー服を制定したが、スカートの裾に白線二

71　秋田県立高等女学校の冬服　『修学旅行記念』秋田高等女学校，昭和 14 年（筆者所蔵）

本、胸当てと後ろ襟に「ちどりがけ」の白線を入れたのが特徴であった。さらに昭和十一年には後ろ襟の「ちどりがけ」を星の刺繍に変えた。これも秋田県内の高女で襟・袖・胸当てなどに白線二本を入れるセーラー服が多かったため、他校との違いを見せる措置であった。

秋田県でセーラー服でなかったのは花輪高女だけである。花輪高女は昭和三年に夏服の鼠色のワンピースを定めた。昭和八年の修学旅行でジャンパースカートを目にした生徒たちが、生徒大会でそれを制服にしたいと陳情書を提出し、昭和十年頃に制服になったという。東京府立第一高女と同じ制服に憧れたと回想している。だが、戦前戦中期の秋田において花輪高女を除けば、どこの学校もセーラー服を制定し、それに袖を通す生徒たちも不満に感じることはなかったのである。

福島県立福島高等女学校と会津高等女学校の改良

福島県立福島高女は、大正十二年四月にビロードのショールカラーに胸当てつきの制服を定めた。腰にはベルトをつけ、冬服は紺サージ、夏服は綿で釦前開きというものであった。これを着て修学旅行に行った生徒は、現地でバスガールと間違えられて憤慨した。昭和四年にセーラー服に改正された。白地の麻か綿で襟に黒線二本がつき、黒の棒ネクタイであった。昭和十年四月からは冬服は紺サージで襟と袖に黒線二本がつき、ネクタイは黒繻子の蝶結び、夏服は白地の七分袖で襟と袖に黒線二本が入り、黒の棒ネクタイであった。

福島高女とは対照的に会津高女では、大正十四年四月に和服から洋式の制服へ切り替えたときからセーラー服であった。冬服は紺サージ、夏服はクリーム色のポプリン、スカートは夏冬兼用の紺サージであり、襟や袖に線はない。リボンは鼠色であったが、翌十五年四月には一年が濃赤、二年が緑、三年が茶、四年が鼠と学年で色を分けた。当時の生徒は、「私達下級生は、大人びて見える上級生を、リボンの色と共に憧れの眼で眺めたものでした」という。[15]

学年によって色の違うリボンは、会津高女の唯一の特徴であったといえる。リボンを取ってしまうと紺一色でしかなかった。そのため修学旅行で関西に行ったとき、雨のなか黒い傘をさして生徒たちが列を作っていると、他校の男子生徒から「まっ黒、黒黒黒からす」と揶揄されることがあった。セーラー服を着ていれば修学旅行先で絶対に恥ずかしい思いをしなかったわけではないことがわかる。

この光景を目にした図画の教員が「一考を要する」と感じ、その教員が新たなデザインを考案した。[16] 昭和十一年に改正されたセーラー服は、襟・袖・胸当てに三本の白線が入り、富士絹で淡いベージュの蝶結びリボンをつけた。また胸には学年を示す線を入れた。セーラー服の襟・袖・胸当て・胸に線が入っているのは、和装の袴に線を入れていたように近隣の学校との違いを示す意味があった。しかし、それだけでなくデザイン的に線が入っていたほうが見栄えがよかった。紺や黒地のセーラー服に白線が入っていれば、「黒からす」などと言われることはなかったのである。

この蝶結びリボンは、前年に福島高女で取り入れたのに影響を受けたのかもしれない。全生徒にはリボンの布と、白い細紐が渡され、各自が苦心して自分のリボンを作った。この改正以前から会津高女では、四年生が一年生の冬のセーラー服を縫製していた。入学すると四年生が注文を取りに来て、その上級生が美人だったり、親切だったりすると「憧れの的」であった。[17] 寸法を採ったり、仮縫いをしたりするうちに親しくなった。

セーラー服の縫製は四年生の正課であり、出来具合で点数がつけられたから、非常に丁寧に作業してくれたようだ。これを経験した生徒たちは、「上級生への感謝と畏敬。下級生への慈みの気持」を持つようになった。[18] リボンで学年の区別はつかなくなったが、制服の縫製を通した上級生と下級生の心の繋がりには変化はなかった。

福島県のセーラー服とブレザー

福島県では大正十三年に相馬女学校が夏服としてセーラー服の着用を許可し、同十五年六月には磐城高女がセーラー服を制定した。昭和四年に安積高女がセーラー服を制定すると、同六年に相馬高女もセーラー服の制服化に踏み切った。

福島県の特徴は襟と袖に白線三本が多いことと、学年別にネクタイの色や本数を分ける学校があることである。昭和十二年に磐城高女は相馬高女と同じように襟と袖に白線三本を入れた。一方、安積高女の冬服は襟に臙脂の線を三本入れていたが、昭和七年から八年にかけて夏服は紺襟・袖・胸ポケットに白線三本を入れるものになっている。

安積高女の紐ネクタイは一年が臙脂、二年が金茶、三年が青、四年が緑と分かれており、相馬高女の胸ポケットの臙脂の線は一年が一本で四年が四本と学年ごとに増えていった。昭和九年に定めた白河高女の繻子のネクタイも、一年は赤、二年は紺、三年は緑、四年は金茶と分かれていたが、セーラー服ではなかった。

福島県で白河高女と喜多方高女だけは、ブレザーとジャンパースカートの組み合わせにベルトをつける制服であった。昭和三年に制服を定めた喜多方高女の生徒の感想はわからないが、白河高女の生徒と同じような気持ちではなかったか。白河高女は大正十三年に冬服は薄い黄色と黒の縞、夏服は水色と白の縞の着物に茶色の袴、三本線の入ったベルトという制服を定めた。これを着て関西に修学旅行に行くと「どこから来た女工さん」と聞かれて憤慨することが少なくなかった(19)。

そこで生徒たちは洋式の制服を学校側に求め、昭和四年にブレザーとジャンパースカートの制服が制定された。ところが、生徒にはバスガールのような制服だと不評であった。セーラー服を着ていれば、そのような不愉快な気分を味わうことはなかったことはいうまでもない。

関東地方の制服

茨城県でも統一化の話題が浮上

茨城県で最初に洋装化を行ったのは、大正十三年にジャンパースカートを制服とした土浦高女であった。翌十四年には水海道高女もブレザーとジャンパースカートの組み合わせを制服とした。同年十月に石岡実科高女（昭和十三年に石岡高女と改称）は、それにベルトをつけたものを冬服、白地で襟と袖に黒線三本、袖に黒線二本のセーラー服を夏服と、使い分けている。

この石岡実科高女の夏服が茨城県に登場した初のセーラー服となった。次に大正十五年四月から県下初の県立高女である水戸高女がセーラー服を制服とし、六月の夏服から龍ヶ崎高女がセーラー服を定めた。大正から昭和へと元号が変わると、昭和三年に東海高女、私立大成女学校、取手実科高女（昭和十五年に取手高女と改称）、同四年に古河実科高女（昭和十一年に古河高女と改称）、同五年に鉾田高女がセーラー服を制定している。

茨城県でも昭和七年一月に県下中等学校の制服を統一する案が浮上した。『茨城新聞』によれば、陸軍被服本廠が産業経済の見地から提唱したという。高等女学校長の会議で協議中だが、私立で実施するのは不可能だろうと観測していたこともわかる。だが、どのような理由かははっきりしないが、この統一は実現しなかった。

セーラー服の人気は茨城県でも変わらず、統一などしなくても徐々に広がっていった。市立水戸高女では昭和二年に冬服は紺、夏服は白のツーピースでベルトというスタイルであったが、同八年にはセーラー服へと改正された。

茨城県でセーラー服でなかったのは水海道高女、下妻実科高女（昭和十四年に下妻高女と改称）、下館高女の三校し

72　茨城県立龍ヶ崎高等女学校の冬服
『卒業記念写真帖』茨城県立龍ヶ崎高等女学校，昭和３年３月（筆者所蔵）

かない。水海道高女は昭和四年に従来のブレザーとジャンパースカートを全員が着るように決め、それに合わせて臙脂の紐ネクタイを制定している。下妻実科高女が昭和四年に、下館高女が昭和十年までに、それぞれオープンカラーを制服としている。

　どの学校も昭和十年代に実科高女から県立高女へと昇格しているが、それ以前からセーラー服やブレザーなどの洋式の制服を制定しており、洋装化に高女への昇格や昭和天皇の即位式の影響がないことが裏づけられる。

茨城県の特徴

茨城県のセーラー服の特徴は、①白線のないもの、②①から白線を入れたものに変えているもの、③臙脂のネクタイの三点である。県立水戸高女、太田高女、取手実科高女のセーラー服は「大阪型」のように線のない地味なデザインである。東海高女のセーラー服は紺地に白線三本を当初から入れていたが、取手実科高女は昭和三年の「大阪型」のデザインを、同九年に襟・袖・胸当てに白線三本を入れるものへと改正している。同八年には市立水戸高女も同じように変え、鉾田高女は同十一年までに襟・袖・胸当てに白線二本を入れるようになった。

黒線が特徴であった古河実科高女のセーラー服を着た生徒は、「嬉しかったのは、服装が洋服に一変したことでした。黒線のついたセーラー服です」、「モダンになった女学生姿を、町の人々からふりかえられて、得意になって歩いたものです」という。[20] そのセーラー服も、昭和十一年に古河高女になると、襟・袖・胸当てに白線二本となった。他の実科高女でも白線のセーラーに変えており、高女に昇格したから白線にしたわけではない。これは無地の「大阪型」から、白線を入れたものへと人気が移っていたからであろう。

線の数が同じだと、どこの学校生徒か判別するのは難しい。そこでネクタイや胸の校章が必要になるのだが、茨城県ではネクタイの色も似ていた。水戸高女の冬服は紺サージで海老茶練繻子のネクタイ、夏服は白地で黒練繻子のネクタイをつけた。市立水戸高女のセーラー服と、水海道高女のブレザーにつける紐ネクタイが臙脂であったように、茨城県では臙脂のネクタイを使うところが多かった。海老茶と臙脂の区別もつきにくい。

その証拠に昭和十年四月に開校した常盤高女では、六月にセーラー服のネクタイを臙脂の蝶結びとしたが、八月には青の棒ネクタイへと変更している。東海高女が昭和三年に冬服は紺、夏服は水色のネクタイ、同十年に夏冬ともに紺の蝶結びのネクタイを設けているのも、臙脂のネクタイのセーラー服と区別するためであったと思われる。

そうしたなかで特殊なのが石岡実科高女のセーラー服である。冬服は紺サージで襟と胸当てに茶色線二本を入れ、夏服は白地で襟と袖に黒線二本を入れ、夏冬ともに黒絹ネクタイをつけた。

73　茨城県立下館高等女学校の冬服
『卒業記念写真帖』茨城県立下館高等女学校，昭和 15 年 3 月（筆者所蔵）

埼玉県の特徴

埼玉県が洋式の制服にしたのは他県に比べると遅く、大正時代に洋服を定める高女はなかった。しかし、昭和を迎えると埼玉県でもセーラー服は人気を誇っており、川越高女と松山実科高女

（昭和十七年に松山高女と改称）のハーフコートにジャンパースカートを除けば、どの高女もセーラー服を採用していた。

埼玉県立松山女子高等学校（昭和二十三年に松山高女から改称）の制服は、襟の後ろ左右に校章の刺繍があり（口絵22参照）、前から見ると東京女学館のセーラー服のようなデザインだが、それが戦後生まれなのは面白い（冬服は昭和二十五年（リボン型は翌二十六年）、夏服と中間服は昭和五十八年）。昭和七年の職員会議ではセーラー服とブラウスのどちらにするか議論した結果、ブラウスにジャンパースカートを選んだ。

74　埼玉県立秩父高等女学校の冬服
『おもひで』埼玉県立秩父高等女学校，昭和 14 年（筆者所蔵）

埼玉県で最初に洋式の制服を定めたのは児玉高女である。昭和二年制定のセーラー服は、冬服は木綿地で襟と胸当てに白線二本を入れ、夏服は白地に黒線を入れた上着に水色ギンガムのスカートであった。昭和五年にはジャンパースカートに臙脂のネクタイというスタイルに変わるが、同九年には冬服がセーラー服に戻っている。昭和十三年にセーラー服は、冬服が襟・袖・胸当てに白線三本、夏服が襟・袖・胸当てに黒線二本と改正された。

この目まぐるしい変化の理由ははっきりしないが、生徒たちが「みんなセーラー服にあこがれていた」ことは間違いない(21)。ジャンパースカートよりもセーラー服を着たかったのだろう。セーラー服が広がった理由の一つとしては、県下初の高女である浦和高女が昭和六年にセーラー服を採用したことも大きいと考えられる。

なぜなら、浦和高女のセーラー服は襟と袖に白線三本をつけ、ネクタイは黒か紺のスカーフを結ぶものであったが、埼玉県の他校のデザインはこれにそっくりだからである。埼玉県のセーラー服は、襟・袖・胸当てに白線三本か二本を入れるところが多い。胸当ての白線の有無を除けば、ネクタイの色や結び方で学校の違いを示していたといえる。

千葉県の白線

千葉県で最初にセーラー服を定めたのは佐倉高女である。襟に茶色の線が二本、スカートには白線一本を入れた。袴の裾には山型の白線一本を入れていたため、それを直線に変えて引き継いでいる。安房高女が翌大正十四年にセーラー服を取り入れた。

昭和二年に市原高女が白襟に赤線、野田高女が冬服に紺、夏服に銀ネズミ色のセーラー服を制定したのに続き、同三年五月に千葉高女が襟・袖・スカートに白線二本のセーラー服を定めた。県下初の高女である千葉高女の洋式の制服化は意外にも後手に回っている。

銚子高女は、昭和四年五月にセーラー服を制定したが、袴の裾に入れていた利根川の波をかたどった白線三本を、スカートにも取り入れた。ネクタイの色を一年はピンク、二年は橙、三年はグリーン、四年は紺と区別しているのも、千葉県内の他校のセーラー服には見られない特徴である。

松戸高女では、昭和四年度までにセーラー服を制定し、スカートには袴に入っていた白線二本を斜めに縫い付けた。ところが生徒たちは「野暮ったいから白線をとってしまった方がいいと強い意見を出し」、取ってしまったという(22)。

大原高女、茂原静和女学校（昭和十四年に長生高女と改称）がスカートの裾に白線二本を入れているが、それ以外の高女は袴時代の裾の線は引き継いでいない。この点は北海道と異なり、県下初のセーラー服である佐倉高女や県下初の高女である千葉高女は裾の線を取り入れたものの、それに魅力や誇りを感じるとは限らなかった。

船橋高女が昭和六年に制定したセーラー服は襟・袖・胸当てに臙脂色の線二本であったが、右に挙げたほとんどの

75　千葉県立千葉高等女学校の冬服
『おもひで』県立千葉高等女学校，昭和10年（筆者所蔵）

学校が白線三本か二本であった。木更津高女は、大正十三年四月にショールカラーで二個釦のブレザー型の制服を制定したが、昭和十一年にはセーラー服へと改正している。

しかし、千葉県八日市敬愛高女はステンカラーの上着からジャンパースカート、北条実科高女（昭和十八年に館山高女と改称）はオープンカラーの上着からジャンパースカートに変更したものの、大多喜高女はジャンパースカート、国府台高女はブレザー、勝浦実業学校（昭和十八年に勝浦高女と改称）はハーフコートを変えていない。セーラー服ではないため、どの学校かすぐにわかっただろう。

中部地方の制服

北陸女学校のセーラー服と石川第一高女・第二高女の制服改正

石川県で最初に洋式の制服を設けたのは北陸女学校である。大正十一年四月に襟や袖に線を入れないセル地の茶褐色のセーラー服を制定した（第八章参照）。校長中沢正七は、「公立に劣らず何か新機軸を出したい」と思い、「改良服といふものよりも全然洋服にしたがよい」と判断したという。セーラー服は「外人教師がありますから之等の人の意見によつて」「経済といふ点からも亦美といふ点からも考へて」選んだ。[23]

外国人教師の助言で経済的にも美的にもよいデザインにした。事実、北陸女学校のセーラー服は、周囲の女学校の生徒から羨望の眼差しを受けることとなった。県下初の高女である金沢第一高女は、一年遅れの大正十二年に洋式の制服を定めたが、北陸女学校とはまったく違ったデザインを採用した。冬服は紺サージ、夏服は水色の木綿地で、襟と袖口に白カバーをつけ、ネクタイは蝶結びであった。

金沢の町に斬新な制服姿が登場したわけだが、華麗な勝負はすぐに北陸女学校へと軍配が上がることとなる。なぜなら、金沢第一高女の生徒たちの制服は、修学旅行先の東京で「バス会社の従業員と間違えられた生徒が出て、ヤボったいと評判は芳しくなかった」のである。(24) この不満の声が高まったと見え、昭和三年にはセーラー服へと改正されている。

金沢第二高女では「欧米型のセーラー服にするか、新しいスタイルを考案するか、はたまた、性急な変更ではなく、一度改良服を制服にしてみては」と議論は紛糾した。(25) 大正十二年四月に制定されたのは、ベルトをつける紺サージのステンカラーの上着で、茶色のネクタイ、襞のないスカートであった。

これを着た生徒は「せっかく二本筋のはかまにあこがれて第二高女に入学したのに、わずかの間しか着ることができず残念でした」、「最初は誇らしげに制服を着て街を歩いていた生徒たちも次第にそのやぼったさが気になるようになる。アカ抜けしていた北陸女学校の服に比べると、第二高女の制服はずん胴で、まるでバスガイドさんのようでした」(26) と嘆いている。

大正十五年の四年生は、修学旅行前に「セーラー服に変えてくれるよう、みんなで先生方に訴えた」(27)。これにより同年に臙脂のネクタイのセーラー服へと改正された。昭和六年から九年の間には、東京から来た転校生が胸当てをつけていなかった影響を受けて、「いつの間にかみんなが「やぼったい」といって外してしまいました」という。(28)

結果的に金沢第一高女は第二高女よりも遅れてセーラー服へと変えたのである。石川県のなかでもトップクラスの

76　北陸女学校の冬服（北陸学院中学・高等学校所蔵）

77　石川県立金沢第二高等女学校の冬服『卒業記念』石川県女子師範学校，石川県立金沢第二高等女学校，昭和５年３月（筆者所蔵）

第一高女と第二高女が独自のスタイルをやめ、北陸女学校が採用していたセーラー服に変えた影響力は少なくなかったと考えられる。ここに次項で見る石川県にセーラー服が普及した原因があるといえる。岡山県でセーラー服にする学校が増えても、当初のスクエアカラーのジャンパースカートを変えなかった岡山第一高女とは対照的である。

石川県の制服

石川県では北陸女学校のセーラー服を筆頭に、石川第一高女や第二高女がそれに倣うような形で広がっていく。小松高女では大正十三年にショールカラーの上着にベルトを締める制服を定めた。これを着た生徒は「ショールカラーの大きいのが胸のあたりまで垂れ下がっているのが、いかにもやぼったく、こんな洋服より、あの縁の線の入った袴姿の方が、よほどすてきだった」と述べている。(29)

修学旅行先ではバスガールと間違われたこともあり、生徒の評判はよくなかった。昭和七年に茶色の線を入れ、組紐のネクタイをつけるセーラー服に改正されたが、これは小松実科高女（昭和十八年に市立小松高女と改称）と同じ制服だった。

輪島高女は大正十五年に紐ネクタイのセーラー服を制定し、昭和九年には襟に白線三本を入れるように変更した。昭和二年に津幡高女が定めたセーラー服は、冬服は紺地で襟に海老茶線一本を入れ、海老茶のネクタイを締め、夏服はグレー地で襟に線のないものであった。羽咋高女でも昭和五年三月卒業の第一回生全員が、襟・袖・胸当てに白線二本を入れたセーラー服を着ている。私立の金城高女は昭和八年までにセーラー服を制服とし、同十六年までに襟と袖に白線二本を入れるようになった。

こうした流れを受けて七尾高女も大正十四年にステンカラーの上着を定めたが、昭和三年にはセーラー服へと改正している。(30)飯田高女も大正十五年に冬服は紺サージ、夏服は白木綿のベルト付の制服を定めたが、昭和三年には茶色

78　石川県立羽咋高等女学校の冬服『おもいで』昭和16年（石川県立羽咋高等学校所蔵）

のネクタイを締めるセーラー服に改正した。ショールカラーの上着だった松任高女も、昭和八年までには襟と袖に白線二本を入れたセーラー服へと変えている。七尾高女がセーラー服に改正した当時を知る職員は「生徒も大変喜んでいたと思います。東京あたりで流行し始めた頃だったと思います」と語っている(31)。東京で流行っているという情報が入っていたことが推測できる記述である。

大聖寺高女では大正十四年五月に洋服を制服として取り入れ、昭和二年までにはショールカラーで前開き二個釦にベルトを締める冬服を定めた。それも昭和十四年には襟に白線二本を入れ、紐ネクタイのセーラー服を着る生徒姿が確認でき、その数は同十六年には増えている(32)。このセーラー服は昭和二十三年以降の大聖寺高等学校の制服として引き継がれることとなる。大聖寺高女が制服を改正したことにより、石川県ではすべての高女がセーラー服になった。

福井県ではセーラー服が百%となる

福井県で最初に洋式の制服を定めたのは小浜高女である。大正十二年に白黒格子木綿の上着と襞のスカートで、腰に黒のベルトをつける夏服を定めたが、この服は生徒の一人が入手したアメリカのスタイルブックから選んだものであった。しかし、「西洋こじき」などと呼ばれて、生徒の評判が悪かったため、大正十五年に夏服はセーラー服に改正された。[33]冬服はテーラーカラーの上着にベルトをつけ、帽子を被るスタイルであった。

三国高女もセーラー服でなかったため、修学旅行先の東京日本橋で「あんた等どこの女工さんですか」と聞かれ、生徒の一人が「女工さんでないわいね、これでも立派な女学生や、馬鹿にせんといてや」と言い返す出来事があった。[34]昭和初年の三国高女の制服は、黒地の木綿に縦縞（石田縞）の着物に袴であったから、高女の生徒には見えなかったのかもしれない。昭和三年にセーラー服に改正され、襟・袖・胸当ての白線三本は「三国」を表現していた。

同年には県下初の高女である福井高女、丸岡高女、丹生実科高女（昭和十六年に丹生高女と改称）がセーラー服を制定した。これらに続き、昭和四年に武生高女、敦賀高女、同七年に福井仁愛高女、同九年までに鯖江高女がセーラー服を定めた。大正末期にショールカラーのブレザーを取り入れた大野高女は、昭和八年に襟・袖・胸に白線二本を入れたセーラー服へと改正している。小浜高女も昭和十年に冬服を襟・袖・胸当てに白線を入れ、紺か黒の蝶結びのネクタイというセーラー服に改めた。

武生高女のセーラー服は襟に金茶線二本、スカートに白線一本を入れ、黒のネクタイをつけるものであったが、昭和十三年には襟・袖・胸当てに白線二本を入れ、胸当ては錨のマーク入りへと変わっている。福井県の高女では昭和十年までにセーラー服の着用率が百％となり、多くが白線を入れるデザインに変更された。

セーラー服が普及しない山梨県

山梨県で最初の高女である山梨第一高女（大正十三年に甲府高女と改称）は、大正十二年に三個釦のブレザーにベルトをつけ、大黒帽を被るという、バスガール型の洋服を許可した。これは鍛冶町に住む生徒と、甲運村に住む生徒が、「校規を尻目に何回かの叱責にもめげず、とうとう最後まで着通した」ことがきっかけになっている。[35]この制服は昭和五年にショールカラーで蝶リボンへと改正された。正面から見るとセーラー襟のようだが、後ろがセーラー襟ではなくブレザーの襟のように幅が細い。

甲府湯田高女が昭和五年に定めたワンピースの制服は、「東京でデザインされた」ものであった。生徒は「似合う人はごく限られた数のようでした」と述べている[36]。それがセーラー服へと変わったのは昭和十二年であった。紺地の襟と袖に白線二本が入り、儀式の日には白のネクタイをするという、他県でもよく見られるものである。

その他には昭和十年に山梨高女がセーラー服に改正したのを除くと、山梨県ではセーラー服へと改正する動きはなかった。県下で最初の山梨第一高女がブレザーを採用し、ショールカラーなどを制定する高女もあったため、セーラー服の影響を受けることが少なかったようだ。山梨県はセーラー服が普及しなかったことが特徴といえる。

岐阜県に普及する白襟

岐阜県の高女の洋装化は、大正十一年に県下初の高女である大垣高女がセーラー服を取り入れたのに始まる。昭和二年には白襟カバーをつけるようになった。これが岐阜県の高女のセーラー服となって広まっていく。実際、昭和二年に加納高女、岐阜高女、富田高女がセーラー服を取り入れている。岐阜高女の生徒は、裾に黒線二本を入れた海老茶袴を穿いて得意気に入学した。それが昭和二年六月から四年生が縫製してくれたセーラー服の夏服に変わると、「セーラーに、花ふぶき舞う、校庭に、歓声あげて、我らあそびし」という歌を詠んでいる[37]。岐阜高女の他には、武儀高女で四年生が一年生、中津高女で三年生が一年生のセーラー服を縫製した。

加納高女は昭和二年に釦前開き式のセーラー服を制定し、同十二年には白襟カバーをつける一般的な形式のセーラー服へと改正した。この白襟カバーは「加納の豆腐衿」と蔭口をたたかれたこともあったようだ[38]。しかし、岐阜県下ではすでに多くの高女でセーラー服に白襟カバーをつけていた。昭和四年十月に武儀高女、同四年から五年に多治見高女、同五年六月に羽島高女、同六年四月に中津高女が、セーラー服の制定とともに白襟カバーを取り入れている。

岐阜実科高女（昭和十五年に片桐高女と改称）は、昭和七年までにセーラー服を制定したが、同十二年までには白襟をつけるようになった。

本巣高女は昭和六年九月にセーラー服を制定しているが、前開きの釦式でベルトを締め、大黒帽を被るという、バスガール型の名残が見られる変わったタイプである。セーラー襟に白襟カバーをつけているが襟幅はとても細い。同校で着物に袴からセーラー服に変えた理由は、「農村不況下の女子教育が、華美な競争となり、ひいては学業を怠るということを恐れ、父兄の負担を如何にして軽減するかということに配慮」したからであった。[39]

各校で自主的に白襟をつけた理由を示す史料は見出せないが、名古屋を中心とした愛知県下の影響であると考えてよいだろう。隣接する県でセーラー服と白襟というセットで普及しているのは愛知県しかない。岐阜県内から繁華街に出るには、山河が幾重にも連なる地形から考えると、富山や彦根に行くよりも名古屋に南下するほうが便利である。実際、岐阜は富山や彦根よりも名古屋のほうが経済圏として結びつきが強かった。

富山県内ではセーラー服の普及が遅れたし、白襟の数は少ない。後述する滋賀県ではセーラー服の普及は岐阜県と同時並行であり、白襟はつけない。そうした意味でも両県の影響を受けたとは考えにくい。現在でも岐阜県にセーラー服が多く、その襟の形が名古屋襟であったり、白襟をつけたりしていることからも、それらが愛知県の高女の影響を受けて取り入れたからだと見ることができる。

近畿地方の制服

三重県はスカートの裾に違いがある

三重県で最初のセーラー服は、大正十二年に桑名高女が制定したものである。紺地で襟とスカートの裾に白線一本を入れ、腰にベルトをつけた。三重県で最初の高女である津高女がセーラー服を制服にしたのは、桑名高女より五年遅い昭和三年であった。襟・袖・胸当てに白線三本を入れ、臙脂のネクタイをつけた。昭和六年までには胸ポケットにも白線三本を入れ、儀式には白の蝶結びのネクタイをつけるように改正された。また昭和三年は名古屋襟なのに、同六年には関東襟に変わっている。

津高女と次に設立された桑名高女がセーラー服を制定したことは、それ以降に設立された高女に影響を与えたと考えられる。飯南高女は県立高女となった大正十二年に紺サージのショールカラーの上着と大黒帽を定めたが、昭和四年と八年にセーラー服へと改正している。昭和四年の冬服は紺地、夏服は白地で襟・胸当て・袖に鼠色の線二本だったが、同八年は夏冬とも紺地の襟と袖に白線三本を入れるものになった。

尾鷲高女は大正十二年六月にブレザーにベルトをつけ、大黒帽を被るというバスガール型を定めたが、昭和三年十月にはステンカラーの上着に変更し、同八年にはセーラー服になっている。冬服は紺サージで白線三本を入れ、夏服は白木綿の上着で襟と袖が紺地で白線が三本入っていた。

こうした変化は、昭和四年に飯南高女と宇治山田高女、同五年に鈴鹿高女、同七年に阿山高女と名張高女が、セーラー服を制定したことを受けたものと思われる。三重県下の高女は、大正十三年四月にオーバーコートとジャンパースカートを定めた四日市高女を除くと、すべてセーラー服となったのである。

三重県のセーラー服も、総じて襟や袖に白線を二本か三本を入れていた。宇治山田高女の昭和四年のセーラー服は、襟も袖も無地で棒ネクタイを結ぶ「大阪型」のような地味なものであったが、同十一年の改正では襟と袖に白線三本を入れ、白の蝶リボンをつけるように華やかになった。昭和四年に最初にセーラー服を着た生徒は、「入学当時のお襦袢のような制服からセーラー服に変わりました時は本当にうれしゅうございました。東京旅行（修学旅行）にセーラー服で嬉々《きき》として参りました」と回顧する。(40)

鈴鹿高女と阿山高女がスカートの裾に白線二本を入れているのは、最初のセーラー服である桑名高女が白線一本を裾に入れていたからかもしれない。袴時代からの白線を引き継いだ阿山高女のセーラー服を着た生徒は、「初めは洋服を着るのが恥しくて恥しくて」、「新しい靴で行ったんですが、足が痛くて、痛くて」と、述べている。その姿が珍しくて旅行先では道行く人から「あなたがたはどこから来たのですか」と聞かれたともいう。(41)

滋賀県に伝わる情報

滋賀県の高女で初めて洋服を取り入れたのは、県下初の高女である彦根高女である。大正十二年に洋服の着用を奨励し、同十四年四月からは特別な理由がない限り洋服で通学させた。そして昭和三年に冬服は襟に茶色線一本、夏服は白地の紺襟に白線一本を入れたセーラー服を制定している。

セーラー服は、県下で二番目の高女である大津高女が昭和二年二月に制定したものが最初であった。この冬服は襟に白線二本であり、彦根高女は大津高女と違いをつけていたことがうかがえる。

滋賀県では県下で最初と二番目の高女がセーラー服を制服にしたことが、その後のセーラー服の普及に影響を与えていたと考えられる。昭和三年に町立の草津高女、同五年に県立の長浜高女と町立の大溝実科高女(昭和十五年に藤樹高女と改称)が、セーラー服を制定している。

日野高女がセーラー服を制定したのは昭和六年と少し遅かった。それには次のような事情があった。昭和四年に卒業した生徒たちは「彦根の女学校も、愛知の女学校もセーラー服やったんですよ」、「それで私たちもセーラー服に替えてほしい」と、学校側に要望していた。ところが、「頭カチカチのお婆さん」の教頭が「そんな服はだめだ」と認めなかった。(42)

近くは彦根高女、遠くは愛知の女子生徒がセーラー服を着ているという情報が伝わっていたのである。昭和六年に冬は紺色、夏は薄茶色（襟・袖・胸当て・胸に白線三本、白の蝶結びネクタイ）のセーラー服が制定されると、四年生が一年生のものを縫製するという方法が取られた。

水口高女がセーラー服になったのも昭和六年であった。三年生のクラスでも十名がセーラー服を着ており、その生徒の一人は「セーラー服　着のなしかた　わからずに　鏡向ひ　後ろ前むき」という歌を詠んでいる。(43) 他校に比べて遅かったため、日野高女の生徒と同じくセーラー服を着られる喜びは大きかったようだ。

滋賀県でセーラー服が普及したのは、大津高女と彦根高女がセーラー服を制定したことと、愛知県下ではほとんどの高女でセーラー服を制定していたという情報を得ていたことが関係していたと考えられる。

奈良県もモダニズムに対応

奈良県といえば、法隆寺や東大寺などの文化遺産で溢れる古都のイメージが強いだろう。だが、時勢に反して眠り続けるのではなく、大正時代の服装改善に対する反応は早かった。五条高女は大正九年十二月に冬服は白丸襟で紺のツーピース、夏服は白黒のチェック柄のツーピースを制服とした。郡山高女は大正十年にステンカラーの上着、帽子、ベルトという制服を制定している。桜井高女は大正十二年に靴での登校を許可し、同十五年に冬服は紺、夏服は白の制服を定めた。

高田高女は、大正十二年にテーラーカラーの上着、ベルト、大黒帽を制服とした。校長事務取扱岩松繁夫は「新時代の服装は洋服でなければならない、ことに学校の制服は活動的で、華美におちいる余地のない洋服にすべきだ」という見識を持っていた。(44) 制服は岩松夫婦がドイツから生地を取り寄せて考案した。だが、修学旅行で東京に行った生徒たちはバスガールに間違われるという、嫌な思いを味わった。そこで大正十五年にはセーラー服へと改正している。一年生のセーラー服は、五年生が冬服、四年生が夏服を縫製した。

奈良県で最初のセーラー服は、大正十二年か十三年に制定した御所高女のものである。襟・袖・胸当てに二本線を入れ、紐ネクタイを締めた。これに触発されてか、大正十二年にジャンパースカートを定めた宇陀高女でも、昭和五年までにはセーラー服へと変更している。宇陀高女では補習生が縫製した。

昭和を迎えると、五条高女、郡山高女、桜井高女もセーラー服へと改正しており、奈良県はセーラー服一色となった。襟・袖・胸当てなどに白線二本か三本を入れるものが多く、高田高女、宇陀高女、吉野高女は白襟カバーをつけた。この白襟と棒ネクタイの組み合わせは、大阪の高女と似かよっていた。

奈良県で洋装化が早かったことと、セーラー服にすぐに切り替わった原因としては、大阪や京都と近距離にあったことが考えられる。汽車を利用して、両地を訪れれば、セーラー服姿の生徒を目にしたことだろう。また隣接する三重県や和歌山県の情報が伝わることにより、洋式の制服のなかでセーラー服を選ばせることになったと思われる。

和歌山県のスカートの白線

和歌山県でセーラー服が普及したのには、大正十四年に日高高女が県下で初めて制定した影響が強いと考えられる。大正十三年十二月に校長古田由太郎が父兄会で「時代の波には逆らえぬ。生徒たちに軽便な洋服を」と提案した。(45) 父兄から承認を得ると、教員たちは各地の学校および洋服店などを視察し、生地、色合い、型などの研究を行った。

その結果、冬服は紺サージで襟・袖・胸ポケットに白線二本、夏服は白の上着で青線を入れるセーラー服とし、スカートの裾に白線一本を入れた。冬はフェルトの紺地、夏は白い麦藁に紺のリボンの帽子を被った。セーラー服は三年生と四年生、補習科生徒が縫製した。学校では新式ミシンを一台購入し、従来の十四台のミシンは足踏み式に改造している。大正十四年六月二十五日の地久節（貞明皇后の誕生記念日）ではじめて着ると、日高郡内では「可愛らしい」と大評判となった。(46)

79　和歌山県立和歌山高等女学校の冬服
『第三十九回卒業記念』県立和歌山高等女学校，昭和 15 年 3 月（筆者所蔵）

80　和歌山市立第一高等女学校の冬服
『第十八回卒業記念』和歌山市立第一高等女学校，昭和 6 年 3 月（筆者所蔵）

粉河高女では昭和三年にセーラー服を制定したが、冬服は紺地の襟・袖・胸当てに白線二本、スカートの裾に白線一本という、日高高女とよく似ている。また上級生が下級生のセーラー服を縫製することも一緒である。

和歌山県のセーラー服は、有田高女の白線三本を除くと、ほとんどが襟と袖に白線二本を入れるデザインであった。修徳高女と文教高女は史料がないため確認できないが、セーラー服でないのは日方高女のステンカラーの上着だけである。県立和歌山高女が白線二本、市立和歌山高女が白線三本など、スカートの裾に白線を入れている高女が見られる。

中国地方の制服

鳥取県でも着用率百%

鳥取県の高女の洋装化は、最初の高女である鳥取高女と、それに次ぐ米子高女が早かった。鳥取高女は大正十一年に白襟の弁慶縞の夏服、翌十二年にはブレザーの冬服を定めた。そして大正十四年には夏服を白木綿ポプリンのセーラー服に改正している。袴時代の名残りとして、紺の襟・袖・スカートの裾に白線一本を入れた。これは昭和十二年に半袖から長袖へと改正されても変わらなかった。昭和六年に冬服のブレザーのベルトがなくなり、二個釦から一個釦へと変わっている。冬服にブレザー、夏服にセーラーと使いわけたのである。

八頭高女は昭和四年までにセーラー服を定めた。冬服は紺で襟と袖に二本線をつけ、夏服は白でともに棒ネクタイをする。根雨高女が昭和四年に制定したセーラー服も棒ネクタイだが、紺の襟・袖・胸当ての二本線がグレーであった。生徒たちは京都府立堀川高女のセーラー服に似ていて「スマートなつもり」でいたが、堀川のような白線ではなくグレーの線は好まなかった。

ある生徒は、「私達の頃はグレイを嫌って、修学旅行の前、一人かえ、二人かえして大ぜいが白くしたころ、教頭さんに知れて叱られ、また元に戻しました。小さいネクタイも嫌で大きくしたくても厳しいので、叱られては止めました」、「私達もあの細いグレーの二本線は嫌で、白くして叱られ、仕方なくインキを塗ってグレーにしました。太い白線にして叱られた人もありました。細く結んだネクタイをホックで止めるのも野ぼだという人もいました」と語っ

ている。(47)

根雨高女と対照的なのが倉吉高女である。倉吉高女は大正十二年から洋服の着用を許可し、同十四年に丸襟三つ釦前開きでベルトをつけた制服を定めた。昭和十一年六月に井上博校長が米子高女から転任すると、この制服を見て「ヤボクサイといってセーラー服型への改良を提唱」している。(48)昭和十三年までにはセーラー服へと改正された。細リボンでスカートに白波線をつけたが、同十六年までに白波線はなくなり、襟と袖に白線二本をつけるものへと変わった。

八頭高女と倉吉高女では四年生が一年生の制服を縫製（八頭高女では三年生が一年生のスカートを縫製）したが、根雨高女は制服を米子の羊屋、革靴は判沢で購入させた。根雨高女の生徒は「くつの裏に金を打って、音のするのが嬉しかったです」というが、(49)倉吉高女では革靴の使用が禁止されてズックだったため、その音を味わうことができなかった。根雨高女の生徒からすれば、倉吉高女の白線が羨ましかったに違いない。

倉吉高女のセーラー服の制定は遅かったが、それによって鳥取県下の高女はすべてセーラー服となった。その契機は転任してきた校長による。彼の前任校の米子高女は、大正十一年に鳥取高女と同じような弁慶縞の夏服を制服とした。ショールカラーの部分と袖が白く、三個釦の前開きでベルトを締め、黒のスカートと穿くというものであった。

冬服は昭和二年にスクエアカラーの上着が制定された。そして昭和八年に夏服はセーラー服になるが、翌九年に改正された冬服はベルトをつけるブレザーであった。しかし、昭和十四年には冬服もセーラー服へと変更されている。夏服は襟だけだが、冬服には袖と胸当てにも白線二本を入れた。スカートの裾には白線一本を入れているが、これは鳥取県内の高女の特徴である。鳥取県では自然にセーラー服の着用率が百%となった。

島根県でも人気のデザイン

島根県では大正十三年に津和野高女が丸襟で三つ釦前開き、松江高女が紫紺のビロード襟のブレザー、松操高女が松江高女と同型で襟が茶褐色、今市高女が紺サージのワンピース、隠岐高女がテーラーカラーの上着にベルトの制服をそれぞれ制定した。そのなかで同年に浜田高女が定めたのが県下初のセーラー服であった。

県下初の高女は松江高女であったが、セーラー服では次に創設された浜田高女に先を越されてしまった。松江高女がセーラー服に改正したのは昭和七年と遅かった。冬服は紺サージ、夏服は綿セルで白線二本を入れ、通常は富士絹の紺、儀式では白の紐ネクタイをつけた。

この改正は、浜田高女に続いて他地域の高女でセーラー服を取り入れたことが影響していたと考えられる。隠岐高女の制服は生徒たちにバスガールのようだと不評であり、昭和三年にセーラー服へと改正された。益田高女は昭和五年に紺サージで丸襟に海老茶の線が二本入った制服を制定したが、同十四年には古代紫のネクタイをつけたセーラー服へと改正している。

津和野高女は昭和二年に襟と袖に白線を入れた丸襟を経て、同十二年に襟と袖に白線三本を入れたセーラー服に改正した。今市高女も昭和十四年までにセーラー服へと改めた。昭和十六年に平田高等実業女学校は平田高女へ変わるが、昭和八年までにセーラー服を定めている。同年に女子技芸学校、大田実科高女、大田家政女学校を経て高女となった大田高女も、昭和四年に襟・袖・胸当てに白線二本を入れたセーラー服を制定し、同十二年までには白襟カバーをつけた。島根県では松操高女だけがセーラー服ではなかった。

四国地方の制服

徳島県の制服

徳島県で洋装化の早かったのは、大正十年にステンカラーの上着を定めた富岡高女である。県下初の高女である徳島高女は、翌十一年にブレザーを制服とした。大正十二年に名西高女が冬服は白襟の紺サージ、夏服は白襟のピンク地の洋服を制服にしている。このピンク地は派手すぎたと見え、翌年には水色へと改正された。

徳島高女は昭和五年にブレザーのデザインを改正し、ネクタイをつけ、帽子を被るようになった。それを着て朝鮮および満州に修学旅行へ行くと、大連で「どこの孤児院の旅行だろう」と現地の人たちが話しているのを耳にし、「みんなでむくれてしまった」(50)。そのような苦い体験を生徒たちがしても、徳島高女ではセーラー服に変更しなかった。県下初の高女の誇りがあったのかもしれない。

しかし、徳島県の高女にステンカラーの上着やブレザーは普及しなかった。三好高女と美馬高女が大正十三年にセーラー服を制定し、小松島高女も昭和六年にそれに続いた。名西高女は昭和八年に夏服をジャンパースカートに改正したが、同十一年に冬服を白襟カバーのセーラー服に改正している。史料を確認できない高女が数校あるものの、徳島高女と富岡高女を除くと、みなセーラー服を着ていたことがわかる。

香川県でも支持される

香川県で最初に洋式の制服を制定したのは高松高女である。大正十年制定の制服は前開き三個釦のショールカラーの上着にベルトをつけた。大正十年十月二十五日付の『香川新報』は「生徒が洋装化した市内の洋服屋は調製に忙殺」という見出しで、「高松高女校（ママ）では二十五日の創立記念運動会を機として生徒が一斉に洋服を着服する計画で市内の洋服店はその調製に忙殺してゐる有様である」と報じている。[51] この記事は香川県下の高女の洋装化に影響を与えたようである。

それは大正十一年十一月に木田高女が制定したセーラー服と、同十二年に坂出高女が制定したセーラー服が、それぞれ前開き釦でベルトをつけていることから見て取れる。さらに大正十三年四月制定の丸亀高女の制服と、翌十四年制定の善通寺高女の制服がスクエアカラーの上着でベルトをつけているのも、高松高女の制服を意識していたと考えられる。香川県で最初のセーラー服は木田高女だが、田所・みやこ・湯浅の三洋服店を指定し、各店でサイズや仕立てに違いがあるため、襟の大きさや釦は統一されていなかった。昭和二年に襟・袖に白線二本を入れ、白のネクタイを結ぶという形に統一された。同年に三豊高女が襟に茶色線三本を入れるセーラー服を制定したが、同八年には白線三本へと改正している。

高松高女も昭和五年までに襟・袖・スカートに白線一本を入れ、白の棒ネクタイをつけるセーラー服へと変更し、翌六年に坂出高女のセーラー服も一本線の入った襟に、白襟カバーをつけ、棒ネクタイをつけるものに改正した。これに続いて香川県の高女ではセーラー服を制服にしている。襟と袖、襟・袖・胸当てに白線二本入れるものが多く、スカートの裾に白線や茶色線を入れるところが確認できる。

香川高女は昭和十七年に香川農業学校から高女となるが、昭和九年からセーラー服を着用している。琴平実科高女（昭和十八年に琴平高女と改称）でも昭和十二年にセーラー服を制定しており、香川県でのセーラー服の人気の高さがうかがえる。

そのなかで逆コースをたどったのが高松市立高女である。昭和十五年に高松実科高女から高松市立高女へ昇格すると、セーラー服からハーフコートへと制服を変更している。人気のセーラー服をやめたのは、校長安延三樹太が九州でハーフコートの制服を着た女子生徒の姿を見て、それがよいと思ったからであった。ミッション系の福岡女子商業学校や長崎純心高女の制服であったかもしれない。だが、昭和十六年には文部省標準服に変わってしまうから、僅か一年しか使えなかった。

愛媛県でも大人気

愛媛県では大正十二年に県立の松山城北高女、八幡浜高女、翌十三年に西条高女が、白襟とベルトをつけたセーラー服を定めている。私立では大正十二年に松山女学校（昭和七年に松山東雲高女と改称）、翌十三年に済美高女がセーラー服を制服にした。県立の松山高女は、これらに続いて大正十四年にセーラー服を制定している。襟と袖に白線を入れ、ベルトをつけた。「自分では最高の制服と自負していた」という生徒がいるが、「冬の制服はセーラー衿にベルトがあったのがおかしかった。リボンも小さい出来上がっているもの。田舎くさくもっさりしていた」と感じた生徒もいた[52]。ベルトのせいか、一般的なセーラー服に比べて見劣りがしたようである。

このうち八幡浜高女の冬服は紺サージ、夏服は水色のギンガムであったが、冬服の染織技術は悪く、二年も経つと羊羹色に変色し、黒に染め直さなければならなかった。昭和五年に染織の悪いブレザーから襟に白線二本を入れ、前開き三つ釦のセーラー服に変更するが、ネクタイがなかったため、修学旅行では「都会の女学生」のように風呂敷を三つ折りにして用いる生徒もいた[53]。昭和十七年の卒業生は、「制服はやぼったいけれど私達にとっては誇りでありました」と述べている[54]。

愛媛県の高女を見ると、東京や大阪などへの修学旅行がセーラー服の制定に影響を与えたことがうかがえる。大洲高女は大正十五年にセーラー服を制服としていたが、「他から批判はされませんでしたが、東京市内をまわるときやはり私達の服装は田舎じみているなあと思いました」と感じていたくらいである[55]。

自分の制服がセーラー服でなければなおさらそう感じたであろう。大正十二年に入学した新居浜実科高女の生徒は、元禄袖の着物と裾に黒線一本のついた海老茶袴を着ていたが、大阪に修学旅行に行くと「大阪の女学生のセーラー服靴姿に憧れたものです」と述べている。(56) 昭和二年に町立新居浜高女と改称されると、白のネクタイのセーラー服に二十四本の襞スカートを着るようになる。

宇和島高女は大正十四年にベルトつきのオリーブ色のステンカラーの上着と大黒帽を制服としたが、昭和三年の修学旅行先の東京ではその姿を見た中学生たちから揶揄されている。それでも生徒たちは得意気に胸を張っていたが、県下の他校の生徒が着るセーラー服には勝てなかった。昭和四年に襟と胸当てに白線二本の入ったセーラー服に改正されてからも、三年生は従来の制服を着てよかった。だが、制服に引け目を感じていた生徒は、「セーラー服の魅力に抗し難く、我も我もと、忽《たちま》ちセーラー服一色に塗り潰されました」(57) という。

今治高女では大正十三年に紫色の木綿で繻子の入った生地で和式の改良服を作ったが、半年も経たないうちに誰も着なくなった。「余りに地味過ぎる陰気臭いという評もあるし質実堅牢真に田舎向」など評判が悪かったからである。(58) 大正十五年にセーラー服へと変わり、それを着た生徒は「皆本当に嬉しそうに今女の生徒だと胸を張って学校へ行きました」(59) と語っている。

今治精華高女と今治明徳高女は史料が現存しないため確認できないが、両校を除くと愛媛県ではすべての高女がセーラー服を制定している。

高知県の白線と黒線

高知県で最初に洋装化に踏み切ったのは、大正十二年六月一日から洋服の着用を許可した私立の土佐高女である。県外各地の高女の制服を調査し、大阪帝国薬専と山脇高女を参考にした。その結果、冬服は紺サージ、夏服は鼠色の

81　高知県立高知第二高等女学校の冬服『卒業生』高知県立高知第二高等女学校，昭和 14 年 3 月（筆者所蔵）

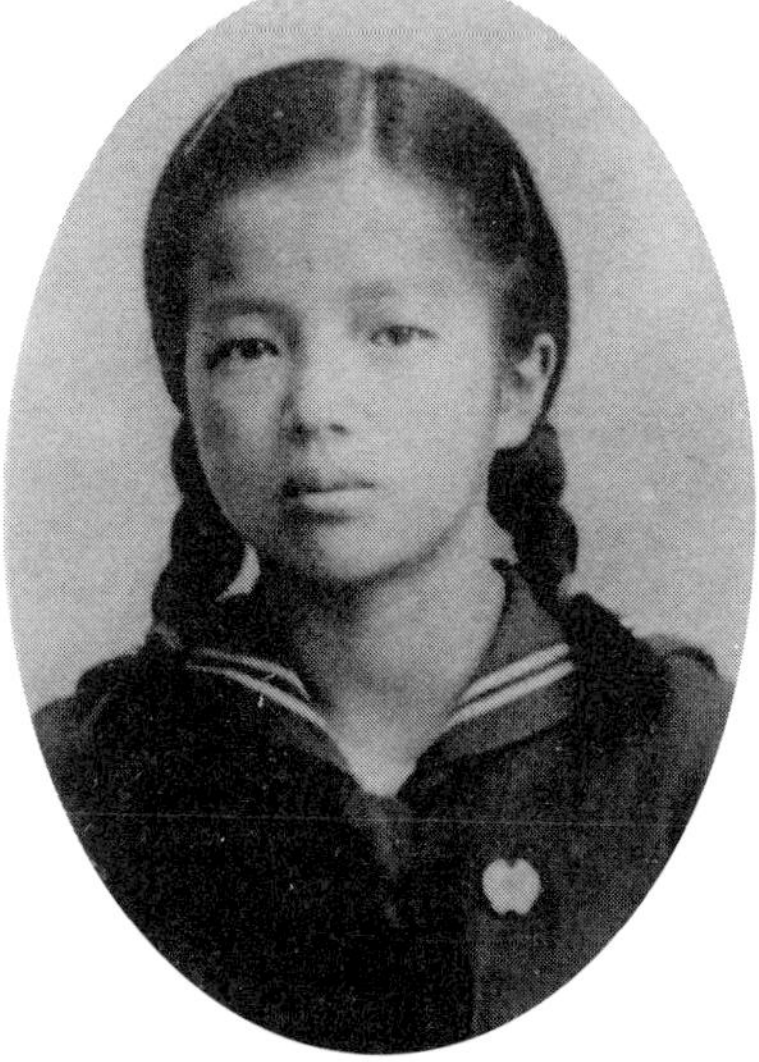

82　高知県立高坂高等女学校の冬服『第四十三回本科卒業記念写真帖』昭和 18 年 3 月（オーテピア高知図書館所蔵）

ポプリンで、広幅の襟に黒線二本、スカートの裾に白線二本を入れ、腰にはベルトを締めるバスガール型となった。

この制服は、大正十五年か昭和二年にセーラー服へと改正された。襟と袖に黒線二本、スカートの裾に白線二本を入れた。昭和十年には襟と袖に「親子線」と呼ばれる白の太線と細線に替え、スカートの裾の白線をなくした。さらに同十五年に夏服は半袖となり、「親子線」は襟にだけ残された。

制服を改正した理由ははっきりしないが、周囲の高女がセーラー服を制定したことを受けたものと考えられる。初代制服を決めるときに土佐高女は、高知県師範学校女子部、高知高女、高坂高女から県外高女の調査について依頼を受けていた。だが、どの高女も土佐高女と同じような制服にはしなかった。とくに翌年から県下トップの高知高女でセーラー服を着るようになったのが大きかっただろう。

高知県のセーラー服は大正十三年に県立高知高女が着用自由として取り入れたのが最初であり、同十五年に高知第二高女が設置され、高知第一高女と名称を変えるのと同時に着用を義務づけた。セーラー服を最初に着た生徒は、「セーラー服に大黒帽子」姿はあまり格好のよいものではなく、通行人が足を止めて振向く有様であった」と回想する。[60] それまで見たこともない姿であったのだから、道行く人の目にも珍しかったに違いない。

この点はこれまでくり返し見てきた他県の光景と同じである。ただし、土佐高女のようなバスガール型と違って、セーラー服は見慣れてくると人気の的となった。高知県のセーラー服の普及には、県下初の高女である高知第一高女がそれを取り入れたことが大きく影響したと考えられる。

その証拠に昭和三年から四年までに中村高女、安芸高女、佐川高女がセーラー服を制定し、高坂高女も同十二年までにセーラー服を定めており、高知県では全高女でセーラー服が制服になっている。襟・袖・胸当てに白線を二本か三本入れるところも類似する。また佐川高女はスカートの裾に白線一本を入れており、高知第一高女のセーラー服にそっくりである。

高知県でトップクラスに位置する高知第一高女への憧れが、各高女のセーラー服にあらわれていたように思われる。作家の宮尾登美子は「町ですれ違う第一高女の生徒を見ると、わけもなく胸がときめき、もう間もなく制服を着る生活に入るのだと思うのであった。第一高女の制服は、セーラー服の衿に小さな蛇腹の三本線、二十四のひだのスカートには前の裾だけ白い一本線が入っている。歩くと、その一の線を蹴立《けた》てていかにも颯爽《さっそう》と見え、高知一の女子優秀校の生徒にふさわしく、綾子は深い憧憬《しょうけい》を込めて町ですれ違う相手を眺めるのであった」と高知第一高女の制服をめぐる思いを書いている。[61]

だが、受験に失敗して高知県女子師範学校付属高等小学校に進んだ宮尾は、「身の縮むような思い」を味わった。[62] 高知県女子師範学校はセーラー服であったが、襟に黒線二本のそれは宮尾が「黒猫」と蔑んだように魅力に欠けた。昭和十六年四月に高坂高女に進学して白線二本のセーラー服を着るようになると、「これで念願の女学生や、もう人の侮蔑の視線を意識せいでもええ、県下中等学校の集いにも堂々参加もできる」と述べている。(63)高知県で白線一本、二本、三本のセーラー服は、高女への進学を望むものにとって憧れの象徴であった。

九州地方の制服

佐賀県では自然と着用率百％

佐賀県で最初にセーラー服を制定したのは、大正十二年にそれを制服とした武雄高女である。昭和十年に襟と胸当てに白線二本を入れて、胸当てに三船の印を入れたり、同十五年に襟に白線三本を入れて、蝶リボンをつけたりと、少しずつデザインを進化させている。鹿島高女は大正十三年にセーラー服を制服とした。

県下初の高女である佐賀高女は、大正十二年一月に白襟の洋服を定めたが、後にセーラー服へと改正している。唐津高女も大正十二年七月に洋服着用を許可し、昭和三年まではセーラー服を制服とした。

こうした流れに乗って、昭和二年四月に開校した鳥栖高女と、同四年四月に開校した神埼高女もセーラー服を定めている。伊万里高女は昭和三年に黒線三本、同七年までに白線二本、同十二年に白線三本と本数を変更した。昭和十二年には佐賀県被服聯盟規定のものを共同購入したため、この生地に応じて制服のデザインを改正したと考えられる。

小城高女は昭和四年までに襟・袖・胸当てに白線を入れたセーラー服を制服とし、市立の成美高女は大正十五年に洋服と大黒帽を定めたが、その後に襟・袖・胸当てに白線二本を入れたセーラー服へと改めている。私立の清和高女は、昭和六年にセーラー服を制定し、九年、十年代とデザインを変更した。三本線から白線二本へと変わり、蝶結びのネクタイをつけた。佐賀県では自然とセーラー服の着用率が百％となった。

83　佐賀成美高等女学校の冬服　『第八回卒業記念』佐賀成美高等女学校，昭和３年３月（筆者所蔵）

84　佐賀県立唐津高等女学校の冬服　『第二十一回卒業記念』佐賀県立唐津高等女学校，昭和５年３月（筆者所蔵）

熊本県下初のセーラー服とランドセル

熊本市立熊本高女は、大正十一年六月の夏服からセーラー服を制服としたが、これは県下高女で初のセーラー服であった。夏服は薄水色のギンガム地、冬服は紺サージで、襟に白線二本を入れ、海老茶色のネクタイを蝶結びにした。大黒帽と校章入りのバックルがついたベルトを締めるものであった。

このデザインは昭和二年に刷新された。白線とバックルが除かれ、襞つきのスカートの長さが膝下十センチとなった。膝下三、四センチの短いスカートを穿く生徒が多かったため、それを防止する目的であった。昭和六年には襟・袖・胸ポケットに白線三本を入れ、後ろ襟の左右には銀杏の刺繍を入れた。これは次項で述べるように熊本県下にセーラー服が普及し、他校との区別がつきづらくなったからであろう。長袖の冬服に水色のネクタイ、半袖の夏服には蝶リボンをつけたのも、そうした配慮によると考えられる。

そして他校との違いは、昭和十二年四月からはっきりするようになる。従来の手提鞄からランドセルに変

85　熊本県立隈府高等女学校の冬服　『卒業記念帖』熊本県立隈府高等女学校，昭和3年3月（筆者所蔵）

86　熊本県立隈府高等女学校の冬服　『卒業記念帖』熊本県立隈府高等女学校，昭和5年3月（筆者所蔵）

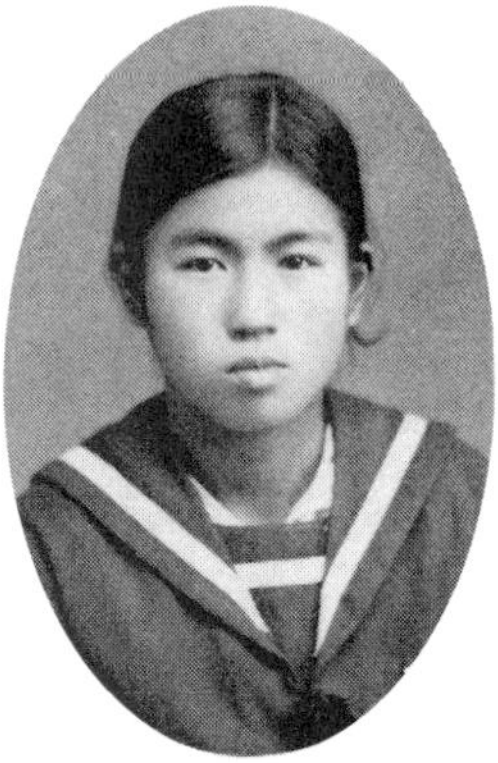

87　熊本県立菊池高等女学校の冬服　『卒業記念写真帖』熊本県立菊池高等女学校，昭和9年3月（筆者所蔵）

更したのである。片手に教科書、裁縫用具、割烹用具、弁当など重量のあるものを持たせるのは健康面に問題があることと、雨のときには傘を差すため両手が塞がって危ないからであった。しかし、セーラー服とは対照的にランドセルは普及しなかった。市立熊本高女以外では、第四章で述べた静岡県の豊橋高女くらいだろう。

熊本県に広がるセーラー服

熊本第一高女の制服化は遅かった。それは洋服の着用を自由としており、生徒たちはセーラー服や折襟の洋服を着ていた。昭和四年に熊本第二高女がセーラー服を制服とした。熊本第一高女がセーラー服を制定したのは昭和七年であった。熊本第一高女は白線一本、熊本第二高女は白線二本を入れることで違いをつけたようだ。

この頃になると、すでに熊本県のほとんどの高女がセーラー服を制服としていた。松橋高女は大正十二年の夏から生徒の自製による白黒の縞のセーラー服を制定し、翌十三年には紺サージでベルトを締めるショールカラーの制服にしたが、昭和六年には白線入りのセーラー服へ再び改正した（第二章参照）。隈府高女（昭和八年に菊池高女と改称）は、大正十三年に洋服の着用を許可し、同十五年にセーラー服を定めた。八代高女が洋式の制服を取り入れたのは大正十一年と早かったが、それが黒線三本の蛇腹をつけたセーラー服に変わったのは昭和五年であった。同年入学の生徒は「今年から制服がセーラー服になって上級生から羨しがられたものです」と回想する。(64)

大分県の普及過程

大分県で最初に洋式の制服を制定したのは国東高女である。大正十一年に郡立として創設された国東高女では、第一回生からスクエアカラーの上着で前開き三個釦でベルトを締める制服を着せた。これに袖を通した生徒は、「今から思うと、あまり良いスタイルではなかった様に感じられますが、その当時は大変嬉しく誇りに思ったものでした」という。(65) それに対して昭和八年に入学した生徒は、「新調のセーラ《ママ》服を着て靴を履きコトコトと音をたてながら、歩き廻った時の感激は、きのうの事のように思われ、今だに忘れることができません」と語っている。(66)

大分県にセーラー服が登場するのは昭和二年である。県下初の高女である大分第一高女をはじめ、杵築高女、四日市高女、日田高女がそれぞれ制定している。ただし、高田高女は、その制定年がはっきりしないため、昭和二年より前にセーラー服を着ていた可能性がある。高田高女のセーラー服は、襟に黒線二本を入れ、黒の棒ネクタイをつける「大阪型」であった。これを着た生徒は「黒の線、黒のネクタイでして、質素そのものでした」と回想する。(67) 日田高女のセーラー服も襟に黒線であり、裾に黒線の入った海老茶袴で入学した生徒は、「六月頃ようやく軽快な半袖のセーラー服になったときは嬉しかった」という。(68)

黒線の両校に対して大分第一高女は、襟と胸当てに白線二本、スカートの裾に黒線一本を入れた。杵築高女は襟・袖・胸ポケットに白線二本、四日市高女は襟・胸当て・胸ポケットに白線二本、国東高女は襟・袖・胸当て・胸ポケ

88　大分県立第一高等女学校の冬服
『第三十七回』大分県立第一高等女学校，
昭和 15 年 3 月（筆者所蔵）

ットのすべてに白線三本が入っていた。大分第一高女では生徒たちが校長に「広巾のネクタイ」を要望したが、「地味なスタイル」の棒ネクタイになった(69)。

これらに続き、昭和三年に臼杵高女、佐伯高女、同四年までに中津高女、竹田高女、同五年に別府高女が、セーラー服を制服にしている。臼杵高女では大正十二年頃から洋服で通学する生徒が見られるようになったが、セーラー服を着る生徒は昭和二年四月段階では二人しかいなかった。それが同年度末まではほとんどの生徒がセーラー服を着て通学するようになったため、昭和三年にセーラー服を制服に定めた。

昭和三年にセーラー服にしていても、昭和天皇の即位式とは無関係であることを物語る好事例である。冬服は紺サージで細いベルトを締め、襟に黒線が二本入り、繻子のネクタイ、夏服は七分袖の白い上着で水色の襟に白線が二本入り、夏冬ともスカートの襞は十二本であった。昭和十年には冬服の上着丈が短くなり、襟の二本線が茶色、スカートの箱襞が十六本へと変更されている。この短期間で変更した理由ははっきりしないが、茶色線にしたのは他校のセーラー服との違いを明確にするためだったと思われる。

大分第一高女では昭和十三年から白襟をつけるようになるが、これは日中戦争によるものであったと考えられる。しかし、大分県で白襟は普及しなかった。大分第二高女はセーラー服人気に逆らうように、昭和六年から八年の間に大分県女子師範学校と同じようなブレザーを制定したが、これに倣う高女は出なかった。

宮崎県立宮崎高等女学校のセーラー服の進化

宮崎県で最初に洋式の制服とセーラー服を制定したのは、県下初の高女である宮崎高女であった。洋式の制服については大正九年から議論が出たが、時期尚早との意見もあってすぐに決まらなかった。その後、大阪や堺の繊維会社から生地が購入でき、上級生が各自で縫製できる和服に近い洋風のデザインを試作した。また大正十年七月十四日付の『宮崎新聞』は、「父兄有志の懇談会を開き、意見を徴した結果、愈々《いよいよ》同校生徒の服装も洋服に靴穿きを制服とする事に略《ほ》ぼ内定し、其の制服の型を一定する為め（ママ）、他府県の学校に於《おい》て現在用ひられて居るものに就き直接調査する筈」だと報じている。[70]

このようにして大正十一年の夏服から洋式の制服が制定された。詰襟のような前開き釦の木綿の格子柄で、大きなバックルのついたベルトを締め、上着と同じデザインの襞スカートという、お世辞にも良いデザインとは言えないものであった。事実、生徒たちの評判は悪かった。冬服は紺サージで白襟のセーラー服だが、前開きとベルトをつける点では夏服と一緒である。

大正十三年に夏服は冬服に合わせて詰襟から白襟セーラーへと変わるが、その点を除くと従来通りであった。同年には紺サージの大黒帽が定められた。翌十四年に格子柄からグレーの無地へと変え、盛夏用には白木綿の半袖セーラー服も設けた。しかし、このセーラー服の冬服を初めて着た生徒は、「白いセーラー衿のついたやぼったい形の制服でした」「決してスマートなファッションとは言えませんでした」と感想を述べている。[71] セーラー服とはいえ、前開きの釦式で、バスガール型の特徴である大黒帽とベルトというのが、マイナス評価につながったと考えられる。

こうした生徒たちの不満の声が学校内で上がったことは想像に難くない。実際、冬服も昭和二年に前開きとベルトがなくなり、棒ネクタイへと変わった。夏には麦藁、冬にはグレーの帽子へと変更されている。昭和七年にはさらに進化する。冬服は紺サージ、夏服の上着は白地に襟が紺サージになり、襟・袖・胸当て・胸ポケットに白線一本を入れるようになる。ネクタイ通しには「M」の字を入れ、その刺繡は生徒自ら行った。この「ホワイトラインのセーラー服」は「宮崎高女の生徒」の代名詞となった。

そして昭和十一年には学年を示す腕章が設けられた。臙脂の布地に桜の小さな校章を刺繡し、その下に学年を示す白線が入る。その後、フェルト地に白で校章と線を入れるものへと改正された。翌十二年には夏の帽子が白ピケへと変わった。

宮崎高女の変化からは、関東大震災よりも前から服装改善の動きがあり、それを実践したものの生徒から高評価を得られず、改正をくり返しながら人気のセーラー服が生み出されたことがよくわかる。これまで本書で述べてきたことをよく示した好事例と言える。

宮崎県の見馴れない制服から人気の制服へ

私立延岡高女では大正十二年に洋式の制服になるとの噂が流れ、それは翌年に現実となった。大正十三年に制定された制服は、夏服が卵色のアルパカの上着に紺のスカート、冬服がスクエアカラーの上着で前開き三つ釦、腰にベルトをつけるものである。制服は各自の体に合ったものを洋服店に取りに行ったという。初めて洋服を着た生徒は「この上なく嬉しかった」というが、「バスの車掌さん」と揶揄されたとも述べている[72]。昭和四年にセーラー服に改正された。襟と袖に黒線二本が入り、黒の富士絹のネクタイを締め、濃紺の帽子を被る地味なものであった。これを着た生徒は駅では「烏の集団」であったと回想する[73]。

大正十四年に都城高女は、冬服は襟に黒か紺の二本線と棒ネクタイ、夏服は紺襟に白線の入ったセーラー服を制定した。これらは昭和六年までに襟に白線と後ろ左右に桜の刺繍を入れるものに改正されている。最初のセーラー服を着た生徒は、「制服ができたときは、わくわく、どきどきして大喜びして持って帰りました。るんるん気分で登校したが、途中でも下校でも、立ち止まって「どこの学校の生徒でしょうかね」「〇〇校じゃないの」「いや〇〇校よ」と言われて、がっかりでした」という(74)。

小林高女は、大正十三年に碁盤縞の着物と裾に白線二本を入れた紺袴を制服とした。昭和四年にこれを着て四年生が東京へ修学旅行に行くと、「あなた達は外国から来たのですか」と聞かれ、生徒たちは憤慨している(75)。宮崎の方言が聞き取れなかったのと、すでに多くの高女が洋式の制服になっていたことから、外地の者と間違われたのである。同年の一年生からセーラー服へと改正され、これに袖を通した三年生は「とても嬉しかった事をおぼえております。世の中もだんだんと、変りつつあったのでしょう」と回想している(76)。この事例からは、高女の代名詞であった着物に袴が、それとは違う対象者へと誤解されるようになっていることがうかがえる。

鹿児島県の服装改善運動

鹿児島県の高女では大正十一年から服装改善に対する動きがあらわれた。同年五月三日付の『鹿児島新聞』によれば、鹿児島県知事中川望が「生徒服装改定の件認可す」という指令を与えた(77)。大黒帽を被り、白のテーラーカラーで前開きの四個釦に紺サージ製のくくり袴という、一見和洋折衷のような洋服であった。夏服はガス地の碁盤縞で約三円四十銭、紺サージの袴は五円五十銭を想定していた。五月三日付の『鹿児島新聞』には、「鹿児島市の女子中等学校女子師範、第一高女、第二高女、女子興業、鶴嶺高女、女子技芸の諸学校では愈々《いよいよ》今夏から生徒従来の上ッ張を廃して洋服制に改むることゝなった」とある(78)。

鹿児島女子師範学校の学校長太田藤一郎は、「這次《こんど》の制服は体育衛生的に且経済的に考へ十分の調査と研究とを重ねたる上選定したもので先づ理想に近いものだと思って居ります。女興、鶴嶺、一高女は既に明治屋呉服店に註文を終へ私の学校も近日中註文の筈《はず》です」と述べている。(79) これは右の諸学校が体育衛生や経済的な事情を考慮し、県知事に洋式の制服へ改定すると申し入れ、それについて県知事が認可を与えたことを示している。

鹿児島県立の第一高女、第二高女、鶴嶺高女は『鹿児島新聞』が伝える大黒帽に碁盤縞と紺サージの制服を採用した。この碁盤縞の制服は、その後も新設の高女などに影響を与えた。大正十二年に高山高女、同十三年に国分高女、同十四年に伊作高女、同十五年に指宿高女が、碁盤縞の制服を制定している。このように洋装化の初期の段階に同じ制服を取り入れていくというのは、他県にはみられない特徴である。

鹿児島県の制服変化

ところが、この碁盤縞の制服は生徒たちには好まれなかったようである。大正十一年六月一日付の『鹿児島新聞』は「鹿児島女子技芸校生徒のスタイル」として、揃いの帽子にセーラー服姿の写真を紹介している。(80) 白長袖に棒ネクタイをつけ、襟と胸当てに白線二本が入り、スカートを穿いている。理由ははっきりしないが、五月三日付の『鹿児島新聞』で報じたテーラーカラーの上着ではなく、鹿児島女子技芸学校はセーラー服を選んだ。各高女よりも技芸学校の方が先にセーラー服を取り入れたのである。

他校の生徒は、セーラー服を制定した技芸学校を羨ましがった。鹿児島第一高女は昭和二年に白襟のブレザーとなり、同四年までには白襟のセーラー服へと改正している。また鹿児島第二高女も昭和五年までに白襟のセーラー服へと変わっている。県下トップの第一高女と第二高女がセーラー服へ切り替えてしまえば、碁盤縞は見放されたのも同然であった。

碁盤縞を制服としていた高山高女は大正十五年、指宿高女は昭和五年までにセーラー服へと変わっている。国分高女は夏服が碁盤縞で冬服はブレザーであったが、昭和三年にセーラー服へと改正した。他にブレザーを制定した加治木高女、ステンカラーの上着を制定した阿久根高女、枕崎実科高女（昭和十八年に枕崎高女と改称）も、セーラー服に改正している。

鹿児島県の高女がセーラー服になったのは、周囲の学校の制服に反応したためである。また鹿児島第一高女、鹿児島第二高女、加世田高女、国分高女、川内高女、大口高女、出水高女、奄美高女、阿久根高女では白襟カバーを用いた。昭和五年に奄美高女が制定したセーラー服は白襟カバーつきで、紺襟・袖・胸当てに白線二本を入れたものである。昭和十一年入学の生徒は「女学生になれた喜びを、胸いっぱいに、白い襟カバーの、真新しい制服を身につけ、入学致しました」という。(81) 鹿児島では白襟が高女の証のようになっていたことがわかる。

註

（1）『創立五十周年記念誌』北海道池田高等学校、一九六八年、三五頁。
（2）『北海道旭川西高等学校創立一〇〇周年記念誌』北海道旭川西高等学校創立一〇〇周年記念事業協賛会、二〇〇八年、五〇六頁。
（3）『北海道岩内高等学校五十周年記念誌』北海道岩内高等学校創立五十周年記念協賛会、一九七〇年、二六頁。
（4）『北海道江別高等学校四十年誌』北海道江別高等学校、一九六九年、一八頁。
（5）『南燈―創立五十周年記念誌―』名護高等学校創立五十周年記念誌編集委員会、一九八二年、一三六～一三七頁。
（6）『八十年史―青森県立弘前中央高等学校―』青森県立弘前中央高等学校創立八十周年記念行事実行委員会、一九八〇年、三六九頁。
（7）『青森県立青森高等学校史』青森県立青森高等学校、一九七四年、九三頁。
（8）『遠野高等学校七〇年史』岩手県立遠野高等学校、一九七一年、一四一頁。
（9）『高田高校五十年史』岩手県立高田高等学校、一九八〇年、一〇二頁。

(10)『創立七十周年記念誌』秋田県立能代北高等学校、一九八四年、三〇頁。
(11)(12)(13)(14)同右、三一頁。
(15)(16)『福島県立会津女子高等学校創立八〇周年記念誌』福島県立会津女子高等学校創立八十周年記念誌編集委員会、一九八八年、一一七頁。
(17)同右、一一八頁。
(18)同右、一一七頁。
(19)『福島県立白河旭高等学校創立百周年記念誌』福島県立白河旭高等学校創立百周年記念事業実行委員会、二〇一四年、一〇二頁。
(20)『五十周年記念誌』茨城県立古河第二高等学校、一九六六年、一五頁。
(21)『児玉高校五十周年誌』埼玉県立児玉高等学校、一九七六年、二二頁。
(22)『創立五十周年記念誌』千葉県立松戸高等学校、一九六九年、七二頁。
(23)『北陸毎日新聞』一九二二年三月十日(石川県立図書館所蔵)。
(24)北国新聞編集局編『済美に集う―石川県立金沢第一高女の光陰―』北国出版社、一九八一年、二五頁。
(25)『真清水の心―石川県立金沢第二高女史―』石川県立金沢第二高等女学校・真清水会、一九八五年、一四四頁。
(26)同右、一四五頁。
(27)同右、一四五頁。
(28)同右、六四〜六五頁。
(29)『小松高等学校百年史・回想編』石川県立小松高等学校創立百周年記念事業実行委員会、一九九九年、一三二頁。
(30)難波知子『近代日本学校制服図録』(創元社、二〇一六年)は、昭和六年の七尾高女の卒業アルバムを掲載し、「県立移管した大正十二年に洋服に制服が制定され、数年後にセーラー襟に変わったようである」と説明しているが正確ではない。この図録は学校の釦を「不明」のまま掲載したり、信頼性に欠ける記述が散見される。七尾高女の最初の制服と、それがセーラー服に変わる年代を正確に特定できていないのも、その一つである。
(31)『母校七十年』七尾高等学校七十周年記念事業実行委員会、一九六九年、二七八頁。
(32)「卒業写真」昭和三年〜十七年(石川県立大聖寺高等学校所蔵)。

(33)『若狭高校八〇年のあゆみ』福井県立若狭高等学校、一九七七年、九九頁。
(34)『三高八十年の回想』福井県立三国高等学校創立八十周年記念事業実行委員会、一九八八年、九頁。
(35)『創立六十周年記念誌』山梨県立甲府第二高等学校創立六十周年記念行事委員会、一九六一年、八六頁。
(36)『七十年のあゆみ―創立七十周年記念誌―』伊藤学園創立七十周年記念事業委員会、一九七一年、一三二頁。
(37)『岐高百年』岐阜県立岐阜高等学校、一九七三年、五七頁。
(38)『記念誌六〇年の歩み』岐阜県立加納高等学校、一九七五年、一二頁。
(39)『岐阜県立本巣高等学校五〇年史』岐阜県立本巣高等学校内五〇周年校舎落成記念事業部、一九七〇年、六五頁。
(40)『宇治山田高等学校九十年史』宇治山田高等学校九十年史編纂委員会三重県立宇治山田高等学校、一九八九年、六〇四頁。
(41)『上野高等学校は今―上野高等学校創立九〇周年記念誌―』三重県立上野高等学校、一九八九年、九八～九九頁。
(42)『日野高校百年』滋賀県立日野高等学校、二〇〇六年、四七頁。
(43)『八十年記念誌』滋賀県立水口高等学校八〇周年記念誌編集委員会、一九八八年、二五六頁。
(44)『奈良県立高田高等学校五十年史』奈良県立高田高等学校、一九七一年、七二頁。
(45)(46)『日高高校百年史』和歌山県立日高高等学校創立百周年記念事業実行委員会、二〇一五年、三三頁。
(47)『創立五十周年記念誌』鳥取県立根雨高等学校、一九六九年、六六～六七頁。
(48)『創立五十周年記念誌』鳥取県立倉吉西高等学校、一九六四年、二四頁。
(49)前掲註(47)『創立五十周年記念誌』六六頁。
(50)『六十周年記念誌』徳島県立城東高等学校城東高校渭山同窓会、一九六二年、七六頁。
(51)『香川新報』一九二一年十月二十五日(高松市中央図書館所蔵)。
(52)松井寿「愛媛県における高等女学校の洋装制服について」(『愛媛県歴史文化博物館研究紀要』一〇、二〇〇五年三月)。
(53)『愛媛県立八幡浜高等学校沿革誌』愛媛県立八幡浜高等学校、一九七九年、二六二頁。
(54)(55)前掲「愛媛県における高等女学校の洋装制服について」。
(56)『五十年のあゆみ』愛媛県立新居浜西高等学校、一九六八年、九六頁。
(57)『創立九〇周年記念誌』愛媛県立宇和島南高等学校創立九〇周年記念事業期成会、一九八九年、五九頁。
(58)『愛媛県立今治北高等学校創立百周年記念通史』愛媛県立今治北高等学校創立百周年記念事業期成会、一九九九年、六九頁。

(59)『愛媛県立今治北高等学校創立百周年記念写真誌』愛媛県立今治北高等学校創立百周年記念事業期成会、一九九九年、一五七頁。
(60) 吉永豊実『螢雪八十年』高知県立高知丸の内高等学校同窓会、一九六七年、三一頁。
(61) 宮尾登美子『春燈』新潮文庫、一九九一年、二一四頁。
(62) 同右、二六六頁。
(63) 同右、三九七頁。
(64)『創立九十周年記念誌　白鷺』熊本県立八代高等学校、一九八七年、二四六頁。
(65)『創立七十周年記念誌』大分県立国東高等学校創立七十周年実行委員会、一九九二年、六四頁。
(66) 同右、七三頁。
(67)『創立九十周年記念館』大分県立高田高等学校、二〇〇〇年、一四頁。
(68)『陽柳—大分県立日田高等学校五十周年記念誌—』日田高等学校、一九七一年、一〇一頁。
(69)『創立九〇周年誌』大分県立大分上野丘高等学校、一九七五年、二三五頁。
(70)『宮崎新聞』一九二一年七月十四日、朝刊（宮崎県立図書館所蔵）。
(71)『大宮高校百年史』宮崎県立宮崎大宮高等学校弦月同窓会、一九九一年、二九二頁。
(72)『延岡高校百年史』宮崎県立延岡高等学校同窓会、二〇〇〇年、四八七頁。
(73) 同右、五二七頁。
(74)『都城泉ヶ丘高校百年史』宮崎県立都城泉ヶ丘高等学校、二〇〇一年、五四七頁。
(75)『記念誌—創立六〇周年記念号—』宮崎県立小林高等学校、一九八二年、一〇一頁。
(76) 同右、一〇三頁。
(77)(78)(79)『鹿児島新聞』一九二二年五月三日、朝刊（鹿児島県立図書館所蔵）。
(80) 同右、一九二二年六月一日、朝刊。
(81)『鹿児島県立奄美高等学校創立八十周年記念誌』鹿児島県立奄美高等学校、一九九七年、一〇四頁。

個性の強いミッション系

姉妹校ではない制服のつながり

赤い襟と袖：共立女学校と北陸女学校

神奈川県横浜の共立女学校は、大正九年（一九二〇年）頃からセーラー服を体操服として用いていた。白のセーラーで紺襟に白線二本をつけ、紺で襞のあるスカートをはいた。通学用の制服は、大正十二年九月の関東大震災よりも前に、冬服をセーラー服にする予定であったが、震災の影響によって中断を余儀なくされた。

赤い襟と袖が特徴のセーラー服のデザインは、校長ルーミス、大正十五年三月卒業の生徒たちと、後藤惣兵衛商店が協議して決めた。昭和二年（一九二七年）に制定された冬服は、紺のセーラー服で赤地の襟と袖に黒線三本を入れるという他校には見られない斬新なデザインである。昭和二年度の生徒は着用が自由だったため、着物と制服が半々であった。昭和三年から全員がセーラー服を着た。同時にそれまで体操服であった白のセーラー服は、夏服として制定された。

共立女学校の制服は石川県金沢の北陸女学校に影響を与えた。両校はどちらもミッション系だが、姉妹校ではない。

大正十一年に北陸女学校は四年制から五年制へと変更し、この年の新入生から制服を着用させた。大正十年の秋から教員たちが研究を始め、運動・衛生・経済の条件に適したものとして、茶褐色のセーラー服を制定している（第六章参照）。

上下ともに無地の茶褐色というセーラー服は珍しいが（口絵5参照）、金沢市内の小学校では同じような洋服を着る生徒があらわれたという。この斬新なセーラー服は十年以上にわたって着用されたが、昭和十年に赤い襟と袖に黒線三本を入れた紺地のセーラー服へと改正されている（口絵6参照）。

その理由は、校長中沢正七が横浜に所用があって行ったとき、共立女学校の生徒たちが着ているセーラー服に感心し、帰ってからそれを真似して試作したところ、評判が良かったからであった。昭和十年改正のセーラー服も珍しいデザインであったから、それを着て金沢市内を歩いていると非常に目立った。

共立と北陸とは姉妹校ではないが、セーラー服に限っていえば親子の関係にあるといえる。現在でも生徒たちが誇りに感じ、市民からも親しみを持たれているセーラー服は、このような流れで誕生した。

普溜女学校と共愛女学校の白襟セーラー服

群馬県前橋市にある共愛女学校では、大正十四年十二月に制服を洋服とし、その型は学校が指定すると生徒たちに告知している。大正十五年の夏服は水色のジャンパースカート、翌昭和二年の夏服はオレンジのジャンパースカートであった。冬服は、ベルト付のテーラーカラーの上着で帽子を被った。

当初はジャンパースカートを指定したが、昭和三年の冬服からセーラー服に変わった。その理由は、この年大阪の普溜女学校が修学旅行で日光に行く途中に前橋を訪れたことと関係していた。このとき共愛女学校の校長は、普溜女学校の生徒たちが着る白襟のセーラー服を美しいと感じ、普溜女学校に白襟の見本を送ってほしいと希望した。

普溜女学校から白襟が送られてくると、それを見本に共愛女学校ではセーラー服を制定した。両校のセーラー服が似ているのはこのためである。普溜女学校は第三章でも少し触れたが、大阪で最初のセーラー服である。大正十一年に制定されたそれは、紺地で襟と袖に臙脂の三本線が入り、ネクタイも臙脂であった。冬は紺のフェルト帽、夏はパナマ帽を被った。

普溜女学校の記念誌によれば、白襟を定めたのは昭和五年度の卒業生からだというから、それより前の昭和三年にもつけていた生徒がいたのだろう。夏のセーラー服は、襟と袖に線のない白地の上着に臙脂のネクタイであったが、昭和十一年に水色のセーラー襟に白線三本を入れたワンピースにベルトをつけたものへと変わっている。

福岡女学院の影響力？

北海道の遺愛女学校では、昭和五年三月に服装に関して父母全員に意見を求めた。第一案は「全校一定の制服を用いる事」、第二案は「全校洋服を用いる事、但し、地質を一定し、型及び色合は各自随意とする事」、第三案は「従前通り和服洋服何れにても可とする事」であった[1]。

第一案と第二案は、同年四月の新入生から適用することとして賛否を求めたところ、第一案が多数を占めた。そこで制服を定めることとなり、五月六日の職員会議で一年生は十月一日までに用意させることとした。五月十七日の放課後には、父母宛の制服の通知を全生徒に渡し、体操場で職員と生徒が集合して制服に関する説明が行われた。

説明のあった制服は、セーラー服で冬は紺サージで襟と袖に白線三本、夏は白リンネルで襟は紺ポプリン、スカートは夏冬兼用の紺サージであった。スカートの下には黒繻子のブルマーを穿いた。ネクタイは、平日は富士絹の臙脂、式日は白羽二重を用いた。帽子は冬は紺のフェルト、夏は白ピケだが、被るのは自由であった。靴は黒革、靴下はバンドの靴下釣りを使った黒の木綿と指定された。

遺愛学院の百年史には「遺愛の七五周年史によると、一九三〇（昭和五）年に冬服にセーラ型で地質は紺サージ、袖口及び衿に白線三本となったと書いてあります。それが福岡女学院からもらったデザインだとは書いてありませんが多分そうだと思われます」とある。(2) 七十五年史に記されていないのに、なぜ福岡女学院から「もらったデザイン」だと思ったのか。

その根拠は、この書き手が『福岡女学院九五年史』の「各地のミッション・スクールから見本送付の要請があり、女学生の制服として全国に普及した」という記事を目にし、(3) 自校もそうだろうと信じてしまったからである。この記事のもととなったのは、昭和十一年に刊行された『福岡女学校五十年史』だが、セーラー服の見本送付の要請とそれに応える往復書類などは、福岡女学院に残されていない。

そもそも『福岡女学校五十年史』の「遠くは東京、大阪等のミッションスクールよりも見本を送って呉れと言って来て送り、本校のスタイルを取って制服を定めた学校が少くない。其後他県の県立、私立の女学校も此風に靡《なび》き、皆此のスタイルを摸する様になった」という記述を鵜呑みにするわけにはいかない。(4) 北陸女学校は共立女学校、共愛女学校は普溜女学校からそれぞれ影響を受けていた。ミッション系以外でも、神戸第一高女は山脇高女、下関高女と相山高女は女子学習院の影響を受けて制服を制定していたことは前述した。

管見の限り、福岡女学院の影響を受けた可能性があると記しているのは、遺愛学院の百年史だけだ。しかも、七十五年史では明記されず、百年史でも推測の域を出ない。福岡女学院の制服が全国にセーラー服を普及する上で大きな役割をはたしたというのは過大評価である。実際はそうではなく、全国各地でセーラー服が登場し、互いに触発されて地域ごとに徐々に増えていったのである。

セーラー服を着たがる生徒たち

生徒たちの間で広がるセーラー服：大江高等女学校

熊本県の大江高女が洋服での通学を認めたのは早かった。校長渡瀬主一郎が大正十年に洋服の着用を奨励し、同十二年九月に校長竹崎八十雄が赴任すると洋服を制服として定めた。竹崎が和服から洋服へ変更した理由は、洋服の方が運動に適していたり、経済的であったからだけではない。彼は「和服裁縫は模倣的」で型にはまってしまうが、洋服は「意匠次第で色々と変化」するため「独創的であり、研究的であり、個性的である」という。したがって、女性解放の第一歩は洋服にあると考えた(5)。

しかし、竹原は型にはめることを嫌ったため、洋服を制服としたものの一定の型は決めなかった。生徒各人の個性と趣味、各家庭の経済状態などに配慮し、その違いのなかから新しいものが生み出されてくるのであり、そこに教育的効果を求めることができるという考えであった。一定の型にはめると、命令がないと動くことができない人間を養成することになるという。

それから一年を経た大正十三年の夏休みが過ぎても、三分の一の生徒は和服姿で登校していた。この状況を見た竹原は、冬服に衣替えするときに洋服でないと登校を禁止すると生徒たちに伝えた。それまで和服を着ていた者も洋服にしなければならなくなったが、登下校のときに「ハイカラ」といわれるのが嫌だという生徒もいた。

そうした生徒からは裁縫の教員に対し、セーラー服を制服としたいとの声が挙がった。セーラー服の制服は生徒の総意となり、これを受けて竹原も紺色で白線三本のセーラー服にスカートを制服にすることを許可した。

89　北星女学校から受け継がれている北星学園女子中学高等学校のセーラー服の後ろ襟の星章
HAJ 株式会社北海道アルバイト情報社

星印の刺繍が光る北星女学校

北海道の北星女学校が制服を制定したのは遅かった。昭和七年三月に北星女学校本科を北星女学校高等女学科と改称し、翌八年四月からセーラー服の制服を着用するようになった。それは三年生たちが、「他の学校の制服を見て、みんなきれいだし、私たちもどうしても制服がほしい」と感じ、教員にお願いしたことによる。[6]

彼女たちが羨ましいと感じた制服はセーラー服であった。要望を出した生徒は、「セーラー服の制服は、当時の札幌では一般的でした。スカートに上の下着がつながってついていたんです」と証言している。[7] 第六章で北海道の制服はセーラー服がほとんどであり、スカートの裾に線が入っているのが特徴であることは述べた。

北星女学校のセーラー服は、冬は紺地の襟・袖・胸当てに白線一本を入れ、夏は白地で白線の入る襟・袖・胸当てだけが紺地である。冬は紺、夏は白のつばの付いた帽子を被った。そして特徴的なのは、後ろ襟の左右につける星型のワッペンである。星型のワッペンは、狸小路の「こみやまや」という店で販売していた。

この星を胸当てにつけるのだが、「おしゃれな人は胸当てを折り込んで隠していました」という。記念誌の写真を見ると、折り込んで隠すというより、つけていない生徒が多い。「修学旅行で本州に行った時、サッポロビールのマークだって言われた」という。[8] しかし、明治時代に北海道を管轄した開拓使のマークも星であり、北海道と星は関係が深かったため、バスガールとは違って悪い気分はしなかったようだ。

念願のセーラー服に袖を通した生徒たちが誇りに感じていたことの証でもある。だが、着物に袴で通学してきた上級生からは「私たちがせっかく好きな服装で来ているのに、あなたたちがそんなこと言ったから」と文句を言われている。(9) ここに北星女学校では、裾に黒線を入れた袴を好む上級生と、それよりもセーラー服のほうがいいと感じる下級生との境界線を見ることができる。

自由を重視する校風と華美の抑止を求める声

90 聖霊学院高等女学院の後ろ襟の「ちどり模様」(『思い出の高等女学校』ノーベル書房株式会社，1987年)

県立高女よりも遅れるミッション系

青森県立青森第一高女では大正十一年にセーラー服を採用していたが、私立弘前女学校でセーラー服の制服を着用したのは昭和六年四月からであった。約十年も遅れたのには、弘前市の方針が大きかった。大正九年に弘前市学務課は「児童生徒の制服に関する件」という通達を出し、物価騰貴の折柄に父兄の負担となる制服の制定は差控えるべきだと指示していた。これを受けて弘前女学校は制服を定めなかったが、生徒が華美な服装をやめることはなかった。同校のセーラー服は校長の中川まさご、教師の山崎のぶ、古川たけ、ミス・バイラーが考案した。冬服は紺サージで襟と袖に茶色の二本線、夏服は白ギャバジンで藍色の襟と袖に白線二本を入れた。夏服は半袖用もあり、ネクタイは通常用が臙脂色富士絹、儀式用は薄オレンジ色繻子と使い分けた。

秋田県立秋田高女では大正十二年に洋服の着用を許可し、昭和三年にセーラー服を採用していたが、県内私立の聖霊学院高等女学院がセーラー服を制定したのは同六年であった。襟には白線二本と「ちどり模様」が縫われたが、昭和十一年か十二年頃には「ちどり模様」から星に変え、十二年か十三年頃から銀のバックルを小さくした徽章を胸につけた。公立高女に比べて洋式の制服化が遅れていることがわかる。

松山高等女学校に見る学校側と生徒側の意識差

愛媛県の松山高女では、大正十二年七月からセーラー服を通学服にしようとの議論が起こった。学校側が「漸次洋服に改メタシ。但シ所謂《いわゆる》制服ヲ制定セズ」という方針を示したところ、父兄からはこれに賛成が十人、「画一的制服主義」を希望する者が二十六人であった[10]。夏服は白のセーラー服にブルーのギンガムのスカート、冬服は紺のセーラー服、ネクタイと靴下は黒であったが、着物に袴でもよかったため、セーラー服を全員が着るまで八年かかった。着物に袴よりもセーラー服を選ぶ生徒がゆっくり増えていったことがわかる。

学校側は生徒の好みに応じた服装を許容していたわけだが、生徒たちは画一化されたセーラー服の着用を望んだのである。これは単純にセーラー服のデザインの美しさや高女としての誇りを示せるという、当時の高女の生徒たちの意識を反映したものと考えられる。したがって、生徒に人気のセーラー服は、華美な服装を抑止する制服としてはうってつけであった。

「関西における女子学習院」梅花高等女学校

このことは、昭和三年四月にセーラー服を制服とした大阪の梅花高女を見るとよくわかる。紺フェルトの帽子を被り、紺セルで襟と袖に白線三本を入れ、縹色サテンのネクタイというスタイルであった。同校の女子専門生はワンピースドレスであり、高女との差がすぐにわかるようになっていた。

梅花高女はミッション系の学校だが、「関西における女子学習院」と呼ばれているから、裕福な家庭の子女が多かったようである。セーラー服を制定した理由は、「世上一般の奢侈の気風につれて学生生徒の服装自然に華美に流れ、風紀規律上にも悪影響」があると見たからだという(11)。昭和三年は昭和天皇の即位式が挙行された年だが、それが理由ではなかった。梅花高女は経済状況や風紀の点からセーラー服という制服を設けたのである。

九州女学院と上林高等女学校

熊本県の九州女学院は、大正十五年四月に開校したときにセーラー服を標準服として指定した。そして「服ハ和洋何レヲ選ブモ自由ナレドモ洋服新調ノ場合ハ型及服地ニ就テハ本校ノ規定ニ従フベキモノトス、但シ履物ハ靴ニ限ル」と、和服に袴を着用する場合も靴を履くよう義務づけている(12)。靴の価格は六円五十銭であり、裕福な生徒が通っていたことがうかがわれる。昭和四年一月の『九州新聞』で九州女学院院長エカードは、「此の学校の制服は大変ぜいたくの様に見られていますが、五ケ年間は保ちますからそう高くはつかないでしょう」と述べている(13)。世間には靴はもとより、セーラー服は贅沢品と見られていたのである。そうした偏見に対し、着物を替えて通学するより、一着で五年間を過ごすことを考えれば安いと弁明している。

冬のセーラー服は、紺地で襟や袖に線はなく、ネクタイは紐を結ぶものであった。夏服は白のワンピースで腰にベルトがついていたが、昭和四年から白のセーラー服に改正されている。夏のセーラー服のネクタイは三角タイを結ぶものであった。冬は大黒帽、夏は麦藁帽子に似たものを被った。

九州女学院が開校と同時にセーラー服を標準服としたのに対し、上林高女（現在の熊本信愛女学院）は同じ熊本県にありながら、洋式の制服を制定するのが遅かった。校長田中清司が日本人には和服が似合うと考えて洋服を好まなかった。欧米化することには慎重であり、また流行を追うこともなかった。海老茶袴に白足袋・白衿という姿を維持し続けた。しかし、なかには黒革靴に黒靴下を用いる生徒もいた。足元だけでも他校の生徒と同じように変えたかったのかもしれない。

熊本県は県立の第一高女が昭和七年と遅かったが、昭和を迎えると多くの高女でセーラー服を制定するようになったことは第六章で確認した。袴からセーラー服へ変更する高女が増えると、学校側も時勢にあわないと感じるようになったようだ。昭和四年十一月に襟と袖に大小の白線二本を入れたセーラー服を制定している。

世間の誤解を恐れた青山女学院

ミッション系でも東京の青山女学院は質素な綿服を主とし、セルやメリンスは辛うじて許されたが、絹や派手な柄の着物は厳禁であった。薄化粧はもとより、四年生や五年生のお下げ髪も禁止された。海老茶や紺色の袴を胸高に穿き、白衿と白足袋を用いた。素足は厳禁で裾から足首が見えないようにしなければならなかった。

このような校風だが、華美を抑止する意味のある制服を制定するのは遅かった。外国人教師プロ―ルズたちが、アメリカで制服を着るのは特殊な団体であること、自由な服装は生徒の服飾に関する審美眼を育てることを理由に反対した。だが、東京ではほとんどの学校が制服や標準服を制定しており、個性的な色とりどりの着物は、派手に見えて世間の誤解を招く恐れが出てきた。

青山女学院高等女学部では、昭和七年の一年生からセーラー服とした。冬服は濃紺のサージで緑色の三本線とネクタイ、ネクタイ通しには青山女学院を示す「A・J・G」の文字が緑色で刺繍してあった。夏服上着は半袖でも構わない白麻か白ポプリンを用いた。冬はフェルトの「お釜帽」、夏はつば広の麦藁帽子（のちに白ピケに変わった）で、ともに緑色のリボンをつけた。

生徒たちは、学校指定の洋服店が仕立てたセーラー服の上着を短くしたり、スカートを長くしたり改造した。このスタイルが当時の着こなしとして流行したようだ。ところが、「服装検査の時にはたちまちその網にかかり、「セーラー服は、もともと水兵さんの服ですから、上衣はダブダブしていて、下した腕の袖口あたりまでの長さがあるのが本当です。」と注意を受けた」のであった。[14]

袴を胸高に穿いたのと同じく、上着を短くして、スカートを長くするのを好んだ。服装検査では制服本来の姿と違う着こなしを見逃さなかった。教員から注意を受けた生徒が、制服を元通りに直したのか、翌日もそのまま通学したのかははっきりしない。青山女学院も、服装の華美や奢侈を抑止し、服装検査によって正しい着こなしを実践しようとしていたことが見て取れる。

活水女学校のネクタイが異なるセーラー服

長崎県には異国情緒あふれる場所が数多く残されており、活水女学校はその一つであるオランダ坂に面して建っている。昭和五年に長崎では高女の洋式の制服が目立つようになり、活水女学校でもその必要性について話題となった。しかし、校長アンナ・ローラ・ホワイトは、制服にすると個性が失われ、着たきりになって衛生的にもよくないと反対した。

高等女学部、専門部、専門学校では、和服・洋服・式服について「質素を旨とし、粉飾を慎む」という心得が定められていた。[15]昭和五年五月、生徒の家庭に制服は設けず、従来の心得を守るよう理解を求める通知を出した。

だが、昭和九年の高等女学部三年生の集合写真では、多くの生徒がセーラー服を着ている。これは生徒がセーラー服を好んでいたことのあらわれである。時勢の変化に抵抗できず、昭和十年五月に高等女学部に限り、セーラー服を制服とすることとした。冬服は襟と袖に白線を三本入れ、襟の後ろ左右に星の刺繍があり、夏服は白地で襟が水色であった。

他校に遅れて制定したため、どこのセーラー服とも区別がつくようにしたのだろう。そうした工夫は、星の刺繍だけでなく、ネクタイの色にも見られる。一年が赤、二年が臙脂、三年が水色、四年が紺、五年が黒、式典用が白と、通常と式典の違いに加え、学年によって区別した。生徒たちは、次の学年のネクタイを買うのがとても嬉しく、終業式がおわると売店に飛ぶようにして行き、新しいネクタイを手にしたときの喜びは忘れられないという。

捜真女学校の優越感

横浜の捜真女学校が昭和八年にセーラー服を制定したのは、制服がないため華美になる生徒が増えたからである。制服の立案にはミス・マリーンの他、日本人の教師五名があたった。セーラー服のスカートの襞は三十六本で、ネクタイは式典用の白と通常用の紺を使い分けた。イースター礼拝や修了式のときに、ネクタイを間違ってつけてくる生徒がいた。この制服を最初に着た生徒は「県下で一番スマートなセーラー服で、仕立てもそのころ東京の吉沢といえば有名な店で、そこでつくらせたものでした。校服が決まるまでには、賛否両論で生徒側も結構意見を戦わし、それだけに決まったときの感激は非常なものでございました」と回想する。(16)

神奈川県下で一番「スマート」かどうかはわからないが、彼女がそのように誇りに感じていたことは間違いない。第三章で述べた東京の学校制服店ヨシザワで仕立てたことにも優越感を持っていた。なによりも、生徒間で制定前に制服について侃侃諤諤《かんかんがくがく》と意見を交わしたというから、そうしたセーラー服に対する熱い思いがあったのだろう。

女子学院の個性的な制服

女子学院がセーラー服の制服を着用させたのは、昭和九年の入学生からであった。東京ではほとんどの学校が洋式の制服になっていたから、この段階で着物に袴姿の女子生徒は珍しかったといえる。冬服は紺サージで襟と袖に白線三本、ネクタイ通しに「ＪＧ」の刺繍と腕章、夏服は白で襟と袖が水色、「ＪＧ」の刺繍と腕章を水色とした。特筆すべきは、ネクタイの色が一年生から三年生が赤、四年と五年が黒、式典用が白と色別していることと、ミス・ホルセーなど複数の外国人教師の「黒の靴下はメイドだけが穿くもの」という意見により他校には見られない茶色の靴下を採用したことである。(17)

他に比べて制服の制定が遅れたのには、校内に「制服否定論者であった個性尊重派」の生徒が少なからずいたからかもしれない。そう考えていた生徒の一人は、「自分の趣味、自分の個性を最も普通に且目立ち易く表現する衣服を、他からきめられてしまふなんて、何て人格を無視した、何て個性を尊重しない、……とばかり勝手な気焔を上げて、制服の可否を問はれた時も、何時も「否」を書いて来ました」と述べている。(18) 学校側は制服の制定に向けて生徒にアンケートを取っていたことがわかる。その結果、「否」が多かったことが、同校の制服制定を遅らせたと思われる。

だが、その彼女もセーラー服が制定されると、「制服は世にも重宝なものです。第一に今迄の様にさて何を着ようか、と考へる煩雑《はんざつ》さがなくなりました。通学は勿論、教会にも、お買物にも、散歩にも、音楽会にもと大抵これでおし通してしまひます、制服を着て歩く時、ある誇を感ぜずには居られません」と、手のひらを返したように服装観が変わってしまった。

また彼女によれば、それまで青山女学院や女子学習院などと間違えられて「大いに自尊を傷つけられて憤慨してしまふ事も度々」だったという。制服に対する高評価につながったのには、そのような誤認がなくなったことと、セーラー服に誇りを持ったことが大きいだろう。なによりも「鮮かな転向ぶりを見せずにおかない位の魅力を、我が女子学院の制服が持つてゐた」と回顧するように、(19) その制服のデザインが魅力的であった点は見逃せない。

制服化が遅かった神戸女学院

捜真女学校と同じく兵庫県の神戸女学院も服装が派手であったが、洋式の制服の導入は極めて遅かった。同校では昭和八年から高等女学部で全員が洋服を着て、髪型もお下げからおかっぱになった。専門部は洋服と和服が半々で、多くはお下げ髪をしていた。この頃世の中では「非常時」が流行語になっており、父兄の間からは華美な服装を抑止するため制服の制定を望む声が寄せられた。

しかし、女学院は「質素と自由を旨とするので家庭着のまま呑気気軽に登校でき、制服制定は不経済である」と回答した。学校側はとくに華美とも判断しなかったのだが、ある父兄は副学院長に直談判して制服の制定を求めた。その際には「米国主義」とはいえ、「日本人ノ子女ヲ教養」するからには「日本ノ国風国情乃至《ないし》国民性」を考慮してほしいと前置きし、「物欲シク人真似ノシタイ盛リデアリ」、「華美ヲ戒メ質素ヲ旨トセヨト申シタトコロデオサマルモノデハアリマセヌ」、「年頃ノ子女ニ自由ヲ与ヘルホド危イコトハアリマスマイ」と批判する(20)。

この批判は明治時代の高女で木綿の筒袖を採用するときとも重なるが、適齢期の女子生徒は周囲の流行に敏感で、友達が華美な着物を着ていれば、同じように着飾りたいと思うものである。したがって、自由に任せていては華美を抑えて質素になるわけがないという。だが神戸女学院はこれを受けてもすぐには動かず、制服を制定したのは昭和十一年五月であった。戦前期の写真からは、紺地の襟と袖に白線二本のセーラー服で、白のネクタイを結び、左腕にワッペンをつけていたことがわかる。

姉妹校の関係性

れる。

東洋英和女学院のガーネットとゴールド

東洋英和女学院は、『赤毛のアン』の翻訳者である村岡花子や昭和の大女優高峰三枝子が卒業した学校として知られる。

東洋英和は昭和二年に洋服を制服としたが、デザインが決まるまで冬服は紺地の生地に赤線三本、普段は紺、式の日は赤のネクタイ、夏服は白地の生地に鼠色の襟と袖に白線三本を入れたセーラー服を着て登校する生徒もいた[21]。昭和四年から現在に通じるセーラー服となった。セーラー服は、自分たちで縫製するのではなく、指定洋服店であるフランセ洋装店に注文した。大正十年に銀座と日本橋にフランセを開業した坂倉厚積は、同元年からワシントン州シアトルで洋裁と店の経営を学んだ。初めての学校制服の依頼が東洋英和のセーラー服であった。

東洋英和のセーラー服の特徴は、襟と袖にゴールドの線と、ガーネット色のネクタイだろう。両色は当時の校長ハルミトンが卒業したカナダ南東部マウント・アリソン大学のスクールカラーであった。昭和三年十二月頃にゴールド線をつける生徒があらわれ、翌四年の制服後に高等女学科では三本線から二本線へ移行していった。胸にはカナダの楓をデザインした校章、左腕には「楓にＴＥ」のワッペンをつけるようになる。

夏服のセーラー服は、白襟に白線二本を入れた白地の上着に、ガーネット色のネクタイというデザインである。当時一般的な紺地に白線のセーラー服について「やぼったい」とか「いなかくさい」と言い合っていた生徒たちは、制服ができたことにより「日本中の制服の中で一番「すてき」」と感じるようになった。「校服を身につけ、肩から斜めにカバンをかけて通学するのは誠にほこらしいものでした[22]」。全国的にセーラー服は紺の無地か、紺地に白線であったから、東洋英和のそれは東京のなかでも目立つ存在であった。

静岡英和女学校と山梨英和女学校

東洋英和女学校の姉妹校である静岡英和女学校は、カナダの「C．G．i．T．」（Canadian Girls in Training）のセーラー服（「ネイビーブルー」の襟に白線三本、黒のネクタイ）を参考にしていた。「C．G．i．T．」とは、一九一五年（大正四年）に「カナダYWCA」が中心となり、キリスト教の教えにより十代の少女たちを育成する目的で組織された少女団である。校長のミス・オリビア・C・リンゼーが目指す教育は、「C．G．i．T．」の教育目的と適合していた。

静岡英和のセーラー服は、東洋英和よりも早く大正九年に企画し、翌十年から準備していた。大正十一年九月十一日の職員会議では「冬服見積リヲ作リ父兄ニ相談スル事」が決まった。(23) 翌十二年四月からセーラー服を制服とし、冬服は紺地、夏服は白地だが、ともに紺の襟と袖に白線三本が入っている。夏にはセーラー服とジャンパースカートの組み合わせを体操服とした。

ネクタイは、冬は臙脂、夏は黒の絹二本のネクタイを前で結び「友情」を示した。大正十四年から白襟と白のカフスをつけて汚れを防いだ。生地は横浜から輸入したものを使っていた。静岡の町では和服でもミッション系の学校に対して贅沢であるとの批判があった。そうした地域性を考えると、襟と袖のカバーは服を長持ちさせる配慮であり、質素倹約の姿勢を示していたのかもしれない。

左腕につける腕章は、昭和十六年に静陵高女へ校名を変更したときに設けられた。当時の校歌「富士のみ雪の清くして、さくらの花のうるはしき」から発案し、富士と桜の花びらを組み合わせた。終戦後に静岡英和へと校名が戻ってからも、この腕章は引き継がれた。

山梨英和女学校では昭和四年からセーラー服を制服とした。大正十五年九月に静岡でリンゼーの薫陶を受けたミス・グリンバングが校長になっており、セーラー服もその影響を受けたものと考えられる。夏服は襟と半袖口が「ネイビーブルー」に白線三本で、「ネイビーブルー」のネクタイをつけた白のセーラー服、冬服は紺で襟に明るい紺線三本、臙脂のネクタイをつけたセーラー服を制服として採用した。

昭和十年からは紅の楓の葉に英和と刺繡され、その下に紺の山型三本線の入った腕章を左腕につけた。昭和十五年に英和の刺繡は栄和と改められた。昭和三十一年には楓の葉の切り込みを五つとし、中心に校名のローマ字のY・Eを入れ、下の山型線を高等学校が三本、中学校が二本へと変更した。

雙葉高等女学校の姉妹校

雙葉学園系列は五校あるが、その制服には面白い共通性と相違性が浮かび上がる。雙葉では大正十三年の入学生からセーラー服の制服を着た。冬服は紺地で襟と袖に黒線三本、胸当てと襟の左右に赤糸で錨が刺繡された。夏服は白地半袖で襟だけ紺地に白線三本、胸当てと襟の左右に白糸で錨を刺繡し、夏服を長袖にした中間服は袖にも紺地に白線三本がついた。夏冬ともネクタイは黒であった。戦後にはなくなったが、冬はビロード（二年後からフェルト）の帽子、夏は麦藁帽子を被った。昭和十年頃にはコートも指定された。

こうした動きに対して不二高女（現在の静岡雙葉）では、同じ静岡県の県立静岡高女が大正十年四月から和服の改良服を取り入れたものの、メール・セン・フェルナンド校長の方針で洋式の制服は採用しなかった。フェルナンドは「本校では校服というものを制定いたしません。其理由は少女時代を一定の制服で決めてしまふことは、審美的に眼をひらき初めた時代のうるほひと美を損失させはせぬかといふ心配」だと論じ、日本の生活様式は洋服を受け入れる段階には至っていないため「婦人はやはり和服に袴の方がよい」という。(24)

横浜紅蘭女学校（現在の横浜雙葉）は、大正十五年十月十一日にセーラー服を制定し、昭和四年から全生徒が着るようになった。これに対して不二高女ではフェルナンドが学校を去ると昭和二年十月にネクタイのあるジャンパースカートを制服とした。不二高女では大正十五年の秋に生徒たちに和服から洋式の制服へ変わると説明があったというから、姉妹校であっても両校で相談や連絡がなされていなかったことがうかがえる。

その点は昭和八年四月に開校した福岡女子商業学校（昭和二十年に福岡雙葉高女と改称）を見るとはっきりする。福岡県下には福岡女学校や西南女学院などミッション系の私立校があったため、商業学校としての出発を余儀なくされた。開校当初から紺のハーフコートの上着とジャンパースカートであり、白ブラウスにネクタイやリボンはつけなかった。雙葉では東京と横浜のセーラー服と、不二高女と福岡のジャンパースカートとに二分した。太平洋戦争後に創設された田園調布雙葉は東京の雙葉に倣ってセーラー服を採用している。

仏英和高等女学校のセーラー服

仏英和高女（現在の白百合学園）で制服が制定されたのは大正十四年だった。それまでは振袖の着物に海老茶袴を穿き、腰には白百合の模様が入ったバックルつきのベルトをつけていた。公立の高女ではほとんどが元禄袖や筒袖など袖丈の短い着物であったが、仏英和高女では袖丈の長い振袖であった。

艶やかな姿での登校風景が当たり前となり、学校側も華美を抑止する必要性を感じるようになった。父兄の枢密院《すうみついん》議長一木《いっき》喜《き》徳郎《とくろう》は、洋式の制服を定めることを提案したようだ。そうした意見も踏まえて、大正十四年十月三十日の大正天皇の誕生日である天長節に、はじめて洋式の制服を着用した。

冬服は紺の襟・袖・胸当てに白線三本が入り、山型の白線三本が入った棒ネクタイを二枚重ねた。夏服の上着は白地で襟・袖・胸当てだけが紺地であった。夏冬とも右腕に白百合の校章入りのワッペンをつけた。冬は紺、夏は白の帽子を被った。黒皮靴に黒長靴下を穿き、脚は見えないようになっている。

現在の白百合学園のセーラー服と大きく異なるのは、胸当てに白百合の姉妹校共通の印がなく白線三本が入っていることと、現在では見られない右腕にワッペンをつけ帽子を被っていることである。

セーラー服が制定された前後のことを知る関係者は、「昔は仏英和はかなり派手な学校として知られて居りましたが、只今は制服制帽も定まりまことに質素な学校と相成りました」という。(25) 現在とは多少デザインの違うセーラー服が白百合学園の洋式制服の原点だが、これが設けられたことで生徒の華美な服装は抑止された。

仏英和高女の姉妹校の制服

仏英和高女に一年遅れの大正十五年に洋式の制服を定めたのが、熊本の八代成美高女（現在の八代白百合）である。白襟のブレザーで大黒帽を被るスタイルであったが、昭和四年以降に大黒帽は消えている。スカートの長さは膝下八センチとし、靴下は黒の木綿、靴は皮靴かズック靴でなければならず、脚を見せることはなかった。

八代成美高女には、昭和六年に八代成美家政女学校と補習科が増設されている。それらの卒業写真からはブレザーに混じってセーラー服が確認できる。セーラー服は、右腕にワッペンがないこと以外は、仏英和高女と同じである。

八代高女の制服は、昭和十三年にはセーラー服に改正され、紺地の襟・袖・胸当てに白線三本は仏英和高女と一緒だが、白百合のワッペンが左腕につくことと、棒ネクタイではなく白の結ばないネクタイという点が違う。

八代高女では十余年をかけてブレザーからセーラー服へと変更したが、盛岡の東北高女（現在の盛岡白百合）では制服を変えなかった。昭和四年、東北高女ではフランス人修道士のデザインによる制服が制定された。冬服は丸型のテーラーカラーで袖に白線三本を入れ、棒ネクタイには白線が斜めに三本が入ったものであり、夏服は白地に紺の線であった。東北高女ではセーラー服を着ることはなかった。

仏英和高女の姉妹校で最初に創設されたのは、明治十九年（一八八六年）に開校した札幌の聖保禄女学校である。昭和四年に聖保禄高女（現在の函館白百合）に昇格すると、セーラー服を制服とした。ただし、「陣羽織」と呼ばれたように、両襟と胸当ての間が開いており、両側の襟下を左右釦でとめるようになっている。白襟に三本線、胸当て部分に白線三本と錨の刺繍という、仏英和高女のセーラー服とは似ていない。

そのセーラー服は、昭和十四年に冬服は紺地で襟と袖に白線三本、夏服は白地で襟と袖に紺線三本へと改正されている。ネクタイは棒ネクタイではなく、三角タイを結ぶタイプを採用した。従来は名古屋襟のように大きかったが、胸当てのない幅の狭い襟へと変わった。この改正の目的は、複雑なデザインと、布地の無駄をなくすためであった。日中戦争の長期化にともなう対応に違いない。

仙台高女（現在の仙台白百合）は、昭和五年にセーラー服を制服とした。冬服は紺地で襟・袖・胸当て・胸ポケットに白線三本、夏服は白地で白線が入る部分だけが紺地であった。仏英和高女に似ているが、胸ポケットに線があることと、スカートの裾に白線一本が入ること、棒ネクタイではなく白線も入らない点が違っている。

襟の後ろには百合ではなく、梅の刺繍なのも特徴である。これは校舎の前に大きな梅の木があり、仙台高女の象徴であったことによる。昭和十五年までにスカートの白線が消えているが、これは次章で述べる日中戦争の長期化により白線を無駄として省いたものと思われる。また、同年までに夏冬のネクタイが蝶結びに変わっているのは、第四章で述べたように昭和十年に宮城県下でセーラー服が統一化されたため、他校との違いを明確にする点で改正されたと考えられる。

乃木高女（現在の湘南白百合）の開校は昭和十三年と遅かった。すでに日中戦争に突入しており、着物に袴という時代ではなかった。前年には片瀬乃木幼稚園と小学校が開校し、セーラー服を制服としていた。仏英和高女と同じ冬服は紺地、夏服は白地で紺襟・袖・胸当てに白線三本が入り、左腕には白百合入りのワッペンをつけた。冬には紺の帽子を被った。違う点は棒ネクタイではなく、幼稚園は赤、小学校はブルーの蝶リボンであった。

乃木高女のセーラー服は、仏和英高女とネクタイまで一緒である。九段坂と湘南とで離れているため、通学時に一緒になることはないが、両校の生徒が混在したら違いを見極めるのは困難だったろう。昭和十八年度の写真では白線三本入りの棒ネクタイと、白のネクタイとが混在し、胸当ての三本線から白百合の印に変わっているのがわかる。戦後に姉妹校で共通する白百合の印を早い段階で取り入れていたことが注目される。

全国共通姉妹校の白百合セーラー服

太平洋戦争が終わるまでは各校で違ったデザインであったが、現在の白百合学園の姉妹校のセーラー服には大きな違いが見られない（口絵15・19参照）。この章の締めくくりは、その姉妹校共通のセーラー服の誕生について述べる。

まず白百合系列全体で校名が整えられていく。聖保禄高女は昭和十七年に元町高女、同二十一年に函館白百合高女、同二十三年に函館白百合高等学校と校名を変更している。乃木高女は昭和二十一年に湘南高女、同二十二年に湘南白百合学園高等学校と改称した。昭和二十三年に仙台高女は仙台白百合高等学校、東北高女は東北女子高等学校を経て盛岡白百合高等学校、八代成美高女は八代白百合高等学校と改めた。

そして昭和二十四年に函嶺白百合高校学校が新設されると、同校は白百合高等学校と同じセーラー服を制服とした。昭和二十六年に函館白百合と八代白百合、同二十九年に盛岡白百合がセーラー服を着るようになった。仙台白百合は昭和三十年に中学、翌三十一年に高校で取り入れた。湘南白百合は特定が難しいが、昭和二十四年の修学旅行の写真には胸当てに白百合の刺繍を入れたセーラー服を着た生徒の姿が確認できる。

このように高女から高等学校へと教育制度が変わり、戦後復興の新しい時代のなかで白百合のセーラー服のデザインは統一された。そこには同じセーラー服を着ることにより、姉妹校の絆を強くしようという思いがあるのかもしれない。

しかし、一見すると同じに見えるが、実物を見比べると、襟や袖の白線の幅や胸当ての白百合の刺繍の仕方に違いがある。東京の白百合学園のセーラー服を基準とすると、八代白百合の白線は幅が細く、白百合の刺繍が小さい。

ここには理由がある。白百合、湘南白百合、仙台白百合、盛岡白百合、函嶺白百合、函館白百合（現在は大手制服会社の既製服）は、東京九段下にある昭和二年創業の学生服専門店フランシスコが仕立てているが、八代白百合は地元の洋服店が仕立てた。この作り手の違いが、微妙な線や刺繍の差となっているのである。もっとも、近くで見比べないとその差はわからない。

ミッション系のセーラー服

ミッション系のセーラー服は、公立の高女のそれに比べると非常に個性の強いデザインをしている。学年によってネクタイの色を替えている学校が複数存在するのも、それをよくあらわしている。日本全体で女子生徒がセーラー服を着るようになり、私立のミッション系では少しでも特色を出そうとしたのだと考えられる。したがって、人気のセーラー服ではなく、ジャンパースカートとブレザーの組み合わせや、ハーフコートなどを制服にした学校があったのは、そうした違いを示すためであった。

ミッション系では、服装改善運動に早く対応した学校と、制服を制定するのが非常に遅い学校とに分かれている。公立の高女が制服を制定しても、依然として自由な服装で通学を許可していたのは、生徒の独自性を尊重しようとの考え方からであった。そうした学校は、昭和初期からの経済不況や日中戦争の勃発などを受けて、生徒や父兄の要望によって制服化に踏み切っている。この点は制服化が遅かった長野県の高女と同じである。

制服の制定にあたっては、金城女学校でローガンの娘の服、福岡女学校でエリザベス・リーのセーラー服、静岡英和でカナダの「C．G．i．T．」のセーラー服など、外国で用いられていたものを参考にしていることが多い。

第一章で述べたが、イギリスやアメリカをはじめ、欧米諸国では女子生徒の服装としてセーラー服が多く用いられていた。ミッション系の学校は、外国の教会と関係のある外国人が創設者であったり、教職員のなかにも外国人宣教師が含まれている場合が少なくない。日本国内で服装改善運動が起こり、洋式制服および洋服の着用が求められるようになると、そのデザインとして学校と関係の深い国や人物が着ているものを参考にしたのである。

そうした動きは各学校による独自の判断であり、必ずしも横の繋がりで統一が図られていたわけではなかった。この点は雙葉や白百合の姉妹校で確認したとおりである。

註

(1)『恩寵のあと—遺愛学院の歩み—』学校法人遺愛学院、一九八七年、一一〇頁。
(2)(3) 同右、二四一頁。
(4)『福岡女学校五十年史』福岡女学校、一九三六年、七四頁。
(5)『「愛と誠」の教育—百二十三年の軌跡—』熊本フェイス学院高等学校閉校事業実行委員会、二〇一一年、四九頁。
(6)(7)(8)(9)『北星学園女子中学・高等学校の一一〇年』北星学園女子中学高等学校、一九九七年、一〇〇頁。
(10)『松山東雲学園百年史・通史編』学校法人松山東雲学園、一九九四年、二八〇頁。
(11)『梅花学園九十年小史』梅花学園、一九六八年、一四四頁。
(12)(13)『九州女学院の五〇年』九州女学院、一九七六年、四四頁。
(14)『青山女学院史』青山さゆり会、一九七三年、四〇四頁～四〇五頁。
(15)『活水学院百年史』活水学院、一九八〇年、一五〇～一五一頁。
(16)『捜真』二四、捜真女学校、一九六七年、一四一頁。
(17)『女子学院の歴史』学校法人女子学院、一九八五年、四一〇頁。
(18)(19) 同右、四一一～四一三頁。
(20)『神戸女学院百年史・総説』神戸女学院、一九七六年、二六五～二六六頁。
(21)『小羊』一四、東洋英和女学院小学部、一九五五年、一六頁。

(22) 東洋英和女学院東光会『東光』第五号、東洋英和女学院、一九六六年十二月、五頁。
(23)『静岡英和女学院百年史』学校法人静岡英和女学院、一九九〇年、四六七頁。
(24)『創立八十周年記念誌』静岡雙葉学園、一九八三年、一七七頁。
(25)『百周年記念誌』白百合学園、一九八二年、九五頁。

表３　ミッション系高等女学校の制服

学校名	系統	所在地	制定年月	制服区分	内容
平安高女	聖	京都	大正９年11月	ワンピース	セーラー襟
金城女学校→金城女子専門学校附属高等女学部	プ	愛知	大正９年４月 大正10年９月	洋服着用 セーラー服	 襟・胸当てに白線２本，袖に白線２本を２段
聖心女子学院高女	カ	東京	大正９年 大正12年	ジャンパースカート ジャンパースカート	
フェリス和英女学校	プ	神奈川	大正10年11月 大正14年６月	セーラー服 セーラー服	（標準服） （制服化）
福岡女学校	プ	福岡	大正10年12月	セーラー服	（冬服）襟・袖に臙脂色の３本線，臙脂色のネクタイ，胸当てに白い錨，（夏服）空色ギンガムの半袖に黒のネクタイ
大江高女	プ	熊本	大正10年 ～大正13年	洋服奨励 洋服を制服（セーラー服）	紺地で白線３本
西南女学院	プ	福岡	大正11年４月	セーラー服	
普溜女学校→普溜高女→聖泉高女	聖	大阪	大正11年４月	セーラー服	紺襟・袖に臙脂３本線，臙脂のネクタイ，白襟，冬は紺のフェルト帽，夏はパナマ帽
大阪信愛高女	カ	大阪	大正11年４月 昭和13年４月	セーラー服 セーラー服	
北陸女学校→北陸女学院高等女学部	プ	石川	大正11年 昭和10年	セーラー服 セーラー服	（冬服）茶色，（夏服）白 赤地の襟・袖に黒線３本，（冬服）紺，（夏服）白
頌栄高女	プ	東京	大正11年９月 昭和３年４月	ブレザー，ジャンパースカート セーラー服	（標準服） 襟・袖に白線３本，黒ネクタイ結び目小さい結び切り

静岡英和女学校→静陵高女	プ	静岡	大正11年 大正12月4月 昭和16年	洋服 セーラー服・ジャンパースカート セーラー服・ジャンパースカート	(冬服) 紺地, (夏服) 白地, 紺襟・袖に白線3本 左腕に富士と桜のワッペン
松山女学校→松山東雲高女	プ	愛媛	大正12年7月	セーラー服	
住吉聖心女子学院→小林聖心女子学院高女	カ	兵庫	大正12年	ジャンパースカート	
ウヰルミナ女学校→大阪女学院高等女学部	プ	大阪	大正12年	セーラー服	(冬服) 紺襟・袖に白線3本, (夏服) 白地, 襟・袖に白線3本
聖母女学院→聖母女学院高女	カ	大阪	大正12年	ジャンパースカート	
日の本女学校	プ	兵庫	大正13年 大正15年	洋服着用任意 セーラー服	(冬服) 紺, (夏服) 白
横浜英和女学校→成美学園	プ	神奈川	大正12年 大正13年 大正13年 昭和5年 昭和14年4月	洋式制服 ワンピース ワンピース 白の絹ポプリン上着 セーラー服	紺サージ (夏服)
雙葉高女	カ	東京	大正13年	セーラー服	(冬服) 紺地で襟・袖に黒線3本, 胸当て・襟の左右に赤糸で錨の刺繍, (夏服) 白地半袖, 紺襟に白線3本, 胸当てと襟の左右に白糸で錨の刺繍, (中間服) 白長袖の紺袖に白線3本, ネクタイは黒, 冬はビロード (2年後からフェルト) の帽子, 夏は麦藁帽子

広島女学院高等女学部	プ	広島	大正13年	セーラー服，ジャンパスカート	（冬服）襟・袖・胸当てに白線2本，白のネクタイ，（夏服）ジャンパースカート
松蔭高女	聖	兵庫	大正14年	ワンピース	白襟，紺地
札幌藤高女	カ	北海道	（大正14年）	セーラー服	
九州女学院	プ	熊本	（大正15年4月）	セーラー服	（冬服）紺地，紐ネクタイ，（夏服）白のワンピース，ベルト
			昭和4年	セーラー服	（夏服）白地三角タイ，冬は大黒帽，夏は麦藁帽子
横浜紅蘭女学校	カ	神奈川	大正13年	ワンピース	
			大正15年10月	セーラー服	
仏英和高女	カ	東京	大正15年10月	セーラー服	（冬服）紺の襟・袖・胸当てに白線3本，山型の白線3本が入った棒ネクタイ，（夏服）白地で紺襟・袖・胸当て，右腕に白百合の校章入りのワッペン，冬は紺，夏は白の帽子
清心高女	カ	岡山	～大正14年	セーラー服	（冬服）襟・袖に白線2本
			昭和6年	ショールカラーの上着	丸襟のブラウス，白のネクタイ
			昭和15年	オープンカラーの上着	
東洋英和女学校	プ	東京	昭和2年	セーラー服	（冬服）紺地に赤線3本，普段は紺，式の日は赤のネクタイ，（夏服）白地に鼠色の襟と袖に白線3本
			昭和4年	セーラー服	（冬服）紺地の襟・袖にゴールド線3本（のちに2本），ガーネット色のネクタイ，左腕に「楓にＴＥ」のワッペン，（夏服）白地の襟に白線2本，ガーネット色のネクタイ
共立女学校	プ	神奈川	昭和2年	セーラー服	（冬服）赤地の襟・袖に黒線3本，（夏服）白の上着，紺のスカート

不二高女	カ	静岡	昭和２年４月	ジャンパースカート	ベルトに「不二」，学年識別を胸章，学生帽
八代成美高女→八代高女	カ	熊本	昭和２年 昭和６年 昭和13年	ブレザー セーラー服 セーラー服	紺地の襟・袖・胸当てに白線３本，左腕に白百合のワッペン，白のネクタイ
下関梅光女学院	プ	山口	～昭和２年	セーラー服	（冬服）紺サージ襟・袖に白線２本，胸当てに刺繍，（夏服）白襟に黒線２本，黒のネクタイ
山梨英和女学校	プ	山梨	昭和４年 昭和10年 昭和15年	セーラー服 セーラー服 セーラー服	（冬服）紺の襟・袖・胸ポケットに明るい紺線３本，臙脂のネクタイ，（夏服）白でネイビーブルーの襟・袖に白線３本，ネイビーブルーのネクタイ 左腕に紅の楓に英和，紺の山型３本線のフッペン 左腕に紅の楓に栄和，紺の山型３本線のフッペン
香蘭女学校	聖	東京	昭和３年３月	ジャンパースカート	
梅花高女	プ	大阪	昭和３年４月	セーラー服	紺セルの襟・袖に白線３本，縹色サテンのネクタイ，紺フェルトの帽子
普連土女学校	プ	東京	昭和３年 昭和12年	セーラー服 ジャンパースカート	
仙台高女	カ	宮城	昭和３年	セーラー服	
同志社女学校高等女学部	プ	京都	大正13年 昭和３年４月	ワンピース，ステンカラーの上着，セーラー服 セーラー服	襟・袖に白線３本，白蝶結び
熊本市上林高女	カ	熊本	昭和４年４月	セーラー服	襟・袖に大小の白線２本
聖保禄高女	カ	北海道	昭和４年 昭和14年	セーラー服 セーラー服	白襟に３本線，胸当てに白線３本，錨の刺繍，棒ネクタイ （冬服）紺襟・袖に白線３本，（夏服）白地で襟・袖に紺線３本，ネクタイ
東北高女	カ	岩手	昭和４年	白襟紺地のツーピース	

遺愛女学校	プ	北海道	昭和5年4月	セーラー服	（冬服）紺サージの襟・袖に白線三本，（夏服）白リンネルで襟は紺ポプリン，富士絹の臙脂のネクタイ，式日は白羽二重のネクタイ
尚絅女学院	プ	宮城	大正12年 昭和5年 昭和9年	洋服着用許可 セーラー服 セーラー服	襟に白線2本 （冬服）襟におなんど色線3本，おなんど色ネクタイ，（夏服）白色上着，襟紺色に白線3本
弘前女学校	プ	青森	昭和6年4月	セーラー服	（冬服）紺サージ，襟と袖に茶色線2本，（夏服）白ギャバジン，藍色の襟と袖に白線2本，富士絹の臙脂色ネクタイ（儀式）絹繻子の薄オレンジ色
光塩高女	カ	東京	昭和6年	セーラー服	
聖霊学院高等女学院	カ	秋田	昭和6年 昭和11年12月	セーラー服 セーラー服	襟に白線2本，襟の前後に千鳥模様 襟に白線2本，襟の前に千鳥模様，後に星，胸に徽章
宮城女学校	プ	宮城	昭和6年	ブレザー	
青山学院高等女学部	プ	東京	昭和7年	セーラー服	（冬服）濃紺のサージで緑色3本線，ネクタイ通しに「A・J・G」を緑色で刺繍，（夏服）白麻か白ポプリン，冬はフェルトの「お釜帽」，夏はつば広の麦藁帽子（のちに白ピケに変わった），緑色のリボン
北星女学校	プ	北海道	昭和8年4月	セーラー服	（冬服）紺地の襟・袖・胸当てに白線1本，（夏服）白地で紺襟・袖・胸当てに白線1本，後ろ襟に星章，冬は紺，夏は白のつば付き帽子
福岡女子商業学校	カ	福岡	（昭和8年4月）	ハーフコート，ジャンパースカート	
女子聖学院	プ	東京	昭和8年	セーラー服	
捜真女学校	プ	神奈川	昭和8年	セーラー服	（通常）紺ネクタイ，（儀式）白ネクタイ

共愛女学校	プ	群馬	大正15年 昭和2年 昭和3年 昭和4年 昭和8年	ジャンパースカート テーラーカラーの上着，ジャンパースカート セーラー服 セーラー服 セーラー服	（夏服）水色 （冬服）ベルト，（夏服）オレンジ （冬服） （夏服） 白襟
神戸女学院	プ	兵庫	昭和8年 昭和11年5月	洋服着用 セーラー服	 紺襟・袖に白線2本，白のネクタイ，左腕にワッペン
聖名高女	カ	鹿児島	（昭和8年4月）	ツーピース	黄色襟黒地
女子学院	プ	東京	昭和9年	セーラー服	（冬服）紺サージ，襟・袖に白線3本，ネクタイ通しにJGの白刺繡，腕章，（夏服）白襟・袖口・JG，腕章が水色
純心女学院→長崎純心高女	カ	長崎	（昭和10年4月）	ジャンパースカート，ハーフコート	
活水女学校高等女学部	プ	長崎	昭和10年5月	セーラー服	（冬服）襟と袖に白線3本，襟の後ろ左右に星の刺繡，（夏服）白地で水色襟，ネクタイは1年が赤，2年が臙脂，3年が水色，4年が紺，5年が黒，式典用が白
清和女学校	プ	高知	（昭和11年）	ジャンパースカート，ハーフコート	
乃木高女	カ	神奈川	（昭和13年）	セーラー服	（冬服）紺地，（夏服）白地，紺襟・袖・胸当てに白線3本，左腕に白百合入りのワッペン

註：系統のカはカトリック系，プはプロテスタント系，聖は聖公会系のことである。厳密には高女ではない女学校も含まれている。制定年月の（　）は開校と同時であることを示す。表は，各高等学校の記念誌および各高等学校の所蔵史料から作成。制定年月の（　）は開校を示す。

第八章

日中戦争とアジア・太平洋戦争下のセーラー服

日中戦争の長期化による影響

昭和十二年（一九三七年）七月七日に日中戦争が勃発した。政府や軍部の見込みは甘く、十二月に南京が陥落してからも終わらなかった。国家総力戦を遂行するため、翌十三年四月一日に国家総動員法が制定された。戦争の早期解決を図るため、軍事優先の経済政策が行われるようになる。

文部省は、昭和十二年十月に選択的消費節約通牒、翌十三年一月に代用品指示通牒を発したが、同年七月には小学校、中学校、女学校を対象に、制服や制帽と、皮革類製品の新調を禁止することを決定した。二度の通牒を受けて、昭和十三年度から不要な新調を禁止したり、代用品を利用したりする学校もあらわれた。

広島県立松永高女では昭和十三年度からスカートの丈を短くするように指導した。千葉県立木更津高女では昭和十三年四月から雨の日を除いてレインコートの着用を禁止し、十二月にはスカートに代えてモンぺの着用を認めた。福岡県立大牟田高女では、昭和十三年の夏から長靴下を禁止して、靴に代えて下駄を履くことを許可している。

日中戦争の長期化は、セーラー服の生地にも影響を与えた。スフの登場である。スフとは、パルプを原料とする繊維であり、長繊維のレーヨンに対し、短繊維である。天然素材に比べて耐久性に劣り、水に弱いのが欠点だが、アメリカやイギリスとの関係悪化につれて輸入が難しくなった綿や羊毛の代用品として注目された。

徳島県立小松島高女では昭和十三年七月十一日の職員会議で消費節約と資源愛護に関する指示が決定された。夏服と冬服ともにスフを使用すること、儀式用の白ネクタイはもとより通常時のネクタイを廃止し、なるべく襟を短くすること、スカートは夏冬兼用にして身幅を減らすこと、外套・手袋・襟巻使用を禁止すること、通学靴はズック靴を認め、雨のときは下駄を使用してもよいことなどである。

いずれも太平洋戦争中に、全国の高女で見られる姿である。学校側が下駄履きを奨励しても、当初は女子生徒の多くは革靴や長靴下を履いていた。またそれらを自由に購入することも可能であった。しかし、革靴がすり減ったり、長靴下に穴が空いたりして使えなくなったとき、次第にその交換をすることが難しくなっていくこととなる。

国防色のセーラー服は存在したか?

被服協会では国防色の生地を詰襟の制服に取り入れて、軍服と制服との近接を図ろうとした。その成果は戦前から上がっていたが、日中戦争によって再び注目された。となれば、女子生徒のセーラー服にも国防色の生地をという声があってもおかしくはない。昭和十三年三月二十日付の『婦女新聞』には「女学生の制服も国防色に」と題する記事が掲載されている。

その記事では「山口、愛知、広島各県に於ては既に女子中等学校にも国防色の制服を採用、好成績なるに鑑み、先づ男子中等校に続いて女子中等校生徒にも採用する事になつた」と紹介している。しかし、実際に県下で採用されたのか、記者は裏づけ調査を行っていない。(1) 山口、愛知、広島の各県の高女の制服変遷については第四章で書いたが、どの記念誌にも国防色の制服を採用したという記述はなく、またそれらしい制服を着ている写真も見つけられなかった。

『婦女新聞』の記述はわかりにくいが、すでに詰襟に国防色を取り入れる中学校があったため、それを高女にも拡げる必要性があると主張していたと見るべきだろう。被服協会の雑誌である『被服』を通読しても、全国の女子中等学校で国防色の生地を採用したとの報告は載っていない。これは多くの県で男子中等学校の詰襟が統一化されたのに対し、女子中等学校でセーラー服が統一なされなかったのと同じである。「女学生の制服も国防色に」というのは構想にとどまり、高女で国防色の制服は実現しなかったと考えられる。

「服育」の断絶

日中戦争の長期化は「一石三鳥」であった「服育」をも奪った。宮城第三高女ではブレザーであったが、昭和十年に県下統一のセーラー服が制定されると、それを機に四年生が一年生の夏服を縫製するようになった。しかし、昭和十三年に絹糸配給切符制が実施されると、翌十四年から学校内で縫製することができなくなった(2)。

広島県立三次高女でも同じ動きをしている。四年生が一年生のセーラー服を縫製することは「昭和十二、三年頃まで続いていた」。その「服育」が途絶えた理由については、「日中戦争が始まってからは」「資材がなくなったのでしょうね」と述べている(3)。

セーラー服を県で統一した宮城県や広島県でも「服育」が困難になったのである。となれば、自主的にセーラー服百%となった新潟県で生徒たちが自製することができないのは当然である。新潟県立巻高女ではセーラー服の冬服を四年生が卒業制作として一年生に渡し、一年生は夏服を縫製した。しかし、昭和「一五年頃には取りやめになったようである(4)」。

戦時体制の制服を求めて

国民精神総動員中央連盟は、厚生省を中心とした「服装に関する委員会」を編成し、全国の女子中等学校の制服を統一規格にすることを検討した。厚生次官広瀬久忠を委員長とし、委員には日本連合女子青年団理事長吉岡彌生、東京府立第一高等女学校長桜井賢三、東京女子高等師範学校教授兼文部省督学官成田順、大妻高等女学校長大妻コタカ、日本婦人団体連盟市川房江など五十五名が選ばれた。

大妻コタカは「現在のセーラー服を基調としたものなどが適当でせうが、漠然ときめずに、女学生の希望、意見を広くきくことが何よりも必要です。現在のセーラー服は衛生と優美の二つの点では、殆ど難のうちどころがありません」と述べている(5)。

文化学院教員河崎なつは委員ではないが、全国的にセーラー服を用いているため、制服の統一は難しくないと考えていた。昭和十三年十一月に「専門諸家の批評を仰ぐ会」が取り上げた「鐘紡報国服」も、セーラー服に手を加えたものであった。本書の各章で実証してきたとおり、セーラー服は全国的に普及し、高女の生徒にも人気が高かった。したがって、セーラー服を基本に考える有識者は少なくなかった。

女子中等学校の制服の統一規格については、全国高等女学校長会議でも議論となった。とはいえ行政職である校長たちが、自分で制服を考案できるはずがない。そこで、昭和十四年に会議の研究部は「国策に沿う女学生服」の募集を行った。同年四月には百十四点の応募作品から十四点が当選し、そのうち七点が日本橋三越で展示された。一等は東京女子高等師範学校附属高女が考案したセーラー服、二等は実践高女が考案したジャンパースカートであった。

当選作は総じてジャンパースカートの方が多かった。その理由は上着のブレザーがなければ、セーラー服よりも使用する生地が少なかったからではないかと考えられる。しかし、一等にはやはり人気のセーラー服が選ばれている。

文部省標準服の制定

昭和十六年一月十日に文部省標準服が発表された。冬服は紺、夏服は白、セーラー襟を廃止してヘチマ襟とし、冬服は襟に白襟をつけ、上着三つ釦の釦合せは男性と同じ右前とした。スカートの襞はなくし、寒冷地などはブルマーも用いるとした。折立襟で三つ釦の紺の外套も用意されていた。標準服の冬服は上下で二十円二十銭、夏服は上下で十六円九十銭であった。

この年の四月から女子生徒が制服を新調する場合は文部省標準服でなければならなくなった。第四章で取り上げた制服のデザインや生地の規格を統一した県を除けば、セーラー服でも価格に違いがあった。ジャンパースカート、ブレザー、ハーフコートなどデザインの異なる制服に使う生地や価格に違いが生まれるのは当然である。それらを文部省標準服によって全国統一した。これによりセーラー服を洋服店で新調することは難しくなる。

91　文部省標準服を着る熊本県立第一高等女学校の生徒　熊本県立第一高等女学校，昭和 20 年 3 月（筆者所蔵）

しかし、二年生以上の生徒は従来の制服をそのまま使用し、それが使いものにならなくなるまで新調する必要はないとした。新しい制服が必要な新入生であっても、中古の制服を所持していれば、それを用いるように奨励した。昭和十五年四月までの入学者が着ている制服の使用を認め、同十六年四月入学者であっても、小学校時代のセーラー服などを着ることができたのである。文部省標準服は、新調を余儀なくされた生徒に限定された。なぜ、このように強制力の弱いものとなったのかといえば、全生徒に文部省標準服を行き渡らせるだけの生地が不足していたからである。

セーラー服が標準服にならなかった理由

文部省標準服が制定されるまで、有識者たちは何度も議論を重ねた。国民精神総動員中央連盟が設けた「服装に関する委員会」は、昭和十三年十一月十五日に第一回の委員会を開催した。

成田順は文部省標準服について「我が国古来の服装文化の特徴を活かし、真に我が国情を基調として整理改善合理化し、保健的・活動的・経済的・国防的且つ外観美的」なものと評価している[6]。大妻コタカもセーラー服を支持していたが、昭和十五年には「洋服も是非この際日本化」をと発言するようになった[7]。文部省標準服の白襟や釦合せを右前にした点などは、日本の着物を洋服に取り入れていたといえる。

文部省標準服にセーラー服が選ばれなかった理由は「我が国古来の服装文化の特徴」や「日本化」という点が重視されたからであった。襟の小さいヘチマ襟は、襟の大きなセーラー襟に比べて使う生地が少ない。経済的な点からもセーラー服は採用されなかったと考えられる。

しかし、ヘチマ襟のデザインについて心配する声もあった。大阪府女学生制服研究委員会の委員長で泉尾高女の校長米井節次郎は、文部省標準服の発表を受けて「上衣がセイラー型でないこと、スカートに襞がない点は大阪案と根本的に異なり、新制服では女学生らしい可愛さが薄れはしないかと心配してゐます」と述べている。[8] この後に米井が心配したことは現実となる。

女子生徒たちの感想

愛媛県立西条高女の生徒は「あこがれのセーラー型制服は、私どもの時からスフの入ったペラペラの国民服乙型とかいう、へちま衿の制服に変わり、がっかりした」と回想する。[9] 東京府立第三高女の生徒も「上級生の方々のセーラー姿は美しかったが、私達は新制服と称するヘチマ衿の上着とひだ無しのスカートに統一されてセーラーを作ることが出来ず、本当に残念だった。しかも布地がスフで、紺の色も冴えず、お姉様のおさがりのセーラーを着ているお友達が羨しかった」と述べている。[10]

新潟県立新潟高女では、「エレガントな制服と信じて大切にしてきたセーラー服をすてて、やぼくさい全国一律の服を着なければならないのはショックだった。ふだんはともかく儀式の日になると、皆大切にしまっておいたセーラー服にアイロンをかけて着てくるのがせめてもの心意気だった」という生徒が少なくなかった。[11]

古着のセーラー服を探せ

熊本県立水俣高女は、昭和十六年四月に水俣実科高女から高女へと昇格した。実科高女時代からセーラー服であったが、高女昇格と同時に文部省標準服が導入された。この年に三年生であった生徒は、「ヘチマ襟の制服というのは全体的に女学校の制服としてきめられていたようです。ほかの女学校もみんなそれに統一されたようでした。持っている人はセーラー服を着てもいいと。でも、セーラー服がなくて、新しくつくる人は標準服をつくるように言われました」と証言する。[12]

日本女子大学校附属高女のセーラー服は標準服であったが、生徒たちは好んでそれを着ていたことは第三章で述べた。だが、憧れのセーラー服を着ることが難しくなってきた。昭和十六年四月に入学し、同二十年三月に卒業した生徒たちは、「私たちの回生から、女学生の制服はヘチマ衿の国民服ということになった。がっかりである」、「先輩のお下がりのセーラー服をいただいて着たときの嬉しかったことは忘れられない」という。(13) そのなかの生徒の一人は、「ヘチマ衿制服の悲哀」という題名の回想を残している。

ショックはヘチマ衿のバスガール服だったことです。校章をつけましても、テーキを入れましても、さまになりません。そのうち十六年十二月八日、戦争に突入してしまいました。ヘチマ衿制服を嫌って、セーラー服を着る方もふえてきました。私も田舎に生地があるからと、セーラー服をたのみ、やっと女学生らしい服装に。そして嬉しく通いましたのもつかの間、その当時のスフ入り生地であったため、毎日着ておりますうち、よれよれとなってしまったのです。淋しい淋しいことでした。(14)

ヘチマ襟の文部省標準服は、大正時代にバスガールに間違われて嫌な思いをした初期の制服に類似していたのである。文部省標準服を着たくない生徒は、色々な手段を使ってセーラー服を入手した。しかし、戦前の純毛製は手に入らず、スフ混織のため、惨めな思いを味わっている。しかしそれでも、昭和十五年度までに入学した上級生が着ていたセーラー服に襞のあるスカートのほうが、ヘチマ襟の文部省標準服よりはるかによかったのである。

茨城県水戸市立高女の生徒は、「野暮なデザインだったのでしょう。私は遂に、国民服を着用しなかった。姉のお古のセーラー服を大切に手入れしながら卒業まで着たのでした。ジャバラが黄ばんでベンジンで拭いたものでした。国民服はバスガールの様だと、友人と悪口を言って笑った」と語る。(15)

文部省標準服の限界

太平洋戦争の開戦後四か月後の昭和十七年度から早くも衣料流通が厳しくなっていることがわかる。それは東京も例外ではなく、東京私立豊島高女の生徒は、「あのスマートな豊島の制服が、日本中同じ形、ヘチマ襟の国民服になってしまったのです。配給なんです。靴も、コートも。しかも抽籤で、制服が当れば、他のものは、次の順番を待つ。大塚の資生堂まで受け取りに行くのです。一年生全部に配給されるまで、随分長い期間があったと思います。みじめな女学生の始まりでした」と回想する。[16]

現実的に全国の高女に文部省標準服を行き渡らせることはできなかった。昭和十八年三月三日の『読売新聞』には「校服新調は控えよ」と題し、「校服などは出来る限り国民学校時代のものを用ひ、やむを得ないものだけは校長の認可を得て新調するといふことになつてゐます」とある。[17]小学校のときのセーラー服をそのまま着続けることを奨励し、どうしても必要なときに文部省標準服を新調しろという。

文部省標準服は制定当初から矛盾した指示が出されていたのである。加えて評判が悪かったため、女子生徒たちも古着で済ませようとした。また配給の生地を手に入れても、素直に文部省標準服を仕立てたとは限らない。学校制服店のヨシザワによれば、太平洋戦争中は生徒が持参する粗悪な生地でセーラー服を作ったという。洋服店によっては国の命令ではなく、生徒の希望に応じるところもあったのだ。文部省標準服を着る生徒は、もうそれ以外に選択肢がなかったと考えられる。

女子生徒とズボン

北海道庁立根室高女では、昭和十五年の冬から、校長青柳賢治が考案した「ネーヴィ・ブルーの水兵服上下」という海軍水兵と同じようなズボンを穿かせた。これは寒冷地での防寒対策として取り入れたものであったが、女子生徒の「決戦態勢のお手本」だと紹介された(18)。

作家で女性史研究者の村上信彦は、昭和十七年に根室高女で生徒たちにズボン・モンペ・スカート・キモノに関する比較アンケート調査を実施し、その結果を『服装の歴史・三―ズボンとスカート―』に載せている。

ズボンの制服をどう見るかという問いについては、便利で温かく活動的であることには異論が少ない。家庭でも穿きたい（二百五十八人）というのも多いが、家庭では穿きたくない（百七十六人）、仕方ないから穿く（十八人）などもかなりの数がいる。穿くのはずかしいが馴れれば平気だ（二百八人）という人が多いのも特徴である。

そして美的の観点から比較すると、スカート（二百七十六人）、キモノ（二百三十三人）、ズボン（百五十九人）、モンペ（十六人）という順であり、「みにくい」と思うのはモンペ（百五十八人）、ズボン（五十二人）、スカート（二人）、キモノ（一人）という順である。

この統計からわかることは、ズボンそのものに限れば穿くことに抵抗がないが、それはあくまでもモンペと比べてであることを看過してはならない。美的には生徒たちが活動的ではないと認識している着物よりも評価が低い。

生徒たちの意識には、根室の町の人々や父兄、他校の人の評価も影響していただろう。「あたたかそう」「経済的だ」「働きよさそう」「きりっとしている」という実用的な観点から高評価がある一方で、「男みたいだ・女らしくない」「醜態だ・恰好がよくない」「不経済だ」「オテンバだ・オテンバになる」といった否定的な意見も少なくなかった。

こうした着る生徒の美意識と、周囲からの評価が重なると、ズボンはスカートの魅力には勝てないのである。スカートが選択肢にあれば、好んでズボンを穿く生徒はいなかったと考えられる。戦後にも石川県の北陸学院高等学校では冬季の防寒対策としてズボンの着用を認めるが、スカート姿の生徒の方が多く、昭和三十年代後半にズボン姿は消

92　女子学習院の初等科・中等科の集合写真（昭和 20 年）『学習院女子中等科女子高等科 125 年史（改訂版）』学習院女子中等科女子高等科，2014 年

えてしまう。

今となっては根室高女を対象に行った村上の統計調査は貴重だが、「このような実例（ズボンを採用したこと）は私の知るかぎりの全国の女学校で他に一例もない」と断言しているのは問題である。[19]

女子学習院の昭和二十年から二十三年までの集合写真では、高等科から初等科まで両脚にピッタリと密着したズボンを穿いているのが見て取れる。茨城県立助川高女の生徒は、「昭和十六年秋頃から従来のスカートが廃止され、北条先生の考案で乗馬ズボン形のズボンをはく様になりました。あの頃形が悪くて皆で嫌がったものです」という。[20]

山形県立米沢高女の生徒は、「制服はセーラーに襞のあるスカートと決まっていましたが、米高女で卒先（ママ）して女の子にズボンをはかせることになり町の話題となりました。今のスラックスなどと違い父や兄のお古をなおして着るのですから、お尻の大きさが目立ちどうしたら恰好よく着られるか苦心したものです」と回想している。[21]

セーラー服とモンペ

現代の読者からすれば、ズボンもモンペも同じじゃないかと思うかもしれないが、似て非なるものである。モンペは農作業で女性も穿いたが、ズボンは明治時代から男性が穿くものと見なされていた。したがって、昭和十七年から滋賀県立彦根高女では、「ズボン型は禁止でモンペになり、翌年になると防空頭巾を持ち、モンペ姿でカラコロ下駄の音を響かせながら通学する」ようになった[22]。ズボンが両脚に密着するのに対し、モンペは袴のようにゆとりがある。その被服構造の違いは、洋服生地を使用するズボンと、着物を再利用できるモンペという点にあるだろう。

全国の高女に広がったのはモンペであった。その理由は既存の着物を再利用することができたからだ。全国的にモンペ姿が女性の決戦服となり、工場での勤労をはじめ、農作業のときにも着用した。

彦根高女の生徒は、「物資不足で制服も新調出来ず、お姉さんのおさがりだとか、お兄さんの服で廃物利用したとか、私も祖母の羽織でセーラー服を、スカートは、父のメリンスの帯で作りました。せっかく作ったこのスカートも半年位で、あとはモンペに切り替えられました」と語っている[23]。

戦時体制による開放

昭和十七年に北海道庁立苫小牧高女に入学した生徒は、小学校時代から着ていたセーラー服を再利用したが、「スカート丈も膝下五センチでお作法の先生が一人一人点検でした」と述べている[24]。第二章の服装検査で膝下十センチや十五センチを基準としていたことから見て、十センチも丈が短くなったことがわかる。これは太平洋戦争に突入して布地の節約が余儀なくされた結果である。

日中戦争期から革靴の代用として下駄を履き、長靴下の廃止を呼び掛けていた。だが、革靴や長靴下はもとより、制服の生地も自由に購入できた頃は、そうした方針に生徒たちは従わなかった。しかし、昭和十七年度から衣料切符制度が実施されると、それらの入手は難しくなった。その上でスカート丈が短くなれば、女子生徒たちの脚はさらされることとなる。これは日常生活では下品な行為と見なされていたが、戦時下という非日常生活においては仕方がなかった。

背に腹を変えられぬ選択肢であったが、学校側もそれがよいとは思っていなかった。したがって、多くの学校でスカートの着用を禁止し、モンペを取り入れたのである。モンペであれば両脚を隠すことができた。

敵視されるミッション系

キリスト教を信仰するミッション系の学校にとって、太平洋戦争中ほど苦難を強いられた時代はなかっただろう。開戦に先立ちアメリカやイギリス出身のシスターたちは帰国し、開戦後は敵性語ということで校名変更を余儀なくされた学校もある。崇拝する聖母像は現人神である昭和天皇の御真影よりも格下に取り扱わなければならなかった。

周囲からの冷たい視線は制服にも向けられた。青山学院高等女学部のセーラー服のネクタイ通しには、シンボルである「A・J・G」が緑色で刺繍されていた。これが敵国であるアメリカやイギリスの文字だと問題になった。ところが、学校側は、これは敵国の文字ではなく、軍事同盟国イタリアのローマ字であると説明することで難を逃れた。ただし、昭和十七年一月に一年生全員が文部省標準服になっていたため、なかなか従来のセーラー服を着ることが難しくなった。

活水女学校が制服に使っていた星章は、同盟国のものだと主張するわけにはいかない。昭和十八年に同校の家政科に入学した生徒は、「戦時体制がますます強化され、学校令の強行で私立学校、特にキリスト教主義の学校には風当りが激しくなり、女学部の人は制服を着て通学しているのに、星条旗の星をつけて非国民だ、セーラーの星を取れとか、活水はスパイだろうなど、電車な中や浜の町の人込み中でいわれました。女専の人も活水の生徒とわかると髪が長いから、くくりなさい、モンペの裾はきちんと結びなさいなど、目の敵にされ、世間の人から大変冷たい目で見られ、つらい思いをしました」と語っている(25)。

文部省標準服ではなくセーラー服を着る場合には、そうした辛い思いをしなければならなかった。それでも着続ける生徒たちが少なからずいたことには留意を要する。セーラー服発祥の金城女子専門学校附属高等女学部で昭和十八年に撮影された集合写真を見ると、六十人がセーラー服を着ており、文部省標準服姿は四人しかいない。それほど彼女たちにとってセーラー服は憧れであり、文部省標準服は青春を奪った戦争の象徴でしかなかったのである。

戦局が悪化しても消えなかった

セーラー服の姿が消えなかったのは金城女子専門学校附属高等女学部だけではなかった。東京府立第五高女の昭和十九年三月の卒業生は、二百五十七人全員がセーラー服を着ている。彼女たちは昭和十五年入学であるから、文部省標準服を新調することなく、従来のセーラー服を卒業まで着ていたことになる。しかし、昭和二十四年頃の集合写真を見ても、全員がセーラー服を着ているので、なんとしても憧れのセーラー服を死守しようとの思いが見て取れる。

どこの高女でもそのような姿勢を保つことは難しかった。昭和十九年三月の岡山県矢掛高女の卒業生は、セーラー服が五十一人、文部省標準服が四十六人、岡山県標準服が四人。邑久高女の卒業生は、セーラー服が五十一人、文部省標準服が十八人、岡山県標準服が三十一人。瀬戸高女の卒業生は、セーラー服が四十四人、文部省標準服が六十一人、岡山県標準服が四十四人である。標準服の着用率には差が見られるが、セーラー服の数は同じくらいであり、三校の合計数ではセーラー服がもっとも多い。

島根県立大社高女の卒業集合写真からは、昭和十六年から二十年の入学年度にかけてセーラー服の確保が困難になったことがうかがえる。昭和十九年の卒業生はセーラー服が六十八人、標準服が三十九人、同二十年はセーラー服が

93　岡山県矢掛高等女学校の昭和 18 年度の卒業写真　『卒業記念』岡山県矢掛高等女学校，昭和 19 年（岡山県立矢掛高等学校所蔵）卒業記念写真のため，特別にスカートを着用したと考えられる

94　富士見高等女学校の昭和 19 年の卒業写真　学校法人山崎学園富士見中学校高等学校所蔵

二十三人、標準服が七十八人、同二十一年はセーラー服が三十三人、標準服が八十人、同二十二年はセーラー服が二十三人、標準服が九十三人、同二十三年はセーラー服が三十八人、標準服が八十一人、同二十四年はセーラー服が四十二人、標準服が五十六人である。

昭和十七年度から十九年度の入学生にかけて文部省標準服が増加しているのがわかる。こうした傾向は全国的に見られる。しかし、古着のセーラー服を見つけることが難しくなってからも、その姿が完全に消えることはなかった。岩手県立高田高女の生徒は、「大東亜戦争の勃発と共に、学校教育のすべてが、軍国主義一色に塗り替えられてしまったのです。先づ服装は上はセーラー服でも下はズボン、それも今のような「カッコイイ」のではありません。爺さんや婆さんの、木綿の着物をほどいて、ダブダブのモンペを自分で縫います」と回想する。(26) ここではズボンとモンペを同一視してしまっているが、どちらにしても「軍国主義」と受け取っている点には注目すべきである。

セーラー服にスカートは、戦争が始まる前の平和な時代の女子生徒の憧れの姿であった。ヘチマ襟にズボンやモンペ姿は、それに代わる戦時下の決戦服として着用を強いられたものに他ならない。女子生徒たちにとって、スカートが穿けないのであれば、せめても上着だけはセーラー服を着たいと思った。その思いで上着のセーラー服にズボンまたはモンペという折衷された姿となっていたのである。

註

（1）この記事を引用した蓮池義治氏は内容に疑いを持っていない（蓮池義治「近代教育史上よりみた女学生の服装の変遷」四〔『神戸学院女子短期大学紀要』一九、一九八六年三月〕）。

（2）『五十年のあゆみ』宮城県第三女子高等学校、一九七四年、一〇頁。

（3）『巴峡百年』下、広島県立三次高等学校同窓会『巴峡百年』刊行会、二〇〇二年、九六八頁。

（4）『白楊百年』新潟県立巻高等学校創立百周年記念事業実行委員会、二〇〇七年、一二六頁。

(5)『読売新聞』一九三八年十一月二十一日、朝刊。
(6)成田順「文部省新制定の師範学校及び中等学校女生徒の制服について」(文部省編『文部時報』第七四〇号、一九四一年一〇月〔『文部時報』六八、日本図書センター、一九九八年所収〕)。
(7)『東京朝日新聞』一九四〇年一月二十五日、朝刊。
(8)『大阪朝日新聞』一九四一年一月十一日、朝刊。
(9)『西条高校七十周年記念誌』西条高校七十周年記念事業推進委員会、一九六八年、三〇四頁。
(10)『移りゆく時をすごして』都立第三高女四十六回生都立駒場高校二回生、二〇〇〇年、三一頁。
(11)『われらの八十年』新潟県立新潟中央高等学校、一九八〇年、「セーラー衿からへちま衿へ」の頁。
(12)『水俣高校創立八十周年記念誌―はちのじ坂―』水俣高校創立八十周年記念事業実行委員会校史編集委員会、一九九八年、三七頁。
(13)『百合樹の蔭に過ぎた日』日本女子大学附属高等女学校四十五回生西組記録の会、一九九七年、二二頁、四五頁。
(14)同右、六六頁。
(15)『茨城県立水戸第三高等学校創立五〇周年記念誌』茨城県立水戸第三高等学校、一九七六年、二三頁。
(16)『豊島高等女学校記念誌』豊島高等女学校同窓会、一九八三年、二九八頁。
(17)『読売新聞』一九四三年三月三日、朝刊。
(18)同右、一九四一年十一月二十日、朝刊。
(19)村上信彦『服装の歴史・三―ズボンとスカート―』理論社、一九五六年、二四〇頁。
(20)『四十年の回想』茨城県立日立第二高等学校、一九六七年、五六頁。
(21)『山形県立米沢東高等学校創立七〇周年記念誌生徒会誌』第一〇号、山形県立米沢高等学校、一九六九年、二九頁～三〇頁。
(22)『彦根西高百年史』滋賀県立彦根西高等学校創立百周年記念事業実行委員会、一九八七年、二三一頁。
(23)同右、九五頁。
(24)『創立六十周年記念誌―六十年の歩み―』北海道苫小牧西高等学校創立六十周年記念事業協賛会、一九八一年、二八頁。
(25)『活水学院百年史』活水学院、一九八〇年、六一頁。
(26)『高田高校五十年史』岩手県立高田高等学校、一九八〇年、一〇八頁。

終章

セーラー服が誕生した意味

ここまで八章にわたって各校の特徴を述べてきたが、終章では全体を通してセーラー服が普及した理由と、その統計的分析のまとめを示すとともに、セーラー服が誕生した意味について歴史的な位置づけをする。

高女の洋装化は服装改善運動の産物

全国のセーラー服を調査し、それぞれの府県でどこが最初に洋式の制服を取り入れたのか。そしてどのようにしてセーラー服が広がっていったかを詳述した。それらを読んでわかっていただけたと思うが、どこか一校のセーラー服が全国に伝播したわけではない。

真相は、各府県でセーラー服を制定する高女が登場し、その姿に触発されるように次々とセーラー服に変えていったと言ってよい。その場合には県下初の高女が影響を与えた場合と、岡山県のように周囲の高女がセーラー服になっても県下初の高女だけは変えなかった場合とがあった。各学校は独自に調査を行って、セーラー服を取り入れている。そうした調査が必要になったのは、大正八年から起きる服装改善運動の影響である。文部省が中心となった運動に公立の高女は反応した。

ただし、洋式の制服のデザインはセーラー服だけでなく、ジャンパースカート、ブレザー、ハーフコートなど選択肢はあった。初期のデザインはワンピース、スクエアカラーの上着、テーラーカラーの上着、ステンカラーの上着などであり、大黒帽を被り、ベルトを締めるものが多かった。それらが短命に終わったのは、セーラー服に比べてデザイン的に劣っていたからである。セーラー服を着ていれば、バスガールや女工などに間違われることがなかった。実際に袖を通す生徒たちは、美しいデザイン性に惹かれたのである。

セーラー服は、洋服店や百貨店に注文しても、他のデザインの服に比べて安価に作ることができた。父母の側からすれば、経済的に助かった。また生徒たちでも仕立てることができた。洋服店に任せなければ工賃がかからず生地代だけで済む。生徒たちは簡単な洋裁の技術が身に付くだけでなく、作り手の上級生と、受け取る新入生との間で姉妹のような心の絆が生まれた。学校側は、こうした「服育」の観点からセーラー服を重視した。

セーラー服が普及したのは偶然ではなく、①生徒側が支持するデザイン性、②父母側の経済的負担の軽減、③学校側の「服育」という三要素が重なりあっていた。セーラー服には、この「一石三鳥」の役割があった。

全国の高女のセーラー服の普及率

全国の高女のセーラー服の普及率を計算してみると、百%が北海道を含めた二十県、九十%以上が八県、八十%以上が九府県、全国平均は八十八・九%と、非常に高いことがわかる。史料の現存確認ができず、判明しなかった学校は統計から除いたが、これまで知られていなかった実証的な数値である。

三府を比較すると、東京が六十三・七%、京都が五十九%と低いのに対し、大阪は八十六%と高い。これは東京や京都ではセーラー服ではないデザインの制服を制定する学校が目立ったのに対し、大阪ではセーラー服を支持する学校が多かったことを示している。山梨県は五十七・一%と普及率が低かったが、セーラー服に対抗する個性的な制服を制定し、他校との違いを示したと考えられる。しかし、全国的に考察すると、前項に示した三つの観点からセーラー服を支持するところが圧倒的に多かった。

全国的に調査したことにより、高女の洋服の導入過程についても明らかにすることができた。[1] 全体的に、大正十年（一九二一年）から昭和八年（一九三三年）までの間に弧を描くように和服から洋服へと切り替わっているのがわかる。①洋服着用の許可および洋式の制服の制定は、セーラー服以外のデザインであるが、大正八年の一校から数が増えて同十二年の五十四校を頂点として減少していく。②セーラー服の制定は、大正十五年に三十五校と①の二十校を凌駕し、その後も他のデザインを下回ることはなかった。大正十五年からは③セーラー服へ改正する学校数が増えているが、セーラー服から別のデザインへと改正する高女はほとんどない。

①と②の合計数を示すと表5のようになる。大正十一年から昭和四年まで五十校以上、昭和五年から八年までも二

表4　セーラー服の普及率

	府県名	%		府県名	%
1	北海道	100	25	滋賀	100
2	青森	100	26	京都	59
3	岩手	69.2	27	大阪	86
4	宮城	100	28	兵庫	89.1
5	秋田	90.9	29	奈良	100
6	山形	100	30	和歌山	92.8
7	福島	81.8	31	鳥取	100
8	茨城	77.7	32	島根	92.8
9	栃木	90	33	岡山	80.6
10	群馬	100	34	広島	100
11	埼玉	89.4	35	山口	100
12	千葉	71.4	36	徳島	71.4
13	東京	63.7	37	香川	91.6
14	神奈川	62	38	愛媛	100
15	新潟	100	39	高知	100
16	富山	70	40	福岡	97.5
17	石川	100	41	佐賀	100
18	福井	100	42	長崎	66.6
19	山梨	57.1	43	熊本	90
20	長野	88.8	44	大分	87.5
21	岐阜	100	45	宮崎	100
22	静岡	100	46	鹿児島	88.2
23	愛知	100	47	沖縄	85.7
24	三重	91.6	48	平均	88.9

出所：巻末の全国高女の制服一覧から作成。

表5　全国の高女の制服制定過程

	①洋服着用の許可および洋式制服の制定	②セーラー服の制定	③セーラー服への改正	④セーラー服から別のデザインへの改正	①+②
大正8年	1				1
大正9年	13				13
大正10年	20	3			23
大正11年	42	14			56
大正12年	54	17	3		71
大正13年	52	31	4		83
大正14年	38	26	7		64
大正15年	20	35	10		55
昭和2年	11	50	14		61
昭和3年	11	50	19		61
昭和4年	17	37	13		54
昭和5年	13	25	8	1	38
昭和6年	5	20	9	1	25
昭和7年	3	21	17		24
昭和8年	5	20	21		25
昭和9年	4	11	5		15
昭和10年	2	6	8	1	8
昭和11年	2	13	4		15
昭和12年	2	6	4		8
昭和13年	1	1		1	2
昭和14年		5	4		5
昭和15年	2	8	3		10
昭和16年		4			4
昭和17年		4			4
昭和18年		3			3
合計	318	410	153	4	728

十校から三十校が洋装へと切り替えている。この数値の推移からも、大正十二年の郡制廃止、関東大震災の発生、昭和天皇の即位記念が洋式の制服を導入した機会ではないことがはっきりする。(2) それらが直接の機会でないことは各章で実証した。大正八年から弧を描くように増加する洋式の制服は、服装改善運動の影響によるものと考えるべきである。そのなかで一番多かったデザインがセーラー服であった。

強制でも「軍国主義」の象徴でもなかった

学校の制服と聞くと、学校側が自分たちを管理するために強制的に着させるものだというイメージを持つ者もいるだろう。しかし、昭和戦前期の高女に通った生徒の発言には、セーラー服の制服に憧れたという声は多く見られるものの、それに袖を通すのが嫌だったという声は確認したことがない。

彼女たちが制服に不満を感じたのは、大正末期のバスガールに間違えられるようなスクエアカラーやステンカラーの上着にベルトを締めるものと、アジア・太平洋戦争中に文部省が推奨したヘチマ襟と呼ばれた標準服である。

戦争が激しくなると、スカートが禁止されてズボンやモンペの着用が強制される。しかし、セーラー服を着る生徒の姿が消えることはなかった。戦争を体験した生徒たちからすれば、ヘチマ襟、ズボン、モンペこそが「軍国主義」の象徴であった。セーラー服とスカートの組み合わせは、戦前の平和な時代を感じさせた。

終戦後にセーラー服からブレザーへ制服を変更する高等学校が増える。その理由のなかには、セーラー服は軍服をイメージさせるとか、「軍国主義」の名残りだというものも見られる。それらが歴史事実を無視したものであることは言うまでもない。セーラー服は文部省や学校側が生徒に強制したものではなく、生徒側が好んで着たのである。

欧化政策で生まれた「三重苦」を克服した

日本の女性たちが洋服を着る必要に迫られた最初のきっかけは、明治十六年（一八八三年）から二十年までの「鹿鳴館時代」と呼ばれる時期であった。幕末に外国と結んだ不平等な条約を改正するため、憲法や議会を持つ西洋諸国と同じような近代的な法制整備を急いでいた。欧化政策の世相を反映して、婦人慈善会のバザーが開催されたり、羅馬字会や演劇改良会が発足したり、法律学校が設立されたりした。

欧化政策の象徴的存在となったのが、外国人の賓客を招待する場として建設された鹿鳴館である。ここには政治家や官僚たちだけではなく、その夫人や娘、または女性の学校教師などが参加した。夫婦同伴で出席する外国の懇親会に倣ったのである。したがって、この頃の女性の洋装とは、宮中や鹿鳴館などに参加する権利のある者に限られていた。(3)

だが、そうした晴れの場への招待状を手にしても、女性たちは病気を理由にして出席しなかった。晩餐会や舞踏会にはローブ・デコルテという胸の開いた袖の短い中礼服を着た。だが、男性が儀礼で着る大礼服と同じようにその価格は高価であり、日替わりで何着も用意することはできなかった。一張羅であってもウエストを細く見せるため、腰をコルセットで締め付けた。これを着た女性たちは、いずれも窮屈で息苦しく、晩餐会の豪華な料理を前にしても食べることができず、舞踏をするのも容易ではなかった。

さらに来日していたドイツ人医師ベルツをはじめ、コルセットで締め付ける洋服は健康に害があり、未成年の女性の発育にも影響を与えると、警鐘を鳴らす有識者が続出した。裾が床につく大きく膨らんだスカートも活動的ではなかった。

女性の洋服には、①値段が高価、②着心地が悪くて健康を害する、③活動的でないという「三重苦」がともなった。これを克服しない限り、全国の女性に洋服を着せることはできない。経済的かつ活動的なセーラー服は、健康を害することもなく、着心地も悪くなかった。未成年の女性の洋服という限りはあるが、長年の課題であった「三重苦」を克服したのである。

昭憲皇太后の思召の着地点

明治二十年代から教育者や医学者など有識者の間では、欧化政策で出現した女性の洋服の「三重苦」を克服するための議論が重ねられた。その過程で改良服が次々と発表され、それらは衣服改良運動と呼ばれている。そのなかで圧倒的な支持を得たのが、華族女学校の幹事兼教授下田歌子が考案した着物と海老茶袴の組み合わせであった。下田考案の女性用の袴には、男性用のズボンのように股が分かれた襠がなく、スカートのようになっている。これが明治三十年代に全国の高女で取り入れられていった[4]。

下田がこの組み合わせを考案したのは、昭憲皇太后が華族女学校に行啓したとき、生徒たちの着物の裾がめくれて脚が見えてしまうのを防ぐ目的からであった。それだけでなく、この着物という上衣と、袴という下衣を組み合わせることは、昭憲皇太后の「思食書」にかなっていた[5]。

昭憲皇太后は、宮中や鹿鳴館などに参加する女性を対象として、明治二十年一月に「婦女服制のことに付て皇后陛下思食書」を出した[6]。そこでは中世から一枚の着物に太い帯を巻きつける装いを否定し、古代の衣と裳に分かれた女性の服装に戻ることを求めた。日本の歴史にもとづいて説明し、西洋の女性と同じ服装になることへの反論を封じる意味があった[7]。

しかし、この思召を受けても、「三重苦」を克服することは容易ではなく、宮中や鹿鳴館などに参加する女性の間でも洋装は普及しなかった。まして高女の生徒たちが、それを実践できるはずがない。下田が考案した袴は女学校で用いられたが、活動的であることから女工や電話交換手など働く女性の間にも広がった。「三重苦」を克服するまでの代用品ともいうべき存在であった。

着物に袴は高女の生徒の象徴となったが、大正末期から昭和戦前期にかけてそれはセーラー服に取って代わられた。このような流れで考えると、女性の洋装化を促す昭憲皇太后の思召は、衣服改良運動による筒袖と女性用の袴を経て、服装改善運動によるセーラー服に結実したと言えるのである。

「洋装ブーム」の出発点

ジャンパースカートも上にブレザーやハーフコートと組み合わせるから、上下に分かれていると言える。したがって、女性の洋装の出発点は、セーラー服ではなく、高女の洋式の制服という広い視点で捉えるべきである。ただし、普及率からしてもセーラー服の存在が第一であることは間違いない。

セーラー服は昭憲皇太后の思召に合致し、衣服改良運動からの課題であった「三重苦」を克服した。しかし、服装改善運動はセーラー服をもたらしたが、それは未成年の女性の洋装という限界があった。高女を卒業すると、セーラー服を脱いで着物へと着替えてしまう。成人女性の洋装化は、依然として進まなかった。

ただし、アジア・太平洋戦争後に成人女性の洋服を普及させる「洋裁ブーム」は、大正時代の服装改善運動からの連続性だとみなせる。とりわけ高女でセーラー服を制服とし、それを生徒に縫製させたことが大きいだろう。高女で四年から五年間とはいえ洋服を着て生活したことは、生涯を和服で過ごした女性たちとは服装観に違いをもたらしたに違いない。またセーラー服を縫製する「服育」によって、簡単な洋裁に関する技術や知識を身に付けた。高女の卒業後に、セーラー服のような手軽に入手できる成人女性の洋服があれば、自らが縫製して着てみようという意識が備わったのである。

服装改善運動のなかで大正十二年に創設された文化裁縫女学校は、昭和十一年に文化服装学院と改称した。昭和十四年二月には「全国高等女学校校長協会服研究部」のイベントに協力している。入学資格は高女卒であったが、昭和十四年の入学生は千百八十人で、在校生を加えると二千人もいた。昭和十六年には在校生が三千人を超えた。[8] 文化服装学院は、大正十五年創設のドレスメーカー女学院と並ぶ二大校だが、戦後の「洋裁ブーム」は一朝一夕にして生まれた現象ではない。

昭和二年から二十年までの全国高女の卒業生の数は百九十五万七千九百八十七人であり、昭和二十年の時点で、昭和二年卒業生は三十六歳、同二十年卒業生は十七歳だった。[9] 彼女たちが「洋裁ブーム」の担い手となった。昭和二十三年の教育改革によって高女は廃止となり、新制の高等学校が創設される。高女時代にセーラー服に袖を通した卒業生たちは、自分の娘が再びそれを着て中学校や高校に通うことに抵抗がなかった。

戦時期の洋裁は衣料不足によって軍服や、和服を再利用した更生服などに限られたが（物資としての服装改善運動の断絶）、洋裁という作業は断絶しなかった。したがって、戦後に配給制度が続くとはいえ、洋裁を自由に行えるようになると、棚上げにされていた成人女性の洋装を追求する服装改善運動が再始動するのである（洋裁としての服装改善運動の連続）。

従来の服飾史研究では「洋裁ブーム」の到来を、マッカーサーによる民主化政策による影響や、アメリカに対する憧れに求めるものが多い。だが、それらは戦前との連続性を考慮しない研究と言える。[10] 戦前に未成年の女子生徒たちの憧れの的であったセーラー服は、戦後の成人女性の洋装化をもたらす素因となったのである。

註

（1）従来の統計分析は、桑田直子「一九二〇―三〇年代高等女学校における洋裁制服の普及過程―洋服化志向および制服化志向の学校間差異に注目して―」（『日本の教育史学』三九、一九九六年十月）の成果に限られていた。二百五十二校の制定年と、制服化のタイプを分析し、洋式制服は大正十二年から昭和三年までがピークであることを指摘している。これに対して本書ではこの三倍の量を分析し、大正十一年から昭和四年までがピークであることと、セーラー服の増加傾向の実態を明らかにした。

(2) 難波知子氏は「洋服が実際に実施されるには、世論や社会的風潮の影響といった抽象的な要因だけではなく、具体的なきっかけや出来事が各女学校においてそれぞれあったと考えられる。全体的な傾向としては、一九二三(大正一二)年に郡制が廃止、郡立の女学校が県立に移管され、それを記念して洋服を制定する学校がみられた。この他にも校舎移転や新築記念として洋服を制定するところもあった。また同年は関東大震災に見舞われ、和服の着用者が逃げ遅れたり、火災の被害にあったりしたことから、都市の復興とともに洋服の着用が叫ばれるようになっていく。また一九二八(昭和三)年の昭和天皇の即位や皇族の奉迎を記念して、制服の制定を行なう学校もあった。このように洋服の実施は、共通する出来事がきっかけとなって実現した事例が多くあったことがわかる」(難波知子『学校制服の文化史』二六七〜二六八頁)と述べているが、まったく実証されておらず根拠のない推論を提示しているに過ぎない。

(3) 拙稿「鹿鳴館時代の女子華族と洋装化」(『風俗史学』三七、二〇〇七年三月)参照。これらで指摘しているにもかかわらず、難波知子氏は宮中や鹿鳴館などに参加する女性の洋服と、東京女子高等師範学校など一部の学校で取り入れられた女子生徒の洋服とを同レベルで考えている。そして洋服を取り入れなかった学校との比較検討もなく、和服へ回帰したと表現し、その理由を洋装化の失敗や欧化政策から国粋主義の風潮などという根拠のない通説に求めている。しかし、欧化政策で取り入れた女性の洋服は、明治二十年代以降も宮中や帝国ホテルなどの参加者の間で用いられており、一般女性へ普及させようとする課題についても衣服改良運動、服装改善運動へと引き継がれ、決して後退したわけではない。この問題は上記のように着用対象者を二分割し、連続性で考える必要がある。難波氏のように着用対象者を同一視し、断絶性で考えると、歴史的な意義と位置づけができなくなる。

(4)(5) 拙稿「明治時代の高等女学校と服装論議—女子生徒の着袴—」(『大倉山論集』六四、二〇一八年三月)参照。

(6) 「思食書」は印刷物が官僚たちに配布されただけでなく、『郵便報知新聞』や『女学雑誌』などにも掲載された。そのため当時「思食書」は宮中や鹿鳴館に出席する女性に限っていたが、それ以外の女性の洋装化にも影響を与えることとなる。

(7) 拙著『洋服・散髪・脱刀—服制の明治維新—』講談社選書メチエ、二〇一〇年、一八〇〜一八二頁参照。

(8) 『文化服装学院四十年のあゆみ』文化服装学院、一九六三年、一〇四〜一〇五頁、一二二頁。

(9) 高等女学校研究会編『高等女学校の研究—制度的沿革と設立過程—』(大空社、一九九四年)の巻末表から統計を取った。

(10) この問題点については、井上雅人『洋裁文化と日本のファッション』(青弓社、二〇一七年、二四~二六頁)も指摘している。

学校制服の歴史に興味を持ったのは、中学一年生の登校初日であった。その日配布された生徒手帳に制服に関する心得が書かれているのを見てからだ。筆者の中学校は男女ともにブレザーであったが、線路を挟んだ向う側にある中学校は男子が学ラン、女子がセーラー服を着ていた。中学生の頃から古関裕而作曲の流行歌を聴いたり、戦前に大ヒットした映画「愛染かつら」を見たりと、昔の若者の間で流行したものが大好きであった。尾崎紅葉『金色夜叉』に出てくる貫一のような学ラン姿の中学生が羨ましかった。学区域の定めがあって、線路の向う側にある中学校に通うことはできなかった。

そうした思いでブレザーに袖を通しながら生徒手帳を見ていたとき、なぜ自分の学校はブレザーなのに、向うの中学校は学ランなのだろうか。東京都や教育委員会からの指示があれば、二つのデザインが生まれるはずがない。学校側が決めているのか。だとすれば東京中の学校を調べてみたら、色々な違いが見られるだろう。いや、日本全国を調査してみたら面白いことがわかるのではないかと感じた。と同時に中学生の筆者が他校に問い合わせたところで門前払いにされるとも思った。

いつの日か解明してみたい。この純粋な気持ちを持ち続けてきたことが筆者の学校制服の歴史を究明する強い原動力になっている。しかし、その間には実証的ではない中途半端な書籍が登場し、本書の冒頭でも示した「セーラー服邪馬台国論争」のような不毛な議論が起こり、メディアも面白がってその話題をくり返し報じた。そうした書籍や報道記事を読むたびに、学校制服史を冒涜していると憤りを感じた。

根拠もない都市伝説のような歴史認識を定着させてはいけない。これは看過できないと筆者は論戦に乗り出すことを決意した。本格的に研究に着手したのは、十年前に現在の日本大学商学部に就職してからである。折しも日本の政治を主導した政治家や官僚たちが儀礼のときに着た大礼服の研究が一段落し、女性の洋装化の発展段階論を検討し始めた時期であった。

しかし、やり始めてすぐに、これほど研究者泣かせの課題はないだろうと思った。全国に九百校以上存在した高女を引き継ぐ高等学校の記念誌を見ることが容易ではない。日本史の研究は、どこかの研究機関に通って公文書や古文書をコツコツと読んでいくのが基本だが、その手法では歯が立たない。大学の図書館で所蔵しているはずがなく、国立国会図書館で閲覧するにしても限界がある。全国の図書館に行って記念誌を閲覧しなければならなかった。

次に問題なのが記念誌を見ても制服に関する記述がなかったり、記念誌を発行していない学校もある。そうした場合は日本全国の高校に足を運んで現存史料を見せてもらうしかない。だが簡単にいくとは限らない。電話をすれば、「どういった目的ですか」「何に使うのですか」という壁に衝突する。その都度、経緯を説明し、閲覧申請書などを作成しなければならない。また校長、教頭、事務長など、窓口となったその人の考え方一つで協力してくれるか、してくれないかも変ってくる。

あらためて、筆者が中学一年生であった頃はもとより、大学生や大学院生の頃でもできない研究課題だと感じた。日本全国を飛び回るには膨大な出張費用が必要となるから学生の立場では無理だし、仮に資金があってもフリーランスという立場ならもっと苦労させられたのではないか。国家の官僚たちが着る大礼服と、男性の洋装化を追求していただけでは体感できないものを教えられた。

学校の記念誌を三百校から四百校くらい調査した頃が一番しんどかった。まだこの倍以上もこの作業が続くかと思ったら気が遠くなった。それでもやめなかったのは、中学生のときからの思いと、命をかけて日本近代服飾史を究明しようという強い信念を持っているからだ。アジア・太平洋戦争では日本軍とアメリカ軍との間でガダルカナル島を中心としたソロモン諸島をめぐる攻防戦が展開されたが、私にとってセーラー服を中心とした学生服諸島をめぐる戦いは、家政学の学校制服研究者との間における決戦に他ならなかった。苦しくなったときは、「大東亜決戦の歌」を聴きながら、「頑張れ！ 敵も必死だ」「戦い抜こうセーラー服戦」「今日も決戦明日も決戦」などと言い聞かせた。

この苦しい作業を乗り越えられたのは、やはり筆者には納得のいかない学校制服史に関する学術書や図鑑類が登場し続けたことである。これらの著作物は、十分な調査をしないと中途半端な結果しか生み出せないことを証明している。例えば、某研究者の図鑑を見ると、釦などがどこの学校のものか不明というキャプションが散見される。これは百科事典や辞書を開いて、自分の知りたいことを探したくて頁にたどりつくと「不明」と書かれているのと同じである。読者に正確な情報を与えない図鑑などあり得るのだろうか。そして実証的ではなく、根拠のない説を書いている。また、この学校の制服は人気で外せないはずなのに取り上げていなかったり、逆になぜこの学校の制服写真を取り上げているのかという疑問が山積してくる。これは学校制服の面白さや特徴、さらには人気と不人気のデザインなどを熟知していない結果に他ならない。これでは単に入手できた記念誌や卒業記念写真帖を並べていると思われても文句は言えないだろう。

やはり、自分が追究しようと思う研究課題には最大限の愛情を注ぐことが重要である。筆者の研究成果を見た職場の先輩教員からは、「研究対象を好きになるということが良い研究の条件ですね」と言われた。また元某新書編集長からは「嫌いなテーマを書くと良い結果になりません。自分が好きなテーマを書くのが成功の秘訣ですよ」と言われたこともある。どちらも褒め言葉として大切にしている。

筆者自身もそう思っている。大礼服もセーラー服も、そして昭和歌謡も好きだから研究テーマにしているのである。嫌いであれば調べる意欲は湧いてこないし、好きな人にはどう逆立ちしても知識で負けてしまう。家政学の学校制服史研究者が書いても説得力に欠けるのは、そもそも制服の愛好家と対峙できるような知識がないからである。全国九百校以上の高女を調査して思ったことは、三度の食事より制服のことを考えている筆者ですら、何度も途中で調査を諦めようと感じたのであるから、この過酷な作業を従来の服飾研究者にできるはずがないということである。

過酷な作業のなかでも楽しいことも沢山あった。観光では訪れそうもないところに行けて、まだ昭和の頃と変らない風景が残っていると感じることができた。各学校の大正から昭和戦前期の卒業写真帖は、時間が経つのを忘れて見入ってしまった。木造校舎、バス、電車、街並みを見ては、一日や二日でもいいからタイムスリップ留学をしてみたいと思った。そしてどの頁にも写るセーラー服姿の彼女たちとなら、時間を忘れて楽しい話ができたに違いない。意見が合わなかったとしても、筆者が「東海林太郎が好きだ」というのに対し、彼女が「藤山一郎の方がいいわ」と言ってくれるかもしれない。彼女たちと同時代に生きてみたかったと思うが、もしもその時代にいたら日本史研究としての『セーラー服の誕生』は書けなかっただろう。

制服史という山脈を歩き続けて随分の時間が経った。大礼服の峠を過ぎて小休止し、再びセーラー服の峠を越えた。ここまで来たのだから、今度は学ラン峠、ブレザー峠と突き進んでいきたいと思う。長い道のりだが、中里介山の『大菩薩峠』のように未完にならないようにしたい。

最後に、『セーラー服の誕生』が誕生できたのは、法政大学出版局の奥田のぞみさんがいたからである。筆者の妥協しない調査姿勢を理解し、原稿督促をすることもなく気長に待って下さった。当初は表紙と裏表紙に筆者が収集したセーラー服を写真に撮って使おうと思っていた。だが、それをやめて女子生徒がセーラー服を着たカラー画にしてはどうかという提案も快諾してくれた。こちらの要望に応じた絵を描いて下さった村上太さん、装幀をして下さった奥定泰之さん、筆者の研究趣旨を理解して史料の閲覧や使用を快諾して下さった学校関係者、本書の刊行まで導いてくれた奥田さん、この場をかりて御礼申し上げる。

令和三年十一月

刑部芳則

全国高等女学校の洋式制服一覧

昭和23年に高等女学校から新制高等学校となった学校の記念誌，高等学校に現存する史料などから作成した。制定年月の（　）は開校を示す。筆者作成。

学校名	区分	制定年月	制服区分	内　容
北海道				
札幌高女	庁立	大正13年4月	セーラー服（標準服）	
		～昭和6年	セーラー服	紺襟・袖に白線2本，スカートに山型線，襞16本
函館高女	庁立	大正11年	白のショールカラーの上着，ベルト	
		昭和10年	セーラー服	
小樽高女	庁立	大正10年6月	洋服着用許可	
		昭和2年4月	セーラー服	スカートに黒線2本
旭川高女	庁立	大正13年2月	セーラー服	
室蘭高女	庁立	不明	セーラー服	（冬服）スカートに白線1本
		～昭和11年	セーラー服	（夏服）襟・袖・胸当てに白線3本，棒ネクタイ
釧路高女	庁立	史料が確認できない		
網走高女	庁立	大正14年	ジャンパースカート	ダブル6個釦，ベルト
		昭和8年	セーラー服	
姉妹高女→帯広三条高女	町立→庁立	昭和3年	ジャンパースカート	
		昭和7年	セーラー服	
苫小牧高女	庁立	大正15年	紺サージ洋服・木綿ベルト	
		～昭和14年	セーラー服	
根室高女	庁立	昭和11年	セーラー服	スカートに白線1本
岩見沢高女	庁立	史料が確認できない		
名寄高女	庁立	～昭和8年	セーラー服	（冬服）濃紺，（夏服）白木綿
江別高女	庁立	昭和8年4月	セーラー服	（冬服）紺，襟・袖・胸当て・胸に白線2本，（夏服）白，紺襟・袖・胸当て・胸に白線2本，スカートに大小白線2本
滝川高女	町立→庁立	（昭和4年）	セーラー服	（冬服）襟に黒線2本
		～昭和10年	セーラー服	（冬服）紺か黒のセル，（夏服）白ポプリン，襟・袖・胸当てに白線2本
深川高女	町立→庁立	（昭和4年）	セーラー服	
池田高女	町立→庁立	昭和6年	セーラー服	襟とスカートに白線2本
富良野実科高女→富良野高女	町立→庁立	昭和6年	セーラー服	襟に黒線2本，スカートに白線

江差実科女学校→江差実科高女→江差高女	庁立	～昭和8年	セーラー服	襟・袖に白線2本，スカートに凸凹線
岩内高女	庁立	～昭和12年	セーラー服	(冬服) 紺，襟・袖・胸に白線2本，(夏服) 白，紺襟に白線2本
野付牛町女子職業学校→野付牛高等家政女学校→野付牛高女	町立	昭和4月6月 昭和8年	ジャンパースカート(夏服) セーラー服 (冬服)	
札幌高女	区立→市立	大正12年1月 昭和6年 昭和13年	折襟型背帯付洋服 セーラー服 セーラー服 (改正)	黒リボン
旭川高女	市立	史料が確認できない		
小樽高女	市立	史料が確認できない		
稚内実科高女→稚内高女	町立→庁立	昭和5年4月 昭和5年6月 昭和7年5月	セーラー服 運動型 セーラー服	スカートに白線1本 (夏服) 薄ラクダ色のポプリン (夏服) 白木綿ポプリン紺襟に白線1本
北海女学校→北海高女	私立	大正11年 大正13年 昭和2年4月 昭和9年6月	ステンカラーの上着 丸襟，ベルト セーラー服 セーラー服	4つ釦，ベルト スカートに2本線 襟とスカートに2本線
小樽双葉高女	私立	昭和9年6月	セーラー服	襟・袖・胸当て・棒ネクタイに白線3本，制帽
小樽緑丘高女	私立	史料が確認できない		
函館大谷高女	私立	大正14年 昭和9年	ステンカラーの上着 セーラー服	白襟，前開き，ベルト 襟，袖，胸ポケットにグレー線3本，ネクタイは1年赤，2年緑，3年ブルー，4年紺，補習科黒
札幌藤高女	私立	(大正14年)	セーラー服	
帯広大谷高女	私立	昭和初年	セーラー服	スカートに1本線
聖保禄高女	私立	昭和4年 昭和14年	セーラー服 セーラー服	白襟に3本線，胸当てに白線3本，錨の刺繍，棒ネクタイ (冬服) 紺襟・袖に白線3本，(夏服) 白地で襟・袖に紺線3本，ネクタイ
留萌女子職業学校→北海道留萌高女	町立→庁立	～昭和7年	セーラー服	(冬服) 紺，白長袖，襟・袖・胸当て・胸に白線2本，スカートに波線1本，(夏服) 白長袖，襟・袖・胸当てに白線2本，スカートに波線1本
余市実家高女→余市高女	庁立	不明 ～昭和10年	セーラー服 セーラー服	スカートに白線1本 (冬服) 紺の襟・袖・胸当てに白線2本，(夏服) 白長袖，紺の襟・袖・胸当てに白線2本
夕張高等家政女学校→夕張高女	町立	昭和11年4月	セーラー服	
砂川高等家政女学校→砂川高女	町立	史料が確認できない		

八雲家政女学校→八雲実科高女→八雲高女	町立→庁立	不明	セーラー服	
標津実践女学校→標津実科高女→標津高女	村立→公立	（昭和9年）	セーラー服	胸とスカートに2本線
浦河実践女学校→浦河実科高女→浦河高女	町立→庁立	（昭和7年）	セーラー服	
旭川共立実科高女→旭川共立高女	私立	史料が確認できない		
北星女学校	私立	昭和8年4月	セーラー服	（冬服）紺地の襟・袖・胸当てに白線1本，（夏服）白地で紺襟・袖・胸当てに白線1本，後ろ襟に星章，冬は紺，夏は白のつば付き帽子
青森県				
青森第一高女→弘前高女	県立	大正11年	セーラー服	（冬服）紺地，襟・袖に白線2本，黒麦藁で白リボンの帽子，（夏服）白地
青森第二高女→八戸高女	県立	大正15年	セーラー服	（冬服）紺，（夏服）白，襟，胸当てに臙脂線2本，黒の棒ネクタイ
青森第三高女→青森高女	県立	大正14年 昭和8年	ステンカラーの上着 セーラー服	3個釦，ベルト スカート襞24本
三本木高女	町立→県立	昭和8年 ～昭和15年	ハーフコート，ジャンパースカート セーラー服，ジャンパースカート	 襟・袖に白線2本，ネクタイ
五所川原高女	県立	～昭和3年 昭和13年	セーラー服 セーラー服	紺地，襟・胸当てに白線2本
青森実科高女→青森高女	市立	～昭和6年 昭和10年	ブレザー セーラー服	
堤橋高女	私立	史料が確認できない		
弘前女学校	私立	昭和6年	セーラー服	（冬服）紺サージ，襟と袖に茶色線2本，（夏服）白ギャバジン，藍色地の襟と袖に白線2本，冨士絹の臙脂色ネクタイ，（儀式）絹繻子の薄オレンジ色
田名部実科高女→田名部高女	県立	昭和8年	セーラー服	襟・袖・胸に白線2本
浪岡女子実務学校→浪岡高女	村立	不明	セーラー服	
鯵ヶ沢高女	公立	（昭和18年）	文部省標準服	
岩手県				
盛岡高女	県立	昭和3年	ステンカラーの上着	ネクタイ，3個釦
水沢実科高女→水沢高女	県立	大正12年 昭和9年	スクエアカラーの上着 セーラー服 ステンカラーの上着	（冬服）ベルト （夏服）

花巻高女	県立	大正 12 年	テーラーカラーのワンピース	（夏服）
		昭和 15 年	セーラー服	
一関高女	県立	大正 11 年	テーラーカラーのワンピース	（冬服）紺木綿，（夏服）水色木綿
		大正 13 年	ショールカラーのワンピース	
		昭和 2 年	ショールカラーのツーピース	棒ネクタイ
		昭和 4 年	オープンカラーの上着	（冬服）紺サージ，（夏服）クリーム色ポプリン，黒の細紐ネクタイ
		昭和 8 年	セーラー服	（冬服）紺サージ（夏服）白ポプリン，襟に白線 3 本，茶色のネクタイ
岩谷堂高女	県立	昭和 3 年	ステンカラーの上着	（冬服）3 個釦
		昭和 4 年	折襟シャツ	（夏服）小豆色のポプリン，棒ネクタイ
黒沢尻実科高女→黒沢尻高女	町立→県立	昭和 2 年	セーラー服	（冬服）紺，白襟・白カフス，（夏服）白，紺襟・袖・胸に白線 2 本
		昭和 5 年	ステンカラーの上着	（冬服）黒の棒ネクタイ
			ジャンパースカート	（夏服）
遠野実科高女→遠野高女	県立	大正 12 年 7 月	ショールカラーの上着，スクエアカラーの上着	（冬服）ビロードのショールカラーの上着，ベルト，（夏服）スクエアカラーの縞柄の長袖
		昭和 4 年	セーラー服	（冬服）紺地の襟・袖に濃紺線，黒リボン，（夏服）クリーム色のポプリン地の襟に黒線
		昭和 13 年	セーラー服	（冬服）襟・袖・胸当て・胸ポケットに白線 2 本，（夏服）白地に濃紺 3 本線
一戸高女	県立	～昭和 11 年	セーラー服	襟・袖・胸に白線 3 本
宮古高女	県立	昭和 8 年	ステンカラーの上着	紐ネクタイ
高田実科高女→高田高女	組合立→県立	昭和 5 年	セーラー服	（冬服）紺襟・袖・胸当て・胸に白線 2 本，棒ネクタイ，（夏服）白，黒襟・袖に白線 2 本
東北高女	私立	昭和 4 年	白襟紺地のツーピース	
岩手高女	私立	昭和 5 年	ブレザー	
		昭和 7 年	セーラー服	襟・袖に白線 2 本，スカートに 1 本線
釜石実科高女→釜石高女	町立→市立→県立	昭和 5 年	セーラー服	（冬服）紺襟・袖・胸当てに白線 2 本，（夏服）白襟・袖・胸当てに線，黒繻子の蝶リボン
盛岡第一高女	市立	史料が確認できない		
久慈高女	県立	（昭和 18 年）	文部省標準服	
宮城県				
宮城高女→宮城第一高女	県立	大正 11 年	洋服奨励	
		大正 12 年 4 月	洋服着用	紺サージ
		大正 14 年	セーラー服	

宮城第二高女	県立	大正 15 年	セーラー服	黒線，黒のネクタイ，スカートの襞 16 本
宮城県第三高女	県立	大正 13 年 昭和 4 年 昭和 5 年 昭和 10 年	ジャンパースカート 丸襟 ブレザー セーラー服	ベルト 釦
角田高女	県立	昭和 7 年 6 月 昭和 11 年	セーラー服 セーラー服	（冬服）紺サージ，黒線 3 本，（夏服）白ポプリン，白襟，白線 3 本，白の棒ネクタイ （夏服）紺襟，白線 3 本
白石高女	県立	昭和 5 年	セーラー服	（冬服）襟・袖・胸当てに白線 3 本，（夏服）白地
石巻高女	県立	昭和 4 年	セーラー服	（冬服）サージ，（夏服）ポプリン，棒ネクタイ
涌谷高女	県立	昭和 4 年 昭和 10 年	ショールカラーの上着 セーラー服	リボン
古川高女	県立	昭和 2 年 昭和 10 年	ブレザー セーラー服	
登米高女	県立	昭和 5 年	セーラー服	（冬服）海老茶色，（夏服）白
若柳高女	町立	昭和 4 年 〜昭和 13 年	ステンカラーの上着 セーラー服	（冬服）濃紺，（夏服）クリーム色，黒のネクタイ
吉田高女	私立	昭和 5 年 昭和 15 年	ブレザー セーラー服	2 個釦 襟・袖に白線 2 本，冬は紺サージ，夏は白ポプリン，スカートの襞 16 本
仙台高女	私立	昭和 3 年	セーラー服	
常盤木学園高女	私立	（昭和 3 年 4 月）	セーラー服	襟・袖に白線 3 本
宮城女学校	私立	昭和 6 年	ブレザー	
尚絅女学院	私立	大正 12 年 昭和 5 年 昭和 9 年	洋服着用許可 セーラー服 セーラー服	 襟に白線 2 本 （冬服）襟におなんど色線 3 本，おなんど色ネクタイ，（夏服）白色上着，襟紺色に白線 3 本
宮城高女	市立	昭和 18 年	文部省標準服	
昭和高女	市立	昭和 18 年	文部省標準服	
五橋高女	市立	昭和 18 年	文部省標準服	
北五番町高女	市立	昭和 18 年	文部省標準服	
白石高女	町立	昭和 18 年	文部省標準服	

秋田県				
秋田高女	県立	大正 12 年	洋服着用許可	
		昭和 3 年	セーラー服	襟・袖・胸当てに白線 3 本，富士絹紺のリボン，左腰にあげまきの徽章，帽子は指定品
		昭和 11 年	セーラー服	あげまき左腕
		昭和 12 年	セーラー服	帽子着用の義務化
横手高女	県立	昭和 5 年 4 月	セーラー服	襟・袖・胸当てに青線 2 本，青の棒ネクタイ
		昭和 13 年	セーラー服	襟・袖・胸当てに白線 3 本，青のネクタイ切り結び，上衣の左下と後ろ襟の左右に白糸で銀杏の刺繍
大曲高女	県立	昭和 2 年 6 月	セーラー服	(冬服) 紺地，襟・袖・胸当てに白線 2 本，(夏服) 白ブラウス，リボン
大舘高女	県立	昭和 4 年	セーラー服	(冬夏) 襟・袖・胸当て・胸に白線 2 本，棒ネクタイ
		昭和 13 年	セーラー服	蝶ネクタイ
能代高女	県立	大正 12 年	エプロン式の洋服	
		大正 13 年	5 つ釦のへチマ襟	
		昭和 2 年	セーラー服	スカートに白線 1 本
		昭和 4 年	セーラー服	紺襟・袖・胸当てに白線 3 本
本荘高女	県立	昭和 3 年 4 月	セーラー服	(冬夏) 襟・袖・胸当て・胸に白線 2 本，スカートに白線 1 本
湯沢高女	県立	昭和 3 年 4 月	セーラー服	(冬服) 紺サージの襟・袖・スカートに黒線 1 本，(夏服) クリーム色の襟・袖に黒線 1 本
花輪高女	県立	昭和 3 年	ステンカラーのワンピース	鼠色
		～昭和 10 年	ジャンパースカート	
角館高女	県立	昭和 3 年	セーラー服	(冬服) 紺地，襟・袖・胸当てに白線 3 本，黒のネクタイ，(夏服) アイボリー地，水色の襟・胸当てに白線 3 本，黒のネクタイ，白ピケ帽
土崎高女→秋田高女	市立	昭和 9 年	ハーフコート	
		～昭和 15 年	セーラー服	襟・袖・胸当て・胸に白線 3 本，蝶結び
聖霊学院高等女学院	私立	昭和 6 年	セーラー服	襟に白線 2 本，襟の前後に千鳥模様
		昭和 11 年 12 月	セーラー服	襟に白線 2 本，襟の前に千鳥模様，後に星，胸に徽章
山形県				
鶴岡高女	県立	大正 14 年	ステンカラーの上着	
		昭和 2 年	セーラー服	(冬服) 紺サージ襟に 2 本線，棒ネクタイ，(夏服) 白襟に水色線 2 本，スカートの襞 12 本
酒田高女	県立	大正 15 年 6 月	セーラー服	(夏服) 亜麻色綿麻織，ネクタイは蝶結び
		昭和 2 年 4 月	セーラー服	(冬服) 紺サージ

米沢高女	県立	大正13年6月	ステンカラーの上着	(冬服) 紺サージ, 大黒帽, (夏服) 水色綿, 黒の麦藁帽子
		昭和4年	セーラー服	棒ネクタイ
山形高女→山形第一高女	県立	大正13年2月	ブレザー	(冬服) 紺, ベルト, (夏服) 水色ギンガム
		昭和2年	セーラー服	(夏服) グレー襟に黒線2本
山形第二高女	県立	昭和3年	セーラー服	(冬服) 紺, 襟・袖・胸当てに白線3本, 海老茶のネクタイ, (夏服) 赤味がかった白色, 黒のネクタイ
		～昭和14年	セーラー服	(冬服) 紺の襟・袖・胸当てに白線3本, 山型の白線3本が入った棒ネクタイ
新荘高女	県立	昭和5年	フラットカラーの上着	
		昭和13年	フラットカラーの上着	蝶ネクタイ
		昭和15年	セーラー服	
宮内高女	県立	～昭和4年	セーラー服	紺襟に白線2本
楯岡高女	県立	昭和4年6月	フラットカラーの上着	(標準服) (夏服) 卵色ポプリン, 紐ネクタイの輪結び
		昭和5年	セーラー服	(冬服) 紺襟・袖・胸当てに臙脂線2本, 富士絹またはクレープデシンの棒ネクタイ, ベルト, スカートの襞16本
		昭和6年	セーラー服	(夏服) ベージュのサージまたはセル地, 襟・胸当てに白線2本
		昭和9年4月	セーラー服	(冬服) ベルトがなくなる, (夏服) 白ポプリン, 紺サージの襟・袖に白線3本, ネクタイは富士絹の蝶結び
谷地高女	県立	～昭和7年	セーラー服	(冬服) 紺サージ, 襟・袖・胸ポケットに白線3本, 黒の絹ネクタイ, (夏服) 白地, 紺襟
長井高女	県立	昭和7年4月	セーラー服	(冬服) 紺, (夏服) 白, 襟に茶色線3本, 薄緑のネクタイ
福島県				
福島高女	県立	大正12年4月	ショールカラーの上着	ビロード襟, ベルト
		昭和4年	セーラー服	白地の麻または綿, 襟に黒線2本, 黒の棒ネクタイ
		昭和10年	セーラー服	(冬服) 濃紺サージ, 襟・袖に黒線2本, 黒繻子のネクタイ, (夏服) 白地の七分袖, 襟・袖に黒線2本, 黒の棒ネクタイ
相馬高女	県立	大正13年	セーラー服	(夏服) 着用可
		昭和6年	セーラー服	襟・袖に白線3本, 胸ポケットは学年別1～4本
		昭和8年	セーラー服	(夏服) ギンガム地コバルト色

会津高女	県立	大正 14 年 4 月	セーラー服	
		昭和 11 年	セーラー服	襟・袖・胸当てに白 3 本線，胸の本数で学年，全学年リボンはベージュ
安積高女	県立	昭和 4 年	セーラー服	(冬服）紺サージ，襟に臙脂 3 本線，紐ネクタイ（1 年臙脂，2 年金茶，3 年青，4 年緑），(夏服）クリーム色のポプリン，襟・袖・胸ポケットに黒線 3 本
		昭和 7 年～8 年	セーラー服	(夏服）白ポプリン，紺襟・袖・胸ポケットに白線 3 本
		昭和 9 年	セーラー服	襟・胸当てに臙脂の 3 本線，胸に臙脂線（1 年 1 本～4 年 4 本），胸黒繻子のネクタイ結び，スカートの襞は 10 本
磐城高女	県立	大正 15 年 6 月	セーラー服	
		昭和 12 年 4 月	セーラー服	襟・袖に白線 3 本，黒繻子のネクタイ，スカートの襞は 16 本
白河高女	県立	昭和 4 年	ブレザー，ジャンパースカート	
		昭和 9 年	ブレザー，ジャンパースカート	繻子のネクタイ，1 年赤，2 年紺，3 年緑，4 年金茶
喜多方高女	県立	昭和 3 年	ジャンパースカート	(冬服）紺サージ背広型，ベルト，(夏服）ブラウススカート，ベルト
		昭和 7 年	マント，オーバーの追加	(冬服）グリーンか茶のマント着用，オーバーは特別の許可が必要
郡山淑徳女学校→郡山高女	市立→県立	昭和 5 年	ステンカラーの上着	ネクタイ，1 年は臙脂，2 年は茶，3 年は青，4 年は黒
		昭和 8 年	セーラー服	(冬服）紺襟・袖に白線 3 本，(夏服）白の上衣で紺襟・袖に白線 3 本
若松市実業女子青年学校→若松高女	県立	昭和 10 年	セーラー服	(冬服）紺，(夏服）白，棒ネクタイ
		昭和 15 年	セーラー服	(冬服）紺，白のネクタイ，(夏服）白，紺のネクタイ，襟・袖に白線 2 本
平高女	市立	(昭和 17 年)	セーラー服	
福島第二高女	県立	(昭和 16 年)	史料が確認できない	
保原実科高女→保原高女	町立	昭和 6 年	セーラー服	
茨城県				
水戸高女	県立	大正 15 年	セーラー服	(冬服）紺サージ，海老茶練繻子のネクタイ，(夏服）白地，黒練繻子のネクタイ
水戸第二高女	県立	史料が確認できない		
土浦高女	県立	大正 13 年	ジャンパースカート	
石岡実科高女→石岡高女	町立→県立	大正 14 年 10 月	ブレザー，ジャンパースカート，	(冬服）ベルト
			セーラー服，ジャンパースカート	(夏服）襟・袖に黒線 3 本，胸当てに黒線 2 本，ベルト
		昭和 7 年	セーラー服	(冬服）紺サージ，襟・胸当てに茶色線 2 本，(夏服）白地，襟・袖に黒線 2 本，黒絹のネクタイ

古河実科高女→古河高女	町立→県立	昭和4年 昭和11年4月	セーラー服 セーラー服	(冬服) 紺襟に黒線2本, (夏服) 紺襟に白線2本 襟・袖・胸当てに白線2本
太田高女	県立	～昭和6年	セーラー服	(冬服) 紺, (夏服) 白, 無線
龍ヶ崎高女	県立	大正15年6月	セーラー服	
下舘高女	県立	～昭和10年	オープンカラーの上着	襟・袖・胸当てに白線2本, 棒ネクタイ
水海道高女	県立	大正14年 昭和4年	ブレザー, ジャンパースカート ブレザー, ジャンパースカート	 臙脂の紐ネクタイ
東海高女→助川高女	私立→組合立→県立	昭和3年6月 昭和8年～9年 昭和10年	セーラー服 セーラー服 セーラー服	(冬服) 紺に白線3本, 紺のネクタイ, (夏服) 白地に水色襟に白線1本, 水色のネクタイ, 白ピケに水色帯の帽子 夏の帽子が黒に水色帯 (冬服) 紺に紺線2本, 紺の蝶結びのネクタイ, (夏服) 白地に紺の蝶結びのネクタイ, スカート襞20本
水戸高女	市立	昭和2年 昭和8年	ツーピース セーラー服	白, 紺, ベルト, 臙脂の細ネクタイ 襟・袖・胸当てに白線3本, 臙脂のネクタイ
大成女学校	私立	昭和3年5月	セーラー服	(冬服) 紺, (夏服) 白, ネクタイ斜めに白線2本
常盤高女	私立	(昭和10年) 6月 (昭和10年) 9月	セーラー服 セーラー服	臙脂の蝶結び 青の棒ネクタイ
下妻実科高女→下妻高女	町立→県立	昭和4年	オープンカラーの上着	(冬服) 紺, (夏服) 白, 棒ネクタイ
取手実科高女→取手高女	組合立→県立	昭和3年 昭和9年	セーラー服 セーラー服	無線, 棒ネクタイ 襟・袖・胸当てに白線3本, 棒ネクタイ
鉾田高女	県立	昭和5年 ～昭和11年	セーラー服 セーラー服	 襟・袖・胸当てに白線2本
結城実科高女→結城高女	町立	昭和7年	セーラー服	棒ネクタイ
那珂湊高女	町立→県立	昭和16年4月	セーラー服	(小学校時代のもの)
潮来女子技芸学校→潮来高女	町立	昭和11年	セーラー服	白線3本
栃木県				
宇都宮高女→宇都宮第一高女	県立	大正14年2月 昭和7年4月	ブレザー セーラー服	(冬服・標準服), (夏服) シャツ 襟の線＝専攻部は白, 本科は紺 (東京で流行している制服を生徒たちが要望, 修学旅行で校長が他校の制服を見て清楚と感じたため)

宇都宮第二高女	県立	昭和3年	ステンカラーの上着	(冬服) 紺サージ，襟と袖に紺の3本線，臙脂のネクタイ，スカート襞16本
			セーラー服	(夏服) 薄鼠色の綿ポプリン，襟・袖・胸当て・胸に白線3本
		昭和6年	セーラー服	(夏服) 襟・袖・胸当て・胸に白線2本，ネクタイは紺の富士絹
		昭和8年	セーラー服	(冬服) 襟・袖・胸当てに白線2本，ネクタイは白の富士絹の蝶型
栃木高女	県立	大正13年	ジャンパースカート	
		昭和5年	ブレザー	
		昭和10年	セーラー服	(冬服) 紺襟・袖・胸当てに白線3本，(夏服) 白，襟・袖に白線3本，ネクタイは蝶結び，13年から白襟
佐野高女	県立	大正13年	ジャンパースカート	
		昭和9年	ハーフコート	校章ベルト
足利高女	県立	大正15年4月	セーラー服	ベルト，襟に黒線3本
		昭和7年5月	セーラー服	白線3本，胸に校章，(夏服) 襟紺に白線3本，紺のネクタイ，専攻科は白のネクタイ，黒長靴下の着用が必須
		昭和14年7月	セーラー服	襟に星2個を刺繍
大田原高女	県立	大正14年4月	洋服着用許可	(夏服)
		昭和5年	ブレザー，ジャンパースカート	ベルト
		昭和7年	セーラー服	襟に2本線
真岡高女	県立	大正12年6月	オープンカラーの上着	(標準服) 3つ釦
		昭和3年	セーラー服	校章ベルト→胸に校章
		昭和12年	セーラー服	白襟にネクタイ，袖口カフス，白ズック製のランドセル，宇都宮第一高女から転任の教師が前任校の制服へと変更
氏家高女	県立	大正13年9月	ブレザー	ベルト
		昭和3年11月	セーラー服	(冬服) リボン，襟に2本線
		昭和10年	セーラー服	蝶結び，(夏服) 白ポプリン (ネクタイ冬と同じ)
鹿沼高女	県立	大正15年	ブレザー	(冬服) 3個釦，胸当てに白線2本，(夏服) 白，リボンタイ，ベルト，帽子
		昭和6年	セーラー服	(冬服) 紺襟・袖・胸当てに白線3本，(夏服) 白，紺襟・袖・胸当てに白線3本
		昭和9年	セーラー服	襟元に桜に錨の徽章

日光高女	県立	昭和2年	セーラー服	(冬服) 紺襟・袖に線3本，徽章付きのネクタイ，(夏服) 白，紺襟・袖に白線3本
		昭和10年	セーラー服	(冬服) 紺襟・袖に白線3本，徽章付きのネクタイ
		昭和16年	セーラー服	(冬服) 紺襟・袖・胸当て白線3本，徽章付きのネクタイ
作新館高女	私立	昭和16年	文部省標準服	
宇都宮高女	市立	昭和16年	文部省標準服	
栃木高女	市立	昭和16年	文部省標準服	
群馬県				
高崎高女	県立	昭和4年4月	セーラー服	
桐生高女	県立	大正12年4月	洋服着用許可	
		昭和3年	セーラー服	(冬服) 紺サージ，襟・袖に黒線2本，(夏服) 水色ギンガム，襟・袖に白線
前橋高女	県立	大正14年4月	洋服着用許可	
		大正14年9月	ワンピース，セーラー服	
富岡高女	県立	大正13年	ブレザー，ジャンパースカート	
		昭和7年	セーラー服	(冬服) 紺サージ，襟・袖に白線2本，(夏服) 白ポプリン，襟に茶色線2本
伊勢崎高女	県立	～昭和4年	ワンピース	(冬服) 紺サージ，(夏服) 水色の木綿
		昭和6年	セーラー服	(冬服) スカートに白線1本
館林高女	県立	大正15年	ブレザー，ジャンパースカート	スカートに白線1本
		昭和8年	セーラー服	(冬服) 襟・袖・胸当てに白線2本，ネクタイは蝶結び，(夏服) 白の半袖，ネクタイ，スカートに白線1本
		昭和14年	セーラー服	(冬服) 襟・袖・胸当てに白線2本，棒タイ，(夏服) 白の半袖，襟に白線2本，ネクタイ，スカートに白線1本
藤岡高女	県立	昭和7年	セーラー服	
吾妻高女	県立	昭和6年	ハーフコート	スカートに白線
		～昭和9年	セーラー服	襟，袖，胸当てに白線3本，スカートに白線2本
安中高女	県立	昭和4年6月	セーラー服	(冬服) 襟・袖・胸当て，スカートに白線2本
太田高女	県立	大正14年4月	ジャンパースカート	
		昭和7年	セーラー服	(冬服) 紺の襟・袖・胸当てに白線3本，ネクタイ1・2年臙脂，3・4年空色
沼田高女	県立	大正12年	セーラー服	

渋川高女	県立	昭和2年 昭和8年 昭和10年	セーラー服 セーラー服 黒のスカートと上下別色を許可	 襟・袖に白線3本
共愛女学校	私立	大正15年 昭和2年 昭和3年 昭和4年 昭和8年	ジャンパースカート テーラーカラーの上着，ジャンパースカート セーラー服 セーラー服 セーラー服	(夏服) 水色 (冬服) ベルト，(夏服) オレンジ (冬服) (夏服) 白襟
境町実科高女→境高女	町立	～昭和2年	セーラー服	
高崎高女	市立	昭和18年4月	文部省標準服	
前橋高女	市立	昭和18年4月	文部省標準服	
埼玉県				
浦和高女	県立	昭和6年	セーラー服	(標準服) 襟・袖に白線3本，黒か紺のネクタイ
浦和第二高女	県立	昭和9年	セーラー服	(標準服)
川越高女	県立	昭和4年	ジャンパースカート，ハーフコート	
熊谷高女	県立	昭和3年 昭和13年	セーラー服 セーラー服	(冬服) 紺地，襟・袖・胸当てに白線3本，(夏服) 白地，襟・袖・胸当てに白線3本，黒か青のネクタイ，スカート襞24本 ネクタイ，1年臙脂，2年緑，3年青，4年黒
忍高女	県立	昭和8年	セーラー服	(冬服) 襟・袖・胸当てに白線3本，(夏服) 襟・胸当てに白線3本
久喜高女	県立	昭和6年	セーラー服	
小川高女	県立	～昭和4年 ～昭和7年	セーラー服 ブレザー	
飯能高女	県立	～昭和7年	セーラー服	(冬服) 襟・袖・胸当てに白線2本
粕壁高女	県立	昭和7年	セーラー服	襟・胸当てに3本線，富士絹紺のネクタイ
児玉高女	組合立→県立	昭和2年 昭和5年 昭和8年 昭和13年	セーラー服 ステンカラーの上着，ジャンパースカート セーラー服 セーラー服	(冬服) 紺綿サージ，襟・胸当てに白線2本，(夏服) 白のキャラコ，襟・袖・胸当てに黒線2本，水色ギンガムのスカート (冬服) 紺地に臙脂のネクタイ (冬服) (冬服) 紺サージ，袖・襟・胸当てに白線3本，(夏服) 襟・袖・胸当てに黒線2本，スカート襞16本

秩父高女	県立	～昭和 10 年	セーラー服	襟・袖・胸当てに白線 3 本
越ヶ谷高女	県立	昭和 6 年	セーラー服	
川口実科高女→川口高女	町立→ 市立→ 公立	昭和 4 年～ 6 年	セーラー服	
本庄高女	町立	～昭和 18 年	セーラー服	
大宮高女	町立	昭和 9 年	セーラー服	紺襟・袖に白線 3 本
浦和高女	市立	昭和 15 年	セーラー服	
深谷実科高女→深谷高女	公立	昭和 7 年	セーラー服	紺サージ，襟・袖に白線 2 本
鴻巣実科高女→鴻巣高女	町立	～昭和 11 年	セーラー服	
桜雲高女	公立	史料が確認できない		
松山実科高女→松山高女	公立	昭和 7 年	ジャンパースカート，ブレザー	
川越高女	市立	史料が確認できない		
千葉県				
千葉高女	県立	昭和 3 年 5 月	セーラー服	（冬服）紺の襟・袖・胸当てに白線 3 本，スカートに白線 2 本，（夏服）白
東金高女	県立	大正 11 年 4 月 大正 15 年 10 月	洋服着用許可 ブレザー，ジャンパースカート	 茶色
安房高女	県立	大正 14 年 6 月 大正 14 年 10 月	洋服着用許可 セーラー服	 （その後白線に変える）
佐原高女	県立	大正 15 年 4 月 昭和 8 年 9 月	ブレザー，ジャンパースカート セーラー服	 白線 3 本
木更津高女	県立	大正 12 年 7 月 大正 13 年 昭和 11 年 4 月	洋服着用許可 ブレザー セーラー服	 （胸当て付），大黒帽 襟・袖・胸当てに白線 2 本
銚子高女	県立	昭和 4 年 5 月	セーラー服	（冬服）紺サージ，（夏服）白ポプリン，スカートに白線 3 本
市原高女	県立	昭和 2 年 昭和 2 年	ワンピース セーラー服	（夏服）クリームポプリン （冬服）紺サージ，白襟，赤線
松戸高女	県立	～昭和 4 年	セーラー服	（冬服）襟・袖・胸当てに白線 2 本
山武実科高女→松尾高女	県立	昭和 4 年 ～昭和 7 年 昭和 11 年	セーラー服 オープンカラーの上着 セーラー服	（冬服）紺，（夏服）白 （冬服）襟・袖・胸に白線 3 本
佐倉高女	県立	大正 13 年	セーラー服	襟に茶線 2 本，スカートに白線 1 本
大多喜高女	町立	昭和 5 年	ジャンパースカート	
野田高女	町立	昭和 2 年 7 月	セーラー服	（冬服）紺，（夏服）銀鼠
千葉県静和高女→長生高女	私立→ 県立	昭和 7 年	セーラー服	（冬服）紺，襟・袖に白線 3 本，スカートの裾に白線 2 本，（夏服）白，スカートの裾に白線 2 本

大原高女	町立	昭和4年	セーラー服	（冬服）襟・袖に白線2本，（夏服）白ブラウス，（冬夏）スカートに白線2本，臙脂のネクタイ
成田高女	私立	昭和8年6月	セーラー服	
千葉県八日市敬愛高女	私立	昭和4年 昭和6年	ステンカラーの上着 ジャンパースカート	（冬服） （夏服）
千葉淑徳高女	私立	～昭和15年	セーラー服	襟・袖に白線2本
船橋高女	私立	昭和6年	セーラー服	（冬服）襟・袖・胸当てに臙脂色の線2本
国府台高女	私立	昭和8年	ブレザー	2個釦
千葉高女	市立	史料が確認できない		
北条実科高女→館山高女	町立→市立	昭和4年 昭和9年	オープンカラーの上着 ジャンパースカート	
佐倉高女	町立	史料が確認できない		
勝浦実業学校→勝浦高女	町立	～昭和14年	ハーフコート	
長狭高女	私立	史料が確認できない		
東京府				
女子学習院	官立	大正14年6月	セーラー服，ジムドレス	（標準服）
東京女子高等師範学校附属高女	官立	昭和5年3月 昭和7年4月	セーラー服，ジャンパースカート セーラー服，ジャンパースカート	標準服5種 標準服2種
東京第一	府立	大正13年	ハーフコート，ジャンパースカート	紐ネクタイ
東京第二	府立	大正10年 昭和4年10月（昭和5年4月から施行）	洋服着用許可 セーラー服	 （冬服）紺サージ，襟・袖に白線3本，（夏服）白ジンス
東京第三	府立	大正11年 大正14年9月 ～昭和7年	テーラーカラーの上着 ジャンパースカート セーラー服	紺サージ，ベルト （標準服） 襟・袖に白線3本，ネクタイ
東京第四	府立	昭和5年	ジャンパースカート	小豆色のブラウス，ベルト
東京第五	府立	大正11年	セーラー服	（標準服）襟・袖・胸当て・胸ポケットに3本線
東京第六	府立	大正13年	ジャンパースカート，ブレザー	
東京第七高女	府立	大正15年 昭和10年	セーラー服 セーラー服	（冬服）黒地，襟・袖に白線3本，（夏服）薄水色半袖 （夏服）白，黒襟・袖
東京第八高女	府立	昭和7年4月	セーラー服	襟・袖・胸当てに白線3本
青梅実科高女→東京第九	府立	昭和4年 昭和10年	ブレザー ブレザー	

第十高女	府立	昭和11年2月	セーラー服	(冬服) 紺の襟・袖に白線3本, (夏服) 白, 紺の襟・袖に白線3本
第十五高女	府立	昭和15年	セーラー服	(冬服) 紺の襟・袖に白線3本, (夏服) 白, 紺の襟・袖に白線3本
麹町高女	私立	大正15年 〜昭和7年	ワンピース オープンカラーの上着	襟・胸当てに刺繍
千代田高女	私立	昭和6年	ブレザー, ジャンパースカート	ベルト, 冬はハーフコート
三輪田高女	私立	大正15年	ブレザー	(冬服) 紺サージ, (夏服) 白ポプリン, 麻, (春秋) 白の富士絹のブラウス, アルパカのスカート
雙葉高女	私立	大正13年	セーラー服	(冬服) 紺地で襟・袖に黒線3本, 胸当て・襟の左右に赤糸で錨の刺繍, (夏服) 白地半袖, 紺襟に白線3本, 胸当てと襟の左右に白糸で錨の刺繍, (中間服) 白長袖の紺袖に白線3本, ネクタイは黒, 冬はビロード (2年後からフェルト) の帽子, 夏は麦藁帽子
仏英和高女	私立	大正15年10月	セーラー服	(冬服) 紺の襟・袖・胸当てに白線3本, 山型の白線3本が入った棒ネクタイ, (夏服) 白地で紺襟・袖・胸当て, 右腕に白百合の校章入りのワッペン, 冬は紺, 夏は白の帽子
九段精華	私立	〜昭和7年	セーラー服	襟・袖に白線3本, 左腕にワッペン, ネクタイ
大妻高女	私立	昭和4年3月	セーラー服	襟が三角形, 白線2本, 帽子
女子学院	私立	昭和8年	セーラー服	(冬服) 紺サージ, 襟・袖に白線3本, ネクタイ通しにＪＧの白刺繍, 腕章, (夏服) 白襟・袖口・ＪＧ・腕章が水色
神田高女	私立	〜昭和7年 昭和8年	ジャンパースカート, 丸型のフラットカラー セーラー服	 (冬服) 紺サージ, (夏服) 白ポプリン, 襟・袖に白線3本, 富士絹の黒のネクタイ, (儀式) 白のネクタイ
共立高女	私立	(昭和11年)	セーラー服	紺サージ, 襟・袖に白線3本, 白のネクタイ
日本橋女学館高女	私立	昭和8年4月	セーラー服	白ポプリン, 襟・袖に茶色線2本, 茶色のネクタイ
頌栄高女	私立	大正11年9月 昭和3年4月	ブレザー, ジャンパースカート セーラー服	(標準服) 襟・袖に白線3本, ネクタイ結び目小さい
東京高女	私立	〜昭和8年4月	ジャンパースカート	(冬服) 薄手のウールのグレーのブラウス, 紺のジャンパースカート, (夏服) 白ポプリンのブラウス
聖心女子学院高女	私立	大正9年 大正12年	ジャンパースカート ジャンパースカート	

戸板高女	私立	昭和12年4月	セーラー服	黄土色の3本線
普連土女学校	私立	昭和3年 昭和12年	セーラー服 ジャンパースカート	
香蘭女学校	私立	昭和3年3月	ジャンパースカート	
順心高女	私立	～昭和4年 ～昭和7年	セーラー服 セーラー服	襟・袖・胸当てに白線2本，ネクタイ 襟・袖・胸当てに白線3本，ネクタイ
東洋英和女学校	私立	昭和2年 昭和4年	セーラー服 セーラー服	（冬服）紺地に赤線3本，普段は紺，式の日は赤のネクタイ，（夏服）白地に鼠色の襟と袖に白線3本 （冬服）紺地の襟・袖にゴールド線3本（のちに2本），ガーネット色のネクタイ，左腕に「楓にＴＥ」のワッペン，（夏服）白地の襟に白線2本，ガーネット色のネクタイ
山脇高女	私立	大正9年	ワンピース	
牛込高女	私立	昭和5年 昭和7年	ジャンパースカート セーラー服	 襟・胸ポケット・袖に白線3本
成女高女	私立	大正11年4月 ～昭和7年	ステンカラーのツーピース セーラー服	 白襟，襟・袖・胸当てに3本線，ネクタイ結び切り
淑徳高女	私立	大正15年 昭和9年4月	サイドウェイカラーの上着 セーラー服	 襟・袖に赤線3本
帝国女子専門学校附属日本高女	私立	史料が確認できない		
日本女子大学附属高女	私立	～昭和10年	セーラー服	
東洋女学校→東洋高女	私立	大正15年	上着，ジャンパースカート	帽子
京華高女	私立	～昭和7年	ジャンパースカート	棒ネクタイ
小石川高女	私立	昭和3年4月 昭和11年	ブレザー セーラー服	棒ネクタイ，紺の帽子 （冬服）紺，（夏服）白，襟・袖に白線3本，臙脂のネクタイ
跡見女学校	私立	昭和5年2月	ブレザー，ジャンパースカート	上着，黒皮靴，黒靴下
錦秋高女	私立	～昭和7年	テーラーカラー	紐ネクタイ
桜蔭女学校→桜蔭高女	私立	大正14年9月	ジャンパースカート	
佐藤高女	私立	大正15年 昭和5年	セーラー服 ハーフコート，ジャンパースカート	（夏服） 紐ネクタイ
忍岡高女	市立	史料が確認できない		
上野高女	私立	昭和3年 ～昭和7年	シャツ ブレザー，ジャンパースカート	（夏服）白シャツに黒リボン，帽子 丸襟，白ブラウス，ハーフコート，帽子

第一東京高女	市立	昭和2年	セーラー服	（冬服）紺サージ，（夏服）白，襟・袖・胸当てに白線3本
東京第一高女→深川高女	市立	昭和3年10月	ジャンパースカート，ブレザー	
中村高女	私立	昭和2年	ハーフコート	紐ネクタイ
品川高女	私立	昭和4年	ブレザー	臙脂の棒ネクタイ
目黒高女	町立	～昭和4年	セーラー服	（冬服）紺地の襟・袖・胸当て・胸に白線3本，（夏服）白地，襟・袖ギンガム
日出高女	私立	大正14年	セーラー服	（冬服）紺，（夏服）白，紺地の襟・袖に白線2本，棒ネクタイ
洗足高女	私立	～昭和7年	セーラー服	襟，袖，胸当て，白線3本，白線3本入りの棒ネクタイ，胸章，（儀式）白襟カバー
立正学園高女	私立	史料が確認できない		
東調布高女	私立	～昭和7年	セーラー服	ネクタイ
大森高女	私立	史料が確認できない		
岩佐高女	私立	～昭和7年	セーラー服	襟・袖・胸当てに白線3本
成城高女	私立	史料が確認できない		
駒沢高女	私立	史料が確認できない		
青葉高女	私立	史料が確認できない		
鷗友学園高女	私立	史料が確認できない		
恵泉女学園高等女学部	私立	制服がない		
青山学院高等女学部	私立	昭和7年	セーラー服	（冬服）濃紺のサージで緑色3本線，ネクタイ通しに「A・J・G」を緑色で刺繍，（夏服）白麻か白ポプリン，冬はフェルトの「お釜帽」，夏はつば広の麦藁帽子（のちに白ピケに変わった），緑色のリボン
実践女学校→実践高女	私立	大正12年	ワンピース	
		昭和6年	ツーピース	（冬服）紺サージ・紺セル，（夏服）白ポプリン，（冬夏）黒繻子リボン，黒靴下
		昭和14年	セーラー服	襟・袖に白線3本，黒繻子リボンのネクタイ，（冬服）紺のウール，（夏服）白ブロード
実践第二高女	私立	昭和14年	セーラー服	襟・袖に白線2本
常盤松高女	私立	昭和4年	セーラー服	（冬服）紺襟・袖・胸当てに赤茶線3本，棒ネクタイ，帽子，（夏服）白，紺襟・袖に赤茶線3本，棒ネクタイ，白帽
		～昭和17年	セーラー服	（冬服）紺，（夏服）白，襟・袖に白線3本，黒のネクタイ蝶結び
関東高女	私立	～昭和7年	ブレザー	スカートに白線1本
東京女学館	私立	昭和3年	セーラー服，ジャンパースカート	（標準服）

精華高女	私立	～昭和７年	ジャンパースカート	棒ネクタイ，ベルト
女子経済専門学校附属高女	私立	～昭和７年	セーラー服	襟・袖に３本線，ネクタイ結び切り
堀越高女	私立	～昭和７年	セーラー服	襟・袖・胸当てに白線３本，棒ネクタイ
昭和高女	私立	～昭和７年	セーラー服	襟・袖・胸当てに３本線，ネクタイ結び切り
中野高女	私立	～昭和７年	ステンカラーの上着	白襟，棒ネクタイ
立正高女	私立	～昭和２年	ハーフコート，ジャンパースカート	
立教高女	私立	制服がない		
城右高女	私立	～昭和７年	セーラー服	襟・袖・胸当てに３本線，ネクタイ
光塩高女	私立	昭和６年	セーラー服	
豊島高女	私立	～昭和７年	セーラー服	白襟，ネクタイ
東京成蹊高女	私立	史料が確認できない		
十文字文華高女	私立	昭和３年４月	セーラー服	（冬服）紺サージ，（夏服）白ポプリン，襟・袖に白線３本
川村女学院	私立	大正13年５月	セーラー服	襟・袖に「川の字」の白線
武蔵野高女	私立	史料が確認できない		
女子聖学院	私立	昭和８年	セーラー服	
荒川高女	私立	史料が確認できない		
東京成徳高女	私立	昭和６年	ワンピース・ツーピース	
		昭和10年	セーラー服	
		昭和15年	ジャンパースカート	冬は茶色２本テープのハーフコート
富士見高女	私立	～昭和４年	セーラー服	襟・袖に白線３本，山型の白線３本が入った棒ネクタイ
		昭和９年	セーラー服	襟・袖に白線３本，ネクタイは蝶結び
潤徳高女	私立	昭和９年４月	セーラー服	
向島高女	私立	～昭和７年	セーラー服	襟・袖に白線３本，棒ネクタイ
町田女学校→町田高女	私立	昭和４年６月	ブレザー	
玉川高女	私立	史料が確認できない		
武蔵野女子学院	私立	～昭和７年	ハーフコート	
立川女学校→立川高女	私立	大正14年６月	ハーフコート	５個釦
明星学園高女	私立	史料が確認できない		
井之頭学園高女	私立	史料が確認できない		
自由学園高等科	私立	大正10年	洋服	（制服ではない）
第十一高女→桜丘高女	府立	（昭和13年）	ハーフコート，ジャンパースカート	
第十二高女→北野高女	府立	昭和14年	セーラー服	（冬服）紺の襟・袖に白線３本，（夏服）白，紺の襟・袖に白線２本
東京家政学院高女	私立	史料が確認できない		

第十四高女→城北高女	府立→都立	昭和15年4月	ジャンパースカート	
第十五高女→神代高女	府立→都立	昭和15年4月	セーラー服	
第十六高女→葛飾高女	府立→都立	昭和15年4月	セーラー服	（冬服）紺の襟・袖に白線3本
第十三高女→武蔵野高女	府立	（昭和15年4月）	セーラー服	
第四高女→竹台高女	市立→都立	昭和15年4月	セーラー服	紺の襟に白線2本
第十八高女→井草高女	府立	史料が確認できない		
蒲田高女	私立	史料が確認できない		
文園高女	私立	史料が確認できない		
渡辺高女	私立	史料が確認できない		
第二十高女	府立	昭和17年4月	文部省標準服	
第十九高女→千歳高女	府立	史料が確認できない		
国本高女	私立	史料が確認できない		
大東高女	私立	史料が確認できない		
第二十二高女	都立	史料が確認できない		
青蘭高女	私立	昭和15年	セーラー服	襟・袖・胸に白線3本線，黒の蝶リボン
北豊島高女	私立	史料が確認できない		
第二十一高女	都立	史料が確認できない		
神奈川県				
横浜第一高女	県立	昭和5年	ジャンパースカート	
横浜第二高女	県立	昭和11年2月	ハーフコート	ベルト
厚木高女	県立	昭和5年4月	セーラー服	襟・胸当てに白線2本，グレーのネクタイ
横須賀高女	県立	大正15年	テーラーカラーの上着	（冬服）紺サージ，茶色のネクタイ，（夏服）白ポプリン，黒のネクタイ
小田原高女	県立	昭和3年	セーラー服	
平塚高女	県立	大正13年6月	洋式制服	（夏服）白の上着，紺サージのスカート，黒の帽子
上溝高女	県立	昭和8年	ジャンパースカート，ブレザー	
川崎高女	市立	昭和6年9月	セーラー服	襟・袖に白線3本，白線3本入りの二重の棒ネクタイ
程谷実科高女→横浜高女	市立	昭和2年5月	セーラー服	紺襟にベージュ3本線，ベージュのネクタイ
藤沢高女	町立	～昭和6年	ジャンパースカート，ブレザー	
伊勢原高女	町立	昭和5年	テーラーカラーの上着	スカート襞16本

秦野高女	町立	昭和4年 昭和6年 昭和9年	セーラー服 セーラー服 セーラー服	襟が変形 夏服のネクタイが変更 襟・袖・胸当てに白線3本
横須賀第一高女	市立	史料が確認できない		
高津実科高女→高津高女	町立→市立	昭和7年	セーラー服	(冬服) 紺, (夏服) 白, 紺襟・袖・胸に白線3本, 棒ネクタイ
横浜高女	市立	昭和6年	ブレザー	紺色, 紺色の帽子, 古代紫のネクタイ
鎌倉高女	私立	昭和9年6月	セーラー服	
鶴見高女	私立	昭和11年4月	ショールカラーの上着	
横浜紅蘭女学校	私立	大正13年 大正15年10月	ワンピース セーラー服	
神奈川高女	私立	大正15年	セーラー服	薄茶線
富士見丘高女	私立	史料が確認できない		
明倫高女	私立	～昭和5年	セーラー服	
中原高女	私立	史料が確認できない		
大和学園高女	私立	～昭和5年	セーラー服	
フェリス和英女学校	私立	大正10年11月 大正14年6月	セーラー服 セーラー服	(標準服) (制服化)
共立女学校	私立	昭和2年	セーラー服	(冬服) 赤地の襟・袖に黒線3本, (夏服) 白の上着, 紺のスカート
横浜英和女学校→成美学園	私立	大正12年 大正13年 昭和5年 昭和14年4月	洋式制服 ワンピース 白の絹ポプリン上着 セーラー服	紺サージ (夏服)
捜真女学校	私立	昭和8年	セーラー服	(通常) 紺のネクタイ, (儀式) 白のネクタイ
横須賀第二高女	市立	史料が確認できない		
東亜高女	私立	史料が確認できない		
潤光高女	私立	～昭和15年	セーラー服	
北鎌倉高女	私立	昭和16年4月	セーラー服	紺地, 臙脂のネクタイ
京浜高女	私立	(昭和15年)	史料が確認できない	
軍港裁縫女学院→湘南女学校→湘南高女	私立	昭和7年4月	セーラー服	
逗子楠葉高女	私立	(昭和18年)	文部省標準服	
大倉山高女	私立	史料が確認できない		
新潟県				
新潟高女	県立	大正12年4月 大正15年4月	セーラー服 セーラー服	
高田高女	県立	大正12年4月 大正14年4月	セーラー服 セーラー服	(試着期間)

柏崎高女	県立	大正12年 大正14年 昭和4年	弁慶縞 丸襟の上着 セーラー服	(夏服) (夏服)
新発田高女	県立	～昭和2年 昭和9年4月	セーラー服 セーラー服	白襟 襟・袖に白線2本
長岡高女	県立	大正12年5月 大正15年5月	セーラー服 セーラー服	(夏服) 紺サージ，ベルト (冬服) 毛織サージ，(夏服) 白キャラコ
河原田高女	県立	大正15年 昭和6年 昭和8年	丸襟の上着 セーラー服 セーラー服	木綿，紺サージのスカート 襟が四角に変更 白線2本
糸魚川高女	県立	大正11年4月	セーラー服	(冬服) 白襟，棒ネクタイ白線3本，(夏服) 襟・胸当てに線，色ネクタイ
三条高女	町立	大正13年	セーラー服	
村上高女	県立	昭和2年	セーラー服	白襟
巻高女	県立	大正11年7月 大正15年	セーラー服 セーラー服	黒の襟・袖・胸に赤線3本，紐ネクタイ，スカート襞前に2本，後ろに2本 白襟，胸ポケットに臙脂線3本，棒ネクタイ，スカート襞14本
新津高女	県立	大正13年4月 昭和5年10月 昭和6年6月	スクエアカラーの上着 セーラー服 セーラー服	紐ネクタイ，ベルト，スカート襞16本 (冬服) (夏服) 白ポプリン，水色ギンガム襟に白線2本
小千谷高女	町立	大正13年	セーラー服	(冬服) 紺サージ襟に黒線2本，白襟，(夏服) 白のキャラコ，紐ネクタイ，スカート襞16本
新潟高女	市立	大正15年	セーラー服	
佐渡高女	組合立	大正14年	セーラー服	襟に3本線，スカートに白線1本
村松高女	町立	昭和2年 昭和9年	セーラー服 セーラー服	 紺地襟・袖に白線2本
加茂高女	町立	～昭和15年	セーラー服	
直江津実科高女→直江津高女	町立	不明	セーラー服	白襟
富山県				
富山高女	県立	大正13年	ステンカラーのブレザー	白襟
高岡高女	県立	大正13年 昭和10年代	ステンカラーの上着 セーラー服	(夏服) 白襟，ベルト 襟・袖に白線2本
滑川高女	県立	大正12年4月	テーラーカラーの上着	(夏服) ギンガム，白地に水色の格子柄，(冬服) 紺サージ
氷見高女	県立	～昭和5年 昭和8年	ステンカラーの上着 セーラー服	白襟 襟・袖に白線2～3本

魚津高女	町立→県立	大正 11 年	テーラーカラーの上着，ジャンパースカート	ベルト
		昭和 4 年	セーラー服	（冬服）紺 3 本線，紺のネクタイ，（夏服）白ポプリン，白線，黒のネクタイ
		昭和 10 年	セーラー服	紺のネクタイ→リボン型
砺波高女	県立	大正 12 年	セーラー服	白襟
		大正 13 年	セーラー服	蝶結び
		昭和 11 年	セーラー服	棒ネクタイ
		昭和 12 年	セーラー服	袖に白線 2 本
石動実科高女→石動高女	町立→県立	大正 14 年	テーラーカラーの上着	
		昭和 12 年	セーラー服	襟・袖・胸当てに白線 2 本，白のネクタイ
高岡高女	市立	史料が確認できない		
富山高女	市立	史料が確認できない		
福光高女	町立→県立	大正 13 年	ステンカラーの上着	ベルト
		～昭和 9 年	テーラーカラーの上着	白襟，ベルト
		昭和 13 年	ダブルの上着	白襟
大谷高女	私立	史料が確認できない		
富山実科女学校→藤園高女	私立	（昭和 11 年 4 月）	セーラー服	襟・袖に白線 3 本，白のネクタイ
新湊高女	県立	（昭和 15 年 4 月）	史料が確認できない	
戸出実科高女→戸出高女	町立	大正 15 年	セーラー服	（夏服）白線 3 本，（冬服）紺地に青線 3 本
		昭和 3 年	セーラー服	（冬服）青線 3 本
石川県				
金沢第一高女	県立	大正 12 年	洋式制服	（冬服）紺サージ，（夏服）水色木綿，襟と袖が白，ネクタイは蝶結び
		昭和 3 年	セーラー服	
金沢第二高女	県立	大正 12 年	ステンカラーの上着	（冬服）紺サージ，茶色のネクタイ，（夏服）空色のネクタイ
		大正 15 年	セーラー服	臙脂のネクタイ
		昭和 4 年	セーラー服	臙脂のネクタイ
七尾高女	県立	大正 14 年	ステンカラーの上着	
		昭和 3 年	セーラー服	
大聖寺高女	県立	大正 14 年 5 月	洋式制服	（夏服）
		～昭和 2 年	ショールカラーの上着	前開き 2 個釦，ベルト
		昭和 14 年	セーラー服	襟に白線 2 本，紐ネクタイ
小松高女	県立	大正 13 年	ショールカラーの上着	（冬服）紺サージ，（夏服）毛織霜降，ベルト
		昭和 7 年	セーラー服	茶色線 2 本
		昭和 10 年	セーラー服	（夏服）白ポプリン，紺襟に白線 2 本

飯田高女	県立	大正 15 年 4 月 昭和 3 年	ショールカラーの上着 セーラー服	(冬服) 紺サージ，ベルト，(夏服) 白木綿 茶色のネクタイ
羽咋高女	県立	～昭和 4 年	セーラー服	襟・袖・胸当てに白線 2 本
輪島高女	町立	大正 15 年 4 月 昭和 9 年	セーラー服 セーラー服	紐ネクタイ 襟に線 3 本，紐ネクタイ
松任高女	県立	不明 ～昭和 8 年	ショールカラーの上着 セーラー服	(冬服) 紺，(夏服) 白，白襟カバー (冬服) 紺襟・袖に白線 2 本，(夏服) 白地，紺襟・袖に白線 2 本，金茶色のネクタイ
津幡高女	県立	(昭和 2 年) 5 月	セーラー服	(冬服) 紺襟に海老茶線 1 本，海老茶のネクタイ，(夏服) グレー
北陸女学校→北陸女学院高等女学部	私立	大正 11 年 昭和 10 年	セーラー服 セーラー服	(冬服) 茶色，(夏服) 白 赤地の襟・袖に黒線 3 本，(冬服) 紺，(夏服) 白
金城高女	私立	～昭和 8 年 ～昭和 16 年	セーラー服 セーラー服	 襟・袖に白線 2 本
藤花高女	私立	～昭和 5 年 ～昭和 15 年	テーラーカラーの上着 セーラー服	 紺襟に白線 2 本
小松実科高女→小松高女	市立	～昭和 3 年	セーラー服	茶色の棒ネクタイ
金沢女子職業学校→金沢第一高女	市立	史料が確認できない		
錦城高女	町立	史料が確認できない		
金沢第二高女	市立	史料が確認できない		
鶴来高女	町立	(昭和 18 年)	文部省標準服	
福井県				
福井高女	県立	昭和 3 年	セーラー服	
武生高女	県立	昭和 4 年 昭和 13 年	セーラー服 セーラー服	(冬服) 紺，スカートに白線 1 本，襟に金茶 2 本線，黒のネクタイ，(夏服) 白ポプリン，鼠色襟に金茶 2 本線 襟・袖・胸当てに白線 2 本，胸当てに錨のマーク (夏は黒，冬は白の刺繍)
大野高女	県立	大正末期 昭和 8 年	ショールカラーの上着 セーラー服	 (冬服) 襟・袖・胸に白線 2 本，(夏服) 白セーラー服に棒ネクタイ
敦賀高女	県立	昭和 4 年 4 月	セーラー服	襟・袖に白線 2 本
小浜高女	県立	大正 12 年 大正 15 年 昭和 10 年	白黒格子木綿の上着 テーラーカラーの上着 セーラー服 セーラー服	黒のベルト (冬服) ベルト (夏服) (冬服) 襟・袖・胸当てに白線，紺か黒のネクタイ (儀式は白)，(夏服) 白

三国高女	県立	昭和3年4月	セーラー服	襟・袖・胸当てに白線3本，黒繻子のネクタイ
鯖江高女	県立	～昭和9年	セーラー服	(冬服) 紺地に臙脂のネクタイ
丸岡高女	町立	昭和3年4月	セーラー服	
福井仁愛高女	私立	昭和7年	セーラー服	襟，袖，白線2本，スカート1本
丹生実科高女→丹生高女	村立	昭和3年	セーラー服	紺サージ，襟・袖・胸当てに白線2本，黒のネクタイ
福井実科高女→福井高女	市立	～昭和14年	セーラー服	白襟カバー，袖に白線2本
勝山精華高女	私立	(昭和17年)	文部省標準服	
山梨県				
山梨第一高女→甲府高女	県立	大正12年4月 大正13年 昭和5年	ブレザー 紺ビロード襟の上着 ショールカラーの上着	大黒帽，ベルト，3個釦 ベルト，帽子 白線2本，蝶リボン
山梨第二高女→山梨高女	県立	大正12年4月 昭和2年4月 昭和10月4月	ショールカラーの上着 テーラーカラーの上着 セーラー服	 (冬服) 紺襟・袖に白線2本，(夏服) 白で紺襟・袖に白線2本
谷村高女	山梨	不明	ブレザー	3個釦
都留高女	山梨	昭和7年	ショールカラーの上着	(冬服) 紺サージ，コバルト色のネクタイ，(夏服) 白ポプリン，黒のネクタイ
巨摩高女	県立	昭和5年	セーラー服	(冬服) 紺襟・袖・胸当てに白線3本，棒ネクタイ，スカートの襞8本，(夏服) 白，棒ネクタイ
甲府湯田高女	私立	昭和5年 昭和12年	(冬服) ワンピース (夏服) セーラー服 セーラー服	紺サージ，ベルト 薄クリーム色 襟・袖に白線2本，(儀式) 白のネクタイ
山梨英和女学校	私立	昭和4年 昭和10年 昭和15年	セーラー服 セーラー服 セーラー服	(冬服) 紺の襟・袖・胸ポケットに明るい紺線3本，臙脂のネクタイ，(夏服) 白でネイビーブルーの襟・袖に白線3本，ネイビーブルーのネクタイ 左腕に紅の楓に英和，紺の山型3本線のワッペン 左腕に紅の楓に栄和，紺の山型3本線のワッペン
岳麓高女	県立	(昭和17年)	文部省標準服	

長野県				
長野高女	県立	大正 14 年 大正 15 年 昭和 8 年	ステンカラーの上着 ステンカラーの上着 セーラー服	ビロード襟 6 本筋 （冬服）紺の襟・袖に白線 3 本，胸ポケットに白線 1 本，黒の蝶形ネクタイ，戸隠菊のブローチ，（儀式）白のネクタイ，（夏服）白地で紺の襟・袖に白線 3 本，紺の蝶結び
松本高女	県立	昭和 8 年	ジャンパースカート	
松本第二高女	県立	～昭和 7 年	セーラー服	襟・袖・胸当てに白線 2 本
上田実科高女→上田高女	公立→市立	昭和 2 年	セーラー服，ジャンパースカート	
飯田高女	県立	昭和 2 年 4 月	セーラー服，ジャンパースカート	（冬服）スカートに白線 1 本，（夏服）ブラウスにジャンパースカート
諏訪高女	県立	昭和 12 年 6 月	セーラー服	襟・袖に白線 3 本，胸に 2 本
岡谷高女	県立	昭和 12 年 6 月	ブレザー，ジャンパースカート	
岩村田高女	町立	大正 14 年	セーラー服	襟・袖・胸当てに白線 2 本
野沢高女	県立	昭和 2 年 5 月 昭和 7 年 9 月 昭和 12 年 6 月	オープンカラーの上着 オープンカラーの上着 セーラー服	（夏服）渋茶色ギンガム，リボン （冬服）紺サージ，棒ネクタイ 紺襟・袖に白線 3 本，棒ネクタイ
伊那高女	県立	昭和 12 年	セーラー服	
大町高女	県立	昭和 12 年	セーラー服	
須坂高女	県立	大正 14 年 昭和 11 年	セーラー服 セーラー服	襟に黒線 2 本，棒ネクタイ 襟・袖・胸当て・胸に白線 2 本
小諸高女	町立→県立	大正 11 年	セーラー服	襟・袖・胸当てに白線 2 本
松代高女	町立	昭和 3 年	ジャンパースカート	
屋代高女	組合立	不明	セーラー服	
飯山高女	県立	昭和 2 年 昭和 6 年 昭和 11 年	セーラー服 セーラー服 セーラー服	（夏服）空色ギンガム，襟に白線 2 本 （冬服）紺サージ，襟に茶色線 2 本 （冬服）紺襟・袖・胸ポケットに白線 3 本
木曽高女	県立	昭和 7 年 昭和 8 年	セーラー服 セーラー服	（冬服）紺地の襟・袖・胸当て・胸ポケットに白線 3 本，（夏服）白地の襟・袖・胸に紺線 3 本，襞は 24 本 （夏服）白地，紺襟・袖・胸当て・胸ポケットに白線 3 本
中野高女	県立	昭和 4 年	セーラー服	スカートの裾に白線，襞は 16 本
更科高女→篠ノ井高女	県立	大正 13 年 5 月 ～昭和 2 年	ステンカラーの上着 セーラー服	ベルト 紺の襟・袖に茶色線 3 本，茶色の棒ネクタイ
豊科高女	県立	昭和 9 年	セーラー服，ジャンパースカート	

望月実科高女→望月高女	組合立	大正 15 年 昭和 6 年	セーラー服 セーラー服	棒ネクタイ，大阪型 襟・袖・胸当て・胸ポケットに白線 2 本，棒ネクタイ，スカートに白のギザギザ線 1 本
塩尻実科高女→塩尻高女	町立	昭和 7 年	セーラー服	（冬服）紺の襟・袖・胸当てに白線 2 本，棒ネクタイ，（夏服）白地で紺の襟・袖・胸当てに白線 2 本，棒ネクタイ
水内実科高女→水内高女	村立	昭和 3 年	セーラー服	
長野第二高女	市立	史料が確認できない		
軽井沢高女	町立	（昭和 18 年）	文部省標準服	
松本女子職業学校→松本高等家政女学校→松本高女	市立	昭和 8 年	セーラー服	襟・袖に白線
岡谷高女	市立	史料が確認できない		
伊那高女	町立	史料が確認できない		
永明高等家政女学校→永明高女	町立→組合立	（昭和 17 年）	文部省標準服	
諏訪高女	市立	昭和 16 年	セーラー服	
赤穂女子実業→赤穂高女	村立	昭和 16 年	セーラー服	モンペ
篠井第二高女	公立	史料が確認できない		
長野実科高女→長野高女	市立	昭和 8 年	セーラー服	（夏服）白，紺襟・袖・胸当てに白線 3 本，棒ネクタイ
上田高女	市立	史料が確認できない		
飯田実科高女→飯田高女	市立	昭和 12 年 昭和 13 年	ジャンパースカート ブレザー	スカート襞 16 本 ダブル 4 個釦
下諏訪実科高女→下諏訪高女	町立→市立	昭和 16 年 4 月	セーラー服	（冬服）紺，（夏服）白，紺襟・袖に白線 3 本
岐阜県				
大垣高女	県立	大正 11 年 昭和 2 年 4 月	セーラー服 ショールカラーの上着 セーラー服	（冬服）襟・袖に黒綿ビロードの紺サージ，リボン（1 年赤，2 年紫，3 年水色，4 年オリーブ） （夏服）薄手ウールの半袖 白襟カバー
岐阜高女	県立	昭和 2 年 6 月	セーラー服	紺サージ，襟に白線 2 本
中津高女	県立	昭和 6 年 4 月 昭和 10 年 12 月	セーラー服 セーラー服	白襟カバー，胸当てに青緑線 2 本 白襟カバー，七宝製の校章バッジ
加納高女	県立	昭和 2 年 4 月 昭和 12 年	セーラー服 セーラー服	 白襟カバー
高山高女	県立	昭和 6 年 10 月	セーラー服	白襟カバー
八幡高女	県立	昭和 3 年	セーラー服	（冬服）紺襟・袖に白線 2 本，（夏服）白，紺襟に白線 2 本，ネクタイ

本巣高女	県立	昭和6年9月	セーラー服	白襟，大黒帽，ベルト
海津高女	県立	昭和5年	セーラー服	（冬服）紺襟に白線2本，（夏服）白長袖，袖に黒線2本，ネクタイ
羽島高女	県立	昭和5年6月	セーラー服	白襟カバー，襟・袖・胸当て・スカートに白線1本
武儀高女	県立	昭和4年10月	セーラー服	白襟カバー，棒ネクタイ
多治見高女	県立	昭和4年～5年	セーラー服	白襟カバー
富田高女	私立	昭和2年	セーラー服	襟・袖に線2本，リボンネクタイ
		昭和5年	セーラー服	
佐々木高女	私立	昭和8年	セーラー服	襟・袖に線3本，リボンネクタイ
多治見高女	市立	昭和4年頃	セーラー服	白襟カバー，棒ネクタイ，前開き，ベルト
		～昭和6年	セーラー服	白襟カバー，紐ネクタイ
岐阜実科高女→片桐高女	私立	～昭和7年	セーラー服	
		～昭和12年	セーラー服	白襟カバー
長良実科女学校→長良実科高女→岐阜高女	市立	史料が確認できない		
船津実科高女→船津高女	町立	史料が確認できない		
八百津高女	町立	昭和18年4月	文部省標準服	
静岡県				
沼津高女	県立	大正11年9月	洋服着用	
		大正13年8月	セーラー服	
三島高女	郡立→県立	大正10年	白黒格子柄の上着	海老茶に白線2本のスカート，ベルト
		大正12年	セーラー服	（冬服）ステンカラー・ベルト，（夏服）白地に縦縞
		大正14年	セーラー服	（冬服）白襟・ベルト，（夏服）水色のセーラー，紺のスカート
		昭和9年	セーラー服	白襟カバー
		昭和10年	セーラー服	星章
静岡高女	県立	大正15年	セーラー服	
見付高女	県立	大正13年1月	セーラー服	（冬服）紺の襟・袖・胸当て・胸ポケットに白線3本
		大正13年6月	セーラー服	（夏服）白
		～昭和6年	セーラー服	白襟
		～昭和11年	セーラー服	蝶リボン
巴高女→清水高女	県立	昭和7年	セーラー服	（冬服）襟・袖・胸当て・胸に青線2本，棒ネクタイ
		昭和11年	セーラー服	（冬服）襟・袖に白線2本，（夏服）白地，紺の襟と袖に白線2本，広幅リボン

大宮高女	組合立→県立	大正 13 年	セーラー襟のブレザー	ベルト，3 個釦，（冬服）紺地，（夏服）薄水色に白の細縞
		昭和 7 年	セーラー服	
		昭和 9 年	セーラー服	（儀式）白のネクタイ蝶結び
		昭和 11 年	セーラー服	（冬服）紺の襟・袖・胸当て・胸に白線 1 本，棒ネクタイ，襟後ろ井桁線，（夏服）水色と白のギンガム地
		昭和 14 年	セーラー服	襟と袖に白カバー
掛川高女	県立	大正 14 年	スクエアカラーの上着	ベルト
		昭和 2 年	セーラー服	
		昭和 6 年	セーラー服	紺襟・袖に白線 2 本
二俣高女	組合立→県立	大正 12 年	ステンカラーの上着	釦前開き，リボン
		昭和 6 年	ステンカラーの上着	（冬服）紺，（夏服）白，襟・袖・胸当て・ネクタイは水色地に白線 2 本
		昭和 9 年	セーラー服	（冬服）襟・袖・胸当てに白線 2 本，白のネクタイ蝶結び，（夏服）紺線，紺のネクタイ
榛原実科高女→榛原高女	組合立→県立	大正 10 年 9 月	ツーピース	（夏服）
		大正 11 年	ツーピース	（冬服）
		大正 12 年	セーラー服に近い型	白襟，ネクタイ
		大正 15 年	セーラー服	襟・袖・胸当て・胸に白線 2 本，紐ネクタイ
藤枝高女	県立	大正 13 年	セーラー服	
		大正 14 年	セーラー服	
		大正 15 年	セーラー服	
富士高女	県立	大正 13 年	セーラー服	（冬服）サージ，セル，カシミアでギャザースカート，黒繻子の襟カバー，細長いネクタイ，（夏服）白木綿キャラコ，ポプリン，ブロード，スカートは黒か紺のサージ
		昭和 2 年	セーラー服	襟に黒繻子の縁取り線，ネクタイは紺繻子，8 本のプリーツスカート
		昭和 11 年	セーラー服	（冬服）紺襟・袖・胸当て・胸ポケットに白線 2 本，紺のネクタイ，白襟，（夏服）白，水色襟・袖・胸当て・胸ポケットに白線 2 本，水色のネクタイ，棒ネクタイ
		昭和 15 年	セーラー服	白襟カバー
大仁実科高女→大仁高女	県立	大正 15 年	ステンカラーの上着	ベルト
		昭和 9 年	セーラー服	白襟
		昭和 11 年	セーラー服	襟，3 本線
島田高女	県立	～昭和 8 年	セーラー服	（冬服）紺の襟・袖・胸当て・胸に白線 2 本，白襟，（夏服）白の襟・袖・胸当て・胸に紺線 2 本，紺の棒ネクタイ

下田高女	県立	史料が確認できない		
浜松高女	市立	大正13年	スクエアカラーの上着	紐ネクタイ
		昭和8年10月	セーラー服	紺襟に白線2線，白の三角タイ
森町高女	町立	～昭和5年	ジャンパースカート	
北浜高女	組合立	昭和8年	セーラー服	（冬服）紺の襟と袖に白線3本，胸に白線2本，茶色の蝶結び，（夏服）白地
伊東高女	組合立	～昭和9年	セーラー服	（冬服）襟に白線2本，紺のネクタイ蝶結び，（夏服）白地，紺の襟と袖に白線2本，紺のネクタイを蝶結び
西遠高女	私立	大正12年	ワンピース	
		昭和3年	ツーピース	ベルト
		昭和7年	セーラー服	襟に黄金線，黒絹のネクタイ
不二高女	私立	昭和2年4月	ジャンパースカート	ベルトに「不二」，学年識別を胸章，学生帽
静岡精華高女	私立	大正15年	セーラー服	（標準服）
		昭和2年10月	セーラー服	
中泉高女	私立	～昭和4年	セーラー服	白襟，棒ネクタイ，大阪型
		昭和8年	セーラー服	白襟，襟・袖・胸当て・胸に白線2本，棒ネクタイ
		昭和10年	セーラー服	ネクタイに白斜め線2本
誠心高女	私立	大正13年	セーラー服	紺襟に臙脂線1本，棒ネクタイ
沼津精華高女	私立	昭和5年	テーラーカラーの上着	（夏服）ジャンパースカート
		昭和12年	セーラー服	（冬服）紺襟・袖に白線3本，（夏服）白・紺襟・袖に白線3本，左胸に徽章刺繍
富士見高女	私立	昭和3年	セーラー服	（冬服）襟・袖・胸当て・胸に白線3本，ネクタイ，（夏服）白，襟・袖に線3本，ネクタイ
		～昭和8年	セーラー服	（夏服）蝶リボン
静岡英和女学校→静陵高女	私立	大正11年	洋服	
		大正12月4月	セーラー服・ジャンパースカート	（冬服）紺地，（夏服）白地，紺襟・袖に白線3本
		昭和15年	セーラー服・ジャンパースカート	左腕に富士と桜のワッペン
熱海高女	市立	（昭和17年）	文部省標準服	
沼津学園高女	私立	昭和17年	セーラー服	紺襟・袖・胸当てに白線2本，ネクタイ
城内高女	私立	史料が確認できない		
三島実科高女→北豆高女	私立	昭和9年	セーラー服	紺襟・袖に白線2本
徳室学園女学校→徳室高女	私立	史料が確認できない		

愛知県				
愛知第一高女	県立	大正11年4月	セーラー服	白襟カバー，襟と袖に白線，スカートに黒線，黒フェルトの帽子
		大正13～14年	セーラー服	白襟カバー，襟と袖に黒線，スカートに黒線，黒フェルトの帽子
		昭和7年	セーラー服	（夏服）白ポプリン長袖
		昭和11年	セーラー服	（夏服）紺サージ襟に白線1本，七分袖
愛知第二高女	県立	大正14年	セーラー服	白襟，紐ネクタイ，スカートに白線1本，大阪型
知多高女→半田高女	郡立→県立	大正12年	洋服（セーラー服）	
		大正14年	セーラー服	
新城高女	県立	大正13年6月	セーラー服，ベルト	白襟カバー
津島高女	県立	大正12年	洋服	（夏服）
		～昭和6年	セーラー服	襟に白線2本，白襟
西尾高女	県立	～昭和11年	セーラー服	白襟，棒ネクタイ
国府高女	県立	大正15年10月	セーラー服	襟に白線1本
安城高女	県立	～昭和3年	セーラー服	スカートに白線3本
		昭和7年4月	セーラー服	白襟，ネクタイに白線3本
丹羽高女	県立	昭和4年	セーラー服	白襟
刈谷高女	県立	～昭和7年	セーラー服	襟・袖・胸当てに白線2本，白襟，スカートに白線1本
横須賀高女	町立→県立	大正13年	セーラー服	スカート襞16本，白線1本
		昭和15年	セーラー服	スカートの白線が消える
瀬戸高女	町立→県立	昭和2年	セーラー服	白襟，紐リボン，丸帽
誉母高女	町立→県立	～昭和3年	セーラー服	白襟，襟に白線2本，紐リボン，丸帽（冬服），白地（夏服）
犬山高女	町立→県立	昭和3年	セーラー服	白襟，紐リボン
名古屋第一高女	市立	大正11年	セーラー服	
		大正14年	セーラー服	白襟，紐ネクタイ，大阪型
名古屋第二高女	市立	年月不明	セーラー服	白襟，スカートに白線1本
名古屋第三高女	市立	大正13年4月	セーラー服	白襟
名古屋女子商業学校	私立	昭和2年	ステンカラーの上着	棒ネクタイ，（冬服）紺，（合服）ローズ
豊橋高女	市立	大正11年11月	ステンカラーの上着，ショールカラーの上着	（冬服）紺の帽子，（夏服）白の帽子
		昭和7年6月	セーラー服	襟・袖に白線2本，帽子，（儀式）白襟カバー
岡崎高女	市立	大正12年4月	紺のツーピース	
		大正14年	セーラー服	白襟，棒ネクタイ（冬は海老茶，夏は群青），大阪型

豊川高女	市立	～昭和８年	セーラー服	（冬服）紺，（夏服）白，白襟，ネクタイ
一宮高女	市立	大正 13 年	セーラー服，三つ釦，ベルト	白襟
		大正 14 年	セーラー服	白襟
金城女学校→金城女子専門学校附属高等女学部	私立	大正９年	洋服着用を奨励	
		大正 10 年９月	セーラー服	
愛知淑徳高女	私立	大正９年	紺のワンピース	
		大正 10 年	紺のツーピース，ベルト	
		昭和３年	セーラー服	白襟・紺の棒ネクタイ，（冬服）紺，（夏服）白
椙山高女→椙山第一高女	私立	大正９年	洋服着用を奨励	
		大正 15 年	セーラー服，ジャンパースカート	
椙山第二高女→椙山女子専門学校附属高女	私立	年月不明	セーラー服，ジャンパースカート	
中京高女	私立	～昭和 11 年	セーラー服	白襟
名古屋高女	私立	大正８年６月	ワンピース	（冬服）紺，（夏服）白木綿
		昭和３年	セーラー服	（冬服）紺，襟・袖・胸ポケットに臙脂３本線，（夏服）白，襟・袖・胸ポケットにグレー３本線，黒のリボン
		昭和６年	セーラー服	（冬服）紺襟に白線３本，白のスカーフ，白襟，（夏服）白
		昭和９年	セーラー服	（冬服）紺，襟・袖・胸ポケットに白線，後ろ襟に井桁ライン，（夏服）白，襟・袖・胸ポケットにグレー３本線，黒のリボン
桜花高女	私立	史料が確認できない		
稲沢高女	私立	昭和２年	セーラー服	白襟
瑞穂高女	私立	昭和 15 年４月	セーラー服	白襟
半田高女	市立	史料が確認できない		
豊橋実践女学校→豊橋高等実践女学校→豊橋桜ヶ丘高女	私立	～昭和５年	セーラー服	紺襟・袖に白線２本，紐ネクタイ
		～昭和８年	セーラー服	紺襟・袖に白線３本，夏服は白の上着に大型蝶結び
小牧高女	町立	（昭和 17 年）	文部省標準服	
鳳来寺女子高等学園	私立	昭和 10 年	セーラー服	白襟カバー
蒲郡実科高女→蒲郡高女	町立	昭和６年４月	セーラー服	白襟カバー，黒の紐ネクタイ
三重県				
津高女	県立	昭和３年	セーラー服	襟・袖・胸当てに白線３本，臙脂のリボン
		～昭和６年	セーラー服	襟・袖・胸当て・胸ポケットに白線３本，（儀式）白の蝶結び

桑名高女	県立	大正 12 年 5 月	セーラー服	襟・スカートに白線 1 本，ベルト
飯南高女	県立	大正 12 年 6 月 昭和 4 年 昭和 8 年	ショールカラーの上着 セーラー服 セーラー服	 （冬服）グレー襟，袖 2 本線，（夏服）襟・袖に鼠色線 2 本 （冬服）紺の襟・袖に白線 3 本，（夏服）白ポプリン，紺の襟・袖に白線 3 本
阿山高女	県立	昭和 7 年	セーラー服	（冬服）紺襟・胸当て・胸ポケット・スカートに白線 2 本，ネクタイは蝶結び，（夏服）白，ネクタイは蝶結び，スカートに白線 2 本
河芸高女	県立	～昭和 2 年 ～昭和 6 年 ～昭和 11 年	ブレザー ステンカラーの上着 セーラー服	 襟・胸当て・胸ポケットに白線 1 本，棒ネクタイ
南牟婁高女	県立	昭和 3 年 9 月 ～昭和 14 年	ステンカラーの上着 セーラー服	（冬服）紺，帽子，（夏服）白，襟と袖に紺線，帽子
鈴鹿高女	県立	昭和 5 年	セーラー服	襟・袖・胸ポケットに白線 2 本
尾鷲高女	県立	大正 12 年 6 月 昭和 3 年 10 月 昭和 8 年	ブレザー ステンカラーの上着 セーラー服	ベルト，大黒帽 （冬服）紺サージ，白線 3 本，スカート襞 24 本，（夏服）白木綿，紺襟・袖に白線 3 本
名張高女	県立	昭和 7 年	セーラー服	
四日市高女	市立	大正 13 年 4 月	オーバーコート，ジャンパースカート	
宇治山田高女	市立	昭和 4 年 4 月 昭和 11 年 3 月	セーラー服 セーラー服	（冬服）黒，黒の細リボン，（夏服）白，襟・胸当て・袖に黒線 1 本，帽子 襟・袖に白線 3 本，白の蝶リボン
津高女	市立	史料が確認できない		
松坂実科高女→松阪高女	市立	昭和 11 年	セーラー服	
滋賀県				
彦根高女	県立	大正 12 年 大正 14 年 4 月 昭和 3 年 昭和 10 ～ 15 年	洋服奨励 洋服着用 セーラー服 セーラー服	 （冬服）襟に茶線 1 本，（夏服）紺襟に白線 1 本 （冬服）襟に白線 2 本
大津高女	県立	昭和 2 年 2 月	セーラー服	襟に白線 2 本
長浜高女	県立	昭和 5 年	セーラー服	襟・袖に白線 2 本，棒ネクタイ
愛知高女	県立	史料が確認できない		
日野高女	県立	昭和 6 年	セーラー服	（冬服）紺の襟・袖・胸当て・胸に白線 3 本，白のネクタイ，（夏服）薄茶色，棒ネクタイ

八幡高女	町立	昭和 13 年	セーラー服	(夏服) 白地，ネクタイ
大津高女	市立	史料が確認できない		
水口高女	町立	昭和 6 年	セーラー服	
大溝実科高女→藤樹高女	町立	昭和 5 年	セーラー服	(冬服) 紺の襟に黒線，棒ネクタイ，(夏服) 白地，棒ネクタイ
草津高女	町立	昭和 3 年	セーラー服	
淡海高女	私立	史料が確認できない		
近江高女	私立	(昭和 17 年)	文部省標準服	
京都府				
京都第一高女	府立	大正 11 年 5 月	洋服許可	
		大正 13 年	ワンピース	
		大正 14 年	セーラー服	
		昭和 5 年 3 月	ブレザー	
京都第二高女	府立	大正 11 年 4 月	ワンピース	
		～昭和 5 年	セーラー服	襟・袖に白線 3 本
亀岡高女	府立	～昭和 7 年	セーラー服	
宮津高女	府立	昭和 3 年	セーラー服	襟に茶色線 2 本
舞鶴高女	府立	大正 15 年	紺サージの上着	おかま帽
福知山高女	府立	大正末	セーラー服	襟・袖・胸に白線 2 本，白襟，棒ネクタイ，スカート襞 24 本
桃山高女	府立	大正 13 年	ショールカラーの上着	ベルト
		昭和 7 年	セーラー服	襟・袖に白線 2 本，白のネクタイ
綾部高女	府立	大正 12 年	洋式制服	スカートに白線 1 本
		～昭和 6 年	セーラー服	(冬服) 紺サージ襟に白線 2 本，白襟，(夏服) 白ポプリン襟に黒線 2 本，黒サテン棒ネクタイ
二条高女	市立	不明	ブレザー，ジャンパースカート	
同志社女学校高等女学部	私立	大正 13 年	ワンピース，ステンカラーの上着，セーラー服	
		昭和 3 年 4 月	セーラー服	襟・袖に白線 3 本，白蝶結び
平安高女	私立	大正 9 年 11 月	ワンピース	セーラー襟
京都淑女高女	私立	大正 13 年 6 月	ワンピース	
		～昭和 4 年	セーラー服	襟・袖に線 3 本
菊花高女	私立	史料が確認できない		
京都高女	私立	史料が確認できない		
精華高女	私立	不明	セーラー服	白のネクタイ
華頂学園	私立	昭和 3 年 11 月	ジャンパースカート	紺サージ
		昭和 6 年 4 月	ジャンパースカート	ハーフコート
明徳高女	私立	昭和 3 年 9 月	セーラー服	襟・袖に白線 2 本，白のネクタイ

西山高女	私立	昭和2年 ～昭和6年	セーラー服 セーラー服	 (冬服) 紺襟・袖に白線3本, (夏服) 白
家政高女	私立	昭和9年	ブレザー	
光華高女	私立	昭和15年4月	ブラウス	赤のネクタイ
京都成安技芸学校→京都成安女子学院→京都成安高女	私立	大正10年 大正11年 昭和2年 昭和5年	ギンガムのスーツ ワンピース ジャンパースカート ブレザー	
嵯峨野高女	府立	(昭和16年)	文部省標準服	
城南高女	府立	昭和18年4月	文部省標準服	セーラー服
堀川高女	市立	昭和3年	セーラー服	(夏服) 白, (冬服) 紺襟・袖に白線3本, 白の棒ネクタイ
大阪府				
堺高女	府立	大正14年9月	セーラー服	2本線, スカートの襞16本
清水谷高女	府立	大正9年 大正10年 大正12年	筒袖, 袴, 洋服許可 ブレザー セーラー服	 (冬服) 紺または黒のサージ, 襟・袖・胸当て・胸ポケットに白線3本, (夏服) 白麻で, 襟・袖・胸当て・胸ポケットに黒線3本, ネクタイは黒のサテン, 儀式は冬服に限り白の富士絹, スカートの襞は16本, 濃い空色の襟カバー
大手前高女	私立	昭和4年 昭和10年	セーラー服 セーラー服	 胸当てなし
泉南高女→岸和田高女	府立	大正9年 昭和2年 昭和4年9月 昭和5年4月	ブレザー ツーピース セーラー服 セーラー服	ベルト (冬服) 金茶色の襟 (夏服) 金茶色の襟
夕陽丘高女	府立	大正12年4月	セーラー服	(冬服) 紺地, (夏服) 白地, 浅葱色の襟カバー
河北高女→寝屋川高女	府立	大正14年6月 昭和10年	セーラー服 セーラー服	(冬服) 紺サージ, 襟に紺線2本, (夏服) 白ポプリン, 襟に黒線2本 (夏服) 胸当てなし, 襟・袖・胸ポケットに白線2本, 水色襟カバー3本線
茨木高女	府立	大正13年 昭和3年	ジャンパースカート セーラー服	(冬服) 白襟のジャンパー, 鼠色の帽子, (夏服) ブルーグレーのステンカラーのブラウス (冬服) 白襟, 紺色リボン, 紺のフェルト帽, (夏服) パナマ帽
市岡高女	府立	大正14年4月 昭和5年4月	ジャンパースカート セーラー服	

泉尾高女	府立	大正12年 昭和3年4月 昭和6年4月 昭和12年	白襟スクエアカラーのジャンパースカート セーラー服 セーラー服 セーラー服	大黒帽 （夏服）帽子 （冬服）紺サージ，襟・袖に白線2本，帽子（夏服）白ポプリン，襟・袖に紺線2本，帽子，白の三角タイ結び （夏服）ネクタイは蝶結び，帽子
阿部野高女	府立	大正12年夏 昭和3年	ブレザー，ジャンパースカート ブレザー，ジャンパースカート	
生野高女	府立	大正13年	セーラー服	紺襟に白線2本
八尾高女	府立	昭和2年	セーラー服	紺襟に白線1本，白のネクタイ，帽子
豊中高女	府立	～昭和14年	セーラー服	
扇町高女	市立	昭和9年	ジャンパースカート	
桜宮高女	市立	不明	セーラー服	
南高女	市立	（昭和12年）	セーラー服	（冬服）紺，襟カバー・袖に白線3本，（夏服）白半袖，三角タイ結び
普溜女学校→普溜高女→聖泉高女	私立	大正11年4月	セーラー服	紺襟・袖に臙脂3本線，臙脂のネクタイ，白襟，冬は紺のフェルト帽，夏はパナマ帽
ウヰルミナ女学校→大阪女学院高等女学部	私立	大正12年	セーラー服	（冬服）紺襟・袖に白線3本，（夏服）白地，襟・袖に白線3本
金蘭会高女	私立	大正10年 大正13年	ツーピース セーラー服	（夏服）白地に黒の格子柄，帽子
相愛高女	私立	大正13年	ブレザー	
梅花高女	私立	昭和3年4月	セーラー服	襟・袖に白線3本，縹色サテンのネクタイ，紺のフェルトの帽子
天王寺高女	私立	昭和4年	セーラー服	襟カバー，胸当てに2本線，棒ネクタイ
樟蔭高女	私立	大正14年	セーラー服	
樟蔭東高女	私立	（昭和11年12月）	セーラー服	
明浄高女	私立	大正11年4月	セーラー服	（冬服）紺，グレー襟に紺線3本，袖に紺線3本，グレーの蝶リボン，（夏服）白，グレー襟・袖に白線3本，グレーの蝶リボン
宣真高女	私立	大正14年 昭和9年	ブレザー セーラー服	
河南高女→富田林高女	府立	大正11年4月 大正13年 大正14年 昭和3年	洋服 ジャンパー ジャンパースカート セーラー服	（夏服） （冬服）白襟 （合服） 襟・袖・胸当てに白線2本
羽衣高女	私立	昭和3年 昭和4年 昭和7年	セーラー服 ブラウス セーラー服	（冬服） （夏服） （夏服）冬服を白にしたもの

大谷高女	私立	大正15年11月	セーラー服	
第二大谷高女	私立	昭和12年	セーラー服	
淀之水高女	私立	昭和2年	セーラー服	
聖母女学院→聖母女学院高女	私立	大正12年	ジャンパースカート	
四条畷高女	私立	大正15年 昭和10年	セーラー服 ジャンパースカート	
帝塚山学院高女	私立	昭和3年	ブレザー	ネクタイ，帽子
静徳高女→浪花高女	私立	不明	セーラー服	
帝国高女	私立	昭和4年	セーラー服	（夏服）白ブラウス，リボン蝶結び
大阪信愛高女	私立	大正11年4月 昭和13年4月	セーラー服 セーラー服	
堺愛泉高女	私立	不明	セーラー服	
大津高女	府立	（昭和16年）	文部省標準服	
黒山高等実践女学校→黒山高女	府立	昭和3年	セーラー服	（冬服）紺サージ，襟・袖に黒線2本，紺のネクタイ，紺の帽子，（儀式）白襟に黒線2本・白のネクタイ，（夏服）白ポプリン七分袖，麦藁帽子
佐野実科高女→佐野高等実践女学校→佐野高女	府立	昭和5年 昭和7年	ジャンパースカート セーラー服	 紺襟に白線2本，水色襟
大阪高女	市立	史料が確認できない		
相愛第二高女→藤井寺高女	私立	（昭和16年）	史料が確認できない	
薫英高女	私立	～昭和8年	セーラー服	襟・袖に3本線，棒ネクタイ
布施高女	私立	（昭和16年）	文部省標準服	
双葉高女	私立	（昭和16年）	史料が確認できない	
西華高女	市立	（大正13年）	セーラー服	
玉手山高女	私立	（昭和17年）	文部省標準服	
船場高女	市立	史料が確認できない		
高等東女学校→東高女	市立	～昭和11年	セーラー服	襟・袖・胸当て・胸ポケットに2本線
下福島高女	市立	史料が確認できない		
清友学園高女	私立	昭和16年	文部省標準服	
進修高女	私立	（昭和18年）	文部省標準服	
百舌鳥高女	市立	（昭和18年）	文部省標準服	
誉田高女	公立	（昭和18年）	文部省標準服	
兵庫県				
神戸高女→第一神戸高女	県立	大正9年	ステンカラーの上着	帽子
神戸第二高女	県立	大正14年 昭和不明	セーラー服 セーラー服	
淡路高女	県立	昭和2年4月	セーラー服	

三田高女	県立	昭和不明 昭和不明	フラットカラーの上着 セーラー服	 襟・袖に白線３本
柏原高女	郡立→県立	大正 10 年５月 ～大正 15 年	スクエアカラーの上着 セーラー服	 （冬服）紺襟に２本線，ネクタイ，（夏服）白，帽子
城崎高女→豊岡高女	郡立→県立	昭和４年	セーラー服	（冬服）紺サージ，襟に紺線３本，（夏服）白の長袖，襟に白線３本，黒サテンのネクタイ，スカートに白線１本
姫路高女	県立	大正９年 大正 10 年 大正 12 年 昭和３年 昭和９年	ステンカラーの上着 ステンカラーの上着 ショールカラーの上着 セーラー服 セーラー服	（夏服）弁慶縞の木綿布地，ベルト （冬服）小倉地の丸襟，ベルト （夏服）白黒の弁慶縞，（冬服）紺サージで夏服と同型，ベルト （冬服）無線，（夏服）白線２本 襟・袖に白線３本，黒のネクタイ，胸章
加古川高女	郡立→県立	大正９年９月 大正 13 年４月	ショールカラーの上着 セーラー服	ベルト，大黒帽
篠山高女	県立	大正 12 年 大正 13 年	ブレザー，ワンピース セーラー服	（冬服）ブレザー，ベルト，（夏服）ワンピース
揖保高女→龍野高女	郡立→県立	大正 10 年６月 大正 13 年９月 昭和３年	洋服着用許可 ジャンパースカート セーラー服	 襟に青線２本
社高女	県立	大正 13 年 ～昭和６年	ステンカラーの上着 セーラー服	白襟，ベルト，大黒帽 襟に白線２本
生野高女	県立	～昭和３年 昭和５年	セーラー服 セーラー服	 襟・袖・胸当てに白線２本
伊丹高女	郡立→県立	大正 10 年 ～昭和２年	スクエアカラーの上着 セーラー服	ベルト，大黒帽 襟・袖・胸当てに白線２本
出石高女	県立	昭和８年	セーラー服	襟・袖に紺線２本，冬は紺のフェルトの帽子，夏は麦藁帽子
山崎高女	県立	大正 15 年	セーラー服	
福崎高女	県立	～大正 15 年	セーラー服	
北条高女	県立	～昭和５年 ～昭和 10 年	セーラー服 セーラー服	襟に白線１本，大黒帽 襟・袖に白線２本
三木高女	県立	～昭和 11 年	セーラー服	
上郡高女	県立	～昭和４年	セーラー服	襟・胸当てに白線２本
神戸第一高女	市立	昭和２年４月 ～昭和 11 年	ステンカラーの上着 ブレザー，ジャンパースカート	（標準服）（冬服）紺サージ，ベルト，帽子，（夏服）白

神戸第二高女	市立	史料が確認できない		
尼崎高女	市立	明治2年	セーラー服	冬は紺サージ，夏は白ポプリン，胸当てに紺線2本，棒ネクタイ
西宮高女	市立	大正15年4月	セーラー服	襟に2本線，ネクタイは蝶結び
明石高女	市立	大正13年 大正14年	ショールカラーの上着 セーラー服	白襟 襟・袖に白線2本
赤穂高女	組合立	～大正15年	セーラー服	襟，胸当てに2本線，紐ネクタイ，大黒帽
姫路高女	市立	史料が確認できない		
小野高女	町立	昭和3年	セーラー服	昭和3年，実科から高女に昇格
志筑実科高女→志筑高女	町立	～昭和5年	セーラー服	襟・袖に白線2本，白のネクタイ
神戸女学院	私立	昭和8年 昭和11年5月	洋服着用 セーラー服	 紺襟・袖に白線2本，白のネクタイ，左腕にワッペン
親和高女	私立	～昭和5年	セーラー服	襟・袖に2本線
松蔭高女	私立	大正14年	ワンピース	白襟，紺地
甲南高女	私立	大正13年4月 大正15年 昭和4年 昭和4年	セーラー服 ワンピース セーラー服 セーラー服	(冬服) (夏服) 白地 (冬服) 襟・袖・胸当てに白線3本 (夏服)
神戸山手高女	私立	～昭和3年	セーラー服	
園田高女	私立	昭和不明	セーラー服	
森高女	私立	大正14年6月	セーラー服	
神戸成徳高女	私立	～昭和5年	セーラー服	棒ネクタイ
住吉聖心女子学院→小林聖心女子学院高女	私立	大正12年	ジャンパースカート	
神戸野田高女	私立	史料が確認できない		
日の本女学校	私立	大正13年 大正15年	洋服着用任意 セーラー服	 (冬服) 紺，(夏服) 白
武庫川高女	私立	史料が確認できない		
第三神戸高女	県立	(昭和16年4月)	文部省標準服	
甲子園高女	私立	(昭和16年)	史料が確認できない	
第四神戸高女	県立	(昭和17年4月)	文部省標準服	
飾磨高女	公立	(昭和17年)	史料が確認できない	
湊川高女	私立	史料が確認できない		
諏訪山高女	県立	史料が確認できない		
住吉高女	村立	(昭和18年4月)	史料が確認できない	
相生高女	市立	(昭和18年4月)	セーラー服	
尼崎第二高女	市立	史料が確認できない		
神戸実践女学校	私立	昭和4年10月	セーラー服	(標準服) 白線1本

増谷高等家政女学校→増谷高女	私立	昭和9年4月 昭和12年	セーラー服 ジャンパースカート	紺サージ，襟と袖に白線2本 胸に浮線蝶の図を紅糸で刺繍，バックルは白
奈良県				
奈良女子師範学校附属高女	官立	～昭和11年	セーラー服	襟・袖・胸に白線3本
桜井高女	県立	大正15年 昭和3年4月	洋式制服 セーラー服	（冬服）紺地，（夏服）白地 （冬服）ネクタイ紺の淡色，襟・袖・胸当て・ポケットに白線3本，（夏服）白綿，ネクタイ水色，スカート襞16～24本
五条高女	郡立	大正9年12月 ～昭和14年	ツーピース セーラー服	（冬服）白丸襟紺のツーピース，（夏服）白黒のチェック柄のツーピース，（冬夏）帽子 襟・袖・胸に白線2本
高田高女	県立	大正12年 大正15年	テーラーカラーの上着 セーラー服	ベルト，大黒帽 白襟
御所高女	県立	～大正13年 ～昭和12年	セーラー服 セーラー服	襟・袖・胸当てに線2本，紐ネクタイ 棒ネクタイ
宇陀高女	県立	大正12年 ～昭和5年	ジャンパースカート セーラー服	 襟・袖に白線2本，白襟カバー，スカート襞22本
吉野高女	県立	～昭和5年	セーラー服	襟・袖・胸に白線2本，白襟カバー，帽子，スカート襞24本
郡山高女	公立	大正10年 ～昭和5年	ステンカラーの上着 セーラー服	帽子，ベルト 棒ネクタイ
奈良育英高女	私立	～昭和2年	セーラー服	襟・袖・胸当て・胸ポケットに白線3本，棒ネクタイ
天理高女	私立	大正14年11月	セーラー服	襟・袖に白線2本，棒ネクタイ，帽子
奈良高女	市立	（昭和16年）	文部省標準服	
葛城高女	不明	史料が確認できない		
和歌山県				
和歌山高女	県立	～昭和11年	セーラー服	袖・襟・スカートの裾に白線2本
新宮高女	県立	大正14年10月 ～昭和8年	ショールカラーの上着 セーラー服	（冬服）紺，（夏服）白 襟・胸当てに3本線，ネクタイは蝶結び
田辺高女	県立	昭和不明	セーラー服	
橋本高女	県立	大正15年6月	セーラー服	襟・袖に白線2本
粉河高女	県立	昭和3年	セーラー服	（冬服）紺襟・袖・胸当て・スカートの裾に白線2本
日高高女	県立	大正14年4月	セーラー服	（冬服）紺サージ，襟・袖・胸に白線2本，スカートの裾に白線1本，（夏服）白地に青線

有田高女	県立	昭和2年	セーラー服	(冬服) 紺襟・袖に白線3本, (夏服) 白長袖, 紺襟・袖に白線3本
日方高女	県立	～昭和7年	ステンカラーの上着	
古座高女	県立	昭和6年	セーラー服	(冬服) 紺襟・胸当てに白線2本, 棒ネクタイ, (夏服) 白
和歌山高女	市立	～昭和5年	セーラー服	襟・袖・スカートの裾に白線3本, 紐ネクタイ
紀南高女	町立	昭和4年9月	セーラー服	紺襟・袖に白線2本
修徳高女	私立	史料が確認できない		
笠田高等家政女学校→笠田高女	町立→県立	昭和2年	セーラー服	紺襟・袖に白線2本
文教高女	県立	史料が確認できない		
野上実践女学校→野上高女	県立	～昭和7年	セーラー服	紺襟・袖に白線2本, 帽子
箕島高等家政女学校→箕島高女	町立→県立	～昭和7年	セーラー服	紺襟・袖に白線2本, 黒のネクタイ(儀式は白)
鳥取県				
鳥取高女	県立	大正11年 大正12年 大正14年 昭和6年 昭和12年	白襟の弁慶縞 ブレザー セーラー服 ブレザー セーラー服	 (冬服) スカートに白線1本 (夏服) 黒の襟・袖・スカートに白線1本 (冬服) 紺サージ, スカートに白線1本, 紺人絹ネクタイ (夏服) 紺木綿ポプリン, スカートに白線1本, 蝶型ネクタイ
米子高女	県立	大正11年 昭和2年 昭和8年 昭和9年 昭和14年	ショールカラーの上着 スクエアカラーの上着 セーラー服 ブレザー セーラー服	弁慶縞, 襟と袖が白, 3個釦, ベルト, 黒のスカート 前開き, ベルト (夏服) 紺襟に白線2本, 棒ネクタイ, スカートに白線1本 (冬服) ベルト, スカートに白線1本 (冬服) 紺襟・袖・胸当てに白線2本, 棒ネクタイ, スカートに白線1本
倉吉高女	県立	大正14年 ～昭和13年 ～昭和16年	丸襟の上着 セーラー服 セーラー服	三つ釦前開き, ベルト 細リボン, スカートに白波線 襟・袖に白線2本
八頭高女	県立	～昭和4年	セーラー服	(冬服) 紺, 襟・袖に線2本, 棒ネクタイ, (夏服) 白, 棒ネクタイ
根雨高女	県立	昭和4年	セーラー服	紺襟・袖・胸当てにグレーの2本線, 棒ネクタイ
島根県				
松江高女	県立	大正13年 昭和7年	ブレザー セーラー服	紫紺のビロード襟 (冬服) 紺サージ, 白線2本, (夏服) 綿セル, 白線2本, 富士絹紺の紐ネクタイ(儀式は白)

浜田高女	県立	大正13年	セーラー服	（冬服）紺サージ，襟に海老茶線2本，（夏服）白麻，大黒帽
今市高女	県立	大正13年 ～昭和14年	ワンピース セーラー服	（冬服）紺サージ，（夏服）麻 襟と袖に白線2本，白のネクタイ
津和野高女	県立	大正13年 昭和2年 昭和12年	丸襟の上着 丸襟の上着 セーラー服	三つ釦前開き，薄い水浅黄色の襟カバー，白襟カバー 襟と袖に白線2本線，ネクタイ 襟と袖に白線3本線，白のネクタイ
隠岐高女	県立	大正13年 昭和3年	テーラーカラーの上着 セーラー服	ベルト （冬服）紺の襟・胸当てに線2本，黒の棒ネクタイ，（夏服）白，黒の棒ネクタイ
松操高女	私立	大正13年	ブレザー	ビロード襟，（冬服）襟が茶褐色，（夏服）飾り釦が茶褐色
松江女子技芸学校→松江市立高女	市立	大正13年	セーラー服	（希望者）
平田高等実業女学校→平田高女	県立	～昭和8年	セーラー服	（冬服）紺，（夏服）白
大東高等実業女学校→大東高女	県立	昭和4年	セーラー服	襟・袖は水色，黒のネクタイ
大社高等実業女学校→大社高等家政女学校→大社高女	県立	～昭和5年 ～昭和13年	セーラー服 セーラー服	
益田高女	町立→県立	昭和5年 昭和14年	丸襟の上着 セーラー服	紺サージ，海老茶の2本線 古代紫のネクタイ
女子技芸学校→大田実科高女→大田家政女学校→大田高女	町立→県立	昭和4年 ～昭和12年	セーラー服 セーラー服	襟・袖・胸当てに白線2本 白襟カバー
川本高女	県立	（昭和17年）	セーラー服	紺の襟・袖・胸当てに白線3本
安来実科高女→安来高女	町立→県立	昭和2年 昭和5年 昭和3年6月	洋服 セーラー服 セーラー服	
浜田高女	市立	昭和18年	文部省標準服	
岡山県				
順正高女	県立	大正14年3月 昭和3年3月	ショールカラーの上着 ショールカラーの上着	白襟，前開き2個釦，ベルト 棒ネクタイ，リボン
岡山高女→第一岡山高女	県立	大正10年 大正11年4月 昭和2年6月	洋服（夏服） スクエアカラーのジャンパースカート オープンカラーの上着	 （夏服）棒ネクタイ
第二岡山高女	県立	（昭和11年）	セーラー服	襟・袖に白線2本

笠岡高女	県立	大正 11 年	ショールカラーの上着	ジャンパースカート，ベルト
		昭和 8 年	ステンカラーの上着	(冬服) 白折襟，繻子のオリーブ色リボン，(夏服) 白ブラウス，繻子のオリーブ色リボン
津山実科高女→美作高女	私立	昭和 3 年	セーラー服	襟に茶色線 2 本，茶の棒ネクタイ，スカート襞 16 本に白線
		昭和 8 年	セーラー服	襟・袖・胸に白線 2 本，黒のネクタイ
津山高女	県立	大正 14 年 2 月	セーラー服	襟・袖に黒線 2 本，スカートに黒線 1 本，茶の蝶ネクタイ
西大寺高女	県立	昭和 2 年	セーラー服	(冬服) 紺サージ襟・袖・胸に黒線 2 本，スカートに黒線 1 本，(夏服) スモークグリーンに白線
		昭和 4 ～ 5 年	セーラー服	(夏服) 白ポプリン
観生高女	町立	～昭和 4 年	ブレザー	3 個釦，ベルト，ジャンパースカート
		～昭和 9 年	ステンカラーの上着	棒ネクタイ
		～昭和 13 年	セーラー服	蝶結び
倉敷高女	組合立→県立	大正 12 年 4 月	ステンカラーの上着	(冬服) 紺サージ，ベルト，大黒帽，(夏服) 浅黄ギンガムツーピース
		昭和 3 年 4 月	セーラー服	襟，胸当てに白線 2 本，白襟カバー
玉島高女	県立	大正 14 年 6 月	スクエアカラーのジャンパースカート	
		～昭和 12 年	セーラー服	(夏服) 紺襟・袖に白線 2 本
勝山高女	町立	昭和 3 年	セーラー服	大阪型
		昭和 8 年～ 10 年	セーラー服	袖・胸に白線 2 本，白襟
井原高女	町立→県立	大正 11 年 6 月	ワンピース	(夏服) 格子柄
		大正 12 年 4 月	ショールカラーの上着	2 個釦，ベルト，大黒帽，ジャンパースカートに線 1 本，胸当て有り
		昭和 4 年	セーラー服	襟と胸当てに白線 1 本
		～昭和 9 年	ステンカラーの上着	棒ネクタイ，(夏服) 上着が白
矢掛高女	組合立	大正 13 年	テーラーカラーの上着	ベルト，大黒帽
		～昭和 6 年	オープンカラーの上着	(冬服) 紺，(夏服) 白，帽子，棒ネクタイ
		～昭和 13 年	セーラー服	(夏服) 白地前開き 2 個釦で紺襟・袖・胸ポケットに白線 3 本
		昭和 13 年 6 月	セーラー服	
総社高女	県立	昭和 4 年	スクエアカラーのジャンパースカート	
新見高女	組合立	～昭和 12 年	セーラー服	白襟カバー，大阪型
龍王高女→味野高女	組合立	～大正 14 年	ショールカラーの上着	
		昭和 11 年	セーラー服	(冬服) 紺サージ，襟・袖・胸に白線 2 本，鼠色のネクタイ，フェルト帽，(夏服) 白，茶色不二絹のネクタイ，麦藁帽子

林野高女	町立→県立	大正 13 年 6 月	セーラー服	白の棒ネクタイ，大阪型
勝間田高女（林野高女と合併）	町立	大正 13 年 6 月	ステンカラーの上着	ベルト，白襟
邑久高女	県立	～昭和 2 年	スクエアカラーのジャンパースカート	大黒帽
		～昭和 4 年	セーラー服	（冬服）紺襟・胸当て・胸ポケットに線 2 本，（夏服）白，帽子，棒ネクタイ，大阪型
		～昭和 15 年	セーラー服	襟に白線 2 本
和気高女	組合立→県立	～大正 13 年	テーラーカラーの上着	
		～大正 15 年	セーラー服	（冬服）紺襟・胸当て・胸ポケットに白線 2 本，（夏服）白襟・胸当て・胸ポケットに線 2 本，白の帽子
牛窓高女	町村立	～昭和 15 年	セーラー服	
瀬戸高女	組合立	～大正 15 年	スクエアカラーの上着	ベルト，白襟
		～昭和 7 年	セーラー服	白襟，紺サージ，黒の棒ネクタイ，大阪型
生石高女	私立	年月不明	テーラーカラーの上着	
		～昭和 11 年	セーラー服	襟・袖・胸に白線 3 本，リボンタイ，胸当て無し
落合高女	県立	昭和 3 年	セーラー服	襟，胸当てに白線 2 本
福渡高女	県立	昭和 5 年	セーラー服	（冬服）白襟，紺サージ，繻子の紺のネクタイ，（夏服）薄い青鼠のギンガム，細紐リボン，大阪型
成羽高女	県立	昭和 2 年	ショールカラーの上着	白襟，前開き 3 個釦，ベルト
		昭和 13 年 6 月	セーラー服	（夏服）白長袖
		昭和 14 年 4 月	セーラー服	（冬服）棒ネクタイ，（儀式）白の棒ネクタイ，大阪型
清心高女	私立	～大正 14 年	セーラー服	（冬服）襟・袖に白線 2 本
		昭和 6 年	ショールカラーの上着	丸襟のブラウス，白のネクタイ
		昭和 15 年	オープンカラーの上着	
山陽高女	私立	大正 11 年	洋服着用許可	
		大正 13 年 4 月	ステンカラーの上着，ワンピース	（冬服）白襟，紺サージ，（夏服）ワンピース
		昭和 9 年 6 月	セーラー襟のワンピース	（冬服）襟・袖に白線 1 本，オリーブグリーンネクタイ，ベルト
就実高女	私立	大正 14 年	ショールカラーのワンピース	
		昭和 3 年	セーラー服	茶色のネクタイ，白襟

真備高女	私立	～昭和 2 年 ～昭和 12 年	セーラー服 セーラー服	白襟，前開き 5 個釦，ベルト 襟・袖に白線 2 本
日比高女→玉野高女	町立	(昭和 14 年 4 月)	セーラー服	襟に白線 2 本
広島県				
広島高女	県立	大正 9 年 大正末期 昭和 2 年 昭和 8 年	セーラー襟の洋服 スクエアカラーの上着 セーラー服 セーラー服	ベルト，大黒帽 帽子 (冬服) 紺襟・袖・胸当てに銀鼠色線 2 本，(夏服) 白襟・袖・胸当てに茶色線 2 本 (冬服) 紺襟・胸当てに白線 2 本,
忠海高女	県立	大正 13 年	セーラー服	襟に白線 2 本，白の棒ネクタイ
福山高女	県立	大正 13 年 昭和 2 年 昭和 8 年	ブレザー セーラー服 セーラー服	ベルト (冬服) 紺サージ，襟・袖に緑線 2 本，緑のネクタイ，(夏服) 白ポプリン，襟に水色線，ギンガムで水色のチェックのプリーツスカート (冬服) 紺サージ，襟・袖に白線 2 本，白のネクタイ，プリーツスカート，(夏服) 白ポプリン，紺の襟・袖に白線
呉高女	県立	大正 11 年 6 月 大正 11 年 12 月 大正 15 年 3 月	ジャンパースカート 冬服制定 セーラー服	
尾道高女	県立	大正 14 年 昭和 8 年	丸首型の洋服，帽子 セーラー服	 襟・袖に白線 2 本
府中高女	県立	大正 11 年 昭和 3 年	洋服 (セーラー服) セーラー服	
可部高女	県立	昭和 2 年 2 月	セーラー服	
東城高女	町立→県立	大正 13 年 9 月 大正 14 年 4 月	ブレザー セーラー服	ベルト，大黒帽 襟・袖・胸当てに白線 2 本，棒ネクタイ，大阪型
吉田高女	県立	昭和 3 年	セーラー服	襟・袖・胸当てに白線 2 本，白のネクタイ，白襟
三次高女	県立	大正 13 年 昭和 6 年	ブレザー セーラー服	ベルト，大黒帽 袖に白線 2 本，白襟，白のネクタイ蝶結び
上下高女	県立	～昭和 3 年 ～昭和 6 年 昭和 8 年	ショールカラーの上着 ジャンパースカート セーラー服	ベルト
松永高女	県立	大正 15 年 昭和 8 年	ブレザー，ジャンパースカート セーラー服	ベルト，大黒帽 襟・袖・胸当てに白線 2 本

甲山高女	県立	大正 12 年 5 月	ブレザー	ベルト，大黒帽
		昭和 2 年 4 月	ブレザー	ベルト
		昭和 4 年 4 月	ブレザー	大正 12 年のデザインに戻る
		昭和 5 年 4 月	セーラー服	（冬服）紺，襟・袖・胸当てに白線 2 本，白のネクタイ
土生実科高女→土生高女	町立→県立	大正 14 年	スクエアカラーのジャンパースカート	
		昭和 3 年	セーラー服	
		昭和 5 年	セーラー服	襟・袖・胸当て白線 2 本，白のネクタイ
三原高女	県立	昭和 8 年	セーラー服	
賀茂高女	県立	大正 12 年	洋式制服	紺サージ，ベルト
		昭和 2 年	洋式制服	最初の制服にベルトが円型，襟に白線に，ハート型ベルト，ネクタイ
		昭和 8 年～ 9 年	セーラー服	白線
竹原高女	県立	大正 13 年	スクエアカラーのジャンパースカート	白襟，薄茶色
		昭和 8 年	セーラー服	県下統一
呉高女	市立	史料が確認できない		
広島高女	市立	（大正 10 年）7 月	白ブラウス	（夏服）スカート
		（大正 10 年）	ブレザー	（冬服）大黒帽
		昭和 2 年～ 6 年	セーラー服	襟・袖・胸当てに白線 2 本
向原高女	組合立→村立	昭和 2 年	セーラー服	
瀬戸田実科高女→瀬戸田高女	町立	～昭和 4 年	セーラー服	大阪型
		昭和 8 年	セーラー服	襟・袖・胸当て白線 2 本，白のネクタイ蝶結び
		昭和 13 年	セーラー服	襟・袖・胸当て白線 3 本，白の棒ネクタイ
広島女学院高等女学部	私立	大正 13 年	セーラー服，ジャンパースカート	（冬服）襟・袖・胸当てに白線 2 本，白のネクタイ，（夏服）ジャンパースカート
山中高女	私立	昭和 2 年	セーラー服	
		～昭和 4 年	セーラー服	襟・胸当てに 1 本線と 2 本線
		～昭和 5 年	セーラー服	襟・胸当てに白線 3 本
安田高女	私立	大正 13 年	ショールカラーの上着	白襟，ベルト
		大正 15 年	スクエアカラーの上着	白襟，ベルト
		昭和 2 年	セーラー服	
		昭和 8 年	セーラー服	白線 3 本
新庄高女	私立	大正 13 年	和洋折衷型	（冬服）紫紺のセル和洋折衷型，ベルト，（夏服）麻の洋服にオリーブ色の帽子

進徳高女	私立	大正 11 年 昭和 2 年 昭和 7 年	テーラーカラーの上着 セーラー服 セーラー服	ベルト，大黒帽 丸襟無線，棒ネクタイ
土肥高女	私立	史料が確認できない		
日彰館高女	私立	昭和 8 年	セーラー服	襟・袖・胸当て白線 2 本，白の棒ネクタイ，白襟
呉精華高女	私立	史料が確認できない		
森本高女	私立	史料が確認できない		
河内高女	私立	大正 14 年 5 月 昭和 4 年 10 月	オーバー セーラー服	（夏服）ギンガム地，ベルト （冬服）
婦徳高女	私立	史料が確認できない		
門田高女	私立	～昭和 2 年 昭和 8 年 ～昭和 15 年	テーラーカラーの上着 セーラー服 セーラー服	 白のネクタイ 白襟，白のネクタイ
安芸高女	私立	史料が確認できない		
増川高女	私立	昭和 8 年	セーラー服	県下統一
祇園高女	私立	史料が確認できない		
山陽高女	私立	～昭和 5 年 昭和 7 年	丸襟 セーラー服	 襟・袖・胸当てに白線 2 本，白のネクタイ
広島昭和高女	私立	（昭和 14 年）	セーラー服	（冬服）紺，（夏服）白，襟・袖に白線
広島第二高女	県立	史料が確認できない		
海田高女	県立	昭和 17 年	セーラー服，文部省標準服	襟，袖，胸当てに白線 2 本，白の棒ネクタイ
西城実科高女→西城高女	町立	昭和 5 年 7 月	セーラー服	
三原高女	市立	史料が確認できない		
向島高女	町立	史料が確認できない		
広島第二高女	市立	史料が確認できない		
山口県				
徳基高女→厚狭高女	公立→県立	大正 11 年 大正 14 年	洋服，靴 セーラー服	 （夏服）白ポプリン，紺絹のネクタイ
山口高女	県立	大正 11 年 大正 15 年 昭和 8 年	ブレザー セーラー服 セーラー服	（標準服）ベルト，大黒帽 （標準服） （冬服）紺サージ，襟・袖に白線 2 本，（夏服）白ポプリン，水色襟・袖に白線 2 本，（冬夏）臙脂のネクタイ
下関高女	市立→県立	大正 12 年 4 月	セーラー服	
岩国高女	県立	大正 12 年	セーラー襟	

防府高女	県立	大正14年	セーラー襟	（夏服）
		大正15年4月	ベルト付ドレス	帽子
		昭和6年	セーラー服	（冬服）紺サージ，襟・袖・胸当てに白線2本，（夏服）従来どおり空色木綿
柳井高女	郡立→県立	大正10年	ショールカラーの上着	ベルト，大黒帽，（冬服）紺，（夏服）格子柄
		昭和5年5月・9月	ステンカラーの上着	ネクタイ
		昭和7年6月	セーラー服	（冬服）紺サージ，襟・袖・胸当て・胸ポケットに白線2本，茄子紺のネクタイ，（夏服）同茄子紺線2本，白のネクタイ
深川高女	県立	大正12年4月	ブレザー	ベルト，大黒帽，（冬服）紺，（夏服）白
		～昭和3年	セーラー服	（冬服）紺，（夏服）白，臙脂のネクタイ
徳山高女	県立	大正13年	市松模様の洋服	
		大正13年10月	セーラー服	
		大正14年4月	セーラー服	
萩高女	県立	大正11年	ブレザー	ベルト
		昭和2年	セーラー服	（冬服）紺サージ，（夏服）白ポプリン，襟・袖・ネクタイに赤線2本
長府高女	県立	大正12年4月	テーラーカラーの上着	バックル
		昭和2年	セーラー服	襟に濃紅線3本
		昭和10年	セーラー服	襟に白線3本
済美実科高女→宇部実科高女→宇部高女	村立→市立→県立	大正9年	ショールカラーの上着	紺の綿サージ，ビロード襟，大黒帽
		大正10年	ツーピース	（夏服）
		大正12年	セーラー服	黒のサージ，襟と袖に臙脂の線，大黒帽
久賀高女	県立	大正12年	スクエアカラーの上着	ベルト，大黒帽
		昭和3年	セーラー服	帽子
		昭和14年	セーラー服	襟・袖・胸当てに3本線，帽子
室積高女	県立	（昭和11年）	セーラー服	（冬服）紺襟に白線3本，（夏服）白襟に白線3本
田部実科高女→田部高女	村立→県立	～昭和4年	セーラー服	（冬服）紺襟・袖に白線2本，棒ネクタイ，（夏服）白，ネクタイは蝶結び，帽子
平生精華高女→平生高女→熊毛高女	私立→町立→県立	大正11年	スクエアカラーの上着	
		大正14年	セーラー服	白襟
		昭和13年	セーラー服	（冬服）紺襟・袖に白線3本，黒のネクタイ，（夏服）白

小郡高女	組合立	大正 14 年 昭和 2 年	洋服 セーラー服	
三田尻高女	私立	昭和 2 年 昭和 8 年	セーラー服 セーラー服	(冬服) 紺, (夏服) 白, 帽子, 袖口にMマーク (冬服) 紺襟に白線 3 本, 袖口にMの白線, 赤のネクタイ
下松高女	私立	史料が確認できない		
中村高女	私立	大正 12 年	テーラーカラーの上着	大黒帽, ベルト, 前開き 3 個釦
野田女学校→野田高女	私立	大正 15 年 昭和 17 年頃	セーラー服 ブレザー	
香川実科高女→香川高女	私立	～昭和 2 年 ～昭和 4 年 ～昭和 14 年	テーラーカラーの上着 セーラー服 セーラー服	ベルト (冬服) 紺, (夏服) 白, リボン 襟に線 3 本
下関梅光女学院	私立	～昭和 2 年	セーラー服	(冬服) 紺サージ襟・袖に白線 2 本, 胸当てに刺繍, (夏服) 白襟に黒線 2 本, 黒のネクタイ
桜ヶ丘高女	私立	(昭和 15 年)	セーラー服	
修善女学校	私立	史料が確認できない		
宇部高女	市立	史料が確認できない		
徳島県				
徳島高女	県立	大正 11 年 昭和 5 年	ブレザー ブレザー	 ネクタイ, 夏の帽子
富岡高女	県立	大正 10 年	ステンカラーの上着	
撫養高女	県立	史料が確認できない		
三好高女	県立	大正 13 年 ～昭和 8 年	セーラー服 セーラー服	(冬服) 綿の紺サージ, (夏服) 灰色の半麻 (冬服) 紺襟に白線 3 本, (夏服) 紺の襟と袖に白線 3 本
海部高女	県立	～昭和 3 年 ～昭和 7 年	ブレザー セーラー服	 襟と袖に 2 本線, リボンタイ
美馬高女	県立	大正 13 年 6 月	セーラー服	(冬服) 紺襟に白線 2 本, (夏服) 白襟に線 2 本, リボンタイ
名西高女	県立	大正 12 年 大正 13 年 昭和 8 年 6 月 昭和 11 年 4 月	洋式制服 洋式制服 ジャンパースカート(夏服) セーラー服 (冬服)	(夏服) 白襟, ピンク地 (冬服) 白襟, 紺サージ, (夏服) 水色 (冬服) 白襟
小松島高女	県立	(昭和 6 年) 6 月	セーラー服	(冬服) 紺, 襟と袖に白線 2 本, (夏服) 白, ネクタイは紺色の蝶結び, (儀式) 白のネクタイ
徳島香蘭高女	私立	史料が確認できない		
成徳女学校	私立	史料が確認できない		
徳島高女	市立	史料が確認できない		

香川県				
高松高女	県立	大正10年	ショールカラーの上着	白襟，ベルト，前開き3個釦
		～昭和5年	セーラー服	襟・袖・スカートに白線1本，白の棒ネクタイ
丸亀高女	県立	大正13年4月	スクエアカラーの上着	ベルト
		昭和8年	セーラー服	
三豊高女	県立	昭和2年	セーラー服	襟に茶色線3本
		昭和8年	セーラー服	襟に白線3本
木田高女	県立	大正11年11月	セーラー服	白襟，ベルト，前開き3個釦
		昭和2年	セーラー服	襟・袖に白線2本，白のネクタイ
坂出高女	県立	大正12年	セーラー服	ベルト，前開き釦
		昭和6年	セーラー服	襟に線1本，白襟カバー，棒ネクタイ
小豆島高女	県立	大正14年	ワンピース	（夏服）
津田高女→大川高女	県立	～昭和7年	セーラー服	襟，袖に白線2本
		～昭和12年	セーラー服	襟，袖に白線2本，スカートに白線1本
善通寺高女	私立	大正14年	スクエアカラーの上着	ベルト，スカートに線1本
		大正14年	セーラー服	
		昭和4年	セーラー服	襟に白線2本，前開き3個釦，スカートに白線1本
		昭和6年	セーラー服	襟，胸当てに白線2本，スカートに白線1本，（儀式）白のネクタイ
明善高女	私立	不明	セーラー服	（冬服）紺，（夏服）白，襟・袖に白線3本
高松実科高女→高松市立高女	市立	昭和5年	セーラー服	襟・袖に茶色線2本，スカートに茶色線1本，茶色の棒ネクタイ
		昭和13年	セーラー服	襟・袖に白線2本，白襟，蝶ネクタイ
		昭和15年	ハーフコート	
香川農業学校→香川高女	組合立→県立	昭和9年	セーラー服	襟・袖に白線2本，スカートに白線，白襟
琴平実科高女→琴平高女	町立	昭和12年4月	セーラー服	（冬服）紺，（夏服）白，緑線3本，緑三角ネクタイ，スカート襞28本
愛媛県				
松山高女	県立	大正14年	セーラー服	襟・袖に白線2本，ベルト
今治高女	県立	大正15年	セーラー服	（冬服）紺サージ，襟に白線2本，（夏服）白地，水色襟に白線2本
		昭和5年	セーラー服	（冬服）紺サージ，襟・胸当てに白線2本，フェルト帽，（夏服）白，プリーツスカート
宇和島高女	県立	大正14年	ステンカラーの上着	大黒帽，ベルト
		昭和4年	セーラー服	襟・胸当てに白線2本
		～昭和8年	セーラー服	襟・胸当てに白線2本，（儀式）白の棒ネクタイ

大洲高女	県立	大正15年	セーラー服	
西条高女	県立	大正13年 昭和10年頃 昭和10年頃	セーラー服 セーラー服 ジャンパースカート	白襟，ベルト (冬服）白襟カバー，襟に黒線，黒のネクタイ (夏服)
八幡浜高女	県立	大正12年10月 昭和5年	ブレザー セーラー服	ベルト，白丸襟，大黒帽 襟に白線2本，3つ釦前開き
宇摩高女→川之江高女	県立	昭和4年4月 昭和8年頃	セーラー服 セーラー服	襟に白線2本，ベルト， スカートに白線2本
周桑高女	県立	大正14年	セーラー服，ジャンパースカート	白襟
東宇和高女	県立	～昭和16年	セーラー服	(夏服）白，
松山城北高女	県立	大正12年 昭和2年6月 昭和11年	セーラー服 セーラー服 セーラー服	白襟，ベルト，蝶ネクタイ，大黒帽 (冬服）茶色の細ネクタイ，帽子，(夏服）白ポプリン，帽子 (冬服）紺の蝶ネクタイ，(夏服）襟に白線3本
新居浜高女	町立	～昭和2年	セーラー服	白のネクタイ
済美高女	私立	大正13年 昭和13年	セーラー服 ジャンパースカート	襟に線1本，棒ネクタイ，大黒帽
山下高女	私立	～昭和9年	セーラー服	白襟
第二山下高女	私立	大正15年11月	セーラー服	襟，袖に白線2本
今治精華高女	私立	史料が確認できない		
松山女学校→松山東雲高女	私立	大正12年7月	セーラー服	
宇和島実科高女→宇和島高等家政女学校→鶴島高女	県立	史料が確認できない		
今治明徳高女	私立	史料が確認できない		
三島実科高女→三島高女	県立	～昭和15年	セーラー服	
川之石高女	町立	～昭和6年	セーラー服	前開き3個釦
高知県				
高知高女→高知第一高女	県立	大正13年 大正15年4月	セーラー服 セーラー服	襟・袖・胸当てに白線3本，スカートに白線1本 大黒帽（制服）
高知第二高女	県立	～昭和13年	セーラー服	襟，袖に白線2本，棒ネクタイ
中村高女	県立	昭和3年 昭和4年4月	セーラー服 セーラー服	襟，袖，胸当て，ポケットに2本線，棒ネクタイ 襟・袖・胸当て，胸に白線2本，徽章
佐川高女	県立	～昭和4年	セーラー服	襟・袖・胸当てに白線3本，スカートに白線1本，棒ネクタイ
安芸高女	県立	～昭和3年 ～昭和13年	セーラー服 セーラー服	(冬服）紺襟に白線2本 (夏服）白地，紺襟に白線3本

高坂高女	私立	～昭和 12 年	セーラー服	(冬服) 紺襟に 2 本線, (夏服) 白, 棒ネクタイ
土佐高女	私立	大正 12 年 6 月	洋服着用許可	(冬服), 紺サージ, (夏服) 鼠ポプリン, ベルト
		大正 15年～昭和 2 年	セーラー服	襟・袖に黒線 2 本, スカートに白線 2 本
		昭和 10 年	セーラー服	白の親子線
山田高女	県立	不明	セーラー服	襟に白線 2 本
福岡県				
久留米高女	県立	大正 11 年 6 月	ツーピース	(冬服) 紺地, (夏服) 淡緑色淡灰色交織ヘヤクロースの上衣, 紺スカート
		年月不明	セーラー服	
		昭和 11 年	セーラー服	スカートに白線 1 本
小倉高女	県立	～昭和 4 年	セーラー服	
福岡高女	県立	大正 10 年 4 月	スクエアカラーの上着	ベルト
		昭和 2 年	セーラー服	襟・胸当てに白線 2 本, 紐ネクタイ
		昭和 9 年	セーラー服	襟・胸当てに白線 2 本, ネクタイ
柳河高女	県立	大正 15 年	セーラー服	
		～昭和 12 年	セーラー服	襟・胸当てに白線 2 本
門司高女	県立	大正 11 年	ダブルのボックス型	
		～昭和 3 年	セーラー服	襟・袖・胸当てに白線 2 本, ネクタイ
浮羽高女	郡立	～昭和 8 年	セーラー服	
		～昭和 14 年	セーラー服	襟・袖・胸当てに線 2 本
直方高女	県立	大正 14 年	スクエアカラーの上着	
		～昭和 8 年	セーラー服	襟・胸当てに白線 2 本, ネクタイ
嘉穂高女	県立	大正 11 年	スクエアカラーの上着	前開き 3 個釦
		昭和 2 年	セーラー服	襟・胸当てに線 2 本, ネクタイ
若松高女	市立	大正 12 年 4 月	セーラー服	白襟, ネクタイ
大牟田高女	県立	大正 11 年 4 月	スクエアカラーの上着	ベルト
		大正 15 年	セーラー服	大阪型
八幡高女	県立	～昭和 3 年	セーラー服	襟・袖・胸当てに白線 2 本, ネクタイ
		～昭和 11 年	セーラー服	
京都高女	県立	昭和 2 年 4 月	セーラー服	襟・胸当てに白線 2 本
田川高女	県立	大正 12 年	ステンカラーの上着	ベルト
		昭和 3 年	ステンカラー, セーラー襟	
		昭和 6 年	セーラー服	襟・胸当てに白線 2 本

築上高女	県立	大正 10 年	ショールカラーの上着	チェックのネクタイ
		大正 11 年	ショールカラーの上着	襟がビロード
		大正 15 年	セーラー服	白線 2 本
		昭和 4 年	セーラー服	黒線 2 本，ネクタイ
		昭和 8 年	セーラー服	黒線 2 本，紺のネクタイ
築紫高女	県立	昭和 4 年 4 月	セーラー服	襟に白の大小 2 本線
		昭和 9 年	セーラー服	襟に黒の大小 2 本線
		～昭和 11 年	セーラー服	襟・胸当てに白線 2 本，ネクタイ
折尾高女	私立→県立	大正 14 年	セーラー服	（冬服）紺襟に臙脂 3 本線，臙脂のネクタイ
			グレーのワンピース	（夏服）
朝倉高女	県立	大正 10 年	スクエアカラーの上着	ベルト
		大正 13 年	セーラー服	
三潴高女	県立	大正 12 年	スクエアカラーの上着	前開き 4 個釦
		～昭和 5 年	セーラー服	ネクタイ，大阪型
		昭和 9 年～ 15 年	セーラー服	襟・胸当てに白線 2 本，ネクタイ
八女高女	県立	～昭和 11 年	セーラー服	
香椎高女	県立	大正 11 年	セーラー服	襟・袖に黒線 3 本，胸当てに黒線 2 本
糸島実科高女→糸島高女	県立	大正 12 年	セーラー服	（夏服）縦横縞，濃紺の帽子
		大正 13 年	セーラー服	（冬服）濃紺サージ
早良高女→西福岡高女	組合立	大正 14 年 6 月	セーラー服	（冬服）紺サージ，大黒帽（夏服）ギンガム，襟・胸当てに白線 2 本，黒・紺のウール・絹のネクタイ
戸畑実科高女→戸畑高女	県立	昭和 4 年	ブレザー	
		昭和 5 年	セーラー服	大阪型
		昭和 6 年	セーラー服	襟・胸当てに線 2 本
		昭和 11 年	セーラー服	紺襟・胸当てに白線 2 本
宗像高等実業女学校→宗像高女	県立	昭和 2 年	スクエアカラーのジャンパースカート	
		～昭和 15 年	セーラー服	
門司高女	市立	史料が確認できない		
鶴城高女	私立	～昭和 2 年	セーラー服	
九州高女	私立	大正 11 年	スクエアカラーの上着	大黒帽
築紫高女	私立	昭和 2 年	セーラー服	（冬服）紺襟・袖・胸当てに白線 3 本，紺紐ネクタイ，（夏服）白襟・胸当てに白線 3 本，白紐ネクタイ
勝山女学館→勝山高女	私立	大正 13 年	セーラー服	
		昭和 6 年	セーラー服	紺襟・袖・胸当てに白線 3 本
飯塚高女	私立	史料が確認できない		

鎮西高女	私立	史料が確認できない		
久留米昭和高女	私立	(昭和4年)	セーラー服	襟に白線3本
大牟田高等家政女学校，不知火高女	私立	～大正14年 大正15年 昭和11年 昭和12年	ステンカラーの上着 セーラー服 セーラー服 セーラー服	大黒帽 白のネクタイ 襟・胸当てに白線3本，白のネクタイ
福岡女学校	私立	大正10年12月	セーラー服	(冬服) 襟・袖に臙脂色の3本線，臙脂色のネクタイ，胸当てに白い錨，(夏服) 空色ギンガムの半袖に黒のネクタイ
西南女学院	私立	大正11年4月	セーラー服	
黒木高等実業学校→黒木高女	村立	昭和10年	セーラー服	
田川高等実業学校→田川東高女	公立	年月不明	セーラー服	
福丸高等実業女学校→福丸高女	県立	史料が確認できない		
大牟田高女	市立	昭和14年	セーラー服	
三井高等実業女学校→三井高女	県立	～昭和12年	セーラー服	
京都実業女学校→豊津高女	公立→県立	昭和5年4月	セーラー服	白襟，リボンは蝶結び
山門高等実業学校→山門高女	県立	～昭和5年 ～昭和11年	セーラー服 セーラー服	襟・袖・胸当てに白線2本，ネクタイ 襟・袖に線2本
南吉富高等実業女学校→吉富高女	県立	昭和2年	セーラー服	(冬服) 紺襟に線2本，黒繻子のネクタイ，(夏服) 白
福岡第一女学校→福岡第一高女	市立	昭和9年	セーラー服	紺襟に白線2本，胸当てに校章の刺繍
稲築高女	町立	(昭和18年)	文部省標準服	
椎田高等実業女学校→椎田高女	県立	大正15年 ～昭和7年	洋服 セーラー服	 冬は紺，夏は白，ネクタイ
二瀬高女	町立	(昭和18年)	文部省標準服	
朝倉実科高女→甘木高女	県立	史料が確認できない		
戸畑高等実業学校→戸畑高女	市立	史料が確認できない		
八幡高女	市立	史料が確認できない		
佐賀県				
佐賀高女	県立	大正12年1月 昭和不明	洋式制服 セーラー服	白襟
唐津高女	県立	大正12年7月 ～昭和3年 ～昭和8年	洋式制服 セーラー服 セーラー服	 襟に3本線，棒ネクタイ 襟・袖・胸当てに白線3本，ネクタイ

武雄高女	県立	大正12年	セーラー服	
		昭和2年	セーラー服	
		昭和10年	セーラー服	襟・胸当てに白線2本，胸当てに三船の印
		昭和15年	セーラー服	襟に白線3本，蝶リボン
鹿島高女	県立	大正13年	セーラー服	
小城高女	県立	～昭和4年	セーラー服	襟・袖・胸当てに白線
伊万里高女	町立→県立	昭和3年4月	セーラー服	(冬服) 紺サージ，襟・袖に黒線3本，(夏服) 薄いグレー地，紺のスカート，茶色のパナマ帽
		～昭和7年	セーラー服	襟・袖・胸当てに白線2本，白のネクタイ
		昭和12年10月	セーラー服	(冬服) 紺サージ襟・袖・胸当てに白線3本，(夏服) 白ポプリン，紺襟・袖に白線3本
鳥栖高女	組合立→県立	(昭和2年4月)	セーラー服	海老茶のネクタイ，紺の帽子
神埼高女	県立	(昭和4年4月)	セーラー服	(冬服) 紺襟・袖・胸当てに白線3本，(夏服) 白地，紺襟・袖に白線3本
成美高女	市立	大正15年	セーラー服	襟に3本線，棒ネクタイ，大黒帽
		～昭和11年	セーラー服	(冬服) 紺地，(夏服) 白地，紺襟・袖・胸当てに白線2本
清和高女	私立	昭和6年	セーラー服	襟に3本線，胸当てに刺繍，ネクタイ
		昭和9年	セーラー服	襟・胸当てに3本線，ネクタイ
		昭和10年代	セーラー服	(冬服) 紺襟・袖・胸当てに白線2本，(夏服) 白地，紺襟・袖に白線2本，ネクタイは蝶結び
長崎県				
長崎高女	県立	大正11年	ワンピース	(冬服) 紺サージ，ベルト付，(夏服) 白ポプリン，黒碁盤柄ワンピース
		昭和11年	ブラウス	(夏服) 白七分袖，グレーの袖に黒のリボン
対馬高女	県立	大正15年	セーラー服	(冬服) 紺サージ，襟に赤線3本，黒のネクタイ，羅紗の帽子，(夏服) 白地に水色ギンガムの襟，黒のネクタイ，木綿の帽子
諫早高女	県立	大正10年	オープンカラーの上着	帽子
大村高女	県立	昭和2年	セーラー服	白襟，紺の棒ネクタイ
佐世保高女	県立	～昭和9年	セーラー服	白襟，襟・胸当てに線2本
五島高女	県立	昭和4年	丸型セーラー襟	黒繻子のネクタイ
平戸高女	県立	昭和3年	セーラー服	
島原高女	県立	大正11年	セーラー服	
壱岐高女	県立	昭和5年	セーラー服	(冬服) 紺襟に白線3本，(昭和20年写真では白襟)，(夏服) 白，紺襟に白線3本，紐ネクタイ

口加高女	県立	昭和２年	セーラー服	（冬服）紺地，白襟，（夏服）茶色がかったグレー
長崎高女	市立	史料が確認できない		
成徳高女	市立	大正13年 昭和７年 昭和９年	スクエアカラーの上着 ステンカラーの上着 セーラー服	帽子 白襟 （冬服）紺サージ，紺襟カバー・胸に白線２本，（夏服）白，黒アルパカの三角タイ
鶴鳴高女	私立	大正13年	セーラー服	（冬服）紺地，白襟，スカートに白線，（夏服）白の上衣で鼠色の襟に鼠色のスカート，三角タイ結び
純心女学院→長崎純心高女	私立	（昭和10年４月）	ジャンパースカート，ハーフコート	
瓊浦高女	私立	大正14年	ジャンパースカート	
佐世保済美高女	私立	史料が確認できない		
活水女学校高等女学部	私立	昭和10年５月	セーラー服	（冬服）襟と袖に白線３本，襟の後ろ左右に星の刺繍，（夏服）白地で水色襟，ネクタイは１年が赤，２年が臙脂，３年が水色，４年が紺，５年が黒，式典用が白
熊本県				
八代高女	県立	大正11年 昭和５年	洋式制服 セーラー服	 襟に黒線３本
熊本第一高女	県立	昭和７年４月	セーラー服	白線１本（制定以前は自由，折襟とセーラーがあったが，セーラーが多かった）
熊本第二高女	県立	昭和４年４月	セーラー服	紺サージ，白ポプリン，襟・胸当てに白線２本，胸章
隈府高女→菊池高女	県立	大正13年４月 大正15年 昭和８年	洋式制服 セーラー服 セーラー服	 襟・袖・胸・胸当てに白線３本
高瀬高女	県立	大正14年 昭和４年 昭和７年	ステンカラーの上着 セーラー服 セーラー服	白襟，三つ釦，大黒帽，ベルト （冬服）紺地，襟に３本線，（夏服）白地，襟に２本線，蝶ネクタイ （冬服）紺地，襟・袖・胸に白線３本，（夏服）白地，紺襟に白線３本，蝶結び
山鹿高女	県立	～大正14年	ショールカラーの上着	
本渡高女	県立	～昭和３年 ～昭和10年	セーラー服 セーラー服	（冬服）棒ネクタイ，大阪型 （冬服）襟・袖・胸当てに白線２本，ネクタイ
人吉高女	県立	～昭和６年	セーラー服	
甲佐高女	県立	～昭和５年	セーラー服	襟，袖に白線２本

松橋高女	県立	大正12年 大正13年 昭和6年	セーラー服 ショールカラーの上着 セーラー服	(夏服) 白黒の格子柄の夏服 ベルト (冬服) 紺襟・袖・胸ポケットに白線3本, (夏服) 白地, 紺襟・袖に白線3本, ネクタイ
阿蘇高女	県立	~昭和7年	セーラー服	(夏服) 白地
熊本高女	市立	大正11年6月 昭和2年 昭和6年 昭和8年	セーラー服 セーラー服 セーラー服 セーラー服	 (冬服) 襟・袖・胸ポケットに白線3本, 水色のネクタイ, (夏服) 蝶ネクタイ, スカート襞16本 襟に銀杏の葉と実の刺繍, ネクタイの結び目に学年章
水俣実科高女→水俣高女	県立	大正12年 ~昭和15年	ブレザー セーラー服	紺地 襟に3本線
大江高女	私立	大正10年 ~大正13年	洋服奨励 洋服を制服 (セーラー服)	
尚絅高女	私立	昭和3年	ジャンパースカート	ボックスコート
上林高女	私立	昭和4年11月	セーラー服	襟と袖に大小白線2本
九州実科高女→熊本県中央高女	私立	昭和4年~7年 昭和8年	セーラー服 セーラー服	(標準服) 水色のネクタイ, 黒ストッキング 襟, 袖に白線3本, 黒のネクタイ
八代成美高女→八代高女	私立	昭和2年 昭和6年 昭和13年	ブレザー セーラー服 セーラー服	 紺地の襟・袖・胸当てに白線3本, 左腕に白百合のワッペン, 白のネクタイ
九州立正高女	私立	史料が確認できない		
九州女学院	私立	(大正15年4月) 昭和4年	セーラー服 セーラー服	(冬服) 紺地, 紐ネクタイ, (夏服) 白のワンピース, ベルト (夏服) 白地三角タイ, 冬は大黒帽, 夏は麦藁帽子
玉名淑徳女塾→南関女学校→南関実科高女	組合立→公立実科	大正15年7月 昭和6~9年	ジャンパースカート・ブレザー セーラー服	 襟・袖・胸当てに白線2本, 胸章
大分県				
大分第一高女	県立	昭和2年5月 昭和13年	セーラー服 セーラー服	(冬服) 紺サージ, 襟・胸当てに白線2本, スカートに黒線1本, (夏服) パナマ帽 白襟カバー
大分第二高女	県立	昭和6年~8年	ブレザー	ネクタイ
高田高女	県立	~昭和2年 昭和11年~昭和13年	セーラー服 セーラー服	襟に黒線2本, 黒の棒ネクタイ 襟に白線2本, 白のネクタイ

中津高女	県立	～昭和4年	セーラー服	棒ネクタイ
竹田高女	県立	～昭和4年	セーラー服	
臼杵高女	県立	昭和3年 昭和10年	セーラー服 セーラー服	(冬服) 紺サージ，襟に黒線2本，繻子のネクタイ，ベルト，(夏服) 白地の七分袖，水色の襟に白線2本，スカートの襞12本 襟に茶色線2本，スカートの襞16本
杵築高女	県立	昭和2年	スクエアカラーの上着 セーラー服	(冬服) 襟線2本，(夏服) ベルト 襟・胸当て・胸ポケットに白線2本，棒ネクタイ
四日市高女	県立	昭和2年4月	セーラー服	襟・袖・胸当てに白線2本
佐伯高女	県立	昭和3年	セーラー服	帽子
日田高女	県立	大正14年4月 昭和2年	丸襟の上着 セーラー服	紺，大黒帽 襟に黒線
別府高女	県立	昭和5年	セーラー服	
日出高女	県立	大正13年	洋服	
三重高女	県立	昭和4年	セーラー服	(冬服) 黒地，襟・胸当てに白線3本，黒の棒ネクタイ，(夏服) 白長袖，黒の棒ネクタイ
森高女	県立	史料が確認できない		
国東高女	郡立 県立	大正11年 ～昭和8年	スクエアカラーの上着 セーラー服	ベルト，前開き3個釦 襟・袖・胸当て・胸ポケットに白線3本
扇城高女	私立	～昭和4年	セーラー服	
岩田実科高女→岩田高女	私立	～昭和6年	セーラー服	棒ネクタイ，スカートに白線1本
柳浦高女	私立	史料が確認できない		
宮崎県				
宮崎高女→宮崎第一高女	県立	大正11年 大正13年 昭和2年 昭和7年	詰襟 セーラー服 セーラー服 セーラー服	(夏服) 格子柄，ベルト 白襟，グレーの帽子 紺地襟・袖・胸当て・胸ポケットに白線1本，ネクタイ通しにMの字
延岡高女	私立	大正13年 大正15年 昭和4年	スクエアカラーの上着 ステンカラーの上着 セーラー服	ベルト ベルト，帽子 襟・胸当てに黒線2本，富士絹ネクタイ，スカート襞16本
高鍋高女	県立	不明	セーラー服	襟に白線1本
都城高女	県立	大正14年 ～昭和6年	セーラー服 セーラー服	棒ネクタイ (冬服) 紺襟・袖に白線2本，後ろ襟の左右に桜の刺繍，(夏服) 白地，紺襟・袖・胸ポケットに白線2本

飫肥高女	県立	～大正15年 ～昭和5年 ～昭和11年	セーラー服 セーラー服 セーラー服	前開き3個釦，ベルト，白襟 襟・胸ポケットに線2本 紺襟・袖・胸当て・胸ポケットに白線2本，後ろ襟左右に星章
小林高女	県立	昭和4年	セーラー服	
福島高女	組合立→県立	史料が確認できない		
妻高女	県立	～昭和12年	セーラー服	紺襟・袖・胸ポケットに白線2本
宮崎女子高等技芸学校→宮崎第二高女	県立	史料が確認できない		
鹿児島県				
鹿児島第一高女	県立	大正11年 昭和2年 ～昭和4年	テーラーカラーの上着 ブレザー セーラー服	白襟，（夏服）碁盤縞，前開き4個釦 白襟 白襟カバー，棒ネクタイ
鹿児島第二高女	県立	大正11年 ～昭和5年	テーラーカラーの上着 セーラー服	白襟，（夏服）碁盤縞，前開き4個釦 白襟
加世田高女	県立	～昭和6年	セーラー服	白襟，（夏服）青灰色の細い格子
国分高女	県立	大正13年 昭和3年	ブレザー セーラー服	（夏服）綿の格子模様 白襟
川内高女	県立	～昭和11年 ～昭和14年 ～昭和18年	セーラー服 セーラー服 セーラー服	襟に細線2本，白襟，棒ネクタイ，「大阪型」 襟に白線2本 襟・胸当て・胸ポケットに白線3本，白のネクタイ
大口高女	県立	～昭和8年	セーラー服	白襟
高山高女	県立	大正12年 大正15年	テーラーカラーの上着 セーラー服	（夏服）碁盤縞
出水高女	県立	不明	セーラー服	白襟
末吉高女	県立	大正15年	ブレザー	3個釦
伊作高女	県立	（大正14年） 昭和不明	テーラーカラーの上着 セーラー服	碁盤木綿，黒の帽子
指宿高女	県立	（大正15年） ～昭和5年	テーラーカラーの上着 セーラー服	（夏服）碁盤縞
奄美高女	村立→県立	昭和5年	セーラー服	（冬服）紺襟・袖・胸当て・胸ポケットに白線2本，ネクタイ，白襟，（夏服）白地，紺襟に白線2本
志布志高女	町立	史料が確認できない		
加治木高女	町立	大正12年 昭和不明	ブレザー セーラー服	

阿久根高女	村立	～大正 15 年 ～昭和 3 年 ～昭和 16 年	ステンカラーの上着 セーラー服 セーラー服	白襟，ベルト 白襟 （冬服）紺襟・袖・胸当て・棒ネクタイに白線 2 本，（夏服）白地，紺襟に白線 2 本
枕崎実科高女→枕崎高女	町立→県立	～昭和 4 年 ～昭和 16 年	ステンカラーの上着 セーラー服	白襟 襟に白線，三角のリボン
鹿屋高女	町立→県立	史料が確認できない		
鶴嶺高女	私立	大正 11 年 ～昭和 12 年	テーラーカラーの上着 セーラー服	白襟，（夏服）碁盤縞，前開き 4 個釦 （冬服）襟・袖・胸当てに白線 1 本，ネクタイ
鹿児島高女	市立	史料が確認できない		
聖名高女	私立	（昭和 8 年 4 月）	ツーピース	黄色襟黒地
西之表高女→鹿児島種ケ島高女	町立→県立	史料が確認できない		
知名高女	公立	（昭和 18 年）	文部省標準服	
沖縄県				
沖縄高女→沖縄第一高女	県立	大正 15 年	セーラー服	
沖縄第二高女	県立	大正 14 年	セーラー服	（冬服）紺襟・袖に白線 2 本
国頭高女→沖縄第三高女	郡立→県立	大正 13 年 昭和 5 年	青地に白い丸襟の上着 セーラー服	 白線 3 本
宮古高女	組合立→県立	（昭和 11 年）	セーラー服	（冬服）紺襟・袖・胸ポケットに白線 1 本，（夏服）白，紺襟・袖に白線 1 本，ネクタイ
昭和女学校→昭和高女	私立	（昭和 7 年）	セーラー服	襟・袖に白線 2 本
八重山高女	県立	（昭和 17 年）	文部省標準服	
首里高女	県立	大正 11 年	ステンカラーの上着	（冬服）紺，（夏服）白
積徳高女	私立	昭和 2 年	セーラー服	（冬服）紺地，（夏服）白地，紺襟・袖・胸ポケットに白線 3 本

著者紹介

刑部芳則（おさかべ・よしのり）

1977 年東京都生まれ。中央大学大学院博士後期課程修了。博士（史学）。中央大学文学部日本史学専攻兼任講師を経て，現在は日本大学商学部准教授。専門は日本近代史。
2018 年度の NHK 大河ドラマ「西郷どん」軍装・洋装考証。2020 年度の NHK 連続小説ドラマ「エール」風俗考証を担当。「武田鉄矢の昭和は輝いていた」（BS テレ東）などテレビ出演多数。
『洋服・散髪・脱刀』（講談社選書メチエ，2010 年），『明治国家の服制と華族』（吉川弘文館, 2012 年）日本風俗史学会江馬賞受賞,『京都に残った公家たち』（吉川弘文館歴史文化ライブラリー，2014 年），『三条実美』（吉川弘文館, 2016 年），『帝国日本の大礼服』（法政大学出版局, 2016 年）『公家たちの幕末維新』（中公新書，2018 年），『古関裕而』（中公新書，2019 年）ほか著書多数。

セーラー服の誕生
女子校制服の近代史

2021 年 12 月　1 日　初版第 1 刷発行
2022 年　2 月 25 日　　　第 2 刷発行

著　者　刑部芳則
発行所　一般財団法人　法政大学出版局
〒 102-0071　東京都千代田区富士見 2-17-1
電話 03（5214）5540 ／振替 00160-6-95814
組版　村田真澄／印刷　平文社／製本　根本製本
装画　村上太（えむかみ）／装幀　奥定泰之

ISBN 978-4-588-32607-3　　Printed in Japan

著者近影

学校法人金城学院での感謝状授与式（2019 年 11 月 1 日）